북한 특강 2020: 과거와 미래

# 북한 특강 2020: 과거와 미래

북대북한연구회 편

역사인

**세 번째 연구총서를 마무리하며 한반도 평화의 새로운 가능성을 보았다.**

북한대학원대학교는 '북대북한연구회'와 함께 2019년 북한학과 개교 30주년을 맞아 3권의 연구총서를 기획하고 발간했다. 세 권의 공통점은 각각 10명의 저자들이 북한에 대한 10개의 이슈를 선정하고, 이에 대해 답을 하는 '문답형'으로 구성되었다는 점이다. 저자들은 모두 10개월 동안 치열한 논쟁과 토론을 통해 주제를 선정했고 이에 맞는 해답을 찾고자 노력했다. 세 번째 연구총서인『북한 특강 2020: 과거와 미래』는 지난 3년의 노력을 마무리하는 종합적인 의미를 담고 있다. 첫 번째 총서인『북한학의 새로운 시각: 열 가지 질문과 대답』에서는 2017년의 국내외 정세변화에 맞춰 북한학에 대한 정책적 함의를 제시하겠다는 목적 하에 북한학의 '현재'에 대한 다섯 가지 질문과 '과거'에 대한 다섯 가지 질문을 정리하였다. 두 번째 총서인『김정은 시대 북한을 보는 10가지 시각: 지속과 변화』는 2018년의 국내외 정세변화를 토대로 북한의 '변화'를 엿볼 수 있었는가에 대한 문제의식에서 출발하였다. '변화'에 대해 다섯 가지 주제와 '지속'에 대한 다섯 가지 주제를 통해 김정은 시대 북한의 현 주소를 재조명하고자 하였다. 연구총서 시리즈를 마무리하면서 지난 2권의 연구결과를 토대로 북한을 포함하여 한반도의 과거와 현재 그리고 미래를 보다 종합적으로 볼 수 있는 시도를 해보았다. 이 책은 1950년 한국전쟁에서부터 2019년 북미협상 그리고 미래의 어느 시점에서 북한개발에 이르기까지 매우 폭넓은 주제를 담고 있다.

왕선택은 북한과 미국이 2018년 6월과 2019년 2월 개최된 북미 정상회담 개최를 결정하는 과정에서 국내 정치 변수를 분석하였다. 저자는 국내 정치 변수를 분석하기 위해 외교 정책 결정 과정을 관료적 검토 과정과 정치적 검토 과정을 구분하는 '양면변수정책결정 모델' 개념을 활용했다. 이에 따라 북한과 미국의 최고 지도자의 외교 정책 참모를 정책 참모와 정치 참모로 나누고, 국가 이익과 정권 이익을 구분하였고, 내부 변수와 외부 변수를 구분해서 분석하는 방법을 사용했다. 그 결과 도널드 트럼프 미국 대통령은 정치 참모 의견을 많이 듣고 내부 변수와 정권 이익을 중시한 것으로 평가됐다. 김정은 위원장 역시 정책 참모나 국가 이익, 외부 변수도 고려했지만, 정치 참모와 정권 이익, 내부 변수를 중시한 것으로 평가됐다. 저자는 이번 연구에서 특정 국가의 외교 정책 결정이 최고 정책 결정자가 해당 분야 최고 엘리트의 조언을 받아서 국가 이익을 중심으로 외부 변수에 대응하는 과정과 더불어, 정치 참모의 역할과 정권 이익 개입, 내부 변수 대응 등의 요소를 분리함으로써 국내 정치 변수에 대한 분석과 평가를 구체적으로 시도했다는 점에서 의미가 있고 강조했다.

김동진은 평화학의 '전략적 평화구축 이론'에 비추어 한국 민간단체의 대북지원활동 사례를 연구하고, 갈등지역의 평화구축과 지원활동의 관계를 탐구한다. 전략적 평화구축은 국제사회 평화 활동의 동시다발성에 주목하여, 인권, 화해, 군축, 인도적 지원, 개발협력 등 다양한 활동의 전략적 조정과 협력을 강조했다. 저자는 한반도에서의 지원활동과 한반도 갈등 현실의 관련성을 밝히고, 한국 민간단체의 대북지원활동이 한반도 평화구축에 기여할 수 있는 가능성을 모색했다. 또한 사례 연구를 통해 민간의 대북지원활동이 그 긍정적 가능성에도 불구하고 자동적으로 평화에 기여하는 것은 아니라는 점을 밝혔다. 대북지원활동이 북한과의 접촉면을 확대할 수 있지만, 접촉면의 확대가 반드시 신뢰 구축으로 이어지는 것은 아니기 때문이다. 저자는 평화구축에 기여할 수 있는 대북지원활동이 가능하려면, 한반도에 좀 더 복합적인 관계 그물망을 형성하는 포괄적인 평화구축 전략의 수립이 필요하다고 강조했다.

권은민은 '북한 투자과정의 분쟁해결방안'은 북한투자과정에서 실제 발생한 분쟁사례와 북한법상 분쟁해결제도를 하나씩 검토하면서 합리적인 분쟁해결방안을 찾는 것이라고 주장했다. 저자는 실제 사례를 바탕으로 북한법상 분쟁해결제도는 다양하고 각 제도별로 장단점이 있고, 향후 발생가능한 분쟁의 성격과 규모에 따라 적합한 분쟁해결방법을 찾으려는 노력을 할 필요가 있다며, 분쟁유형별 사례를 축적해감으로써 예측가능성과 투명성을 높일 수 있을 것이라고 강조했다.

민경태는 급격한 기술 발전에 의한 글로벌 산업 환경 변화에 따라 남북한의 경제협력 방식도 전환을 모색해야 한다고 주장했다. 특히 기존의 대표적인 남북 경협방식인 개성공단 모델의 역할을 효과적이라고 판단하되, 미래 한반도의 지속가능한 발전을 위해서는 첨단기술을 활용한 4차 산업혁명과 지식기반 산업 분야의 협력 모델로 진화해 갈 필요가 있다. 저자는 최근 북한이 과학기술을 활용한 경제성장 추진 의지를 보여주고 있는 상황을 주목하고, 더 나아가 첨단기술을 적용한 스마트시티 인프라를 남한보다 북한에 먼저 구축하는 것이 한반도 전체 경제권의 관점에서 더욱 효율적일 수 있음을 지적한다. 또한 북한 스마트시티 벨트를 실현하기 위해 거점도시를 네트워크로 연결한 광역경제권 중심 발전 전략을 제안하였고, 평양 은정·강남 경제개발구, 남포지역 수출가공구, 강령 국제녹색시범구, 원산 갈마해안관광지구 등 주요 경제개발구 추진 방향의 밑그림을 제시하였다.

곽채원은 영국 외교문서(FO483, 1947~1950)에 나타난 남북한 정부 수립과정을 소개하면서 근현대사에 대한 새로운 관점을 제시했다. 남북통합이라는 미래의 과제를 위해 역사연구자로서 무엇을 준비할 수 있을까라는 문제의식에서 출발했다. 분단의 갈등, 원인과 결과에 주목하는 기존의 관점은 한반도 역사를 단일한 공간과 연속적 시간선상으로 이해하기 어렵게 한다. 남북한 역사인식의 간극은 더욱 벌어지게 될 것이다. 미미한 시작에 불과한 이 시도가 지향하는 바는, 남북한이 납득하여 공유할 수 있는 '공동의 역사인식'을 마련하는 것이다. 필자는 한반도에 이질적인 두 개의 정치 체제가 형성, 정착되는 시기로서 근현대사를 바라보는 '한반도 현대 정치 체제 형성사'의 관점을 제안했다. 한편, 기존의 연구가 근현대사의 직접적 관련국들의 입장을 주로 받아들였다면, 본 논문은 관찰자적 입장을 취했던 영국 외교문서의 시각을 채택했다. 관찰자적 시각은 한반도의 지정학적 중요성을 인식하면서도 미국과 소련의 이해관계에 관여하지 않았던 영국의 정책으로 인해 가능했다. 외교문서를 통해, 방식의 차이는 있지만 남북한 정부가 각각 미국과 소련의 지배적인 영향 하에서 수립되었다는 인식을 파악할 수 있다. 한편 영국은, 한국 전쟁 이전 이미 한반도 안정의 위험성을 우려하고 있었다. 그러나 미국과 소련 모두 한반도를 포기할 수 없으면서도 전쟁에 대한 부담감을 가지고 있었던 조건, 그리고 미국의 원조가 남한 내부의 동요를 안정시킬 수 있을 것이라는 낙관론으로 인해 한반도의 전쟁 가능성을 높지 않은 것으로 판단했다.

이정곤은 북한이 한국전쟁 전 수립한 전쟁계획을 군사안보적 관점인 국가안보전략-군사전략-작전술(전술) 즉, Top-down 측면에서 분석하였다. 기존연구가 한국전쟁 전 존재하지 않았던 전선사령부와 1·2군단사령부를 반영한 설명으로 심각한 오류를 범하고 있는데, 필자는 이를 반영하여 수정하였다. 필자는 먼저 북한의 국가안보전략 목표를 분석하고 이 목표를 달성하기 위한 군사작전을 군사전략-작전술(전술) 측면에서 설명하였고, 이를 통해 북한이 수립한 한국전쟁 계획은 "국가안보전략 목표에 따른 군사술의 적절한 적용"이었다는 결론을 도출하였다.

이신재는 베트남전쟁 시기 북한 심리전부대의 참전 사실을 규명하고자 하였다. 그동안 북한군의 베트남전쟁 참전에 대해서는 다양한 추측이 제기되었지만, 학문적 차원의 논의는 거의 이루어지지 못했었다. 저자는 북한 심리전부대의 참전에 대해 당시 한국군이 노획했던 북한군 문서와 북한군이 사용했던 전단 등을 통해 북한군 참전을 역사적 사실로 규명하였다. 본 연구가 주목되는 또 다른 점은 1960~70년대 한반도에서 전개되던 남북한의 군사적 대결과 갈등이 장소를 옮겨 베트남에서도 똑같이 전개되었음을 확인하였다는 점이다. 베트남에 파병된 북한 심리전부대는 한국군을 상대로 전단 살포, 한국어 방송 실시, 한국군 자료 수집, 그리고 한국군 납치 활동 등을 벌였다. 저자가 분석자료로 활용한 노획문서와 58종의 북한군 전단에는 당시 한국군에 대한 북한군의 활동이 잘 담겨있다. 저자는 본 연구가 북한 및 베트남전쟁사뿐만 아니라, 한반도 냉전사 연구에서도 그동안의 공백을 메울 수 있는 중요한 성과라고 주장했다.

장철운은 한국 국방부의 국방백서와 영국 국제전략문제연구소(IISS)의 The Military Balance에 나타난 북한군 상비병력 변화 추이를 비판적으로 검토하였다. 저자는 국방백서와 The Military Balance에 나타난 북한군 상비병력 추정치가 부대수 및 주요 장비, 군사비 변화 등과 일치하지 않는 등 상당히 과대평가된 것일 수 있다고 주장한다. 한미 군 당국이 추정하는 북한군 상비병력 규모가 지상군을 중심으로 단기간 내에 크게 변화하는 동안 이와 당연히 연계돼야만 하는 부대수 및 주요 장비, 군사비 변화가 상비병력 변화와 연계되지 않는다는 비판이 이 글의 핵심 내용이다. 그러면서 저자는 한미 군 당국이 지금까지 판단해 온 북한군 상비병력 추정 방법 등이 재검토되어야 한다고 강조했다.

엄현숙은 김정은 시대 남성과 여성의 사회적 역할은 무엇이며 교육에 어떻게 반영되었는가를 분석하였다. 분석의 대상이 된 소학교 1학년 교과서는 학생들의 일상에서 관찰 가능한 구체적인 대상을 소재로 삼고 있다. 등장인물에서 남성은 군인이 여성은 교사가 가장 많았다. 남성과 여성의 사회적 역할에 대한 기대는 첫째로, 국방의 의무이다. 둘째로, 호명된 아버지이다. 셋째로, 국가에 대한 헌신의 자발성이다. 저자는 교과서에서 제시된 사회적 역할은 현재의 위기를 극복하기 위한 것이자 지배 이데올로기에 인민을 동원하고, 조직하기 위한 정책에서 비롯된 것이라고 주장했다.

이승열은 한반도 평화협정 체결에 대해 남북 간 실질적 당사자 주의를 주장하고 있다. 북한은 지난 1974년 3월 25일 최고인민회의 제5기 제3차 회의에서 '북미 평화협정' 체결을 주장한 이후 지금까지 한반도 정전체제의 항구적인 평화체제 전환을 위한 대화상대로 미국을 지목하고 있다. 그러나 한반도 평화협정은 1953년 정전협정의 서명 당사자인 북한과 미국의 평화협정일 뿐만 아니라, 한국전쟁의 직접적인 당사자인 남북한 사이에 실질적인 전쟁의 종결과 평화를 위한 협정의 문제를 동시에 내포하고 있다. 따라서 저자는 한반도 평화협정은 실질적 당사자인 남북한이 중심을 잡고 관련 당사자인 미중의 지지를 이끌어 내는데 정책적 노력을 다해야 할 것이라고 강조했다.

10명의 저자들이 분석한 한반도의 과거와 미래는 매우 복합적인 측면이 있다. 해방 이후 남북한 정부수립과정과 한국전쟁에서 베트남 전쟁까지 그리고 지금의 북한군과 북핵문제의 영향 더 나아가 미래의 한반도 평화체제와 북한개발 및 투자 등 사실상 한반도에서 일어난 북한관련 다양한 이슈들을 시간의 흐름에 따라 모두 포함함으로써 그동안 세 권의 연구총서 중 가장 포괄적인 내용을 담고 있다. 지난 두 권의 책과 같이 이 책의 모든 저자 또한 북한대학교대학원 박사 졸업생들이다. 북한대학원대학교에서 졸업생들에게 소중한 연구의 기회를 제공해주었다. 이 자리를 빌려 북한대학원대학교 박재규 명예총장님과 안호영 총장님께 깊은 감사의 마음을 전해드리고자 한다. 또한 연구총서가 나올 수 있도록 연구비를 후원해 주신 송민순 전 총장님께도 깊은 감사의 인사를 드린다. 지난 1권부터 3권까지 협조와 배려를 아끼지 않으셨던 신종대 교수님과 북한대학원대학교 모든 교수님들께도 감사드린다. 책이 나올 수 있도록 끝까지 함께 해주신 최승혜 선생님께 감사드리고, 세 권의 모든 책을 정성껏 출판해 주신 경인문화사의 한정희 사장님과 격려를 아끼지 않으셨던 손진우 총동문회 회장님께도 감사를 드린다.

이제 2020년은 '북대북한연구회'에도 새로운 도전이 시작되었다. 그동안 세 권의 연구총서 발간을 토대로 더 많은 북대인들이 보다 다양한 방식으로 교류하면서 북한 연구와 한반도의 평화의 번영을 위한 고민을 함께 심화시킬 것이다. 새롭게 시작하는 회장단과 함께 우리 연구회의 무궁한 발전을 기원해 본다.

2019년 1월 30일
북대북한연구회 회장 정연욱

# 차 례

# 북미 정상회담의 국내 정치 변수 분석*

왕 선 택**

## Ⅰ. 북미 정상회담 성사 배경은 무엇인가?

2018년에 이어 2019년에도 한반도에서는 초대형 외교 이벤트가 잇따라 열리면서 안보 정세 격변을 경험했다. 2018년 4월 27일, 남과 북의 정상이 판문점에서 만나 관계 개선을 위한 조치를 전개하자는데 합의했고, 김정은 북한 국무위원장은 특히 '완전한 비핵화' 의지를 표명했다. 5월 26일에는 판문점에서 2차 정상회담이 열렸다. 9월 18일에 문재인 대통령은 평양을 방문해 세 번째 정상회담을 진행했다.

북한과 미국도 거친 방식이지만, 대화 국면을 열었다. 2018년 3월 8일 워싱턴을 방문한 문재인 대통령 특사단이 도널드 트럼프 미국 대통령을 만나 북미 정상회담 참석을 권고하자, 트럼프 대통령이 즉석에서 수락했다. 5월에는 트럼프 대통령이 정상회담 취소를 선언했다가 다시 추진하는 우여곡절을 겪었다. 6월 12일 싱가포르에서 사상 최초의 북미 정상회담이

---

 * 이 논문은 필자의 2012년 박사학위 논문의 외교 정책 결정 특성 논의를 발전시킨 것이다.
** YTN 통일외교 전문기자, stw@gwu.edu

열렸다. 그 와중에 북한과 중국은 2018년 한 해에만 3차례에 걸쳐 정상회담을 갖고 급박한 정세 변화 속에서 협력 방안을 논의했다.[1] 2018년 7월 이후 북한과 미국 간에 소강국면이 시작됐지만, 2019년 2월 27일과 28일, 베트남 하노이에서 제2차 북미 정상회담이 열렸다. 하노이 회담은 결렬로 정리됐지만, 두 정상은 제3차 회담 가능성을 시사하고 있어서 실패한 회담은 아니라는 평가도 적지 않다.

2018년 이후 한반도에서 발생한 외교 이벤트는 외교 정책 결정 변수를 연구하는 학자들에게 각별한 주목 대상이다. 상당수가 초대형이었고, 파격적인 상황이 연속으로 발생했다는 특징이 나타났다. 최고 지도자가 먼저 중요한 의사 결정을 하고 나서 실무진이 이후 상황을 수습하는 방식인 '톱-다운' 방식도 두드러졌다. 외교 정책 결정이 극적이고, 파격적이며, 톱-다운 방식으로 진행된다는 점은 정책 결정 과정에서 국내 정치 요소가 변수가 됐을 가능성이 크다는 점에서 주목 대상이다. 어느 나라든 최고 지도자는 외교 문제 전문가가 아니라 국내 정치 무대에서 최고 역량을 발휘한 인물일 가능성이 높기 때문이다.

2018년과 2019년 외교 이벤트 가운데 극적인 요소가 가장 많이 반영된 사례가 두 번에 걸친 북미 정상회담이다. 외교 정책 결정 과정에서 국내 정치 변수에 주목하는 연구자들에게 북미 정상회담 성사 과정이나 진행 과정은 집중적인 연구 대상이라고 할 수 있다. 두 번에 걸친 북미 정상회담을 소재로 북한과 미국의 외교 정책 결정 과정을 면밀히 살펴서 국내 정치 변수가 언제, 어떻게, 그리고 어느 정도로 영향을 미쳤는지 검토하는 것은 의미 있는 작업이 될 것으로 기대한다.

## II. 외교 정책 결정에도 국내 정치 일정이 변수

외교 정책 결정 과정 연구에서 국내 정치 변수에 주목한 연구 성과 가운데 1988년 로버트 퍼트남(Robert D. Putnam)이 제시한 양면게임 이론이 두드러진다. 양면게임 이론은 외교 협상에 참여하는 각국 대표가 다른 나라 협상 상대와 타협을 시도하지만, 동시에 국내 정치 차원에서도 지지와 협력을 받아야만 합의가 이뤄질 수 있다는 것을 주요 내용으로 한다.[2] 이 이론은 기존의 전통적인 국제 정치 이론에서 정설로 여겨졌던 합리적 행위자 모델, 즉 국가는 외교 정책을 결정하는 상황에서 국가 이익의 극대화를 목표로 합리적으로 결정한다는 가설이 반드시 맞지 않는다는 점을 지적하는 의의를 지니고 있다. 다만 양면게임 이론은 외교 정책 결정 과정에서 국내 정치 변수가 중요하다는 논점을 큰 틀에서 제시한 것이고, 국내 정치의 어떤 요소가 언제, 어떤 방식으로 영향을 미치는지에 대해서는 구체적으로 분석틀을 제시하지는 않는다.[3]

양면게임 이론을 이용해 북미 정상회담에서 국내 정치 요인을 분석하려면, 분석틀을 부분적으로 재구성할 필요가 있다. 예를 들어, 외교 정책 결정자가 정책 참모의 조언과 더불어 정치 참모의 조언도 받아서 정책 결정을 한다는 점, 그리고 정치 참모는 국가 이익을 중심으로 정책을 검토하는 정책 참모와 달리 선거 승리나 권력 정당성 제고 등 국내 정치 수요에 민감하게 반응하는 특징에 주목해서 구성한 정책 결정 과정 모델은 유용한 분석틀이 될 수 있다.[4]

'양면 변수 정책 결정 모델(양면 변수 모델)'의 특징은 세 가지다. 첫째 최고 정책 결정자에게 조언하는 참모를 두 가지 종류, 즉 정책 참모와 정치 참모로 구분한다. 정책 참모는 주로 관료 출신으로 해당 현안을 처리

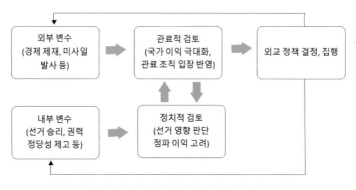

〈그림 1〉 양면 변수 정책 결정 모델

하는데 필요한 전문적 지식과 경험을 갖춘 사람이고, 정치 참모는 주로 정책 결정자가 권력을 획득하는데 기여한 사람으로 정책 결정자와 정치적 공동 운명체 관계를 지닌다. 둘째 외교, 안보 분야 정책 참모는 문제가 생기면 국가 이익을 중심으로 대응하고, 정치 참모는 외교, 안보 분야에서 문제가 발생할 경우, 정권 이익을 중시하면서 대응한다. 이에 따라 정책 참모는 최고 정책 결정자가 중시하는 정권 이익에 대한 검토를 소홀하게 진행할 수 있고, 정치 참모는 국가와 국민이 요구하는 국가 이익에 대한 검토를 소홀하게 진행할 수 있다. 셋째 외교, 안보 분야에서 외부 변수가 발생하면 정책 참모가 우선적으로 담당하고, 정치 참모는 기본적으로 내부 변수에 민감하게 대응한다. 외부 변수는 다른 나라의 군사적, 경제적 공격이나 협상 제안 등을 의미한다. 내부 변수는 선거 승리나 권력 정당성을 강화할 필요성 등을 의미한다.

　'양면 변수 모델'은 두 가지 방식으로 작동한다. 첫 번째 방식은 변수가 외부에서 발생하는 경우다. 예를 들어 어떤 외국에서 군사적, 외교적, 경제적 도발을 해오거나, 정반대로 기존 협력 관계를 획기적으로 강화할 것을 제안하는 등의 상황이 발생할 경우, 국가에서 해당 업무를 담당하는 관리들이 일차적인 대응에 나서게 된다. 이들은 국가 이익을 중심으로 과제를 검토해 대응 방안을 수립하게 된다. 그런데 관료들이 수립한 정책 대안이 최고 지도자에게 곧바로 전달되지 않는다. 대응 방안을 상부로 보고하는 과정에서 최고 지도자의 정치 참모가 개입한다. 정치 참모는 정치적인 판단, 즉 선거에 대한 영향이나 최고 지도자의 권력 정당성에 대한 영향 등을 검토하면서 불리한 요소가 있는지 검토한다. 이 절차를 거쳐 문제가 없다는 판단이 나오면 다시 관료에게 넘어간 이후에 최고 지도자에게 정책 대안이 보고된다. 최고 지도자가 건의를 수용하면 국가 정책이 되는 것이고, 집행 단계로 들어간다. 집행 단계에 들어간 정책에 대해 특정 외국이 반응을 보일 수 있는데, 그것은 해당 국가에 새로운 외부 변수가 된다.

두 번째 작동 방식은 변수가 내부에서 발생하는 경우다. 예를 들어 대통령 선거나 국회의원 선거를 앞두고 집권 세력이 불리한 여론 상황을 유리하게 반전시키기 위해 다양한 형태의 정책 대안을 고려하는 상황이 벌어질 수 있다. 그런 고민은 최고 지도자의 정치 참모가 판단하는 것으로 정권 이익을 보전하는 것이 목표다. 해당 참모는 다양한 정책 가운데 어떤 외국과의 갈등을 만들거나, 협력 증진 상황을 만드는 것이 국내 정치적으로 도움이 될 수 있다고 판단하면, 해당 분야 관료에게 적절한 정책 대안을 수립하도록 직접, 또는 간접적으로 요구한다. 이 때 정치 참모의 요구는 최고 지도자와의 교감을 거친 것으로 간주되기 때문에 관료는 요구를 거절하기 어렵다. 만약 관료가 요구를 거절할 경우 좌천을 당하는 위험을 감수해야 한다. 그러므로 관료는 위험을 감수하기 보다는 요구를 수용해서 국가 이익 증진에 부합한다는 논리를 동원한 보고서를 만들어 최고 지도자에게 올릴 가능성이 많다. 최고 지도자가 이를 수용하면 국가 정책이 되고, 집행 단계를 거치게 된다. 이후 외국 반응이 생기면 외부 변수가 될 수 있고, 이에 따른 국내 여론 변화는 다시 내부 변수가 돼서 외교정책 결정 과정은 순환하게 된다.

이 연구는 2018년 6월 12일 성사된 북한과 미국이 싱가포르 정상회담과 2019년 2월 27일과 28일 베트남 하노이에서 진행된 제2차 북미 정상회담 추진을 결정하는 상황이나 회담장에서 중대한 외교 정책을 결정하는 순간으로 국한한다. 앞서 제기한 문제 의식에 따라 분석을 진행하기 위한 기초적인 질문은 북미 정상회담 추진을 결정하는 과정에서 정책 참모와 정치 참모 가운데 어느 쪽 의견이 더 많이 반영됐는지, 국가 이익과 정권 이익 가운데 어느 쪽 이익에 대한 검토가 중시됐는지, 외부 변수와 내부 변수 가운데 어느 쪽에 반응했는지 등이다. 논문은 이런 질문에 대한 답변을 구하는 방식으로 진행한다.

## III. 트럼프, '성추문' 국면에서 정상회담 결단

문재인 대통령 특사인 정의용 청와대 국가안보실장과 서훈 국가정보원장은 2018년 3월 5일과 6일 이틀 동안 평양을 방문해 김정은 북한 국무위원장과 면담했다. 면담 결과 4월 말 남북 정상회담 개최를 확정하는 등 남북 관계 개선 차원에서 성과를 거뒀다. 특사단은 서울로 돌아와 문재인 대통령에게 보고하고, 김정은 위원장이 도널드 트럼프 미국 대통령에게 전하는 메시지를 전달하기 위해 워싱턴으로 향했다. 미국 시각으로 3월 8일 낮 11시쯤 워싱턴 인근 덜레스 국제 공항에 도착했다. 특사단은 오후 2시 30분, 백악관에 도착했다. 정의용 실장은 허버트 맥매스터(Herbert R. McMaster) 백악관 NSC 국가안보보좌관과, 서훈 원장은 지나 해스펠(Gina C. Haspel) 중앙정보국 CIA 부국장과 각각 30분 동안 면담했고, 3시부터는 함께 만났다. 3시 30분에는 제임스 매티스(James N. Mattis) 미 국방장관 등 다른 고위 당국자 20여 명이 참석한 확대 회의가 열렸다.

트럼프 대통령 예방 일정은 다음날 오전으로 논의되는 상황이었다. 그런데 면담 도중에 트럼프 대통령으로부터 당일 오후에 보자는 내용의 메모가 들어왔다. 이에 따라 특사단은 백악관 대통령 집무실인 오벌 오피스로 이동했고, 4시 15분부터 5시까지 트럼프 대통령 면담이 진행됐다. 이 자리에는 마이크 펜스(Michael R. Pence) 부통령, 매티스 국방장관, 존 켈리(John F. Kelly) 백악관 비서실장, 조지프 던포드(Joseph F. Dunford Jr.) 합참의장, 해스펠 부국장 등 고위 관리 10여 명이 참석했다. 아프리카를 여행 중이던 렉스 틸러슨(Rex W. Tillerson) 국무장관은 참석할 수 없었다. 대신 존 설리반(John J. Sullivan) 부장관이 참석했다. 백악관 참모 가운데 매튜 포틴저(Matthew Pottinger) 국가안보회의 선임국장이 참석했다. 특사단은 김정은 위원장이 트럼프 대통령과 회담하고 싶다는 메시지를 전달하고, 특히 김 위원장이 비핵화 의지도 밝혔다면서 회담 수락을 권고했다. 일반적인 예상을 깨고, 트럼프 대통령은 즉석에서 제안을 수락했다. 이 상황을 문재인 대통령 특사단이 직접 백악관에서 발표할 것도 제안했다.

이에 따라 5시부터 특사단은 다른 방으로 이동해서 미국 정부 고위 당국자들과 발표 문안을 조율했다. 발표문이 준비되는 동안 트럼프 대통령은 백악관 기자실을 방문해서 잠시 후 한국 정부 특사단이 중요한 내용을 발표할 것이라고 예고했다. 트럼프 대통령이 기자실을 자발적으로 방문한 것이 이때가 처음이었다. 7시 10분, 정의용 실장은 서훈 원장, 그리고 워싱턴 현지에서 특사단에 합류한 조윤제 주미 한국 대사를 대동하고, 백악관 웨스트윙 밖에서 백악관 출입기자들을 상대로 준비한 발표문을 약 2분 정도 낭독했다. 별도 질문은 받지 않았다. 발표문 주요 부분은 다음과 같다.

"저는 트럼프 대통령에게 북한의 지도자인 김정은 위원장과의 면담에서 김 위원장이 비핵화에 대한 의지를 갖고 있음을 언급하였다고 하였습니다. 김 위원장은 북한이 향후 어떠한 핵 또는 미사일 실험도 자제할 것이라고 약속하였습니다. 김 위원장은 한·미 양국의 정례적인 연합 군사 훈련이 지속되어야 한다는 점을 이해하고 있습니다. 그리고 김 위원장은 트럼프 대통령을 가능한 조기에 만나고 싶다는 뜻을 표명하였습니다. 트럼프 대통령은 오늘 브리핑에 감사를 표시하고 항구적인 비핵화 달성을 위해 김정은 위원장과 금년 5월까지 만날 것이라고 하였습니다."

## 1. 정책 참모와 정치 참모

3월 8일 오후 4시 15분 상황에서 트럼프 대통령 외교 분야 참모 가운데 정책 참모는 매티스 장관, 켈리 비서실장, 맥매스터 보좌관, 던포드 합참의장, 설리반 부장관, 해스펠 부국장 정도를 들 수 있다. 이들은 대통령 선거 과정에서 참여한 사람들이 아니라, 대통령 선거 승리 이후에 영입된 참모들이거나, 그 이전부터 업무를 담당했던 관료들이다. 펜스 부통령과 마이크 폼페이오(Michael R. Pompeo) CIA 국장, 포틴저 NSC 국장은 정치 참모로 분류해야 한다. 이들은 선거 과정에서 참모나 협조 세력으로 참여했고, 트럼프 대통령 후원으로 정부 고위직에 진출한 경우다. 따라서 트럼프 대통령과 정치적 공동 운명체라고 할 수 있다.

그런데 3월 8일 상황을 보면 대통령이 정책 참모와 정치 참모 가운데 어느 쪽 건의를 더 많이 경청했는지 확인하는 것이 큰 의미가 없다. 참모들이 정책을 검토할 시간도 없이 대통령이 정책 결정을 내렸기 때문이다. 3월 8일 결정에서 트럼프 대통령 참모들의 변수 요인은 매우 적었거나, 거의 없었던 것으로 판단할 수 있다. 이에 따라 북미 정상회담 추진은 대통령 스스로 판단한 결과로 보는 것이 타당하다.

대통령이 스스로 결정을 내렸다면, 그것은 국내 정치 요인이 강하게 반영된 결과로 분석할 수 있다. 미국 정치 문화를 고려할 때 미국 대통령은 외교, 안보 문제에서 국가 이익을 중심으로 전개하는 관료적 검토를 수행할 수 있는 지식과 경험이 부족할 가능성이 높다. 반대로 미국 대통령은 정치적 득실 계산을 잘 하고, 여론의 변화에 민감하게 대응하는 국내 정치 역량이 뛰어난 인물일 가능성이 높다. 그럼에도 불구하고 트럼프 대통령이 국가 이익을 중시하고, 북미 정상회담에 대한 정책도 그런 시각에서 검토했을 가능성을 배제할 수는 없다. 정책 참모 조언을 듣지 않고 결정을 했다고 해도, 국가 이익을 위한 결정이라고 주장할 수는 있을 것이다. 그러나 그런 경우에도 자신의 지식 범위 이내라는 한계가 생긴다. 트럼프 대통령이 한반도 문제와 관련해 고도의 지식을 보유했다는 것을 증명한 적이 없고, 그런 지식을 보유했을 가능성도 희박하다. 트럼프 대통령이 스스로 결정을 내렸다는 상황을 고려한다면, 관료적 검토보다는 정치적 검토가 우세했다고 보는 것이 타당하다.

## 2. 국가 이익과 정권 이익

트럼프 대통령이 김정은 위원장과의 회담을 결정하는 과정에서 국내 정치 요소가 얼마나 많이 반영됐는지 확인하기 위해 국가 이익과 정권 이익을 구분해서 검토할 필요가 있다. 2018년 3월 8일 시점에서, 북미 정상회담을 그 해 5월에 추진하는 것이 미국 국가 이익에 도움이 되는가?[5] 미국의 전직 관료나 학자, 싱크탱크 소속 연구자, 언론인 등 외교, 안보 분야를 다루는 미국의 전통적인 엘리트들의 논의를 참고하면, 북미 정상회담을 곧바로 진행하는 것은 미국 국가 이익에 도움이 되지 않는다는 논의가 압도적으로 많았다. 반대 논리 가운데 대표적인 것은 김정은 위원장이 비핵화 의지를 표명했지만, 진정성이 있는지 확인되지 않았다는 것이다. 오히려 과거 북한 행태를 보면 신뢰할 수 없다면서 섣불리 정상회담을 진행한다면, 북한 계략이 말려드는 결과가 된다는 것이 반대 논리였다.[6]

또 하나는 정상회담을 하는 것 자체가 북한 지도자가 저지른 악행에 대한 보상 의미가 있다는 것이다. 미국 대통령이 북한 최고 지도자와 공식 회담을 하게 되면, 북핵 문제와 관련해 북한이 기존에 벌였던 국제 규범 위반과 국제 정세 악화, 정치범 수용소와 같은 인권 유린 상황 등 범죄적 행동을 망각하고, 결과적으로 보상을 주는 조치라는 주장이다.[7] 실무 협상 없이 곧바로 정상회담을 약속한 것은 중대한 실수가 될 수 있다면서 반대하는 목소리도 있었다. 과거에 집착하지 않고, 전향적으로 판단한다고 해도 실무적으로 북한이 비핵화와 관련해 구체적으로 양보 조치를 약속한 이후에 상황을 종결하는 시점에서 정상회담에 나서는 것이 적절하다는 것이다.[8] 이에 대해 트럼프 대통령은 김정은 위원장이 비핵화 의지를 표명했고, 비핵화를 해결할 수 있는 기회가 있기 때문에 만날 수 있다는 견해를 제시한 바 있다.[9] 그러나 김정은 위원장은 신뢰할 수 없는 인물이라는 인식을 하고 있는 미국의 전통적인 엘리트 집단은 북미 정상회담 이전은 물론, 이후에도 부정적인 인식을 거두지 않았다.[10]

미국의 국가 이익을 중심으로 북미 정상회담을 평가하면, 부정적인 견해가 압도적으로 많지만, 정권 이익을 중심으로 계산하면 장점이 많다는 결론이 나온다. 첫째 트럼프 대통령이 위대한 외교 성과라고 선전할 수 있는 근거를 마련할 수 있다. 2018년 11월 중간선거가 예정된 상황에서 트럼프 대통령의 외교 분야 치적으로 선전할 가능성이 있었다. 트럼프 대통령은 대통령 선거 기간은 물론, 대통령 취임 이후에도 버락 오바마 전임 대통령을 포함한 역대 미국 대통령들이 북한 핵 문제를 효과적으로 다루지 못했다고 비난했다. 그리고 자신은 협상가로서 탁월한 재능이 있어서 북한 핵 문제를 쉽게 처리할 수 있다고 호언장담했다. 그러면서 트럼프 대통령은 김정은 위원장과 만나서 문제를 해결할 수 있다고 자주 언급했다. 그런 만큼 북한 문제를 잘 아는 한국 정부에서 김정은 위원장의 비핵화 의지를 확인했다면서 북미 정상회담을 권유하는 상황은 트럼프 대통령에게 매우 매력적인 기회로 인식됐을 것이다.

둘째 북미 정상회담 추진 결정은 트럼프 대통령이 국내 정치 상황에서 각종 추문으로 어려움이 이어진 만큼 분위기를 전환하는 소재가 될 수 있다. 특히 특사단의 트럼프 면담 이틀 전인 3월 6일, 여러 가지 성추문 가운데 하나인 스토미 대니얼스(Stormy Daniels)와의 성추문 입막음 논란과 관련해 소송이 제기된 것이 변수가 됐을 가능성이 있다. 이 문제가 다음 날인 3월 7일 미국 신문에 대서특필되면서, 트럼프 대통령을 크게 자극했을 가능성이 있다. 북미 정상회담 추진 발표가 성추문의 모든 것을 덮을 수는 없지만, 하루 이틀 사이에 언론의 성추문 관련 보도를 줄일 수 있다는 계산은 쉽게 할 수 있었고, 실제로 북미 정상회담 추진은 상당한 언론의 관심을 받았다.[11]

셋째, 트럼프 대통령이 유세 과정에서 제기한 약속 가운데 워싱턴의 전통적인 엘리트 집단을 상대로 망신을 줄 수 있는 기회라는 점에 주목할 필요가 있다. 트럼프 대통령은 2015년과 2016년 공화당 경선과 대통령 선거 과정에서 자신은 워싱턴의 기득권 연합 세력(the establishments)들이 국가와 국민을 위해 봉사하지 않고, 각기 자신의 이익을 위해 봉사한다고 비난하면서 자신이 집권하면 기득권 연합 세력의 잘못된 정책을 용납하지 않겠다고 강조했다. 북미 정상회담 추진과 관련한 미국의 전통적인 엘리트의 반대는 워싱턴 지배 집단을 용납하지 않겠다는 자신의 선거 유세 구호를 되살리는 상황을 만들어냈다.

이와 관련해 트럼프 대통령이 3월 8일 오후 5시쯤 백악관 회동을 마무리하는 과정에서 배석한 참모들에게 던진 말 한 마디는 전통적인 엘리트에 대한 트럼프 대통령의 부정적인 인식과 반감을 잘 보여준다. 트럼프 대통령 발언은 "그것 봐, 대화하는 것이 잘 한 거지!"였다.[12] 이 말은 북한과 대화하는 것에 대해 참모들이 반대해서 망설였지만, 자신은 지지하는 입장을 유지하면서 상황을 지켜봤는데, 문재인 대통령 특사단의 말을 들어보면, 자신의 판단이 맞았고, 참모들의 조언은 틀렸다는 것이 증명됐다는 인식을 함축적으로 표현한 것이다. 트럼프 대통령은 문재인 대통령 특사단과의 면담 상황을 계기로 자신을 무식한 기업인이나 연예인으로 취급한 전통적인 엘리트 참모들을 경질해도 문제가 없다는 자신감을 가진 것으로 보인다. 트럼프 대통령은 5일 뒤인 3월 13일 트위터에서 틸러슨 장관 경질을 공개했고,[13] 4월 9일에 맥매스터 보좌관을 경질했다. 매티스 장관과 켈리 비서실장도 4월 이후 미국 언론에 경질설이 끊이지 않았고, 결국 12월과 다음해 1월에 각각 경질됐다.

## 3. 외부 변수와 내부 변수

트럼프 대통령이 북미 정상회담 추진을 결정하는 상황에서 가시적으로 드러난 변수는 외부 변수다. 즉 문재인 정부 특사단이 트럼프 대통령에게 김정은 위원장과 회담할 것을 권고한 것이 외부 변수 내용이었다. '양면 변수 모델'을 적용하면 외부 변수는 관료 출신의 정책 참모가 담당하고, 정책 참모는 국가 이익 중심으로 문제를 검토한다. 그런데, 3월 8일 상황에서는 정책 참모가 트럼프 대통령에게 조언할 수 있는 기회가 거의 없었다. 정책 참모들이 해당 사안을 면밀하게 검토했다면 실무 협상을 통해 북한의 충분한 양보를 받아내는 노력을 먼저 전개하고 난 이후에 정상회담 추진을 건의했을 것이다. 실제로는 트럼프 대통령이 정상회담을 추진하는 쪽으로 결정이 났다. '양면 변수 모델'에 따르면, 이 결과는 트럼프 대통령이 국가 이익 중심의 관료적 검토를 생략하거나, 또는 최소한으로 진행하고, 곧바로 내부 변수 즉 선거 일정이나 권력의 정당성 제고 등에 민감하게 반응하는 정치적 고려를 중요하게 진행했음을 보여주는 것이다.

3월 8일 상황에서 내부 요인은 가시적으로 존재했다. 트럼프 대통령은 스토미 대니얼스의 소송 문제가 하루, 이틀 전에 불거진 상황에서 성추문 확산을 덮을 수 있는 소재를 찾고 있는 상황이었다. 두 번째로 11월 중간선거를 앞두고 선거 유세에 활용할 수 있는 정책 성과가 요구되는 시점이었다. 외교, 안보 분야에서 트럼프 대통령은 자신의 지지자들의 환호를 받을 수 있는 정책 성과가 몇 가지 있었다. 예를 들어 TPP(Trans-Pacific Partnership : 환태평양 경제 동반자 협정) 탈퇴, 파리 기후 변화 협정 탈퇴, KORUS FTA(Korea-US Free Trade Agreement : 한미 자유무역협정)와 NAFTA(North America Free Trade Agreement : 북미 자유무역협정) 파기 및 재협상 등이다. 그렇지만, 이런 조치들은 중도 진영 유권자까지 지지할 수 있는 중립적 성격의 외교 정책은 아니었다. 중립적 성격의 외교 정책 성과물 차원에서 트럼프 대통령이 준비한 것은 중국과의 무역 전쟁이었다. 트럼프 대통령은 준비한 대로 2018년 7월 6일, 중국 수입품 340억 달러, 우리 돈으로 38조 2천억 원 어치에 대해 25%의 관세를 부과했다. 3월 8일 시점에서는 미중 무역 전쟁을 준비하는 상황이었지만, 북핵 문제 해결도 11월 선거에서 활용할 수 있는 소재라는 점에 주목했을 것이다. 김정은 위원장이 비핵화 의지를 보였다는 한국 정부 판단이 존재하기 때문에 결과가 좋지 않더라도 자신만의 오판이 아니라고 할 수 있는 근거는 이미 확보한 셈이다. 김정은 위원장과의 정상회담은 그 자체로 역사적이고, 세계적인 사건으로 유명세 차원에서는 도움이 되는 일이었다. 트럼프 대통령이 중간 선거를 6개월 앞두고 북미 정상회담 추진을 결정한 것은 내부 변수에 더 민감하게 대응한 사례로 분류할 수 있다.


## IV. 하노이 정상회담과 '코언 청문회'

2019년 2월 27일과 28일 베트남 하노이에서 열린 제2차 북미 정상회담은 트럼프 대통령이 국내 정치 영향을 받았다는 점을 더욱 명확하게 보여주는 사례다. 미국 국내 정치가 하노이 정상회담에 얼마나 영향을 미쳤는지를 확인하기 위해 가장 중요한 결단의 순간을 지목하는 것이 효율적일 것이다.

트럼프 대통령은 하노이 현지 시각으로 2월 26일 저녁에 하노이 노이바이 국제 공항에 도착해서 숙소인 JW 매리어트 호텔로 직행했다. 다음날 27일 오전 베트남 주석과 총리를 잇따라 만나 미국-베트남 주요 현안을 논의했다. 오후에는 별다른 일정이 없었다. 저녁 6시 30분, 역사적인 제2차 북미 정상회담이 하노이 시내 중심가에 위치한 메트로폴 호텔에서 열렸다. 두 사람은 약 5분 동안 양국 국기 12장으로 배경을 꾸며놓은 공간에서 악수를 하는 모습을 보였다. 이후 약 5분 간 조그만 탁자를 사이에 두고 앉아서 환담했다. 이후 약 20분 가까이 단독 면담 일정에 이어 저녁 7시에 만찬 일정이 진행됐다.

만찬 테이블로 작고 둥그런 형태가 선정됐다. 친근한 분위기를 만들기 위한 배려로 해석됐다. 참석자는 북한에서 김영철 노동당 부위원장과 리용호 외무상이 나왔다. 미국에서는 믹 멀베이니(Mick Mulvaney) 백악관 비서실장 대행과 마이크 폼페이오 국무장관이었다. 인원 구성을 보면 존

볼턴 백악관 보좌관이 보이지 않는 것이 두드러진 특징이다. 이것은 트럼프 대통령이 김정은 위원장을 배려해 대북 강경파로 알려진 볼턴 보좌관을 제외한 것으로 해석됐다.

만찬 내용에 대해서는 잘 알려지지 않았다. 다만 트럼프 대통령은 트위터에 "훌륭한 만남이었고, 만찬이었다"면서 대화가 다음날 지속되기를 고대한다고 적었다. 트럼프 대통령은 그러나 바로 다음 트윗에서 의회 청문회에서 증언을 하게 되는 마이클 코언(Michael Cohen) 변호사에 대해 '사기꾼'이고 '거짓말쟁이'라고 극렬하게 비난하는 언급을 내놓았다. 트럼프 대통령은 김정은 위원장과의 저녁에 대해서는 의례적이고 소극적인 언급을 했지만, 코언 변호사 의회 청문회에 대해서는 자신의 감정을 강렬하게 반영해서 작성한 트윗을 올렸다. 트럼프 대통령이 몸은 하노이에 있지만, 마음은 워싱턴의 미 의회 청문회에 있고, 청문회 상황에 극도로 민감하게 반응하고 있다는 것을 보여준다.

다음날 2월 28일 오전 9시, 트럼프 대통령은 다시 김정은 위원장과 메트로폴 호텔에서 만나 단독 회담을 시작했다. 45분간의 단독 회담 일정에 이어 장소를 옮겨 다른 참모들이 참석하는 확대 정상회담이 시작됐다. 회담은 11시 55분 이전에 끝나고 업무 오찬이 시작될 예정이었다. 그러나 오찬은 시작되지 않은 채 오후 1시를 넘겼다. 백악관 대변인실에서 기자들에게 일정 변경을 통지하기 시작했다. 결국 1시 반에 두 정상은 각각 메트로폴 호텔을 떠나 각자 숙소로 이동했다. 오후 2시 트럼프 대통령은 숙소인 매리어트 호텔에서 기자회견을 갖고 회담 결렬 사실을 알리고 배경을 설명했다. 김정은 위원장은 숙소인 멜리야 호텔로 들어간 뒤 나오지 않았다. 그 날 밤 12시, 리용호 북한 외무상이 긴급 기자회견을 열고 북한은 적극적으로 협상에 임했지만, 미국이 협조하지 않아서 회담이 결렬됐다고 반박했다.

이처럼 하노이 회담 전체 일정을 회고하면 2월 28일 트럼프 대통령이 북한과 타협하는 내용의 합의문에 서명하는 문제를 고민하다가 결국 합의문을 채택하지 않기로 결정하는 상황이 가장 극적인 순간이었던 것으로 지목할 수 있다.

## 1. 정책 참모와 정치 참모

트럼프 대통령이 합의문을 채택하지 않기로 결정한 시점은 현지 시각으로 2월 28일 낮 12시를 전후한 시점으로 북미 정상의 확대 회담이 마무리되는 시점이었다. 이 때 트럼프 대통령을 보좌한 참모는 5명이었다. 회담장 테이블에 앉은 참모는 폼페이오 장관, 볼턴 보좌관, 그리고 멀베이니 대행이었다. 이 가운데 멀베이니 대행은 정치인 출신으로 명백하게 정치 참모다. 폼페이오 장관은 트럼프 대통령과 친분 관계로 CIA 중앙정보국장에 임명됐다가 국무장관으로 자리를 이동한 경우로 업무는 정치 참모 특징이 강하다. 볼턴 보좌관은 트럼프 대통령의 신임을 바탕으로 백악관 고위직에 임명됐지만, 공화당 진영에서 외교 정책 분야 최고 전문가 위상을 갖고 있어서 정책 참모 정체성이 강하다.

회담장 테이블 뒤편으로 참모 3명이 더 있었다. 스티븐 비건(Stephen Biegun) 국무부 대북정책 특별대표와 매튜 포틴저(Matthew Pottinger) 백악관 NSC 아시아 담당 선임국장, 앨리슨 후커(Allison Hooker) 백악관 NSC 한반도 담당 보좌관이다. 비건 대표의 경우 정상회담을 실무적으로 담당하는 정책 당국자 임무를 수행하고 있고, 외교 정책 분야 참모를 여러 차례 경험했다. 그러나 북한 문제와 관련한 정책 분야에서 전문성이 충분하지 않고, 트럼프 대통령 신임을 바탕으로 요직을 맡게 됐다는 점에서 정치 참모 특징이 더 강하다. 포틴저 국장도 대통령 선거 운동 캠프

출신으로 정치 참모로 분류할 수 있다. 후커 보좌관은 전형적인 정책 참모다.

그렇다면, 2월 28일 확대 정상회담 상황에서 정치 참모는 4명이고 정책 참모는 2명이다. 이 가운데 후커 보좌관은 다른 참모에 비해 지위가 한 등급 이상 낮아서 자기 주장을 강하게 제기할 수 있는 위치가 아니었다. 멀베이니 대행은 협상 주제와 관련해 전문성이 부족하기 때문에 구체적인 의견을 내기 어려웠다. 포틴저 국장도 장관급이 아니기 때문에 강하게 의견을 제시했을 가능성은 크지 않다. 비건 대표의 경우 실무 협상 대표인데다 대통령 신임도 있었지만, 폼페이오 장관 정책 노선에 충실한 태도를 보여서 독자적인 변수 요인으로 볼 수 없다.

결국 폼페이오 장관과 볼턴 보좌관이 대통령 정책 결정에 영향을 미칠 수 있는 실질적인 변수였다. 그런데 두 사람 모두 비핵화 협상 대상을 영변 핵시설에 국한하는 소규모 타협에 대해서는 반대하는 상황이었다. 볼턴 보좌관은 원칙적인 차원에서 일관성 있게 반대하는 입장을 제기했고, 폼페이오 장관은 국내 정치 상황을 고려한 것으로 추정된다. 폼페이오 장관은 스스로 연방 하원 의원 출신이고, 약 1년 8개월 뒤로 예정된 2020년 11월 대통령 선거와 총선거에서 상원의원 선거 출마를 고려하는 것으로 알려졌기 때문에, 미국 국내 정치 동향에 민감하게 반응해야 하는 처지다.

이와 관련해 북한은 미국 측이 하노이 회담에서 국내 정치 차원의 계산에만 골몰했다고 주장하면서, 볼턴 보좌관과 폼페이오 장관을 싸잡아서 비난했다.[14] 북한은 두 사람을 모두 비난했지만, 실제로 둘 중에서 국내 정치 계산에 집중한 사람은 폼페이오 장관이었다. 트럼프 대통령이 최종적으로 협상 결렬을 채택한 배경에는 폼페이오 장관 변수, 즉 정치 참모 의견을 더 많이 들었다고 추론할 수 있다.

## 2. 국가 이익과 정권 이익

북한 비핵화를 위해 소규모 타협을 하는 문제를 협상하다가 결국 결렬을 선택한 것이 미국의 국가 이익을 고려한 것인가? 아니면, 트럼프 대통령 개인 또는 트럼프 대통령 추종 세력의 이익을 고려한 것인가?

북한과의 정상회담에서 북한 비핵화가 미국의 국가 이익의 주요 부분이라는 것에 대해서는 이론의 여지가 없다. 그러나 하노이 회담 결렬이 비핵화 노력에 도움이 되는지에 대해서는 논란의 여지가 있다. 회담 결렬이 비핵화에 도움이 된다는 주장은 북한과 설익은 비핵화 합의를 한 이후 북한 속임수에 넘어가서 결국 북한 핵 보유를 기정사실화하고 북한에 대한 경제 제재가 무기력화하는 상황을 전제로 한 것이다. 하노이 회담이 끝난 뒤 협상과 관련해서 북한과 미국이 제기한 설명에 따르면, 북한은 비핵화를 추진하기 위해 단계별 합의와 이행을 제안했고, 미국은 포괄적 합의를 제안했다.[15] 김정은 위원장은 영변 핵 단지를 모두 폐기하겠다면서 2016년 이후 부과된 유엔 안보리 대북 경제 제재 가운데 민생 분야 해당 제재를 해제할 것을 요구했다.[16]

북한 제안을 보면 영변 핵 시설 이외에 다른 지역에 있는 핵 시설에 대해 존재를 인정하는지, 2단계 협상에서 폐기를 추진할 것인지 등에 대해 언급이 없고, 장거리 미사일 문제도 언급이 없다. 이 합의문이 채택됐다면 북한은 민생 분야에서 제재가 해제되기 때문에 경제 발전에 박차를 가할 수 있었을 것이다. 그러나 만약 북한이 1단계 합의만 하고 2단계 합의를 장기적으로 미루는 사태가 발생한다면, 비관론자들의 주장대로 북한 핵보유는 기정사실화하고, 대북 제재는 무기력화할 가능성이 있다. 이 관점에서 보면 하노이 회담 결렬은 미국 국가 이익에 부합한다.

그렇지만, 반대 의견도 있다. 북한 비핵화라고 하는 극도로 어려운 과제를 해결하기 위해서는 단계적인 접근을 해야 한다는 것이다. 우선적으로 1단계 합의를 하고, 2단계 또는 3단계 협상을 통해 완전한 비핵화를 추구하는 방식이다. 1단계 합의를 하게 되면 북한을 개혁과 개방으로 유도할 수 있고, 그 결과 2단계와 3단계 협상이 이어질 것이라는 전망을 바탕으로 한다.

1단계 합의를 해놓고 북한이 2단계 합의를 외면하는 상황을 걱정할 수 있지만, 북한에 대한 경제 제재는 부분적으로 지속되고, 특히 컴퓨터 관련 기술을 포함한 첨단 기술 분야에서는 북한으로 반입하는 것이 계속해서 금지된다. 반대로 단계별 합의에 반대해서 1단계 합의를 하지 않는다면, 북한은 결국 비핵화를 하지 않을 것이기 때문에 핵확산 차원에서 문제가 해결되지 않는 상황이 유지된다. 이것은 미국에게 명백하게 손실이다. 특히 북한 핵 문제 가운데 가장 시급한 과제는 북한의 핵무기 생산을 중단시키는 것이라는 견해도 있다.[17]

이런 시각에서 보면 트럼프 대통령이 영변 핵 시설 폐기를 제시한 김정은 위원장 제안을 수용하지 않은 것은 실수가 된다. 다만, 미국 전문가 가운데 북한과 단계별로 비핵화 합의와 이행 방안에 동조하는 경우는 찾아보기 어렵다. 그러므로 미국에서는 트럼프 대통령이 하노이 회담에서 결렬을 선택한 것은 미국의 일반적인 접근법을 감안하면 국가 이익에 부합하는 것으로 평가할 수 있다.

정권 이익을 기준으로 분석하면 일부 손실 요소가 있지만, 이익 요소가 상대적으로 큰 것으로 평가할 수 있다. 하노이 회담 결렬로 트럼프 대통령은 민주당과 주류 언론, 전문가 집단의 집중적인 비난 세례를 회피할 수 있었다. 이것은 하노이 회담에서 억지로 합의문을 채택했을 경우 집중적인 비난 공세가 있었을 것으로 예상할 때 상대적으로 이익으로 볼 수 있다. 더구나 트럼프 대통령은 야당 진영에서 북한과의 협상에 준비가 되지 않았고, 회담을 하게 되면 김정은 위원장 속임수에 넘어갈 것이라는 지적에 반박할 수 있는 근거를 마련한 것은 상당히 큰 장점이다.

트럼프 대통령은 하노이 회담 결과를 설명하는 기자회견에서 북한에 포괄적 합의를 요구했는데, 북한은 이를 수용하지 않았다면서 협상 결렬 이유를 밝혔다. 동시에 협상 과정에서 합의문이 있었고, 서명할 수도 있었지만, 타이밍이 좋지 않아서 서명하지 않았다고 말했다.[18] 여기서 말하는 타이밍이 어떤 맥락인지 명확하지 않다. 그러나 북한 설명을 보면 국가 이익이 아니라 정권 이익에 충실한 태도로 협상했다는 것을 유추할 수 있다. 하노이 정상회담이 끝나고 약 2주일이 지난 3월 15일, 북한 최선희 외무성 부상은 평양에서 기자 설명회를 열고 회담 상황에 대한 북한 입장을 구체적으로 제기했다.

> "우리가 이번에 본데 의하면 미국 측은 조미관계 개선이라든가 그 밖의 다른 6·12 공동성명 조항들의 리행에는 일체 관심이 없고 오직 우리와의 협상 그 자체와 그를 통한 결과를 저들의 정치적으로[19] 만드는데 리용하려고 한다는 것을 느끼게 되었다. 애당초 미국 측은 6·12 공동성명을 리행하려는 의지가 없이 저들의 정치적 리해 관계에 따르는 계산법을 가지고 이번 수뇌회담에 나왔다는 것이 저의 판단이다. 새로운 조미관계수립과 조선반도의 항구적이며 공고한 평화체제 구축, 조선반도의 완전한 비핵화 등 6·12 공동성명에서 합의된 사항들을 리행하기 위한 실천적인 결과물들을 만들기보다는 오직 저들에게 정치적으로 득이 될 수 있는 결과물들을 따내면 그만이라는 것이 미국 측의 계산이었다."[20]

북한 주장은 트럼프 대통령 트위터를 보면 상응하는 요소가 있다는 점에서 신빙성이 큰 것으로 판단된다. 트럼프 대통령은 3월 4일 트위터에서 다음과 같이 주장했다.

> "북한과 매우 중요한 핵 관련 정상회담을 하는 시간에 민주당이 유죄 판결을 받은 거짓말쟁이, 사기꾼을 불러 청문회를 진행한 것은 미국 정치 역사상 가장 저급한 사례이고, 회담 결렬에도 기여했을 수 있다. 대통령이 외국에 나가 있을 때는 그런 일을 다시는 해서는 안 될 것이다. 부끄러운 줄 알아야 한다."[21]

이처럼 국가 이익과 정권 이익을 구분해서 분석한 결과 트럼프 대통령이 하노이 회담에서 결렬을 선택한 것은 국가 이익을 고려한 측면을 부정할 수는 없지만, 정권 이익을 고려했다는 점도 신빙성이 크다고 판단할 수 있다.

### 3. 외부 변수와 내부 변수

트럼프 대통령이 합의문 채택을 포기하겠다고 결정하는 상황에서 외부 변수는 협상 상대방인 김정은 위원장이 제시한 조건이었고, 내부 변수는 미국 국내 정치 상황이었다. 둘 가운데 외부 변수에 대해서는 모호한 요소가 크지만, 내부 변수에 대해서는 계산이 간결하다.

김정은 위원장이 하노이에서 제시한 비핵화 협상 타결 조건은 1단계에서 영변 핵 시설 폐기를 하는 대가로 유엔 안보리 대북 제재 가운데 민생 분야 일부를 해제하는 것이었다. 최선희 북한 외무성 제1부상에 따르면 이에 대해 트럼프 대통령은 수용하는 방안을 적극 검토했다. 트럼프 대통령은 스냅백(snap back) 조항, 즉 일단 합의를 하되 북한이 비핵화 이행을 하지 않거나 속임수를 썼다는 것이 확인되면, 즉시 해제했던 대북 경제 제재를 되살리는 조항을 포함하면 합의를 해도 된다는 입장을 보였다. 그러나 트럼프 대통령은 결국 볼턴 보좌관이나 폼페이오 장관 등 참모들의 만류에 따라 김정은 위원장 제안을 거절했다. 외부 변수에 대해 검토한 결과 호응하지 않는 쪽으로 결단을 내린 것이다.

트럼프 대통령은 하노이 정상회담 일정을 잡는 상황에서도 내부 변수, 즉 국내 정치 일정을 민감하게 고려한 것으로 나타났다. 2차 정상회담이 추진되는 과정에서 미국의 정치 전문 매체 <폴리티코>를 비롯한 미국 언론에서 강렬한 비판 보도가 나왔다.[22] 신문은 2018년 11월 중간선거에서 트럼프 대통령의 공화당이 민주당에게 참패를 당하면서 하원 다수당 지위를 내준 이후 국내 정치적으로 실패를 거듭했다고 평가했다. 이어 트럼프 대통령이 35일 간 지속된 연방 정부 폐쇄 결정을 스스로 철회하는 실패를 경험했다면서 이런 실패를 만회하기 위해 일부에서 '헛걸음'이라고 전망하는 북한 독재자와의 담판에 나섰다고 지적했다.

하노이 정상회담에 영향을 준 미 의회 청문회 날짜가 정해지는 과정을 보면 미국 국내 정치의 영향은 더욱 뚜렷하다. 하노이에서 회담이 열렸던 2월 27일과 28일, 미국 워싱턴에서는 과거 트럼프 대통령의 변호인을 했던 마이클 코언이 미 하원 공개 청문회에 나와 트럼프의 불법적이고 비도덕적 행태에 대해 증언했다. 청문회는 당초 2월 7일로 예정됐지만, 코언 변호사 요청으로 연기되는 과정에서 2월 27일과 28일로 조정됐다.[23] 이는 트럼프 대통령을 견제하는 민주당 측에서 의도적으로 하노이 정상회담 날짜에 맞춘 것으로 볼 수 있는 장면이다. 트럼프 대통령 자신도 2월 28일 회담이 결렬로 끝난 뒤 하노이에서 진행한 기자회견과 워싱턴으로 돌아온 이후 여러 차례에 걸쳐 미 의회 청문회 일정이 정상회담 일정과 겹친 것은 잘못이고, 회담에 영향을 미쳤다면서 불만을 표명했다.

이처럼, 하노이 정상회담에서 트럼프 대통령이 외부 변수와 내부 변수에 적극적이고 민감하게 반응한 것을 확인할 수 있다. 외교 협상에서 외부 변수에 반응하는 것은 지극히 당연한 일이지만, 내부 변수에 반응하는 것은 적절한 일이 아니다. 그럼에도 불구하고 트럼프 대통령이 하노이 정상회담에서 결렬을 선택하는 과정에서 내부 변수도 고려했다는 점에 대해서는 의심할 필요가 없을 것이다.

## V. 김정은 위원장의 정당성과 외교 정책

김정은 위원장의 외교 정책 결정 과정을 분석하는 작업은 미국 외교 정책을 분석하는 경로와 다르다. 권력 정당성의 종류가 다르면 정치 방식과 특징도 달라지기 때문이다.[24]

막스 베버에 따르면 권력 정당성에는 카리스마 정당성과 전통적 정당성, 법적-합리적 정당성 등 세 가지가 있다.[25] 이 가운데 일반적인 민주 국가의 권력 정당성은 합리적 정당성에 해당한다. 또한 엘리트 운용 체제도 카리스마 공동체, 가산제, 관료제 등 세 가지가 있고, 민주 국가의 경우 관료제가 일반적이다.[26] 북한 최고 지도자 김정은 국무위원장의 권력 정당성 종류는 전통적 정당성이고, 엘리트 운용 체계는 가산제이다.[27] 그러므로 정책 참모나 정치 참모의 구분, 국가 이익과 정권 이익의 구분 등에서 민주 국가와는 다른 특성을 보인다.

북미 정상회담 추진이라는 사안 자체는 미국 입장에서 외교, 안보 분야에서 중대 결단 대상이지만, 북한 입장에서는 결단 대상이 아니다. 오히려 다양한 이유로 미국과의 정상회담 성사를 상시적으로 추진해왔다.[28] 북한에서 보면 미국과의 정상회담 자체가 아니라, 정상회담을 성사시키기 위한 전제 조건 의미를 지닌 '비핵화'가 결단 대상이다. 김정은 위원장이 자신의 권력 근간으로 알려진 핵 무기를 포기하는 결단을 내린 배경이 관심 대상이다.

북미 정상회담 추진이 결정되는 과정에서 미국에서는 3월 8일 오후 4시 15분에서 5시가 결정적인 순간이었지만, 김정은 위원장에게는 문재인 대통령이 파견한 한국 정부 특사단을 면담하던 3월 5일 오후 6시부터 7시까지가 결정적인 순간이다. 특사는 정의용 청와대 국가안보실장, 서훈 국가정보원장이었다. 수행원은 천해성 통일부 차관, 김상균 국가정보원 2차장, 윤건영 청와대 국정상황실장 등 3명이었다. 이들은 3월 5일 낮 1시 50분쯤 특별기 편으로 성남 서울공항을 이륙했다. 1시간 만에 평양 순안공항에 도착한 특사단은 공항에서 리선권 조국 평화통일 위원장 등의 영접을 받았다. 숙소인 평양 대동강변 고방산 초대소에는 3시 40분쯤 도착했다. 속소에는 김영철 노동당 부위원장 겸 통일전선부장이 찾아와 특사단의 평양 방문 일정에 대해 약 15분간 협의했다. 협의에 따라 김정은 위원장 면담은 전격적으로 2시간 뒤인 오후 6시로 정해졌다.

6시에 면담이 시작되자 수석 특사인 정의용 안보실장은 문재인 대통령의 친서를 전달했다. 김정은 위원장은 내내 협조적인 자세를 보였다. 남측이 어떤 문제를 제기하면, 사전에 설명을 들어서 알고 있다고 하면서 남측이 편리한 대로 하자는 식으로 반응했다.[29] 1시간 만에 남북 정상회담 일정과 장소 등 주요 사안에 대해 합의가 이뤄졌다. 면담이 끝나고 환영 만찬이 이어졌다. 밤 10시까지 진행된 만찬 자리에 김 위원장 부인 리설주 여사가 나왔고, 음식이나 장식 등에서 최고의 격식을 갖춘 식사였다.[30]

## 1. 정치 참모와 정책 참모

가산제가 운용되는 북한에서 모든 참모는 최고 권력자의 가신으로, 정치 참모와 정책 참모를 구분하기 어렵다. 민주 국가에서는 최고 정책 결정자의 정치 권력 장악, 즉 선거 운동에 참여하는 절차나, 혈연 관계 등 특별한 친분을 바탕으로 정치 참모 지위를 얻게 된다. 실질적인 선거가 없는 가산제 국가에서 정치 참모는 권력 장악이 아니라 권력 유지 임무를 담당하는 참모를 의미한다. 구체적으로 노동당 조직지도부와 선전선동부, 또는 당 서기실 관리를 정치 참모로 볼 수 있다.

그 중에서도 외교 정책과 관련해 김정은 위원장에 대해 직접적으로 보좌관 역할을 할 수 있는 측근 참모 또는 고위 참모를 지목하면, 김여정 노동당 중앙위원회 제1부부장, 최룡해 최고인민회의 상임위원장, 김창선 국무위원회 부장, 조용원 노동당 조직지도부 제1부부장, 리수용 노동당 부위원장 등을 지목할 수 있다. 김여정 제1부부장은 최고 지도자 김정은 위원장의 친동생이고, 최룡해 상임위원장은 김일성 가문과 동지적 관계를 갖고 있는 빨치산 가문 후손으로 당 조직지도부장을 역임했다. 국무위원회에서 의전 비서관 역할을 수행하는 김창선 부장은 김정일 국방위원장도 수행한 경력이 있을 정도로 김일성 가문의 대표적인 측근 가신이다. 조용원 제1부부장은 김정은 위원장 현지 지도 수행 빈도 1위를 기록 중인 최측근 참모다. 리수용 부위원장은 스위스 주재 대사 시절, 현지 유학을 했던 김정은 위원장 보호자 역할을 했다.

반면에 북한에서 고위급 관리지만, 정책 참모 특성이 우세한 참모는 김정은 위원장이 집권하기 이전부터 특정 정책을 담당한 전문가 출신 관리들이다. 형식상 북한의 국가 수반 역할을 했던 김영남 전 최고인민회의 상임위원장이나 박봉주 전 내각 총리, 노동당 통일전선부 부장 자격으로 대남 정책이나 북미 대화를 담당했던 김영철 당 부위원장, 외무성 리용호 외무상이나 최선희 제1부상 등은 정책 참모 성격이 우세한 것으로 분류할 수 있다.

3월 5일 저녁 김정은 위원장의 남측 특사단 면담 일정에 배석한 사람은 김여정 제1부부장과 김영철 부위원장이다. 김여정 제1부부장은 정치 참모인 만큼 김 위원장의 권력 정당성 제고 등 정권 이익에 초점을 맞춰서 정책을 검토했을 것이다. 정책 참모인 김영철 부위원장은 국가 이익 차원에서 관료적 검토를 진행했을 것이다. 다만, 김영철 부위원장이 김정은 위원장과 대화하는 모습을 보면, 극도로 저자세를 보인다.[31] 김여정 제1부부장과 비교할 수 없을 정도로 미미한 위상을 가졌다고 평가할 수 있다. 김정은 위원장이 관료적 검토 결과보다는 정치적 검토 결과를 중시했을 가능성을 보여준다. 그런데, 이 자리에서도 김정은 위원장은 남측 특사단과 면담을 하는 과정에서 정책 결정을 내렸다. 그러므로 3월 5일 면담 상황에서 참모의 변수 요인은 적었다고 판단할 수 있다.

한편, 김여정 제1부부장은 3월 5일 면담 이전인 2월 11일 밤에 이미 김정은 위원장에게 대남 정책이나 대미 정책에 대해 중요한 조언을 했다. 2월 9일, 김정은 위원장 특사 자격으로 서울을 방문해 2박 3일 간 남측에 머물면서 평창 동계 올림픽 참관과 북한 선수단 격려, 청와대 방문, 북측 예술단 공연 관람 등의 일정을 진행했다. 11일 밤 9시 55분, 서울 일정을 모두 마치고 특별기인 북한 정부 비행대 전용기 참매 2호기를 이용해 인천공항을 떠나 밤 10시 40분, 평양 순안 공항에 도착했다. 이후 김정은 위원장을 찾아 사흘간의 남한 방문 결과, 특히 남측 의중과 미국 측의 동향 등을 상세하게 보고했다.

이에 대해 김정은 위원장은 정책 담당자들에게 남북 관계 발전 방향을 구체적으로 제시할 것을 지시했다. 김 위원장은 북측 방남단 편의와 활동을 보장하기 위한 남측 성의가 인상적이었다면서 사의를 표명했다. 이어 평창 올림픽을 계기로 남북 화해와 대화의 좋은 분위기를 더욱 승화시켜 훌륭한 결과를 계속 쌓아 나가는 것이 중요하다면서 정책 담당자들에게 남북 관계 발전 방향을 구체적으로 제시할 것을 지시했다.[32]

2월 13일 북한 매체에 나온 김정은 위원장의 남북 관계 개선 지시는 미국 측 동향과 남측 의중에 대한 김여정 제1부부장 보고를 받은 이후 나온 판단으로, 북미 대화와 비핵화 결단을 포함한 것일 가능성이 크다. 김여정 제1부부장 보고와 건의 중에는 남북 정상회담이 들어있고, 문재인 대통령이 북미 대화와 비핵화 결단을 선결 요건으로 제시했다는 점도 포함됐기 때문이다. 그러므로 김정은 위원장의 정책 결정은 상당한 부분에서 2월 11일 밤에 이뤄진 것으로 볼 수 있고, 이런 기류 속에서 3월 5일 저녁, 북미 대화를 적극 권고하는 남측 특사단의 제안을 흔쾌히 수용하는 양상으로 이어졌다. 시간 흐름으로 볼 때, 김정은 위원장이 북미 정상회담을 추진한다는 의사 결정을 내린 것은 정책 참모의 조언도 있었겠지만, 정치 참모인 김여정 제1부부장의 보고와 건의가 결정적이었다는 판단을 내릴 수 있다.

## 2. 국가 이익과 정권 이익

3월 5일 저녁 시점에서 비핵화 결단은 북한의 국가 이익에 어떤 영향을 미칠 것인가? 손실보다는 이익이라는 계산이 나올 수 있다. 김정은 위원장이 말한 비핵화 결단은 무조건 핵 무기 포기가 아니라, 단계적이고 동시적인 조치를 의미하는 것이다. 만약, 미국이 한국과 연합해서 북한을 침공할 경우 재래식 군사력으로는 국토 방어가 불가능한데, 핵무기가 있어서 침공할 경우 방어가 되고, 나아가서 침공 자체를 예방할 수 있다는 것이 북한 논리다.[33] 그러므로 북한 처지에서 비핵화는 미국 침공을 억지할 수 있는 안전판이 사라지는 것을 의미하는 것이다.

이런 사정이 있기 때문에 김정은 위원장은 비핵화 의지를 표명하면서, "북한에 대한 군사적 위협이 해소되고, 북한의 체제 안전이 보장"돼야 한다는 조건을 제시했다.[34] 그렇게 된다면, 핵무기 보유에 해당할 정도로 안전한 국가 방어 대책이 마련된 이후에 핵 무기가 폐기될 것으로 예상할 수 있다. 안전한 대책이라고 하면, 북미 수교와 평화협정 체결, 각종 대북 경제 제재 해제와 대북 경제 지원 등을 들 수 있다. 만약 만족할 만한 수준의 상응 조치가 나오지 않는다면, 비핵화는 없고, 핵무기 보유는 달라지지 않는다. 오히려 핵 보유국 지위를 기정사실화하는 부수적인 효과도 거둘 수 있다. 결국 비핵화 협상이 결렬된다고 해도 외부 침공은 가능하지 않고, 안보에 공백이 생길 이유는 없기 때문에 국가 이익 차원에서 손실도 없다.[35]

비핵화 결단이 성공적으로 진행된다면, 북한은 안보 분야에서 우려 사항을 해소하는 방향으로 상응 조치를 전제로 해서 경제 발전을 기대할 수 있다는 점에서 이익이다. 대북 경제 제재는 북한의 핵 무기 개발 프로그램을 중단시키는 데는 실패했지만, 경제 발전 가능성을 제약한다는 점에서 북한을 압박하는 의미가 있다. 유엔 안보리 대북 제재 등을 포함한 국제사회 대북 제재 때문에 북한에 대한 투자와 교역 등이 사실상 전면 금지된 상황이 수년째 지속되고 있다. 만약 경제 제재 해제를 얻어낼 수 있다면, 북한은 국제 자본가나 기관의 투자나, 교역을 통한 외화 확보 등을 통해 획기적인 경제 발전을 기대할 수 있다. 따라서 김정은 위원장이 결단한 비핵화는 안보에는 득실 변화가 없고, 경제 발전의 가능성을 높이는 만큼 국가 이익 차원에서 검토하면 이익이다.

정권 이익 차원에서 비핵화 결단은 김정은 위원장의 권력 정당성에 변화를 주면서 위험 요소와 기회 요소를 동시에 안겨준다. 김 위원장은 김 일성 주석의 손자고, 김정일 국방위원장의 아들이라는 사실 때문에 북한 최고 지도자가 된 인물로, 전형적인 전통적 정당성 지도자다. 권력 정당성 차원에서 김정은 위원장에게 상대적으로 부족한 것은 카리스마 요소와 법적-합리적 요소다. 김정은 위원장이 만약 비핵화 결단을 통해 북미 수교를 이끌어내고, 미국과 평화 협정을 체결하고, 대북 제재 해제와 경제 발전을 이뤄낸다면, 카리스마 요소를 크게 강화하면서 권력 정당성을 증대하게 된다.

다만, 전통적 정당성 요소 가운데 가장 중요한 부분이 제국주의 반대와 자주 민족 국가 건설이라는 점에서 모순이 발생할 수 있다. 김정은 위원장이 미국과 핵 담판을 진행하는 것에 대해 북한 내부에서는 혁명과 투쟁 대열에서 이탈해 제국주의 미국과 타협하고, 굴복했다는 비난이 나올 가능성이 존재한다. 그러므로 김정은 위원장은 비핵화를 수반한 미국과의 협상에서 성공하는 경우에 제국주의 강대국 미국을 한반도에서 축출하고 자주 민족 국가를 건설한다는 국가적 과제에서 이탈하지 않았다는 설명을 해야만 한다. 만약 김정은 위원장이 비핵화 결단과 그에 수반하는 미국과의 관계 개선에 대해 미국을 굴복시킨 결과라는 선전을 설득력 있게 제시하지 못한다면, 권력 정당성의 위기를 맞을 가능성은 크다고 하겠다.

그런데, 김정은 위원장은 비핵화 결단을 고민하는 와중에 북한의 비약적인 경제 발전을 이뤄내야 하는 과제를 안고 있었다. 김정은 위원장은 2011년 12월 집권 이후 북한 주민들에게 민생 경제 발전에 대한 의지와 구상을 자주 피력했다. 냉전 종식 이후 북한이 국제 사회에서 고립되고, 미국과 대결 국면에 빠져들면서 북한 주민들은 경제 발전 기회를 갖지 못했고, 여전히 극빈국 위상에서 벗어나지 못하고 있다.

김정은 위원장 결단에 의해 시장 요소를 대폭적으로 도입해서 북한 경제가 발전 추세를 보이고는 있지만, 국제사회 대북 제재로 획기적인 경제 발전 가능성은 원천적으로 봉쇄된 상태다. 더군다나 김정은 위원장은 2016년 5월에 제7차 당대회를 열고, 국가경제발전 5개년 전략을 채택하고, 2021년 5월까지 경제 발전에 대한 기대감을 증폭시킨 바 있다. 북한 주민들의 기대감이 상당히 커진 상태이기 때문에, 김정은 위원장이 빠른 시일 내에 가시적인 성과를 제시하지 못한다면, 북한 주민들의 불만을 사게 될 가능성이 있다.

그러므로 비핵화 결단은 한편으로 김정은 위원장에게 정권 이익 차원에서 위험 요소가 되지만, 기회 요소도 된다. 즉 비핵화 결단으로 전통적 권력 정당성에 위기가 생길 수 있지만, 가시적인 경제 발전을 이룬다면 카리스마 권력 정당성을 증대할 기회가 생긴다. 그런데 어떤 경우든 경제 발전이 되지 않으면 다른 종류의 권력 정당성에 누수가 생긴다. 그러므로 김정은 위원장은 경제 발전을 반드시 추진하고 성과를 내야 하고, 그러기 위해서는 비핵화 결단을 내려야 하는 처지에 직면한 상황이다. 정권 이익 차원에서 비핵화 결단은 손실 요인이 다소 있지만, 이익 요소가 상대적으로 더 크다고 할 수 있다.

## 3. 외부 변수, 내부 변수

김정은 위원장이 비핵화 결단을 내리면서, 외부 변수와 내부 변수 가운데 어느 쪽에 더 영향을 받았을까? 2018년 3월 5일 상황에서 외부 변수는 문재인 대통령의 외교 노력과 도널드 트럼프 미국 대통령의 대북 정책인 최대 압박과 관여 정책이었다. 내부 변수는 2016년 5월에 시작한 국가경제발전 5개년 전략에서 가시적 성과를 내는 것으로 지목할 수 있다.

김정은 위원장이 3월 5일 저녁 남측 특사단과 면담하는 자리에서 비핵화 의지를 밝힌 것은 문재인 대통령 제안을 수용한 결과였다. 문재인 대통령 제안은 특사단 북한 방문에 앞서 2월 10일 서울을 방문한 김여정 노동당 제1부부장을 만난 자리에서 나왔다. 이 자리에서 김여정 제1부부장이 남북 정상회담 개최 제안이 담겨있는 김정은 위원장 친서를 전달했다.

이에 대해 문재인 대통령은 "여건을 만들어 성사시켜 나가자"고 답변하면서 "남북 관계 발전을 위해서도 북미 간의 조기 대화가 반드시 필요하다"고 말했다. 북미 대화 핵심 주제는 비핵화 문제인 만큼 문재인 대통령은 김정은 위원장에게 비핵화를 주제로 북미 대화를 해서 성과를 내는 노력이 진행돼야 남북 관계 개선 노력이 진행될 수 있음을 설명한 것이다. 이것은 북미 대화나 비핵화 문제와 남북 관계 개선 문제를 분리해서 처리하던 김정은 위원장에게 혼란과 고민거리를 안겨준 것이고, 3월 5일 김 위원장의 답변은 약 4주간의 고민의 결과였다.

도널드 트럼프 미국 대통령은 2016년 11월 당선되고, 2017년 1월 취임했다. 취임 100일 즈음인 4월, 자신의 대북 정책에 "최대 압박과 관여(maximum pressure and engagement)"라는 이름을 붙이고, 북핵 문제 해결을 위해 적극적인 조치를 취하겠다는 입장을 밝혔다.[36] 이후 미국에서는 트럼프 대통령이 북한을 침공할 수 있다는 소문이 번졌다. 북한이 중장거리 이상의 미사일이나 우주 로켓이라고 주장하는 대형 로켓을 발사하거나, 핵실험을 강행하면 미국은 유엔 안보리를 소집해 과거에 상상했던 수준을 크게 뛰어넘는 내용의 대북 제재 결의안을 통과시켰다. 유엔 안보리 대북 제재 결의는 북한 민생 경제 분야에도 적용돼서 광물과 수산물, 유류, 섬유류 등의 교역이 금지됐다.

트럼프 대통령은 압박과 동시에 북한에 대해 과감한 유인 조치도 병행했다. 미국은 북한을 침공하지 않을 것이고, 휴전선 이북으로 진격하지 않을 것이며, 북한 정권 교체를 추구하지 않겠다는 입장을 공개적이고, 공식적으로 밝혔다.[37] 트럼프 대통령의 압박과 회유는 강력했기 때문에 김정은 위원장은 트럼프와 만나 비핵화와 상응 조치를 놓고 협상하는 방안에 대해 진지하게 고민했을 것이다.

국제 사회 대북 제재 역시 김정은 위원장의 비핵화 결단에 영향을 미쳤을 가능성이 있다. 국제 사회 대북 제재, 특히 미국의 대북 제재는 한국 전쟁 이후 시작된 것이다. 북핵 문제와 관련해서도 2006년 7월 유엔 안보리 결의 1695호가 채택된 이후 2017년 말까지 약 11년 동안 강화되는 추세를 보여왔다. 대북 제재가 강화될수록 북한은 그에 적응하는 역량을 꾸준하게 키워왔다. 북한이 국제사회 대북 제재에 압박감을 느껴서 굴욕적인 성격의 협상장에 나갈 가능성은 희박했을 것으로 추정된다. 그러나 북한이 핵 무기를 포기하지 않는다는 것은 국제적 고립을 견뎌야 하는 상황을 의미하는 것이다. 북한이 경제 발전을 희망한다면, 대북 제재는 치명적인 장애물이 될 수 있고, 압박 요인이 될 수도 있다. 그런데 김정은 위원장은 북한의 경제 발전을 추구하는 정책을 채택한 만큼 치명적 장애물 의미가 존재하기 때문에 비핵화 결단을 내리는 방안을 검토할 수밖에 없었을 것이다.

그렇지만, 이러한 외부 변수들이 김정은 위원장의 비핵화 결단에 영향을 미쳤을 것으로 판단하는 것은 합리적이지만, 내부 변수에 비해 상대적으로 더 큰 영향을 미쳤다고 결론을 내기는 어렵다. 문재인 대통령이나 트럼프 대통령과의 대화는 예전부터, 즉 이명박 대통령 시절과 박근혜 대통령 시절, 그리고 버락 오바마 대통령 시절에도 추진하던 정책이었다. 남북 정상회담이나 북미 정상회담 참여는 비핵화 결단을 전제로 하는 방안이다. 국제 사회 대북 제재 역시 그 자체로는 비핵화를 강제로 압박할 수 있는 요인이 아니고, 단지 김정은 위원장이 경제 발전을 하겠다는 의지가 있을 때만 의미가 살아나는 특성이 있다.

3월 5일 상황에서 내부 변수는 경제 발전과 관련한 것이다. 김정은 위원장이 2011년 12월 집권 이후 일관성 있게 중시한 화두는 경제 발전과 친정 체제 구축이었다. 친정 체제 구축은 2013년 12월 고모부인 장성택 처형과 2015년 5월 군부 진영의 측근 간부인 현영철을 처형하는 상황에서 정리가 된 것으로 보인다. 그러나 경제 발전은 전시성 사업 일부에서만 성과가 있는 것으로 보이고, 실제로는 진전이 없었다. 오히려 국제 사회 대북 제재 영향으로 경제 발전 전망은 어두웠다. 2017년 1월 1일 김정은 위원장의 신년사는 김 위원장이 경제 발전을 얼마나 강하게 소망하는지, 그리고 얼마나 크게 좌절하고 있는지를 보여줬다. 김정은 위원장은 다음과 같이 말했다.

"또 한 해를 시작하는 이 자리에 서고 보니 나를 굳게 믿어주고 한마음 한뜻으로 열렬히 지지해주는 세상에서 제일 좋은 우리 인민을 어떻게 하면 신성히, 더 높이 떠받들 수 있겠는가 하는 근심으로 마음이 무거워집니다. 언제나 늘 마음뿐이었고, 능력이 따라서지 못하는 안타까움과 자책 속에 지난 한 해를 보냈는데, 올해에는 더욱 분발하고 전심전력하여 인민을 위해 더 많은 일을 찾아 할 결심을 가다듬게 됩니다. 나는 티 없이 맑고 깨끗한 마음으로 우리 인민을 충직하게 받들어가는 인민의 참된 충복, 충실한 심부름꾼이 될 것을 새해의 이 아침에 엄숙히 맹약하는 바입니다."

북한에서 수령이 무오류성의 존재로 알려져 있는 상황에서 김정은 위원장 자책은 충격적이다. 발언의 진정성에 대해서는 논란이 있을 수 있지만, 공개적으로 이런 발언을 했다는 것 자체는 김 위원장이 경제 발전에 대해 민감하고 지대한 관심을 갖고 있음을 보여준다.

김정은 위원장이 2017년 신년사를 포함해 다양한 계기에 경제 발전에 막대한 관심을 보인 것은 김 위원장의 권력 정당성의 종류를 변경하는 결과를 가져온다는 점에 주의할 필요가 있다. 김 위원장은 본래 전통적 정당성이 우세한 지도자이기 때문에 전임 최고 지도자들의 유훈을 계승 발전시키는 노선에 충실하다면, 정치적으로 위기가 발생할 가능성이 거의 없다. 그런데도 불구하고 김정은 위원장은 스스로 북한 주민들에게 자신이 경제 발전을 주도하겠다고 반복적으로 선언한 만큼 말에 대해 책임을 져야 하는 상황이 생겼다. 김 위원장이 제시한 경제 발전에 대해 평가하는 계기는 중요한 국내 정치 일정에 나와 있다. 가장 먼저 돌아온 일정은 2018년 9월 9일 정권 수립 70주년 기념일이다. 김정은 위원장은 이 날에 획기적인 경제 발전 성과를 과시하는 것을 강렬하게 희망했을 것이다. 그 다음에는 2019년 4월 11일 개최된 최고인민회의 재편 행사다. 제13기가 막을 내리고 임기 5년의 제14기 최고인민회의가 출범한 날이다. 최고인민회의가 재편된 이후 열린 제1차 전체회의의 제1차 안건은 김정은 국무위원장 재선출이었다. 김정은 위원장 재선출 제안 문건에 가시적인 경제 발전 성과를 제시하는 것은 당연하고, 필요한 일이다. 김정은 위원장은 최고인민회의 시정연설에서 경제 건설 집중 노선을 자세하게 설명했다. 다음으로 중요한 일정은 2020년 10월 노동당 창건 75주년 행사다. 이 날은 노동당 창건 기념일이라는 의미도 적지 않지만, 2016년 시작된 국가경제발전 5개년 전략의 성과를 자랑스럽고 보고하고, 승리를 선언하는 축제의 날이 돼야 한다는 점에서 의미가 크다. 그렇다면, 김정은 위원장은 2020년 10월에 가시적인 경제 발전 성과를 제시하려면, 대북 제재가 해제돼야 하고, 제재가 해제되려면, 비핵화를 해야 한다는 점에 대해 충분히 인식하고 있을 것으로 추정된다.

## VI. 하노이 회담 결렬과 문책 논란

2019년 2월 27일과 28일 하노이에서 열린 제2차 북미 정상회담을 전후해서 김정은 위원장은 회담 결렬을 앞둔 상황이 결단의 순간이었다. 김정은 위원장은 하노이 정상회담에서 트럼프 대통령에게 비핵화 조치로 영변 핵 단지를 영구 폐기하고, 상응 조치로 2017년 이후 채택된 유엔 안보리 대북 제재 가운데 민생 분야와 관련이 있는 항목을 해제할 것을 요구했다. 그러나 트럼프 대통령은 영변 지역은 물론 영변 지역 이외의 핵 관련 시설 폐기 계획을 포함하는 포괄적 합의를 요구하면서 영변 지역에 국한한 핵 시설 폐기 방안을 수용하지 않았다.

2월 28일 낮 12시에서 약 1시 30분 사이에 김정은 위원장은 두 가지 대응 방안 가운데 하나를 선택해야 하는 기로에 섰다. 첫째, 트럼프 대통령이 요구하는 포괄적 합의 요구를 수용하는 것이다. 이것은 협상에서 굴복을 의미하는 것으로 경제 제재 해제를 기대할 수 있지만 미국의 안전보장 관련 상응 조치를 제대로 받아내지 못할 가능성이 적지 않다. 둘째, 트럼프 대통령과 우호적인 분위기에서 결렬에 합의하고, 다음 기회를 기다리는 것이다. 이 방법은 다음 기회가 다시 찾아올지 불투명하고, 경제 해제 시점도 늦어지는 것이 단점이다. 장점은 다음 기회가 올 경우 유리한 조건에서 합의를 이뤄낼 가능성을 유지하는 것이다. 김 위원장은 결렬을 수용하는 방안을 선택했다.

### 1. 정책 참모와 정치 참모

김정은 위원장이 결단을 내려야 하는 상황에서 가까운 거리에서 조언을 제공한 참모는 김영철 부위원장과 리용호 외무상, 최선희 외무성 제1

부상이었고, 김여정 제1부부장도 가까운 곳에서 대기하는 장면이 텔레비전 방송 화면에 노출됐다. 김여정 제1부부장을 제외하고 나머지 세 사람은 북한 기준으로는 모두 정책 참모 특성을 보이는 인물들이다. 세 명 모두 자기가 속한 정책 분야에서 청년 시절부터 장년, 또는 노년에 이르기까지 실무 능력을 키워온 엘리트들이다. 다만, 북한은 유일 지도 체계, 즉 독재 통치 방식을 택하고 있고, 엘리트 운용 방식은 가산제, 즉 모든 관리는 최고 지도자의 가신이라는 정체성을 갖고 있는 만큼 모든 정책 참모는 정치 참모의 역할을 수행하기도 한다. 특히 최선희 외무성 제1부상의 경우 내각 총리를 지낸 최영림의 수양딸로 북한에서는 유명한 엘리트 가문 출신이라는 점에서 정치 참모 요소도 병행하고 있다.

그런데, 김영철 부위원장은 하노이 정상회담이 시작되기 이전에 협상 준비 작업에 참여하지 못하는 등 구체적인 협상 상황에 대해 조언을 하지 못하는 처지가 된 것으로 보였다. 김정은 위원장은 북미 정상회담을 위해 하노이에 2월 26일 오전 11시쯤 도착했고, 오후에는 국무위원회 소속 김혁철 미국 문제 특별 대표 등 실무 협상 대표들과 주요 참모로부터 협상 준비 내용을 보고받았다. 그런데 김영철 부위원장은 이 자리에 불참했다. 보고회의 참석자는 김혁철 대표를 비롯해 최선희 외무성 제1부상, 김성혜 통일전선부 통일전선책략실장, 그리고 리용호 외무상이었다. 이 자리에 김여정 제1부부장이 없었던 점도 예상과는 다른 상황으로 평가할 수 있다. 김정은 위원장 결단 상황에서 참모진 구성을 보면, 정책 참모가 많았던 만큼 김정은 위원장이 미국이 요구에 굴복하지 않고, 협상 결렬을 택한 것은 정책 참모 조언에 의존한 결과로 정리할 수 있다.

## 2. 국가 이익과 정권 이익

유리한 조건으로 합의를 할 수 없기 때문에 협상을 결렬시키는 것과 불리한 조건이지만 합의를 하는 것 가운데 어느 쪽이 좋을 것인가? 국가 이익을 기준으로 본다면 결렬이 상대적으로 유리하다. 미국과의 비핵화 협상에서 북한의 국가 이익은 대북 경제 제재 해제를 받아내고, 북미 수교와 평화협정 체결을 이뤄내고, 상응 조치로 비핵화를 실행하는 것이다.

그런데, 미국이 제안한 방법은 포괄적 합의로 북한이 갖고 있는 모든 핵 시설을 신고하고, 폐기 계획을 제출하는 것이 주요 내용이다. 그에 반해 북한이 얻을 수 있는 상응 조치는 시시한 수준으로 평가된다. 미국 언론 보도에서 거론한 미국 예상 조치를 보면 북미 수교가 아니라 연락사무소 교환이고, 평화 협정 체결이 아니라 평화 선언 채택이다. 대북 경제 제재 해제도 완전 해제가 아니라 남북 경제 협력에 국한한 부분 해제 수준이다.[38] 북한 처지에서 본다면 조속하고 완전한 제재 해제가 언제 이뤄질지 전망하는 것도 어렵다는 점에서 매우 불리하다. 미국이 의도를 갖고 북한을 속이거나, 속일 의도가 없다고 해도 미국 국내 정치 흐름에 따라 대북 강경 정책을 강행할 가능성이 상당히 크다는 점도 불만 사항이다.

결렬을 선택하면, 불리한 내용의 합의문에 따른 구속을 받지 않고, 다음에 협상 기회가 있다는 것을 전제로 해서 더 많은 상응 조치를 얻어낼 수 있다는 기대감을 가질 수 있다. 물론 단점은 경제 제재 해제 부분에서 전혀 진전을 거둘 수 없다는 것이다. 그렇지만, 북한 처지에서 본다면 수십 년을 이어온 경제 제재였던 만큼 6개월 정도 추가로 기다리면서 더 좋은 조건으로 합의하는 상황을 선택하는 것은 합리적인 판단으로 평가된다. 앞서 지적한 대로 결렬이 아닌 방안, 즉 미국이 요구하는 포괄적 합의를 받는 것은 명백하게 불리하기 때문에 결렬을 선택하는 것은 상대적인 의미에서 합리적인 대응으로 볼 수 있다.

정권 이익으로 본다면 결렬을 선택한 것은 불리한 것으로 평가할 수 있다. 북한에서 정권 이익의 내용은 김정은 위원장의 권력 정당성을 증대하는지 여부로 판단한다. 김정은 위원장은 2011년 12월 집권 이후 거의 해마다 북한 주민들을 상대로 한 주요 연설에서 경제 발전에 대한 긍정적인 구상, 또는 비전을 제시해왔다. 김정은 위원장은 특히 북한의 획기적인 경제 발전을 가능하게 하도록 모든 사람이 국면 전환에 노력해야 한다고 강조했다. 그런 맥락에서 하노이 정상회담은 김정은 위원장이 경제 발전을 위해 획기적인 국면 전환을 가져오는 기회였다는 의미를 지니고 있다.

그런 기회에 김 위원장이 가시적인 성과를 거뒀다면 권력 정당성 가운데 부족한 요소인 카리스마 요소를 보강하는 상황을 만들었을 것이다. 그러나 그런 기대감이 존재하는 상황에서 성과를 거두지 못했기 때문에 오히려 카리스마 요소에서 점수가 줄어들었고, 원래 갖고 있는 전통적 정당성이 감소된 상황에 직면한 것이다. 그러므로 김정은 위원장이 불리한 조건이었다고 해도 합의문에 서명하고, 조금이라도 경제 발전을 위해 과감한 모습을 강조하는 것이 북한 국내적으로는 긍정적인 반응을 얻어낼 수 있었을 것이다.

김정은 위원장이 정권 이익보다 국가 이익을 중심으로 중대한 외교 협상 문제를 결정한 것은 현장에서 조언한 참모들이 정치 참모보다는 정책 참모가 많기 때문으로 분석할 수 있다. 다음으로 북한과 같은 유일 지도 체제에서는 민주 국가와 달리 국가 이익과 정권 이익이 상당히 일치하는 현상이 존재하기 때문에 김 위원장이 큰 고민에 빠질 필요가 없었던 것으로 판단할 수 있다. 그리고 트럼프 대통령이 김 위원장에게 다음에 협상 기회가 있을 수 있다는 점에 대해 상당히 강한 수준의 신뢰감을 준 것으로 추정할 수 있다.

## 3. 외부 변수와 내부 변수

김정은 위원장이 결단을 내리는 상황에서 외부 변수는 트럼프 대통령의 압박, 또는 설득이었고, 내부 변수는 김 위원장 스스로 국가 경제 발전 5개년 전략에 따라 가시적인 성과를 내야 한다는 압박감이었다.

트럼프 대통령과의 협상을 앞두고 김정은 위원장은 상당한 관심을 갖고 준비를 열심히 한 것으로 보인다. 그러나 실제로는 협상 전략 미비, 또는 협상 전망에 대한 오판으로 원하는 성과를 거두지 못했다. 협상을 앞두고 상당한 관심을 가졌다는 것은 미국과의 실무 협상팀을 개편한 것에서 감지할 수 있다. 협상팀 개편은 제2차 북미 정상회담 개최를 위한 사전 접촉 차원에서 김영철 노동당 부위원장이 2019년 1월 17일 워싱턴을 방문하는 상황에서 나타났다. 당시 김영철 부위원장을 수행한 북한 관리들은 김성혜 노동당 통일전선부 통일전선책략실장, 최강일 외무성 북미국장 대행, 김혁철 전 스페인 주재 대사, 박철 아시아태평양위원회 부위원장이었다. 싱가포르 정상회담을 전후해서 실무협상 대표를 담당하던 최선희 외무성 제1부상이 빠지고, 대신 김혁철 전 대사가 협상 대표를 맡았다. 실무협상팀을 개편한 것이 정상회담 준비에 도움이 됐는지에 대해서는 평가가 엇갈릴 수 있지만, 김정은 위원장이 협상 준비에 민감한 관심을 보였다는 점에 대해서는 의심할 필요가 없다.

김정은 위원장이 협상 준비에 관심을 보였는데도 협상이 결렬된 것은 협상 자체가 과도하게 어려운 과제였고, 미국 국내 정치에 대한 고려가 마지막 순간에 중시된 것과 더불어 북한 협상팀이 미국의 협상 전략을 오판한 결과라는 분석이 가능하다. 북한은 비핵화 조치로 영변 핵 단지를 영구 폐기하고, 상응 조치로 2017년 이후 채택된 유엔 안보리 대북 제재 결의 가운데 민생 분야 관련 조항을 해제해 달라는 요구를 제기했다. 북한은 이 제안이 수용될 것으로 판단한 것으로 보인다. 그러나 착각이었다. 트럼프 대통령은 영변 핵 단지 외에 다른 핵 관련 시설도 폐기 대상으로 포함할 것을 요구했고, 이에 대해 김정은 위원장이 수용하지 않아서 협상은 결렬됐다.

김정은 위원장이 협상 연장을 의미하는 결렬을 선택한 것은 외부 변수 대응 전략이 미비하다는 점과 더불어 내부 변수, 즉 경제 발전을 위한 획기적인 국면 전환 필요성에 집착한 결과로 분석된다. 북한 처지에서 최선의 시나리오는 영변 핵 단지 영구 폐기와 대북 경제 제재 가운데 민생 분야 해제를 교환하는 거래였다. 차선은 포괄적 합의와 단계적 이행, 즉 영변 지역 외에 다른 지역 핵 관련 시설도 폐기 대상으로 포함하되, 폐기 일정은 미국의 상응 조치에 따라 단계적으로 진행하는 일정표를 만드는 것이다. 차악은 미국이 요구하는 포괄적 합의를 수용하는 것이고, 최악은 미국과의 비핵화 협상의 판을 깨고, 충돌 국면으로 되돌아가는 것이다. 최선의 시나리오를 기대한 것은 미국 입장을 오판한 결과다. 차선이나 차악의 시나리오를 추진하지 못한 것은 상황을 오판하고, 다른 대안을 준비하지 않은 결과로 보인다. 김정은 위원장이 협상 파탄을 선언하지 않고, 트럼프 대통령과 웃는 얼굴로 헤어진 것은 미국과의 핵 담판이 북한 경제 발전에 필수 조건이고, 다음에 기회가 있을 수 있다는 트럼프 대통령의 설득에 관심을 보인 결과로 보인다. 만약 김정은 위원장이 내부 변수를 중시하지 않았다면, 김정은 위원장은 협상 국면을 일시적으로 파괴하는 방안도 신중하게 검토했을 것이다.

## VI. 외교 정책 결정에서 내부 변수 분석은 필수

2018년 6월 사상 최초의 북미 정상회담 성사 과정과 2019년 2월 제2
차 북미 정상회담 진행 상황을 분석한 결과 북한과 미국에서 모두 국내
정치 변수가 외부 변수에 비해 상대적으로 컸거나, 최소한 동등한 규모의
중요성을 지녔다는 결론을 얻을 수 있다. 정책 참모와 정치 참모의 역할
과 비중을 검토한 결과 트럼프 대통령의 경우 싱가포르 회담 상황에서는
참모들의 도움이 제한적이었고, 스스로 판단하는 상황이 두드러졌다. 민
주 국가에서 최고 정책 결정자가 정책 참모의 조언을 받지 않고 정책을
결정했다면, 정치적 검토, 즉 중간 선거나 재선거 일정 등 국내 정치 일정
이 외교 정책 결정에 중요한 변수로 작용한 것으로 추정할 수 있다. 트럼
프 대통령의 경우에는 성추문 등 불리한 여론을 전환하고, 불명예스런 상
황을 희석하는 수단으로 외교 정책을 활용한 정황도 발견할 수 있다. 하
노이 회담에서는 정치 참모의 조언을 받고 회담 결렬을 선택한 것으로 분
석됐다.

북한의 경우, 가산제 국가라는 특성이 강조되면서 모든 참모는 정책
참모 역할과 정치 참모 역할을 동시에 수행하는 특성을 보인다. 특히 김
정은 위원장은 가족이나 측근 가신을 정치 참모로 활용하면서, 그들의 견
해를 상당 부분 반영하는 특성을 확인할 수 있었다. 이런 조건에서 북한
에서 정치 참모 역할을 수행하는 측근 참모는 김정은 위원장과 정치적 공
동 운명체라는 정체성을 중시할 것으로 예상할 수 있다. 이들은 김정은
위원장의 권력 정당성을 유지, 또는 증진하기 위해 노력하는 사람이고, 국
내 정치 변수를 상대적으로 더 중시할 가능성이 크다고 볼 수 있다.

국가 이익과 정권 이익을 중심으로 검토한 결과 미국에서는 두 가지

개념이 충돌하고 모순하는 구조적 특성이 발견됐다. 모순적인 상황에서 트럼프 대통령 행정부에서는 국가 이익 계산에서 모호하고, 불투명한 요소가 있거나, 심지어, 불리하다는 견해가 존재해도, 정권 이익 차원에서 도움이 되는 경우에는 과감하게 정책을 추진하는 상황이 드러났다. 이어 국가 이익에 도움이 되는 결정이라는 홍보에 주력하는 행태가 두드러졌다. 북미 정상회담 추진의 경우 일반적인 엘리트는 반대했지만, 트럼프 대통령은 한반도 전쟁 상태 종식은 의미있는 일이고, 북핵 문제 해결은 과거 어떤 대통령도 해결한 적이 없다면서 자신의 노력을 정당화했다. 하노이 정상회담의 경우 국가이익에 부합하는 결론이 나왔지만 정권이익으로 계산해도 이익이라는 판단이 전제됐기 때문에 그런 결정을 내린 것으로 분석할 수 있다.

북한에서는 국가 이익과 정권 이익 요소가 상당히 겹쳐 있음을 확인할 수 있고, 이는 유일 지도 체제, 또는 가산제 국가의 특성, 즉 국가 이익의 내용을 해석하고, 규정하는 권한이 집권 세력에게 배타적으로 부여돼 있는 만큼 자연스런 일로 이해할 수 있다.

내부 변수와 외부 변수에 대응하는 차원에서 보면, 김정은 위원장과 트럼프 대통령이 모두 외부 변수에 효과적으로 대응하는 합리적 행위자 면모를 보였다. 그러나 동시에 이전부터 존재하던 내부 변수에 대응하는 차원에서 외부 변수를 활용하는 특성도 드러났다.

김정은 위원장의 경우 가시적인 경제 발전을 해야 한다는 국내 정치적 요인에 대응하는 차원에서 비핵화 의지를 표명하는 결단을 내린 것으로 해석할 수 있다. 하노이 정상회담에서 협상 결렬을 선택하는 과정에서도 경제 발전에 대한 의지는 중요한 변수였던 것으로 분석됐다. 그 반대, 즉 문재인 대통령의 권고나 트럼프 대통령의 압박, 또는 국제 사회의 경제 제재 압박에 영향을 받아서 비핵화 결단을 내렸을 가능성이 있지만, 상대적으로 내부 변수에 비해 더 크다고 볼 수는 없다.

트럼프 대통령의 경우에도 중간 선거나, 재선거 승리, 그리고 국내 정치적으로 성추문 희석을 추진하는 과정에서 북핵 문제 해결이라는 소재를 활용한 의미가 크다. 그 반대, 즉 북핵 문제를 해결하는 과정에서 자연스럽게 성추문이 희석됐다고 해석하는 것은 동의하기 어렵다.

제1차 북미 정상회담과 제2차 북미 정상회담에서 나타난 외교 정책 결정 과정을 분석한 결과 외부 요인도 중요하지만, 내부 요인, 즉 국내 정치 요소도 역시 외부 변수와 비슷하거나, 때로는 더 큰 규모의 영향을 미치는 것으로 나타났다. 외교 정책 결정 변수를 분석하고 평가하는 과정에서 국내 정치 변수를 정밀하게 따지는 것은 필수적인 절차라는 점이 거듭 확인됐다고 할 수 있다.

## 이 장의 주

1 김정은 북한 국무위원장과 시진핑 중국 주석은 2018년에 세 차례 정상회담을 진행했다. 1차 회담은 3월 25일부터 28일까지 시 주석 초청으로 김 위원장이 베이징을 방문했다. 4월 27일로 예정된 남북 정상회담을 앞두고 두 정상이 처음으로 만났다는 의미가 있다. 2차 정상회담은 김 위원장이 5월 7일과 8일 이틀 동안 랴오닝성 다롄을 방문해 이뤄졌다. 사상 최초의 북미 정상회담을 앞두고 두 정상이 상황 인식을 공유했다. 3차 방문은 6월 19일부터 20일 이틀 간 김 위원장이 베이징을 방문한 것으로, 북미 정상 회담 결과를 김 위원장이 시 주석에게 설명하기 위한 여행으로 분석됐다. 김정은 위원장은 2019년 1월 7일부터 10일까지 3박 4일 일정으로 중국 베이징을 다시 방문했다.

2 Robert D., Putnam, "Diplomacy and Domestic Politics : The Logic of Two-Level Games," *International Organization,* Vol. 42, No. 3(Summer 1988), pp. 427~460.

3 손병권, "양면게임," 전남대학교 세계한상문화연구단 국내학술회의, (2008. 8), pp. 1102~1103.

4 이 그림에서 표현하는 외교 정책 결정 모델은 필자의 2012년 박사학위 논문에

서 제안한 '양면 변수 합리성 정책 결정 모델'과 동일한 것으로 명칭을 '양면 변수 정책 결정 모델'로 변경한 것이다. 왕선택, 『북한과 미국의 '핵외교' 추세 분석』(북한 대학원 대학교 박사학위 논문, 2012), p. 27.

5 2018년 3월 8일 시점에서 트럼프 대통령은 정상회담 시기로 '5월까지(by May)' 라는 표현을 사용했다. 트럼프 대통령은 당초 4월을 제시했는데, 한국 정부 특사단이 4월에는 남북 정상회담이 예정됐다면서 5월로 미루는 것을 권고했고, 이것을 받아들여 5월로 했다. 그러나 실제로 북미 정상회담이 열린 시점은 6월 12일이었다.

6 2018년 5월 30일, 《NBC 뉴스》 보도, 2019년 5월 14일 검색.
https://www.nbcnews.com/news/north-korea/cia-report-says-north-korea-won-t-denuc learize-might-open-n878201.

7 Olivia Enos, "Why the U.S. Must Discuss North Korea's Prison Camps at the Trump-Kim Summit," *Backgrounder by Heritage Foundation*, no 3322, June 1, 2018.

8 2018년 3월 10일, 《로이터통신》 보도, 2018년 12월 30일 검색.
https://www.reuters.com/article/us-vanburen-northkorea-commentary/commentary-w hat-critics-of-north-korea-summit-get-wrong-idUSKCN1GL2WE.

9 트럼프 대통령은 북미 정상회담 개최와 관련해 구체적인 이유를 제시한 바는 없다. 다만 북미 정상회담이 끝나고 난 이후에 한반도 전쟁 상황을 종식하는 것이 의미있는 일이라는 주장을 제기해서, 평화를 위해 노력이라는 논리와 의미를 부여했다.

10 2019년 2월 13일, 《연합뉴스》 보도, 2019년 3월 31일 검색.
https://www.yna.co.kr/view/AKR20190213081951071?input=1195m.

11 2018년 3월 6일, 《더 힐》 보도, 2018년 12월 30일 검색.
https://thehill.com/blogs/blog-briefing-room/news/377095-stormy-daniels-files-l awsuit-against- report.

12 2018년 3월 9일, 청와대 고위 관계자 익명 브리핑.

13 2018년 3월 13일, 《더 힐》 보도, 2019년 4월 9일 검색.
https://thehill.com/homenews/administration/378073-tillerson-ousted-as-secretar y-of-state-report.

14 최선희 북한 외무성 부상은 2019년 3월 15일 평양에서 개최한 기자 간담회에서 미국은 싱가포르 정상회담에서 채택한 공동성명의 이행에는 관심이 없고 협상 그

자체와 그 결과를 통해 정치적 이득을 보는 데 이용하려 했다고 비난했다. 2019년 3월 26일《뉴스1》보도.

15 2019년 2월 28일, 트럼프 미국 대통령 하노이 기자회견. https://www.whitehouse.gov/briefings-statements/remarks-president-trump-press-conference-hanoi-vietnam/.

16 2019년 3월 1일, 북한 리용호 외무상 기자회견. https://www.yna.co.kr/view/AKR20190301006451504?input=1195m.

17 2018년 9월 28일, 저명한 북핵 문제 전문가인 지그프리드 헤커 박사는 연세대학교 특강에서 북핵 문제와 관련해 가장 긴급한 과제는 북한의 모든 핵 활동을 중지시키는 것이라고 주장했다. 이어 핵 활동 동결과 원상복구, 최종 폐기 등 3단계 비핵화 조치가 현실적이라고 강조했다. 2018년 9월 28일,《YTN》보도.

18 2019년 2월 28일, 트럼프 대통령 하노이 기자회견.

19 2019년 3월 25일,《뉴시스》보도 내용으로, "정치적으로" 표현은 앞뒤 문구와 호응하지 않는다. 아마도 원문은 "정치적 성과로"였을 것으로 추측된다.

20 2019년 3월 25일,《뉴시스》보도, 2019년 5월 12일 검색. http://www.newsis.com/view/?id=NISX20190325_0000598643.

21 2019년 3월 4일, 트럼프 미국 대통령 트위터. https://twitter.com/realDonaldTrump/status/1102373344987496448.

22 2019년 2월 17일,《폴리티코》보도, 2019년 2월 19일 검색. https://www.politico.com/story/2019/02/17/trump-north-korea-summit-1173297.

23 2019년 2월 20일,《워싱턴포스트》보도, 2019년 5월 12일 검색. https://www.washingtonpost.com/politics/michael-cohen-to-testify-before-house-panel-on-feb-27/2019/02/20/decf159c-3570-11e9-a400-e481bf264fdc_story.html?utm_term=.8a407709a55a.

24 Max Weber, *Economy and Society*, Guenther Roth and Claus Wittich Ed. (Berkeley : University of California Press ; 1978) : p. 31.

25 위의 책, pp. 215~216.

26 위의 책, pp. 217~226.

27 Wang Son-taek, "Legitimacy and Stability of North Korea," *On Korea 2016 Academic Paper series vol. 9* (Washington D.C. : Korea Economic Institute, 2016), p. 106.

28 2000년 10월 미국을 방문한 조명록 총정치국장은 빌 클린턴 대통령을 만나 북한 방문을 제안했다. 김정은 국방위원장은 2000년 10월 평양을 방문한 매들린 올브라이트 국무장관에게 미국 대통령이 평양을 방문하면 미사일 발사 유예 등 상당한 수준의 양보를 제공할 수 있다고 언급한 바 있다. Madeleine Albright, *Madam Secretary* (New York : Miramax Books, 2003), p. 465.

29 2018년 3월 6일, 청와대 고위 관계자 비공개 언론 브리핑.

30 2018년 3월 6일, 청와대 김의겸 대변인 언론 브리핑.

31 2018년 9월 20일, 문재인 대통령이 김정은 위원장 초청으로 백두산 정상을 방문하는 상황에서 김영철 노동당 부위원장은 날씨가 맑다고 강조하면서, 남측 인사들이 모두 자리한 상황에서 김정은 위원장을 과도하게 칭송하는 발언을 내놓았다. "백두산에 이런 날이 없습니다. 오직 우리 국무 위원장께서 오실 때만이 날이 이렇다는 말입니다. 우리 국무위원장께서 이 백두산의 주인이 오셨다고 그럽니다." 2018년 9월 20일, 《YTN》 보도.

32 2018년 2월 13일, 북한 《로동신문》 보도.

33 2018년 1월 1일, 김정은 위원장은 신년사에서 국가 핵 무력 완성을 다시 거론하면서, 미국이 북한을 침공할 수 없다고 강조했다.

34 2018년 3월 6일, 정의용 청와대 안보실장 평양 방문 결과 브리핑.

35 2019년 2월 13일, 노동신문은 재일동포 오진서가 작성한 장문의 기고문을 싣고, 김정은 위원장의 한반도 평화 체제 구축 노력과 관련한 대담한 전략과 결단이 정당하고, 국가 발전에 도움이 될 것이라는 논평을 했다.

36 2017년 4월 26일, 《워싱턴포스트》 보도, 2019년 5월 14일 검색.
https://www.washingtonpost.com/news/josh-rogin/wp/2017/04/26/trumps-asia-team-is-missing-in-action/?utm_term=.c39b297e500d.

37 2017년 5월 2일, 렉스 틸러슨 장관 발언.
https://www.state.gov/r/pa/prs/ps/2017/05/270588.htm.

38 2019년 2월 26일, 《복스》 보도, 2019년 5월 13일 검색.
https://www.vox.com/2019/2/26/18240805/trump-north-korea-kim-vietnam-deal.

# 대북지원과 전략적 평화구축*

김 동 진**

## Ⅰ. 대북지원활동은 한반도 평화구축의 한 영역

평화구축(peacebuilding)은 안정적이고 지속적인 평화를 확보하기위해 고안된 전략 및 그에 따른 행위이다. 일반적으로 평화조성(peacemaking)은 적대관계에 있는 갈등집단들이 휴전이나 평화협정을 맺도록 하는 활동을 말하며, 평화유지(peacekeeping)는 주로 제3자가 평화조성으로 멈추어진 직접적 폭력행위의 재발을 방지하기 위해 갈등집단의 사이에서 이를 감시하고 국가의 재건을 돕는 활동을 말한다. 그러나 이들 활동은 폭력의 근본원인을 다루는 것이 아니라 일단 폭력의 발생을 억누르는데 주

* 이 글은 저자의 2016년 연구 논문인 "Aid to the enemy : linking development and peacebuilding on the Korean peninsula," The Pacific Review 29 no. 4, 및 2013년 7월 23일 우리민족서로돕기운동 평화나눔센터 제56회 정책포럼, "한반도 평화구축과 인도적 대북지원" 발표문을 수정보완해서 발전시킨 연구임.
** 아일랜드 트리니티 칼리지 더블린(Trinity College Dublin) IRC 마리퀴리 펠로우 (Irish Research Council ; the European Union's Horizon 2020 research and innovation programme under the Marie Skłodowska-Curie grant agreement No 713279의 지원을 받는 연구자), kimdj@tcd.ie

초점을 맞추고 있다는 점에서, 힘의 균형이 변화되면 언제라도 다시 전쟁과 같은 폭력이 재발할 수 있다는 한계를 가진다. 이를 극복하기 위해 고안된 평화구축은 오랜 기간 동안 지속된 분쟁에 영향을 받은 사회구성원 간의 관계를 재구성하여 지속가능한 평화를 이루는데 그 초점을 맞춘다. 라이언(S. Ryan)은 "평화유지가 전사들 사이에 담을 건설하는 행위라면, 평화구축은 일반인들 사이에 다리를 건설하는 일이다"라고 말한다.[1] 다시 말해, 평화구축은 정부와 같은 상위집단이 주도하는 평화협상 또는 안보협상에만 의지하는 것이 아니라 민간영역을 포함한 다양한 집단 간 다양한 행위와 역할이 조화된 관계구축을 추구한다.[2]

2018년과 2019년 사이 두 차례의 북미정상회담 및 세 차례의 남북정상회담을 지켜보며 한반도에서 정전협정을 평화협정으로 전환해야 한다는 목소리가 높아 졌다. 평화협정과 동시에 평화체제 구축을 통해 동북아 차원의 경제, 안보협력을 상상한다는 측면에서 이는 매우 중요한 일이다. 하지만 앞서 언급한 평화구축의 정의에 따르면, 한반도 평화구축은 당국 간 협상을 통해 평화협정을 맺는 일뿐만 아니라, 남과 북의 일반인들이 서로 만나며 새로운 관계를 만들어 나갈 수 있는 과정과 이를 뒷받침하는 제도를 구축하는 일이 되어야 한다. 때문에 국제사회의 평화구축 관점에서, 한반도 주민들의 평화구축은 당국 간 협정 이후의 일이 아니라, 평화협정을 맺기 위한 당국 협상과 함께 여러 분야에서 동시다발적으로 이루어져야 한다.

이런 차원에서 한국의 대북지원은 한반도 평화구축에서 중요한 경험과 사례라고 볼 수 있다. 1990년대 고난의 행군으로 묘사되는 북한의 기근과 인도적 상황에 대응하여, 한국 정부, 지방자치단체 및 민간단체는 인도 및 개발지원사업을 진행해 왔다. 2010년 5·24 조치로 이들의 사업이 대부분 중단되었고, 북한의 핵개발 등으로 인한 경제제재로 인해 여전히 사업재개가 어려운 상황이지만, 많은 대북지원 단체들은 자신들의 활동이 북한 주민 삶의 질 향상뿐만 아니라, 남과 북의 주민이 서로 만나며 관계를 맺는 평화와 화해활동이라고 주장한다. 본 연구는 한국의 대북지원활동을 중심으로 평화구축과 지원활동의 관련성을 탐구한다.

## II. 분쟁지역 지원활동이 평화구축에 미치는 영향

### 1. 갈등 인지적(Conflict Sensitive) 지원활동

세계적으로 15억 명의 인구가 갈등과 폭력에 취약한 국가에 살고 있다. 이들 국가는 중국, 인도, 브라질을 제외한 개발도상국가 인구의 47%를 차지하면서도 전체 개발도상국가 인구 중 61%의 빈곤율, 77% 초등교육 미취학률, 70% 영아사망률, 65% 식수부족 현상을 보여주고 있다. 게다가 이들은 전 세계 빈곤의 82%를 차지하고 있다. 공적개발원조의 약 37%가 이들을 위해 사용되고 있지만, 아무리 국제사회에서 수많은 지원을 쏟아 붓는다하더라도 이들 지역의 갈등 취약성은 그 효과성을 저해하는 요인으로 작용하고 있다.[3]

북한의 경우에도, 갈등과 폭력에 취약한 국가를 빈약국, 분단국, 전쟁경험국, 준독재국가, 실패국가 등으로 설명하고 있는 2008년 OECD의 정책보고서(Concepts and Dilemmas of State Building in Fragile Situation)에서 취약국으로 언급되고 있으며, 지난 2012년 유엔 아시아-태평양 보고서(Asia-Pacific Regional MDG Report 2011/ 12)에 따르면, 국제개발 목표 달성 비율이 36%로 36개 대상국 중 가장 저조한 상황이다.[4]

이렇게 분쟁지역에서 국제개발 목표와 관련된 지원의 효과성이 저조하다는 것보다 더 심각한 문제는 지원활동이 오히려 갈등을 악화시키는 경우가 있다(Do No Harm)는 지적이 계속되어 왔다는 점이다.[5] 지난 2015년 국제사회는 이 문제를 적극적으로 고려하면서, 유엔 지속가능발전목표(SDGs)에 '평화, 정의, 그리고 강력한 제도'라는 목표를 추가했다.[6]

지속가능발전목표 수립 외에도 국제사회는 어떻게 하면 갈등취약 지역에서 지원이 갈등을 악화시키는 것이 아니라 평화에 기여할 수 있을 것인가를 계속해서 고민해 왔다. 특히 지원활동을 위해 수원국과 협력하면서도 어떻게 이들 국가의 폭력 행위 또는 인권유린에는 동의하지 않는 모습을 보일 것인가, 어떻게 하면 지역자체의 평화역량을 향상시킬 수 있을 것인가 등의 문제는 계속해서 국제지원기구들의 주요 관심사항이 되어왔다.[7]

케네스 부시(Kenneth Bush)는 "평화와 분쟁의 문제를 개발협력 사업 구상에 포함시키는 것은 농업, 통신, 보건 등 전통적 지원 사업부터, '굿 거버넌스', 민주제도구축, 인권 등과 같이 좀 더 정치적 성격을 가진 지원 사업에 이르기까지 분쟁 지역에서 다양한 지원활동에 적용될 수 있는 전략 및 평가틀을 개발할 필요성을 보여 준다"고 말한다.[8] 실제로 유엔 기구를 포함한 많은 국제 지원기구들은 분쟁지역 사업 구상에 있어 고려해야할 사항을 파악하기 위한 갈등 분석틀을 개발하고 이를 활용해 왔다.

또한 이러한 지원기구들의 분쟁지역 접근방식을 통칭하는 용어로 '갈등 인지'(Conflict Sensitivity)라는 표현이 등장하여 광범위하게 사용되고 있다.[9] '갈등 인지'란 지원기구들이 "자신들이 활동하고 있는 맥락(context)을 이해하고, 자신의 활동과 맥락의 상관관계를 이해하며, 이러한 이해를 기반으로 활동의 부정적 영향을 최소화하고, 그 긍정적 영향을 극대화하는 역량"을 의미한다.[10] 이러한 갈등 인지적 역량 강화를 염두에 두고 상당수의 지원기구들은 분쟁지역 갈등의 원인을 고려하는 방식으로 자신들의 활동 영역을 확대해 나가기 시작했다.

이 가운데, 몇몇 지원 기구의 사업 목표와 계획은 점차 평화구축 기구의 목표 및 계획과 중첩되는 모습을 보이기도 했다. 예를 들어, 굿핸드(Goodhand)와 엣킨슨(Atkinson)은 아프가니스탄, 라이베리아, 스리랑카와 같은 분쟁지역에서 활동하는 지원기구들이 인도적 지원뿐만 아니라, 지역 주민 생활수준을 향상시키고, 서로 화해할 수 있도록 돕는 지원활동을 동시다발적으로 전개했다고 말한다.[11]

그러나 우드로우(Woodrow)와 시가스(Chigas)는 분쟁지역에서 갈등 분석을 실시하는 지원기구 수의 증가에도 불구하고, 상당수의 기구들이 갈등 분석 결과를 계획에 반영하기보다는 기존 방식을 그대로 고수하는 경향을 보이고 있다고 비판한다. 이는 지원기구들이 자신들의 활동에 대한 영향을 모니터링하고, 이후 그 영향 면에서 자신들의 사업을 재평가하는 데 큰 관심을 기울이거나 역량을 집중시키지 못하고 있기 때문이다.[12] 하지만 고다드(Goddard)는 이러한 비판에 대해, 애초에 갈등 인지적 지원활동이 평화구축 활동과는 달리 정치적 해결방안을 제공해주지 못한다는 이해가 부족했기 때문에 나오는 비판이라 주장한다.[13]

이러한 비판적 주장과 궤를 같이 하면서, 지원활동이 평화구축 목표를 지원 프로그램에 포함시키는 것이 부적절한 것뿐만 아니라, 매우 위험한 결과를 초래할 수 있다는 지적도 있다. 지원활동가, 지원사업, 그리고 후원기관들의 안전을 보장하기 위해서, 분쟁지역에서는 지원기구의 독립성과 중립성이 매우 중요한데, 평화와 관련된 목표는 이를 저해할 위험성이 크다는 것이다.[14] 이 때문에 반 브라반트(Van Brabant)는 갈등 인지적 접근은 아예 평화구축과 같은 정치적 의도를 가져서는 안 된다고 주장하기도 한다.[15]

반면에 이러한 비판으로 인해 갈등 인지적 접근이 매우 소극적 의미로 축소될 가능성을 우려하는 목소리도 있다. 우드로우(Woodrow)와 시가스(Chigas)는 갈등 인지적 지원활동과 평화구축을 서로 전혀 상관없는 것으로 치부하게 되면, 적절한 지원계획을 구상할 수 없을 뿐만 아니라 지원 효과성도 떨어지게 될 것이라고 주장한다.[16]

준(Junne)과 베르코렌(Verkoren)은 지원 현장에서 평화구축과 인도 및 개발지원의 통합 가능성에 대한 논쟁은 이들 영역이 서로 다른 영역이기 때문이 아니라, 전략적 사고가 부재하기 때문이라고 지적한다. 다시 말해, 갈등 인지적 접근은 지원기구가 자신의 전문성을 버리고 갑자기 평화구축의 전문성을 가져야 한다는 의미가 아니며, 평화구축과 지원활동의 연계는 개별 지원기구의 사업 진행단계를 넘어, 종합적 개발 전략 및 정책에 적용되어야 한다는 주장이다. 준과 베르코렌은 갈등 인지적 통합 전략 하에 다양한 전문성을 가진 기구가 함께 조정 협력을 통해 혼란을 해소하고, 공동의 목표를 달성할 수 있다고 말한다.[17]

## 2. 전략적 평화구축과 지원활동

갈등 인지적 지원활동에 대한 논의가 활발하게 진행되는 가운데, 평화구축 영역에서도, 지원활동과의 전략적 연계가 강조되기 시작했다. 그중 대표적 논의가 전략적 평화구축(Strategic Peacebuilding) 논의이다. 전략적 평화구축은 기존의 평화조성, 평화유지, 평화구축과 같은 시계열적 구도가 아니라 평화를 위한 활동의 동시다발성에 주목한다.

또한 평화구축이 단순한 정치협상을 넘어 다양한 활동을 포괄해야 한다는 필요성을 제기한다. 유엔을 중심으로 한 국제사회의 평화구축 활동은 점차 민주화, 정치 개혁, 선거 감시, 법질서 및 인권존중 확산, 이행적 정의 및 화해, 난민 구호, 통합, 군축, 군비통제, 인도적 지원, 개발협력 및 재건, 시민사회 역량강화(국가 정치구조가 취약한 경우, 국가가 국민들에게 제공해야 하는 서비스 및 국가능력을 보충하며, 국가가 그 책임을 다할 수 있도록 정부구조의 바깥에서 이를 감시) 등을 포함하기 시작했다.[18]

월렌스틴(Wallensteen)은 전략적 평화구축의 관점에서, 이들 활동이 가진 포괄적 과제를 세 가지 분야로 정리한다. 그 첫째는, 적으로서의 정체성을 가지고 있었던 사람들의 관계가 변화되고 함께 살아갈 수 있는 한 국민으로서의 정체성을 회복하는 국민적 과제, 둘째는, 민주주의, 경제발전과 같은 정치경제 차원의 국가적 과제, 마지막으로는, 국가 내부적으로 치안과 질서를 회복하며 외부적으로는 지역 안보 공동체를 구축하는 일과 같은 안보적 과제이다. 그는 평화구축 활동이 어떤 우선순위를 가진다기보다는 동시다발적이어야 효과성과 효율성을 높일 수 있다고 제안한다. 그리고 이런 동시다발적 평화활동들이 포괄적이면서도 지속가능하기 위해 위와 같은 각 활동의 과제를 좀 더 전략적으로 조정하고 상호 연결시킬 필요성을 강조한다.[19]

레더라크(Lederach)와 애플비(Appleby)는 전략적 평화구축이란 평화구축 영역이 다양한 분야로 확장되면서 발생하는 분야별 상호연관성과 협력의 유형을 파악하고, 이러한 상호협력이 보다 더 효과적일 수 있도록 각 분야의 전문성과 자원을 연결하는 작업이라고 말한다.[20]

셔츠(Schirch)는 평화구축 기구들이 때로는 자신들에게 도움이 되거나, 또는 해가 될 수 있는 다른 기구의 활동을 알지 못한 채 자신들의 활동에만 초점을 맞춘다고 말한다. 뿐만 아니라, 자신들의 활동이 다른 기구들의 활동에 어떤 기여를 할 수 있는지, 혹은 방해가 되는 지에도 크게 신경을 쓰지 않는 경우가 많다. 셔츠는 이러한 활동이 서로를 보완하고 서로에게 도움이 될 수 있으려면, 이들이 조정하고 협력할 수 있는 공간이 필요하다고 주장한다.[21] 예를 들어, 아동, 청소년 및 학교 교육과 관련한 지원활동의 경우, 같은 활동이라도, 이러한 지원활동이 보다 낙후된 지역에 교육기회를 제공하는 방식으로 이행된다면, 평화구축에 기여하는 활동일 수 있다. 또는 지역의 문화와 언어의 다양성을 인식하는 방식 및 평화교육을 후원하는 방식의 지원활동을 통해 보다 직접적으로 평화구축에 기여할 수도 있다.[22]

이러한 예가 보여주듯, 평화구축이 전략적이기 위해서는, 단기적, 미시적 쟁점들이 보다 관계적이며, 구조적인 쟁점과 연결될 수 있어야 한다. 그리고 평화구축 활동이 한 사회의 서로 다른 계층 간 어떤 영향을 미치는지도 주목해야 한다.[23] 이러한 차원에서 레더라크와 애플비는 포괄적 평화구축 전략틀의 개발을 통해 국제사회, 지역, 정부, 민간 등 다양한 기구와 운동이 서로 중첩되는 활동을 조정하고 서로 협력할 수 있는 공간을 확보해야 한다고 말한다.[24]

또한 전략적 평화구축 학자들은 보다 전략적이고 효과적인 평화구축을 위해, 지역의 컨텍스트(context), 필요성(needs), 사회문화적 자원을 고려한 정책과 프로그램을 개발해야한다고 주장한다.[25] 그간 국제사회의 평화구축 활동은 지역의 현실에 주목하지 못하고, 서로 다른 컨텍스트에 동일하게 적용하는 하향식 접근, 국가중심적 사고, 제도구축에 대한 편향성으로 비판받아 왔다.[26]

이러한 비판 가운데 '자유주의 평화론'(liberal peace)은 서구국가를 중심으로 한 평화구축 개입을 지칭하는 말로, 그 본래 취지와 달리 부정적 의미로 사용되기 시작했다. 자움(Zaum)은 자유주의 평화론은 분쟁의 주요인이 국가가 약하거나 실패했기 때문이라는 기본 가정을 가지고 있으며, 따라서 서구의 경험에 기반한 성공적 국가 구축이 평화의 열쇠라는 사고가 주요 공여국에 널리 퍼져 있다고 주장한다.[27]

이러한 가정은 제도적 처방전에 의한 국가 개혁에 초점을 맞추는 신자유주의적 성격의 개발협력과도 유사성을 지닌다.[28] 하지만 이들 자유주의 평화구축 및 신자유주의 개발협력은 지역의 문화와 현실, 특히 분쟁지역이 가지는 컨텍스트를 반영하지 못하면서, 대체로 지속가능성 및 효과성 면에서 부정적 결과를 나타내왔다. 따라서 리치몬드(Richmond)와 미첼(Mitchell)은 평화구축과 지원활동이 성공적이기 위해서는, 서로 다양한 활동 간 전략적 조정협력뿐 아니라 전략 수립단계부터 지역주민과의 협력이 필수적이라고 주장한다.[29]

그러나 멕긴티(Mac Ginty)는 지원활동과 평화, 지역주민의 주인의식과 국제협력, 전통과 자유주의적 사고의 문제를 단순히 이원론적으로 접근해서는 안 된다고 주장한다. 지원활동과 평화구축이 지속가능하려면 반드시 지역주민의 주인의식이 필요하지만, 지역주도의 활동이 절대선이라고만 볼 수는 없다. 예를 들어 분쟁지역 국가의 독재정권 혹은 인권유린의 문제를 전통의 이름으로 합리화하고, 국제사회가 이에 침묵하거나, 이들 정권에 대한 무조건적 지원활동을 계속할 경우, 지속가능한 평화구축이 불가능하다. 뿐만 아니라 분쟁지역 주민들은 평화구축의 보장을 위한 충분한 자원을 가지지 못한 경우가 대부분이며, 주변 지정학적 상황에 매우 취약하기 때문에, 평화구축에 있어 국제사회의 협력과 지원활동은 매우 중요한 요소이다.[30]

따라서 셔츠는 지역주민이 주인의식을 가지고 자신들의 평화적 미래를 위한 로드맵을 만들 필요성을 제기하면서도, 국제협력과 지원활동을 통해 지역의 역량이 강화되고, 이전에 적이었던 서로의 관계를 변화시키는 평화구축을 지탱할 수 있는 민주적 제도의 마련이 필요하다고 주장한다.[31] 이러한 차원에서 레더라크는 다시 한 번 평화구축에 대한 전략적 사고의 중요성을 강조한다. 전략적 사고는 하나의 활동이 사회 전반에 미

치는 긍정적 영향력을 극대화하고, 이러한 변화의 과정과 그 제도적 기반을 연결하는데 필수 요소이다.[32]

## III. 대북지원과 한반도 평화구축

### 1. 한반도 갈등 속 북한의 인도적 위기와 대북지원활동

2017년 세계 기아 지수(Global Hunger Index, GHI)에 의하면, 북한은 119개 국가 중 93 순위로 '심각한' 수준의 기아 현상을 보이고 있다.[33] 2017년 유엔보고서에 따르면, 북한 주민 41%가 충분한 영양을 섭취하지 못하고 있으며, 25%는 취약한 위생 및 물 부족을 겪고 있다.[34] 유엔아동기금(UNICEF), 세계식량기구(WFP), 세계보건기구(WHO)의 지원을 받아 2012년 작성된 북한 중앙통계국 자료에 의하면, 5세 미만 아동의 27.9%가 만성영양실조, 4%가 급성영양실조를 나타내고 있다.[35]

이와 같은 현상은 지난 20년 동안 북한에서 지속된 만성식량부족과 직접적 관련이 있다. 북한의 경지면적은 전체 면적의 17%에 불과하며, 해마다 발생하는 풍수해 등 자연재해에 취약한 환경을 가지고 있다. 북한은 열악한 농업환경을 극복하기 위해, '자연개조정책'을 통한 농지개간, '주체농법'을 통한 밀식 재배 등의 방식을 도입했으나, 이런 정책이 오히려 자연재해에 더욱 취약하고, 토양의 질을 악화시키는 결과를 가져왔다.[36]

그러나 김병연은 북한 인도적 위기의 근본원인을 파악하기 위해서는 단순히 북한당국의 농업정책의 실패를 넘어, 냉전과 한반도 갈등을 둘러싼 보다 구조적인 문제를 생각해보아야 한다고 주장한다. 1980년대 동구권의 붕괴 이후 북한은 무역의 주요 상대국을 잃게 되었고, 특히 소련에 의지해오던 석유 등 에너지 자원의 확보가 어려워지면서, 북한 경제는 급속도로 하락세를 보이게 되었다.[37] 이러한 경제적 하락세와 더불어, 1990년대에 이르러서는 곡물생산량의 축소, 그리고 거듭된 자연재해로 인해 식량난, 에너지난, 그리고 식수, 위생, 질병 등 복합적 위기가 발생했다. 이에 따라 북한은 배급제의 중단뿐만 아니라, 각종 전염병 창궐로 인한 국가보건체계 붕괴 위기에 처했다. 북한은 이러한 1990년대 인도적 위기를 '고난의 행군'이라고 부르기도 한다.[38]

1995년 북한은 마침내 국제사회에 인도적 위기를 해결하기 위한 구호 요청을 했고, 유엔은 재난평가조정팀(UN Disaster Assessment and Coordination, UNDAC)을 급파하여, 상황 파악에 나서는 한편, 유엔개발계획(UNDP), 세계식량기구, 세계보건기구, 식량농업기구(FAO), 유엔인구기금(UNFPA), 유엔아동기금 등 유엔기구들을 통해 인도적 상황에 대한 대처에 나섰다. 유엔뿐만 아니라, 국제적십자연맹(IFRC)도 평양에 사무소를 개설하고 반복되는 자연재해에 대한 구호활동을 시작했고, 컨선 월드와이드(Concern Worldwide), 트라이앵글(Triangle), 프리미어 위정스(Première Urgence) 등 유럽 NGO들도 북한에서 인도적 지원사업을 개시했으며, 북미권 NGO들도 세계식량계획 북한 사무소 산하 식량지원조정부서(Food Aid Liaison Unit, FALU)를 통해 식량을 지원했다.

그러나 북한에 대한 인도적 지원 초기부터 국제지원기구들은 북한 당국과 현장방문 및 모니터링 문제 등으로 계속된 마찰을 빚었다. 이 가운데 옥스팜(Oxfam) 및 국경없는 의사회(MSF) 등 국제 NGO들이 북한 정권의 권위주의에 대한 문제를 제기하며, 철수하는 사건도 있었다. 인도적 지원 기간이 장기화되고 북한 당국과의 신뢰가 쌓이면서, 점차 북한에서 지원사업을 지속하는 국제기구들의 활동환경이 개선되기는 했지만, 여전히 북한의 권위주의 정권과 인권 문제는 대북 인도적 지원 목표 달성에

장애가 되고 있다.[39]

김병연은 국제사회가 인도적 지원을 실시하면서도 동시에 북한 핵무기와 미사일 개발, 그리고 인권 문제로 인해 대북 경제적 제재를 강화했기 때문에, 북한은 인도적 위기를 벗어나기 위한 경제 개발이 어려운 구조적 조건에 처해 있다고 지적한다.[40]

한편, 1990년대 중반 북한의 식량난이 알려지면서, 남한의 민간 영역에서도 북한 주민들을 돕기 위한 모금운동 및 지원활동에 대한 참여가 늘기 시작했다. 1991년 남북기본합의서에도 명시된 것처럼 남북관계는 "통일을 지향하는 과정에서 잠정적으로 형성되는 특수관계"이면서, 동시에 1950년 6.25 전쟁 이후 1953년 휴전협정에도 불구하고 여전히 서로를 적으로 규정하고 있는 관계이기도 하다.[41] 따라서 한국의 대북지원은 그 초기부터 한반도 갈등과 직접적 연관성을 가지고 있었다. 예를 들어, 1990년대 중반 한국의 김영삼 정부는 대북지원 활동은 국가안보와 직결되어 있다고 주장하면서, 모금 및 지원활동 규제에 나섰다. 특히 1995년에는 민간의 대북지원 활동을 대한적십자사 창구로 단일화하는 조치를 통해 민간의 지원기구들이 북한과 독자적으로 접촉하는 것을 통제했다.

이런 정부 정책 아래 1995년과 1996년 민간 영역에서는 상당히 소규모의 대북지원만이 허용되었다. 지원 물품의 종류도 상당히 제한적이었으며, 적십자사 창구를 통해서만 지원이 가능했다. 이를 극복하기 위해 민간단체들은 북한 사람들의 이미지를 '적'에서 '도움이 필요한 형제와 자매'로 변화시키기 위한 범국민적 캠페인을 시작했다. 한국의 시민 사회, 학계, 종교계와 같은 다양한 민간 영역에서 많은 사람들이 함께 모여 연대하며 대북지원을 옹호했다.

이후 1997년 북한의 인도주의적 위기가 좀 더 분명히 드러나게 되면서, 김영삼 정부는 대북지원을 좀 더 많이 허용하기 시작했다. 그 결과로

적십자사를 통한 대북지원 금액은 1996년의 150만 달러에서 1997년에는 2천만 달러로 급증했다.[42]

그러나 당시 대북지원은 그 인도적 성격에도 불구하고, 다분히 정치적인 성격을 가지고 있었다. 성기영은 김영삼 정부 시기 대북지원을 한국의 '형님'이미지를 홍보하기 위한 활동으로 묘사한다. 김영삼 정부는, 대북지원과 관련해 한국은 "어려움에 처한 동생을 돌보는 너그러운 도우미"이며 북한은 "형님의 너그러운 도움이 필요한 절박한 나라"라는 방식의 대내외적 홍보활동을 전개했다.[43] 워싱턴 포스트(Washington Post)는 한국 정부의 대북지원이 "북한을 평화협상에 끌어들이도록 설계된" 활동이라고 규정하기도 했다.[44]

김영삼 정부에 이어 1990년대 말 출범한 김대중 정부 시기의 대북지원도 한반도 갈등과 영향을 주고받았다. 김대중 정부는 국가안보를 기반으로 하면서도, 북한에 대한 흡수통일 가능성을 배제한 남북화해협력을 강조했다. 이러한 대북정책의 실행을 위해 한국정부는 이산가족 상봉 등 인도적 사안과 남북관계를 연계한 정책을 실시했다. 그러나 북한은 이러한 한국정부의 대북정책을 위선적 정책으로 비난했고, 이에 한국정부는 조건 없는 비료지원 등을 통해, 북한과의 신뢰구축을 추구했다.[45]

이러한 정부 정책 하에 민간영역의 대북지원 활동조건도 조금씩 개선되었다. 우선 김대중 정부는 민간단체의 방북을 점차적으로 승인하고, 미디어를 통한 모금행사도 허용했다. 예를 들어, 한국 민간단체들은 1998년 4월 25일, '북한 동포를 위한 국제 금식의 날' 행사를 개최했다. 이 행사는 방송, 신문을 비롯한 여러 언론사들의 후원을 받았으며, KBS를 통해 중계되었다. 36개국 107개 도시의 사람들이 금식에 참여했고, 교황 바오로 II세, 달라이 라마, 지미 카터와 같은 저명한 국제 지도자들도 동참했다.[46]

1999년에는 대북지원 창구 다원화 조치로 민간단체들이 독자적으로 북한과 접촉하고 자기 단체의 이름으로 이들을 지원할 수 있게 되었다. 뿐만 아니라 김대중 정부는 매칭 펀드 형식으로 민간단체들에게 남북교류협력기금을 지원하였다. 이후 2001년 2월, 한국의 NGO들은 대북협력민간단체협의회(북민협)를 조직하였다. 북민협은 단체 간 지원 사업 조정 및 협력을 도모하며, 대북지원 필요성을 한국사회에 알리고, 정부와도 효율적인 대화를 추구해 나갔다. 이렇게 개선된 환경 속 북을 방문하는 민간단체 인원수도 차츰 증가하여 2002년에는 119건 총 1,715명이 북을 방문하였다. 이들의 방북은 육로, 해상, 그리고 공중 등 다양한 형태로 이루어 졌다.[47]

2003년 새로 등장한 노무현 정부는 국외적으로는 핵문제로 인한 북미 갈등의 증폭, 국내적으로는 무조건적 대북지원에 대한 비판의 증가와 같은 한반도 갈등 상황 변화로 인해 이전 정부에 비해서 일관된 대북정책을 추구하는데 어려움을 겪었다.[48] 그러나 노무현 정부 시기에도 민간 영역의 대북지원은 계속해서 추진되었고, 민간의 대북지원 규모가 점차 커지면서 대북지원 NGO의 수도 증가세를 보였다.

2003년 30여 단체의 수준에서 2007년에는 거의 두 배 이상 증가한 70여 개 단체가 대북지원 활동에 참여했다.[49] 이 가운데 2004년 9월에는 대북지원 민간단체와 정부 내 관련부처 간 협조체계 구축 및 조정협력을 위한 대북지원민관정책협의회(민관협)가 구성되었다. 민관협은 북민협 대표들, 그리고 통일부, 농림부, 보건복지부 등 정부 관련부처 관료들로 구성되어 있었다. 당시 민관의 조정협력 차원에서, 한국 정부의 대규모 식량지원과는 별도로 민간단체들은 좀 더 장기적이고 지속가능한 성장을 목표로 하는 지원활동을 전개하는 것이 좋겠다는 주장도 제기되었다.

민간단체들에게 이런 개발지원 성격의 사업은 상당히 새로운 것이었으나, 점점 더 많은 민간단체들이 이를 어떻게 북에 적용할 것인지를 연구하고, 농업, 보건 등 다양한 분야에서 실제 개발협력 사업을 실행하기에 이르렀다. 이렇게 지원방식이 개발협력 방식으로 변화되면서 이들은 북한과의 접촉면과 교류를 더욱 늘려 나갈 수 있었다.[50]

그러나 2008년 출범한 이명박 정부는 새로운 대북정책, '비전 3000'을 통해, 북한 비핵화와 개혁개방을 대북지원의 선 조건으로 제시했다. 비전 3000 정책의 주요 골자는 만일 북한이 핵무기 프로그램을 완전히 폐기하고, 시장경제 도입 등 개혁개방을 시작하게 되면, 한국은 북한이 경제, 교육, 재정, 복지 체계를 개선할 수 있도록 협조하여, 10년 내에 연간 개인소득 3,000달러를 달성할 수 있도록 돕겠다는 것이었다.

북한의 입장에서 이런 이명박 정부의 비전 3000 정책은 북한이 정치, 경제, 사회적으로 모두 실패했으며, 남한과의 대결에서 완전히 패했음을 시인하고, 자유주의에 입각한 전면적 개혁을 시작할 것을 전제로 하는 정책으로 비추어 졌다. 이에 북한은 매우 강경한 거부 입장을 보였다.

하지만 이명박 정부는 북한이 비핵화 등을 통해 한국 및 국제사회에 신뢰감을 줄 수 있는 어떤 조치를 취하기 전에는 이전까지 수행되어 왔던 대북지원 사업에 어느 정도 제한을 둘 수밖에 없다는 입장을 분명히 했다. 특히 정부는 농기계나 건축자재들과 같은 개발지원 물품들이 군사적 용도로 전용될 수 있음에 우려를 표명하면서 지원물품의 종류를 제한했다. 이러한 정부 정책의 변화로 인해 그동안 지자체와 민간단체가 추진해 왔던 대부분의 대북 개발협력 사업은 무기한 중단될 수밖에 없었다. 뿐만 아니라 정부는 점차 민간의 방북에도 제한을 두기 시작했고, 남북교류협력기금의 민간지원도 최소화했다.[51]

이렇게 이명박 정부의 등장 이후 경색된 남북관계는 2010년 3월 26일 천안함 사건으로 인해 더욱 악화되었다. 한국 정부는 46명이 사망한 천안함 침몰의 배후로 북한을 지목하고 '5·24' 조치를 발표했다. 이 조치는 개성공단 및 일부 인도적 지원을 제외한 모든 남북협력 사업을 중단하는 조치였다. 5·24 조치 이후 민간 영역의 대북지원도 수해지원 또는 영유아 지원을 비롯하여 매우 제한적으로 이루어질 수밖에 없었다.[52]

한편, 이 시기 한국 사회에는 정부의 대북정책에 대해 다른 견해를 가진 사람들 간에 소위, '남남 갈등'이 발생했다. 남남 갈등은 남북관계에서 발생하는 안보 이슈들과 직접적인 관련성을 가지고 있었다. 북한은 경제적 상황 악화와 열악한 인도적 상황에도 불구하고 계속해서 핵무기 및 미사일 개발을 통한 군사력 강화에 집중했다. 함택영은 북한이 남한에 비한 경제적 격차가 현저히 벌어지면서, 전통적인 군사력 보다, 핵무기와 같은 전략적 비대칭 무기 개발에 집중하기 시작했다고 말한다.[53]

이러한 북한의 지속된 핵개발은 한국사회에서 대북포용정책의 효과성 및 대북지원활동의 유효성에 대한 계속된 우려를 낳았다. 특히 이명박 정부와 같이 대북강경책을 선호하는 입장은, 대북지원활동이 국가안보를 위태롭게 할 수 있을 뿐만 아니라, 안보의식을 약화시킨다고 주장했다. 북한 정권은 취약주민의 인도적 상황 및 인권을 무시한 채, 정권 유지를 위한 핵개발에 매달려 왔기에, 대북지원은 북한 정권에게 전용되어 핵개발에 쓰이거나, 북한 정권의 본질을 잊게 만드는 결과를 낳을 수 있다는 것이다. 따라서 이러한 입장에서는 대북지원활동을 전면 중단하고 북한 정권의 붕괴를 촉진하여 정권 교체를 이룩하는 것이 북한주민을 돕는 길이라고 여겨졌다.

그러나 대북포용책을 지지하는 사람들은 대북지원이 북한주민과의 관계를 개선하면서 결국 한국의 국가안보에 기여할 것이라고 주장했다. 대북지원활동은 북한주민과 직접 만나 남북의 진정한 관계 개선에 기여할 수 있으며, 서로를 적으로 여기는 관점도 변화시킬 수 있다는 주장이었다.

남과 북이 서로를 적으로 여기는 한 전쟁의 재발위협은 계속해서 존재할 수밖에 없고, 북한의 붕괴는 최악의 안보 위협이 될 수 있다. 하지만 남과 북이 서로를 평화적 관계로 대하고 서로 돕는다면, 전쟁 위협이 줄어들 뿐만 아니라, 북한 정부가 권위주의적 정권 유지에 악용해 왔던, 한반도 갈등에 대한 선전선동 기제를 무력화 시킬 수 있다. 따라서 이러한 입장에서는 대북지원활동이야말로 국가안보를 보장하고, 북한 비핵화와 인권 개선을 이룰 수 있는 가장 효과적 방법이었다.[54]

문제는 이러한 두 입장의 대치가 찬성 혹은 반대의 양극화 현상을 보여 왔다는 점이다. 남남갈등의 악화 속 주목받지 못한 질문은 찬성과 반대를 넘어설 수 있는 '어떻게'와 관련된 전략적 질문이었다. 남과 북의 정부는 휴전 이후 상당히 오랜 기간 동안 상대에 의한 전쟁의 재발가능성을 이용하여 자신들의 정권을 합리화하는 모습을 보여주었다. 전쟁과 관련된 부정적 기억과 역사는 상대의 부정적 이미지를 선전하면서 자기 체제를 정당화하고 국내적 통합을 유도하는데 사용되었다. 양 정부의 상호 간뿐 아니라 자국민을 향한 강압적이고 적대적인 통제는 남북 주민 간 접촉 및 대화를 극도로 제한시켰다.[55] 전쟁의 경험과 더불어 뒤이은 냉전(Cold War) 시기의 이러한 정체성의 정치는 남북한의 일반인들에게 있어 상대에 대한 적정체성을 강화시켰다. 그리고 적정체성의 강화는 남북 간의 전쟁재발가능성을 증가시키는 악순환을 거듭하게 되었다.

이러한 현상과 관련하여 갈등은 일반적으로 갈등의 심화 과정 속에 나타나는 양극화 현상이 '나의 친구가 아니면 적이다'라는 식의 이분법적 사고와 적에 대한 비인간화를 증대시킨다고 지적한바 있다. 그리고 비인간화가 증대되면 폭력의 발생가능성이 높아진다.[56]

이런 양극화와 비인간화 현상이 너무나도 강렬했던 나머지, 한반도에서 여전히 분단과 전쟁은 개인적 트라우마뿐 아니라 집단적 트라우마로 남아 있다.[57] 특히 한국사회는 민주화되었지만, 남과 북 사이에 존재하는 이분법이 한국 사회 내부에 영향을 주면서 발생한 남남갈등은 자신과 함께 하지 않는 사람들을 종북세력으로 보거나, 아니면 수구세력으로 보는 방식으로 한국사회 내부의 양극화를 심화시켰다. 게다가 이는 사실에 근거한 합리적 정책갈등이 아니라, 적군과 아군의 이분법적 구분이 이미 명확한 상태에서의 상징화와 동원화의 과정을 거치며, 집단 이익 갈등으로 변질되었다.

보수성향의 정부와 진보성향의 정부가 목표 면에서 거의 차이가 없는 대북정책을 추구하더라도 양 진영은 반대를 위한 반대를 거듭했다.[58] 이러한 상황 속, 앞서 언급한 것처럼 대북지원활동은 거의 전면 중단된 상황을 맞이했고, 북한의 인도적 상황은 여전히 상당히 심각한 수준을 유지하고 있다.

## 2. 대북지원활동과 전략적 평화구축

오골만(O'Gorman)은 지역 갈등의 컨텍스트에서 지원기구들이 취하는 접근 방식을 세 가지로 정리한다. 먼저 지역 갈등이 격화될 경우, 상당수 지원기구들은 중립성 및 인도주의를 강조하며 갈등 컨텍스트를 피해서 일을 하려는 경향을 보인다. 두 번째로 어떤 기구들은 갈등 인지적 접근을 활용하여 지역 갈등을 분석하고 그 지역 갈등의 현실 속에서 지원활동의 지속성과 효과성을 높이기 위해 노력한다. 마지막으로, 자신들의 지원활동과 평화구축을 직접적으로 연계하여, 지원효과성 뿐만 아니라, 평화구축에 도움이 되는 지원활동을 추구하는 기구들도 있다.[59]

한반도에서도 남북관계의 변화와 정부의 대북정책 변화에 따라 이러한 세 가지 형태의 접근 방식이 존재해 왔다. 예를 들어 이명박 정부 시기 상당수 민간대북지원단체들은 자신들의 대북지원활동이 어떤 정치적 의미도 담지 않은 순수한 인도주의 활동이라고 주장했다. 따라서 정부 정책의 변화와 관계없이 자신들의 활동이 승인되어야 한다는 주장이었다.

그러나 얼마 지나지 않아 이들 민간단체는 아무리 인도적 지원이라 하더라도 한반도 갈등의 컨텍스트에서 완전히 자유로울 수 없다는 사실을 인지하게 되었다. 남북의 정부가 서로를 신뢰하지 못하는 상황에서 인도적 지원의 원칙 존중이 쉽지 않았기 때문이었다. 한국 정부는 아무리 인도적 지원이라 하더라도 북한 정권이 군사적 전용을 할 수 있다는 전제하에 강력한 모니터링을 요구했고, 북한의 입장에서 한국 민간단체의 인도적 지원은 단순한 지원이 아니라 자신들의 체제 붕괴를 촉진하기 위한 한국의 전략으로 비추어졌다.[60]

이에 따라 2012년 북민협을 비롯한 한국민간단체들은 대북지원활동에 대한 사회적 합의를 통해 한반도 갈등의 컨텍스트에서 인도적 지원의 지속성과 효과성을 높이기 위한 캠페인을 실시했다. 당시 대북지원활동에 대한 사회적 합의 캠페인은 대선을 앞두고 차기 정부의 대북정책에 있어 지원활동의 필요성을 환기하기 위한 옹호활동이기도 했다. 사회적 합의 캠페인 중 북민협은 당시 여야 국회의원 설문 조사를 진행했고, 응답자의 3분의 2가량이 대북정책에 대한 사회적 갈등의 심각성을 인지하고 있었으며, 73%의 국회의원들이 대북인도적지원의 필요성에 동의했다고 밝혔다.[61]

실제로 2013년 출범한 박근혜 정부는 인수위원회 시기부터 대북정책에 있어 한반도 신뢰 프로세스를 추구하며, 이명박 정부와 달리 안보와 대화협력을 균형 있게 추진하겠다고 밝혔다. 그러나 박근혜 정부가 추진하던 대북 양면정책은 2013년 북한의 3차 핵실험 이후, 대화와 협력보다는 안보와 강경책으로 선회하게 되었다. 따라서 <표 1>에서와 같이 정부

뿐만 아니라 민간의 대북지원활동은 대부분 중단된 상태로 남아 있게 되었다.

이러한 가운데, 대북지원활동에 대한 여론도 악화되었다. 2007년 서울대학교 통일평화연구원의 남북통합지수 조사결과에 따르면, 78.4%의 응답자가 남북경제협력을 지지했으며, 대북지원활동을 긍정적으로 보았고, 2011년 같은 연구원에서 실시한 통일의식조사에서도 이명박 정부 시기 남북관계 악화에도 불구하고 대북지원활동에 대한 지지가 63.7%였다. 그러나 박근혜 정부 시기 자유아시아방송 보도에 따르면, 2017년까지 대북지원활동에 대한 반대가 65%, 찬성은 32%로 급격한 여론 악화를 보였다.[62]

대북지원활동의 중단이 장기화되면서, 한국 대북지원민간단체들은 북한 파트너들과의 관계뿐만 아니라, 한국 정부 관계자와의 관계를 지속할 수 있는 민관협 등의 협의공간을 점차 상실하게 되었다. 이에 따라, 이들

〈표 1〉 한국의 대북지원액(백만원 기준)

| 대통령 | 행위자 | 1년차 | 2년차 | 3년차 | 4년차 | 5년차 |
|---|---|---|---|---|---|---|
| 김영삼 (2.1993~2.1998) | 정부 | - | - | 1854 | 24 | 240 |
| | 민간 | - | - | 2 | 12 | 182 |
| 김대중 (2.1998~2.2003) | 정부 | 154 | 339 | 978 | 975 | 1140 |
| | 민간 | 275 | 223 | 387 | 782 | 576 |
| 노무현 (2.2003~2.2008) | 정부 | 1097 | 1313 | 1360 | 2273 | 1983 |
| | 민간 | 766 | 1558 | 779 | 709 | 909 |
| 이명박 (2.2008~2.2013) | 정부 | 438 | 294 | 204 | 65 | 23 |
| | 민간 | 725 | 377 | 200 | 131 | 118 |
| 박근혜 (2.2013~3.2017) | 정부 | 133 | 141 | 140 | 1 | - |
| | 민간 | 51 | 54 | 114 | 28 | 11 |

* 출처 : 대북협력민간단체협의회, 『2018년도 정기총회 자료집』(서울: 대북협력민간단체협의회, 2018), p. 30. 재구성하였음.

민간단체는 대북지원활동의 재개와 지속가능성을 위해서라도 한반도 평화에 대한 문제를 보다 직접적으로 다루어야 할 필요성을 인지하게 되었다. 예를 들어, 북민협은 2014년부터 대북지원활동가뿐만 아니라, 다양한 시민사회활동가, 각 분야 개발협력 전문가가 함께하는 새로운 대북개발협력 및 한반도 평화구축 전략 프레임워크를 구축하기 위한 전략 워크샵을 실시했다.[63] 북민협은 또한 민관협력의 제도화를 통해 대북지원활동이 다양한 시민사회활동뿐만 아니라 정부와 긴밀한 협력을 유지할 수 있도록 민관협 재개 캠페인을 벌이기도 했다.[64]

이와 더불어 한국민간단체는 대북지원활동의 국제협력공간을 창출하기 위해 2009년부터 매년 대북지원국제회의를 개최했다. 우리민족서로돕기운동, 경기도, 프리드리히 애버트 재단이 주축이 되어 조직한 이 연례회의는 북한 상주 및 비상주 유엔기구, 유럽 및 북미 NGOs, 국제적십자사연맹, 각국 공여기구 및 정부 기관, 대사관, 각계 전문가, 그리고 한국 지방정부 및 민간단체가 참여하는 유일한 협의 공간으로 발전되어 나갔다. 연례 국제회의를 통해, 북한지원활동을 하는 서로 다른 기구들 사이에 조정협력을 강화하기 위한 네트워크가 형성되었지만, 이와 동시에 실제 국제협력에 있어 극복해야할 여러 장애물이 수면 위로 드러나기도 했다.[65]

예를 들어, 국제기구와 한국기구는 국가조정위원회를 비롯한 북한 외무성 산하 조직, 그리고 북측 민족화해협의회 등 통일전선부 산하 조직과 같이 서로 다른 파트너를 가지고 있다는 어려움이 제기되었다. 이종무는 이를 대북지원에서의 원조 파편화라고 지적하며, 서로 다른 북한 파트너를 가진 대북지원기구들이 조정협력, 정보공유 면에서 가질 수밖에 없는 한계를 지적한다. 이러한 한계는 때로 지원기구들 간 불필요한 경쟁 및 원조 중첩 현상을 가져오기도 했다.[66]

이에 따라 대북지원국제회의는 국제기구와 한국기구들이 어떻게 하면

보다 발전된 형태의 조정협력 공간 및 협력 전략틀을 가질 수 있을 것인지에 대해 중점적으로 논의하기 시작했다. 특히 북한에 대한 국제사회의 제재가 강화되고 있는 상황 속에서 한국기구뿐만 아니라 국제기구의 대북지원활동의 지속성과 효과성이 저하되자, 한반도 갈등의 컨텍스트를 보다 잘 이해하고 대북지원활동이 한반도 평화구축과 전략적으로 연결될 수 있는 가능성이 모색되었다.[67]

대북지원국제회의를 통해 형성된 국제기구와 한국기구 사이의 신뢰관계는 2016년 국제적십자사연맹과 북민협의 대북수해지원 협력 등, 보다 지속가능한 성격의 국제협력 가능성을 보여주었다.[68] 그러나 여전히 대북지원활동에 있어, 국내외 다양한 기구가 함께 참여하는 공동의 전략틀은 존재하지 않는다. 이러한 공동의 전략틀을 구상하기 위해서는, 앞서 언급한 지원활동과 전략적 평화구축의 미시적 쟁점과 구조적 연계 관점에서, 다음과 같은 갈등 인지적 접근이 필요할 것으로 보인다.

먼저 대북지원활동 전략은 한반도에 존재하는 분단구조를 반영해야 한다. 한반도의 분단구조는 2차 세계대전 무렵 변화하는 세계 질서 가운데 형성되었고, 냉전 시기를 거치며 고착화되었다. 냉전의 주요 갈등집단인 미국, 중국, 일본, 그리고 러시아와 같은 강대국은 여전히 한반도 분단구조의 지정학적 조건을 규정하고 있다.

두 번째로, 대북지원활동 전략은 한반도의 국가 구조를 고려해야 한다. 6.25 전쟁 이후 남북한 정부는 모두 분단구조를 활동하여 권위주의적 정권을 유지했다. 북한은 냉전 이후에도 여전히 독재적 국가구조를 유지하고 있고, 한국은 1980년대 말 민주화 이행기를 거쳤으나, 독재시기의 유산과 경제적 불평등 구조가 여전히 존재하고 있다. 마지막으로, 대북지원활동 전략은 남북한 주민의 관계를 염두에 두어야 한다. 남북한 주민의 관계는 한민족으로서의 정체성 외에도, 오랜 기간 동안 단절된 관계로 인

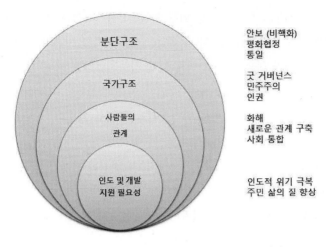

〈그림 1〉 대북지원활동과 평화구축의 전략적 연계

해 고착된 북한 주민으로서의 정체성, 남한 주민으로서의 정체성, 그리고 6.25 전쟁과 냉전의 경험을 통한 적대감이 공존하는 복합적 관계이다. 이하 〈그림 1〉에서와 같이, 어떻게 하면 한반도의 관계적, 구조적 차원에 부정적 영향이 아닌, 긍정적 영향을 미칠 수 있을 것인가라는 갈등 인지적 질문을 포용하는 대북지원전략틀은 그 본래의 목적인 북한의 인도적 위기 극복과 주민 삶의 질 향상뿐만 아니라, 한반도 평화구축에도 기여할 수 있을 것으로 기대된다.[69]

지난 20년 동안 대북지원활동을 돌아보면, 북한에 존재하는 인도 및 개발 지원 필요성은 분명 분단구조, 국가구조, 남북 주민의 관계와 밀접한 관계를 가지고 있다. 국제사회의 입장에서 북한이 핵과 미사일 프로그램을 포기하고 전면적 개혁개방에 나서지 않는 한, 대북제재 상황이 지속될 것이고, 이에 따라 인도적 상황은 지속될 수밖에 없다.[70]

문제는 한반도에 존재하는 분단구조 속에서, 북한이 이러한 선택을 하기를 기대하는 것은 현실적이지 못하다는 지적이 계속되어 왔다는 점이다. 실제로 김정은 정권의 등장 이후 북한은 '병진노선'을 통해 핵개발과 경제개발을 동시에 추구해왔다. 물론 이 노선이 가진 기본적 역설, 즉 국제사회의 제재가 북핵 개발로 인해 더욱 강화되었다는 점에서, 병진노선을 통해 북한이 자체적으로 모든 주민이 인도적 상황을 극복할 수 있는 경제개발을 한다는 것도 역시 비현실적인 목표로 보인다.[71]

이와 더불어, 2014년 유엔인권조사위원회의 북한인권 보고서에서도 잘 드러나듯, 북한의 인권상황도 분단구조와 밀접한 관계가 있다. 북한은 분단구조와 외부의 위협을 이용해 독재정권을 유지해 왔고, 이로 인한 북한인권 문제는 대북제재로 이어져, 북한의 인도적 상황에 악영향을 미치고 있다.[72] 이러한 차원에서, 앞서 남남 갈등 논의에서도 제기된 바와 같이, 한동안 북한에 대한 압박을 통한 정권 붕괴 전략이 북한 인권 개선에 있어 가장 빠르고 효과적인 전략이라는 주장이 계속되어 왔다.

그러나 박경애는 북한의 붕괴가 한국과 중국 등 주변국에 큰 안보 위협이 될 것이며, 안보 위협을 감수하면서까지 북한에 대한 압박 및 붕괴 유도 전략을 지속하기는 어려울 것이라고 주장한다. 다시 말해, 역설적으로 북한 정권에게 북한의 취약성은 하나의 큰 무기이기도 하다는 주장이다.[73]

위와 같은 주장을 고려했을 때, 대북지원의 전면 재개가 북한주민의 인도적 필요 충족뿐만 아니라, 오히려 북한의 개혁개방 유도를 통한 인권 향상, 그리고 분단구조 극복에 도움이 된다는 입장이 좀 더 설득력을 얻을 수 있다. 예를 들어, 북한 영유아에 대한 영양 지원은 단순한 영양 개선을 넘어, 지원을 통한 접촉증가로 남북관계 개선에 보탬이 될 수 있을뿐만 아니라, 분단구조의 차원에서 북한의 안보위협을 감소시키는데 도움을 줄 수 있으며, 국가구조의 차원에서도 남북의 격차를 줄이는데 공헌할 수 있다는 주장이다.

현재 한국의 경제적 불평등과 치열한 경쟁구도를 고려할 때, 북한 어린이의 취약한 영양 상태는 평화와 통일시대 한반도의 사회적 폭력의 근원이 될 수 있어, 대북지원활동이 매우 시급하다는 주장도 있다.[74] 이러한 배경에서, 2018년 세 차례의 남북정상회담을 지켜보며, 국내 대북지원단체들은 기대감의 표명과 더불어, 대북지원활동 전면 재개에 대한 목소리를 높이고 있다.[75]

그러나 위에서 논의한 바와 같이, 대북지원활동의 재개가 자동적으로 이러한 긍정적 결과를 가져올 수 있는 것은 아니다. 김성철과 데이비드 강은 북한과의 접촉면이 증가한다고 해서 반드시 신뢰가 구축되는 것은 아니라고 말한다.[76] 한반도 갈등의 컨텍스트가 유지되는 한, 북한 정부는 한국 민간단체 및 국제기구의 대북지원활동이 서구식 자유주의 개혁개방을 유도하기 위한 전략이라고 간주하고, 불신을 기반으로 한 활동제한을 둘 것으로 예측된다.

한국 정부와 민간단체들도 대북지원이 군사적으로 전용되거나, 정권 배불리기에 사용될 수 있다는 비판을 의식하며, 상대에 대한 불신을 전제로 한 활동을 하게 될 가능성이 높다. 이는 한반도 평화협정 이후에야 제대로 된 대북지원활동이 가능할 것이라는 조건부 내지는 단계적 접근의 유효성을 의미하는 것이 아니다. 오히려 이러한 주장은, 일반적 상황에서의 지원전략과는 다른, 한반도 갈등 현실을 고려한 갈등 인지적 대북지원활동 전략 수립의 필요성을 대변하고 있다.

특히, 이를 위해서는, 앞서 언급한 바와 전략적 평화구축 논의에서와 같이, 북한 정부와 북한 주민을 대북지원활동 전략의 대상으로서가 아니라, 주인의식을 가지고 활동에 함께 참여하는 파트너로 포용하는 지역 중심의 전략이 수립되어야 한다. 이러한 차원에서 울렛(Ouellette)은 북한 현 정권이 위협을 적게 느끼면서 보다 긍정적인 주민 간 만남이 활성화 될

수 있는 접촉점을 찾아야 한다고 주장한다.[77]

물론 위와 같은 전략적 사고는 수원국 북한에만 적용되는 것이 아니라, 공여국 한국에도 적용되는 문제이다. 앞서 살펴본 바와 같이, 지속된 남남 갈등으로 인해, 한국의 대북지원활동은, 포용책 또는 강경책이라는 이분법적인 한국 정부정책에 대한 찬성 또는 반대에 수렴된 여론 추이를 보여 왔다. 이러한 이분법적이고 부정적인 사고를 넘어, 어떻게 하면, 현재 한반도 갈등 컨텍스트와 북한 국가구조의 현실을 반영하고, 평화구축에 기여할 수 있는 긍정적 대북지원활동이 가능할 것인가에 대해, 사회 다양한 영역의 관점을 포용한 대북지원활동 전략이 수립될 필요가 있다.[78]

## IV. 포괄적 전략에 근거한 대북지원은 한반도 평화구축에 기여할 수 있다

국제사회는 1950년 6.25전쟁이라는 직접적 폭력행위를 억누르기 위해 한반도 갈등에 개입했다. 이러한 개입의 결과로 이루어진 힘의 균형과 평화유지 활동은 현 시점에 이르기까지 한반도에서 전쟁의 전면적인 재발을 방지하는데 기여해왔다. 하지만 힘의 균형이 한반도의 전쟁재발가능성을 완전히 해소시킨 것은 아니었다. 60여 년 전 국제사회의 개입으로 이루어진 휴전상태는 아직도 힘의 균형과 제3자의 개입을 근간으로 한 평화유지 상황을 벗어나지 못하고 있다.

휴전선을 경계로 남과 북은 계속해서 군사력을 증강시켜왔다. 더욱이 탈냉전 이후 한국군과 미군의 전통적 군사력이 북한을 압도하면서, 북한은 체제유지의 수단으로 핵무기를 선택하기에 이르렀다. 여전히 정전상태를 유지하고 있는 한반도의 상황은 국가주도의 평화조성 및 평화유지를 넘어 정부와 민간영역의 다양한 집단 간 다양한 행위와 역할이 조화를 이루는 한반도 평화구축의 필요성을 보여주고 있다.

이러한 측면에서 인도적 대북지원은 여전히 한반도에서 서로 더불어 살아가는 평화구축의 중요한 동력 중 하나이다. 대북지원활동은 상대방과 나의 인간성을 인정하는 공감에서 시작한다. 이러한 공감은 단순한 지원물품의 전달로 끝나는 것이 아니라 새로운 관계구축으로 이어질 수 있다.

그러나 위에서 살펴본 바와 같이, 이러한 가정이 현실화되려면, 보다 전략적 사고가 필수적이다. 특히 갈등 지역에서 일하는 지원활동가들은 자신들이 활동하는 갈등의 컨텍스트에 좀 더 민감하고 이를 평화구축의 관점에서 인식할 수 있어야만 한다. 한반도 갈등은 대북지원활동을 어렵게 만드는 가장 큰 요인이다. 아무리 한반도에 여러 세대가 지나가도, 한반도 갈등이 지속되는 한 그 역사와 현실을 부정할 수 없다.

이러한 갈등과 폭력의 역사적 현실은 단순히 인도주의의 보편성과 중립성에 대한 주장만으로 피할 수 있는 것은 아니다. 아프리카 지역의 지원활동, 라틴아메리카에서의 지원활동, 아시아에서의 지원활동, 그리고 북한에서의 지원활동은 인도주의라는 보편성에도 불구하고 그 실천에 있어 모두 다 다른 특수한 컨텍스트를 가지고 있다.

따라서 지원활동가는 각각의 지역에서 그 지역의 상황에 대해 더 많이 알려는 노력, 자신의 행동이 미칠 영향에 대한 예측을 할 수 있어야 한다. 갈등 인지적 지원 활동과 그렇지 않은 활동은 결과 면에서 여러 차이를 불러올 수 있다. 예를 들어 1990년대 후반과 2000년대 초 보편적 인도주의 원칙만을 강조했던 국제기구들이 결국 북한에서 철수하기로 결정했던 사례에서도 우리는 한반도 갈등의 컨텍스트를 이해하는 것이 얼마나 중요한지를 알 수 있다.

이와 더불어, 갈등 지역에서는 지원활동 사이의 조정협력, 그리고 다른 영역 다양한 집단 활동과의 조정협력과 네트워킹을 가능하게 하는 장기적 전략수립이 필수적이다. 이는 포괄적이고 동시다발적인 평화구축을 위해 매우 중요하다. 앞서 언급한 것처럼 한반도 평화구축의 관점에서 대북지원을 실시한다고 할 때, 이는 한 단체의 활동을 넘어 전체 한반도 평화구축과의 연결점을 가지게 된다. 따라서 정부, 지자체, 사회, 문화 영역의 다양한 활동들, 그리고 평화를 위한 군축, 인권, 비폭력 운동 등 다양한 시민활동들과도 지속적으로 대화하며, 대북지원활동 전략 수립에 이들의 관점을 반영할 수 있어야 한다.

더불어 국제기구와의 전략적 협력도 좀 더 강화할 필요가 있다. 한반도 평화프로세스의 부침에도 불구하고 대북지원을 계속해온 유엔 등 국제기구를 통해 보다 지속가능한 지원협력을 기대해볼 수 있기 때문이다. 국제 지원기구들은 대북지원활동의 인도적 중립성을 강조하면서, 한반도 평화문제에는 큰 관심을 기울이지 않는 경향이 있다. 이런 측면에서 한국기구와 국제기구와의 협력은 이들 기구의 갈등 인지적 지원활동과 전략 수립에도 도움이 될 수 있다.

마지막으로 이러한 모든 전략적 노력 가운데, 북한당국과 주민의 지속적 참여를 이끌어 낼 수 있어야 한다. 어떤 지원활동 및 평화구축 전략이든 수원국의 참여와 주인의식은 그 전략의 지속가능성과 효과성을 담보하는 주요기준이 된다. 이렇게 국내외 다양한 기구 및 북한의 관점을 포함하는 포괄적 전략 수립은 기존 대북지원활동의 원조 파편화를 극복하고 한반도에 좀 더 복합적인 관계 그물망 형성을 통해, 북한 주민의 인도적 상황 극복뿐만 아니라, 평화구축에 기여할 수 있을 것으로 전망된다.

## 이 장의 주

1 Stephen Ryan, *Ethnic Conflict and International Relations* (Wiltshire : Dartmouth Publishing Company, 1995), p. 129.

2 김동진, 「북한 연구에 대한 평화학적 접근」 『현대북한연구』 16권 3호(2013), p. 18.

3 International Peace Institute, "Issue Brief : Busan and Beyond: Implementing the 'New Deal' for Fragile States," July 2012 ; Mary Robinson, Kevin Rudd, & Judy Cheng-Hopkins, "Same Millennium, New Goals : Why Peace, Security, Good Governance and the Rule of Law Must Be Included in the New MDGs," *Huffpost*, March 12, 2013.

4 OECD, *Concepts and Dilemmas of State Building in Fragile Situation : From Fragility to Resilience* (OECD, 2008) ; UN ESCAP, ADB, UNDP, "Accelerating Equitable Achievement of the MDGs : Closing Gaps in Health and Nutrition Outcomes," Asia-Pacific Regional MDG Report 2011/12.

5 OECD, *Conflict and Fragility Do No Harm International Support for State-builidng* (OECD, 2010).

6 UN, *Transforming our world : the 2030 Agenda for Sustainable Development*, A/RES/70/1 (UN, 2015).

7 OECD, *Conflict and Fragility Do No Harm International Support for State-builidng* (OECD, 2010).

8 Kenneth Bush, "A Measure of Peace : Peace and Conflict Impact Assessment (PCIA) of Development Projects in Conflict Zones," *The Peacebuilding and Reconstruction Program Initiative & The Evaluation Unit Working Paper* No. 1, (1998), p. 6.

9 Thania Paffenholz, *Third-Generation PCIA : Introducing the Aid for Peace Approach* (Berlin : Berghof Research Center for Constructive Conflict Management (2005), pp. 3~4.

10 International Alert, *Resource Pack, Conflict Sensitive Approaches to Development, Humanitarian Assistance and Peacebuilding* (Nairobi : Africa Peace Forum, Various Agencies Collaborating, 2004), p. 1.

11 Jonathan Goodhand and Philippa Atkinson, *Conflict and Aid : Enhancing the*

Peacebuilding Impact of International Engagement : A Synthesis of Findings from Afghanistan, Liberia and Sri Lanka (London : International Alert, 2001), p. 12.

12 Peter Woodrow and Diana Chigas, A Distinction with a Difference : Conflict Sensitivity and Peacebuilding (Cambridge, MA : CDA Collaborative Learning Projects, 2009), p. 2.

13 Nicole Goddard, Do No Harm and Peacebuilding : Five Lessons (Cambridge, MA : CDA Collaborative Learning Projects, 2009), p. 1.

14 Tim Midggley, Howard Mollett, and Ivan Campbell, Policy Brief : Promoting Conflict Sensitivity amongst Donor Agencies (London : Conflict Sensitivity Consortium, 2012), p. 1.

15 K. Van Brabant, What Is Peacebuilding? Do No Harm, Conflict Sensitivity and Peacebuilding (Geneva : Interpeace, 2010), p. 3.

16 Peter Woodrow and Diana Chigas, A Distinction with a Difference, p. 2.

17 Gerd Junne and Willemijn Verkoren, eds., Postconflict Development : Meeting New Challenges (Boulder : Lynne Rienner, 2004), p. 6.

18 UN S/PRST/2001/5 ; 김동진, "북한 연구에 대한 평화학적 접근," p. 27.

19 Peter Wallensteen, "Strategic Peacebuilding : Concepts and Challenges," in Daniel Philpott & Gerard F. Powers eds., Strategies of Peace : Transforming Conflict in a Violent World (Oxford University Press, 2010), pp. 45~64.

20 John Paul Lederach and Scott Appleby, "Strategic Peacebuilding : An Overview," Daniel Philpott & Gerard F. Powers eds., Strategies of Peace : Transforming Conflict in a Violent World (Oxford University Press, 2010), p. 22.

21 Lisa Schirch, Little Book of Strategic Peacebuilding : A Vision And Framework For Peace With Justice (Intercourse : Good Books, 2005), p. 11.

22 Nepal Peace and Development Strategy 2010~2015, 7 January 2011, 3, https://reliefweb.int/report/nepal/nepal-peace-and-development-strategy-2010-2015.

23 Maire Dugan, "A Nested Theory of Conflict", A Leadership Journal : Women in Leadership-Sharing the Vision 1, no. 1 (1996), pp. 9~20.

24 John Paul Lederach and Scott Appleby, "Strategic Peacebuilding : An Overview", p. 22.

25 Oliver P. Richmond, "Conclusion : Strategic Peacebuilding beyond the Liberal Peace," Daniel Philpott & Gerard F. Powers eds., *Strategies of Peace : Transforming Conflict in a Violent World* (Oxford University Press, 2010), p. 364.

26 Eleanor O'Gorman, *Conflict and Development : Development Matters* (New York : Zed Books, 2011), p. 115.

27 Dominik Zaum, "Beyond the Liberal Peace," *Global Governance : A Review of Multilateralism and International Organizations* 18, no. 1 (2012), p. 121.

28 World Bank, *The Role of the World Bank in Conflict and Development : An Evolving Agenda* (Washington D.C : World Bank, 2004), p. 6.

29 Oliver Richmond and Audra Mitchell, "Introduction - Towards a Post-Liberal Peace : Exploring Hybridity via Everyday Forms of Resistance, Agency and Autonomy," Oliver Richmond and Audra Mitchellin eds., *Hybrid Forms of Peace : From Everyday Agency to Post-Liberalism* (Basingstoke : Palgrave Macmillan, 2011), pp. 336~40.

30 Roger Mac Ginty, *International Peacebuilding and Local Resistance : Hybrid Forms of Peace* (Basingstoke : Palgrave Macmillan, 2011), pp. 51~52.

31 Lisa Schirch, *Little Book of Strategic Peacebuilding*, p. 64.

32 John Paul Lederach, *Building Peace : Sustainable Reconciliation in Divided Societies* (Washington, DC. : United States Institute of Peace Press, 1997), p. 84.

33 Klaus von Grebmer et al., *2017 Global Hunger Index : The Inequalities of Hunger* (Washington, D.C. ; Bonn ; and Dublin : International Food Policy Research Institute, Welthungerhilfe, and Concern Worldwide, 2017), pp. 13~15.

34 The UN Humanitarian Country Team, "2017 DPR Korea Needs and Priorities" (The UN Humanitarian Country Team in the DPRK, March 2017), p. 5.

35 CBS et al., "Democratic People's Republic of Korea Final Report of the National Nutrition Survey 2012 : September 17th to October 17th 2012" (Central Bureau of Statistics, March 2013), pp. 7~9.

36 이종무, 강동완, 김동진, 황재성, 『경기도 남북교류협력 10년백서 : 2001~2011』 (의정부 : 경기도, 2012), pp. 108~109.

37 Byung-Yeon Kim, *Unveiling the North Korean Economy : Collapse and Transition* (New York : Cambridge University Press, 2017), pp. 47~48.

38 Stephan Haggard and Marcus Noland, *Hunger and Human Rights : The Politics of Famine in North Korea* (Washington D.C. : U.S. Committee for Human Rights in North Korea, 2005), p. 34 ; Hazel Smith, *Hungry for Peace : International Security, Humanitarian Assistance, and Social Change in North Korea* (Washington, D.C : United States Institute of Peace, 2005), pp. 66~71.

39 Hazel Smith, "USIP Special Report : Overcoming Humanitarian Dilemmas in the DPRK (North Korea)" (United States Institute of Peace, July 2002), pp. 1~15.

40 Byung-Yeon Kim, *Unveiling the North Korean Economy*, p. 145.

41 "남북 사이의 화해와 불가침 및 교류협력에 관한 합의서", 1991년 12월 13일.

42 통일부, 『2002년 통일백서』(서울 : 통일부, 2002), p. 215.

43 Ki-Young Sung, "Success and Failure in Dealing with North Korea : Has Issue-Linkage Worked?," in *The British International Studies Association 35th Annual Conference* (Leicester : University of Leicester, 2009), pp. 2~3.

44 Kevin Sullivan, "South Korea Lifts Ban On Rice To The North," *Washington Post*, April 1, 1997.

45 Brendan Howe and Dong Jin Kim, "The Politicization of Humanitarian Assistance : Aid and Security on the Korean Peninsula", Eun Mee Kim and Pil Ho Kim eds., *The South Korean Development Experience : Beyond Aid* (Basingstoke : Palgrave Macmillan, 2014), p. 147.

46 대북협력민간단체협의회, 『대북지원 10년백서』(서울 : 대북협력민간단체협의회, 대북지원민관정책협의회, 2005), p. 54.

47 『대북지원 10년백서』, p. 66.

48 Brendan Howe and Dong Jin Kim, "The Politicization of Humanitarian Assistance," pp. 147~148.

49 Kyung Yon Moon, *The Role of Humanitarian NGOs : Impact on South Korean Food Aid Policy towards North Korea from 1995~2007*, PhD Thesis, Cranfield University, (2011).

50 Seung-Mi Han, "Nationalism And Beyond : Humanitarian Assistance To North

Korea (DPRK) And The Case Of The Korean Sharing Movement," *Korean Social Science Journal*, XXXV No.2 (2008), p. 107.

51 Yonhap News Agency, "S. Korea's May 24 Measures on Cheonan Warship Sinking Remain Effective," *Vantage Point : Developments in North Korea*, Vol. 34 No. 7, July 2011, pp. 28~31.

52 Park Hyeong-jung, "South Korea's Official Aid Policy to North Korea : Objectives, Types, and Political Debates," in Kim Kyu Ryoon ed., *Modernization and Opening-up of North Korean Economy* (Seoul : Korea Institute for National Unification, 2009), p. 122.

53 Hamm Taik-Young, *Arming the Two Koreas : State, Capital and Military Power* (London : Routledge, 1999), p. 89.

54 Dong Jin Kim, *The Korean Peace Process and Civil Society : Towards Strategic Peacebuilding*(Cham : Palgrave Macmillan, 2019), pp. 209~210.

55 이명자, [전쟁 경험의 재구성을 통한 국가 만들기 -역사/다큐멘터리/기억」『통일문제연구』 통권 제56호 (2011), p. 28.

56 Johan Galtung, "Conflict, War and Peace : A Bird's Eye View," in Johan Galtung, Carl G. Jacobsen, and Kai Frithjof Brand-Jacobsen, eds., *Searching for Peace : The Road to Transcend* (London : Pluto, 2002), pp. 4~6.

57 Samuel S. Kim, *The Two Koreas and the Great Powers* (New York : Cambridge University Press, 2006), p. 3.

58 정영철, 「남남갈등의 변화양상 : 갈등의 전개 양상과 특징을 중심으로」『대북정책에 대한 소통증진 방안연구』(제주평화연구원, 2009), pp. 137~149.

59 Eleanor O'Gorman, *Conflict and Development*, pp. 1~19.

60 Dong Jin Kim, *The Korean Peace Process and Civil Society*, p. 206.

61 강동완, 김동진, 「인도적 대북지원의 사회적 합의에 대한 19대 국회의원 설문조사 결과분석」 대북협력민간단체협의회 (2013).

62 서울대학교 통일평화연구원, 『남북통합지수, 1989~2007』(서울 : 서울대학교, 2009), pp. 154~156) ; 서울대학교 통일평화연구원, 『2011 통일의식조사』(서울 : 서울대학교, 2011), pp. 44~45 ; 자유아시아방송, "남한 사회, 인도적 대북지원 논란 불거져", 2017년 9월 25일, https://www.rfa.org/korean/in_focus/food_international_org/ne-jn-09252017101625.html

63 Dong Jin Kim, *The Korean Peace Process and Civil Society*, p. 211.

64 《한겨레》, "인도적 대북 지원, 정부 독점 말고 민관협력기구서 논의해야", 2016년 12월 8일 http://www.hani.co.kr/arti/politics/defense/773774.html#csidx4aa0f919 b8f4fef9ebcf553b27767aa

65 Dong Jin Kim and Sabine Burghart, "A Report on the 2013 International Conference on Humanitarian and Development Assistance to the DPRK," *2013 International Conference On Humanitarian and Development Assistance To the DPRK* (Beijing : Korean Sharing Movement, Gyeonggi Province, and Friedrich Ebert Stiftung, 2013), pp. 105~109.

66 Jong Moo Lee, "Partnership and Development Cooperation between the Democratic People's Republic of Korea and Aid Organizations in Response to the Food Shortage in the DPRK and International Cooperation for Economic Development," *2011 International Conference on Humanitarian and Development Assistance to DPRK* (Seoul : GyeongGi-Do, Friedrich Ebert Stiftung, and the Korean Sharing Movement, 2011), pp. 131~144.

67 Dong Jin Kim and Sabine Burghart, "A Report on the 2017 International Conference on Humanitarian and Development Assistance to the DPRK," *2017 International Conference On Humanitarian and Development Assistance To the DPRK* (Seoul : Korean Sharing Movement, Gyeonggi Province, and Friedrich Ebert Stiftung, 2017).

68 VOA, "한국 북민협, 국제적십자 통해 대북수해지원금 전달", 2016년 10월 12일, https://www.voakorea.com/a/3547331.html

69 Dong Jin Kim, *The Korean Peace Process and Civil Society*, pp. 229~230.

70 Scott C. Bradford, Dong-jin Kim, and Kerk L. Phillips, "Potential Economic Reforms in North Korea : A Dynamic General Equilibrium Model," *Journal of Economic Policy Reform* 14, no. 4 (2011), pp. 321~322.

71 Byung-Yeon Kim, *Unveiling the North Korean Economy*, pp. 123~128.

72 UNCHR, 'Report of the Commission of Inquiry on Human Rights in the Democratic People's Republic of Korea－/HRC/25/63', United Nations Human Rights Council, 7 February 2014, http://www.ohchr.org/EN/HRBodies/HRC/ CoIDPRK/Pages/ReportoftheCommissionofInquiryDPRK.aspx.

73 Kyung-Ae Park, "People's Exit, Regime Stability, and North Korean Diplo-

macy," Kyung-Ae Park ed., *New Challenges of North Korean Foreign Policy* (New York : Palgrave Macmillan, 2010), p. 56.

74 Dong Jin Kim, *The Korean Peace Process and Civil Society*, pp. 237~238.

75 Anthony Kuhn, "In South Korea, Summit With North Korea Is Greeted With Hope and Skepticism", NPR.org, 27 April 2018, https://www.npr.org/sections/ parallels/2018/04/27/606358775/in-south-korea-summit-with-north-korea-is-gre etedwith-hope-and-skepticism.

76 Sung Chull Kim and David Kang, "Introduction : Engagement as a Viable Alternative to Coercion," Sung Chull Kim and David Kang eds., *Engagement with North Korea : A Viable Alternative* (New York : SUNY Press, 2009). pp. 12~14.

77 Dean Ouellette, "Building Trust on the Margins of Inter-Korean Relations : Revitalizing the Role of South Korean NGOs," *International Journal of Korean Unification Studies* 22, no. 2 (2013), p. 130.

78 Dong Jin Kim, *The Korean Peace Process and Civil Society*, pp. 238~239.

# 북한 투자과정의 분쟁해결방안*

권 은 민**

## I. 북한 투자과정에서 분쟁이 발생하면 어떻게 해결할 것인가?

북한은 1984년 합영법 제정 이후 지금까지 외국인투자 유치를 위해 노력하고 있다. 지난 34년간 수많은 북한투자사례[1]가 있었고, 그 과정에서 다수의 분쟁이 발생했다. 이 논문은 북한 외부에서 북한지역에 투자할 경우를 전제로 분쟁이 발생했을 경우에 북한법 상 어떤 분쟁해결수단이 있는지, 그 각각의 장단점은 무엇인지, 향후 북한에 투자할 기업이 고려해야 할 사항은 무엇인지를 살펴보려 한다.

북한법령에는 분쟁에 관한 조항이 있다. 예를 들면, 북한에서 외국투자기업이 토지를 사용하기 위한 기본법인 토지임대법 제42조는 "토지 임대와 관련한 의견상이는 당사자들사이에 협의의 방법으로 해결한다. 협의

---

* 이 논문은 법무부가 발간하는 <통일과 법률 2019.2. 봄호>에 게재된 "북한투자기업의 분쟁해결방안 연구 : 북한법을 중심으로" 논문을 일부 보완한 것이다.
** 변호사(김·장법률사무소), 북한대학원 대학교 겸임교수, emkwon@kimchang.com

의 방법으로 해결할 수 없을 경우에는 조정, 중재, 재판의 방법으로 해결한다"고 규정함으로써 협의, 조정, 중재, 재판으로 분쟁해결제도를 열거하고 있다. 외국투자와 관련한 분쟁에 대해 북한법이 규정한 내용은 이 규정과 대동소이하다.

그 동안의 연구결과에 의하면, 북한에서 민사분쟁이 발생하였을 경우에는 대부분 소송외적 방법으로 해결되었다고 한다.[2] 북한 내에도 민사재판이 있지만 이혼 및 부양료사건 등 가사사건이 큰 비중을 차지하고 민사분쟁은 비중이 낮았다.[3] 또한 북한의 재판제도 또는 중재제도의 운영실태가 외부에 잘 알려져 있지 않아 분쟁해결에 대한 신뢰성이 높지 않고, 북한에 민사소송법이 존재하지만 일반인의 사유재산이 극히 제한적으로 인정되고 개인의 자유로운 법률관계 형성이 이루어지지 않고 있기 때문에 민사소송사건이 많지 않다. 비교사례로 통일이전 동독은 북한에 비하여 활발한 사경제활동을 허용하였고 사유재산도 비교적 광범위하게 인정하였지만 통일 직전 민사소송건수는 서독에 비해 7분의 1미만이었다.[4]

이런 상황에서 북한지역에 투자하려는 투자자는 분쟁발생시 합리적인 해결방안이 있는지 의문[5]을 갖게 될 것인바, 이를 적절히 해소시키는 것은 북한투자의 승패에 중대한 영향을 미칠 것이다. 한편 남한의 분쟁해결제도는 세계적으로도 높은 평가를 받고 있는바,[6] 남한의 경험을 적절히 활용할 필요도 있다.

이 논문에서는 북한법이 규정하는 각각의 분쟁해결제도가 어떻게 작동되는지, 외국인투자기업에게는 어떤 의미가 있는지를 살펴본다. 이를 위하여 먼저 분쟁해결제도와 관련된 선행연구를 살펴보고, 이어서 북한법상 분쟁해결제도를 살펴본 후 실제 사례 연구의 경험을 통해 각 분쟁해결제도별 적용가능성을 검토하고, 이어서 분쟁해결제도의 장래를 전망하고자 한다.

## II. 선행연구 검토

북한 투자 관련 분쟁해결방안에 대한 선행연구는 크게 북한의 외국인 투자법제에 규정된 분쟁해결제도에 관한 연구, 남북교역 및 경협 과정에서 발생한 분쟁해결제도에 관한 연구로 나누어 볼 수 있다. 전자는 다시 북한의 대외경제중재법의 내용 및 개선방안 등에 관한 연구,[7] 라선경제무역지대법 등 경제특구법 상 분쟁해결제도에 관한 규정 내용에 관한 연구[8]로 나눌 수 있고, 후자는 다시 남북상사중재제도에 관한 연구,[9] 개성공단에서 발생한 분쟁해결제도에 관한 연구[10] 등으로 나눌 수 있다.

한편, 위와 같은 범주에는 포함되지 않으나, 북한 투자 관련한 분쟁해결방안을 비교법적 견지에서 검토한 연구들도 있는데, "중국과 대만 양안 간의 경제교류 협력을 위한 투자분쟁해결 제도와 남북경협에 있어서의 시사점"(양효령, 2017),[11] "중국해협양안중재센터 중재규칙의 특징과 남북상사중재위원회 중재규칙제정의 시사점"(양효령, 2018)[12]과 같이 남북한의 관계처럼 특수 관계에 있는 중국과 대만 간에 마련된 투자분쟁해결제도의 연구를 통해 남북 간 투자분쟁해결 방안을 모색하는 연구가 있다. 또한 베트남의 외국인투자법제와 북한의 외국인투자법제를 비교한 연구(정영화, 2007)[13]도 있다.

선행연구 중에 북한의 외국인투자법제에 규정된 분쟁해결제도에 대한 연구는 북한법에 대한 연구로서, 북한에서 외국인투자를 유치하기 위해 제정한 외국인투자법제에서 어떤 내용으로 분쟁해결제도를 규정하고 있는지 분석하는 것이 주요 내용이다. 이러한 연구들은 대부분 북한의 외국인투자법제 상에 규정되어 있는 북한의 분쟁해결제도, 즉 협의, 중재, 재판, 신소 중에서 중재 내용에 집중을 하고, 북한의 대외경제중재법, 북한의 중재제도 등에 대한 내용을 검토하고 그 한계점을 제시한다. 즉, 대부분 북한의 대외경제중재법 내용에 집중하고 있어, 북한 내 사법절차 제도인 재판, 신소 등에 대한 연구는 중재제도에 비해 부족하다. 또한 중재절차가 진행되기에 앞서 협의로 분쟁을 해결하는 부분에 대하여도 북한에서 어떤 절차나 모습으로 분쟁 당사자 간 협의를 진행하는지, 관련 사례에 대한 연구가 없는 것도 아쉬운 점이다.

남북교역 및 경협 과정에서 발생한 분쟁해결제도에 관한 연구는 2000년 <남북 사이의 상사분쟁해결절차에 관한 합의서>가 채택된 이후로, 남북상사중재제도, 남북상사중재위원회에 관한 연구가 주를 이룬다. 또한 개성공업지구가 본격적으로 가동되고, 개성공업지구 내에서 발생하는 투자분쟁에 관한 연구도 활발히 이루어졌다. 이러한 연구들이 2013년 9월 11일 체결된 <개성공단에서의 "남북상사중재위원회 구성·운영에 관한 합의서"이행을 위한 부속합의서>와 이후 구성된 남북상사중재위원회의 구성과 운영에 기초 연구자료로서 기여를 했다고 평가할 수 있을 것이다. 다만, 남북상사중재위원회가 2014년 3월 13일 개성공업지구 지원센터에서 제1차 개성공단 상사중재위원회 회의를 개최한 이후로 운영되지 않고 있는 상황에서, 향후 남북상사중재위원회가 재구성되고 운영되기 위해서는 기존에 검토된 문제점과 개선방안 등에 대한 면밀한 재검토 및 최근 이루어진 비교법적 연구의 내용도 반영할 필요가 있을 것이다.

또한, 선행연구에서 큰 비중을 차지하고 있지는 않으나, 북한의 사법제도에 대한 연구도 북한 투자 관련 분쟁해결방안 모색에 참고할 만한 선행연구라고 할 수 있다.

본 논문은 기존 선행연구에서 북한의 대외경제중재법의 연구를 통한 중재제도 내용 및 문제점을 지적한 것에서 범위를 넓혀, 북한의 사법절차 내에서 재판, 신소, 조정 등의 분쟁해결제도를 활용하는 방안도 검토하는 것을 목적으로 하고 있으므로 이러한 선행연구들도 유의미하다고 본다.

그 예로서 "북한의 상사분쟁 해결제도에 관한 연구"(김상호, 2002), "북한에서의 민상사 관련 분쟁해결을 위한 법 시스템"(류승훈, 2010) 등이 있다.

마지막으로 북한의 사법제도나 중재제도 외에 국제분쟁해결절차를 활용하는 방법에 대한 선행연구도 참고할 수 있다. 즉, 북한 투자 관련 분쟁이 북한과 투자자 간의 분쟁의 범주에 들 경우, 투자자-국가소송제(ISD : Investor-State Dispute)를 활용하는 방안에 대한 연구들이 있다. "북한의 경제개발구 투자에 대한 법적 보호"(김병필, 2015) 와 같은 연구는 투자자-국가소송제를 도입하여 북한 투자에 대한 분쟁해결을 할 수 있다고 제시하고 있고, "우리 기업의 대북투자 보호 강화 방안에 대한 연구 : 남북투자보장합의서 개정의 필요성을 중심으로"(안미진, 박사학위논문, 2014)와 같은 연구 역시 남북투자 보장합의서를 국가가 투자보호협정으로 보고, 이를 개정하는 방안을 모색하고 있다.

지금까지 언급한 선행연구들은 대부분 법제연구나 비교법적인 연구들이고, 실제 분쟁사례를 검토하여 기왕의 분쟁해결제도를 검토하거나 대안을 제시한 연구는 찾아보기 힘들다. 북한이라는 연구대상 자체가 가지는 자료와 정보의 폐쇄성에 기인하는 것이고, 이를 극복할만한 방법이 현재로서는 쉽게 보이지 않는 측면이 있다.

본 연구는 이와 같은 문제의식에서 최대한 북한 투자 관련한 분쟁사례를 찾아 정리하고, 이를 통해 북한 투자 관련 분쟁의 합리적 해결방안을 모색하는 것을 연구 목적으로 한다.

## Ⅲ. 북한에는 어떤 분쟁해결제도가 있으며, 그 제도는 활용가능한가?

북한법에 규정된 협의, 조정, 중재, 신소, 재판과 같은 분쟁해결제도의 각 내용을 살펴보고, 그 활용가능성에 대해서 살펴보고자 한다.

### 1. 협의(協議)

#### 1) 의의

북한법에는 대개 법령의 뒷부분에 분쟁해결이란 제목 하에 분쟁해결 방법을 정한 규정을 두고 있는데, 공통적인 내용은 협의를 가장 우선적인 해결방법으로 규정한 것이다. 그런데 구체적으로 협의를 어떻게 하는지에 대한 내용은 없다. 법에서 정한 '협의의 방법'이란 당사자간 직접 협의를 통한 분쟁의 해결 노력은 물론이고 당사자간 협의 노력이 성공할 수 있도록 북한의 중재기관이 개입하여 알선이나 조정을 시도하는 경우도 포함된다는 견해[14]가 있다. 분쟁의 원만한 해결을 위해 협의를 강조하는 국가로는 중국이 있다.[15]

협의단계에서는 상대방의 체제와 논리에 대한 이해에 기초하여 공존과 호혜의 자세로 협상을 풀어나갈 필요가 있고 엄격한 상호주의를 고집하기 보다는 장기적인 이익을 고려한 대승적인 문제해결의지를 가져야 한다는 견해[16]도 있다. 또한 투자협정에서는 통상 사건이 발생한 후 일정 기간이 경과해야 중재를 제기할 수 있다는 냉각기간을 두거나 일방이 중재를 제기하기 전에 중재 제기 의사를 상대방에게 서면으로 통보하게 하는 의사 통보기간을 두고 있는바, 이는 협의에 의한 우호적인 분쟁해결 기회를 주기 위한 것이다.[17]

## 2) 협의제도 활용가능성

법에서 정한 협의를 분쟁의 직접 당사자인 투자의 쌍방당사자들이 자유롭게 협의하는 것으로 보는 것에서 한발 나아가 법령이 정한 '협의'의 의미를 찾으려 노력해 볼 필요도 있다. 이하에서는 북한법령상 협의와 관련한 조항을 찾고 그 조항을 활용하여 협의를 통해 분쟁을 해결할 때 따라야 할 일응의 기준을 정하려 한다.

북한 대외경제계약법은 제5장에서 '대외경제계약위반에 대한 책임과 분쟁해결'이라는 제목 하에 10개의 조항을 두고 있는바, 이 조항들을 협의시 활용할 수 있다. 보다 구체적으로 살펴보면, 계약을 어긴 계약당사자가 책임을 지며(제33조), 손해보상청구기간은 계약에서 정하거나 조약을 따르며 그것이 없을 경우에는 민사시효기간 내에 할 수 있다(제35조). 손해배상을 받으려는 계약당사자는 먼저 손해배상청구서를 상대편에게 내야하는데 이때 계약서번호, 계약대상, 손해의 형태와 범위, 보상청구근거, 요구조건을 밝히고, 관련된 공증문건을 첨부해야 한다(제37조). 만일 손해배상청구를 받은 상대방이 보상을 거절하는 경우에는 거절하는 통지를 하여야 한다(제38조).

이상과 같은 대외경제계약법의 내용은 실제 투자분쟁이 발생하여 협의할 때 활용할 수 있을 것이다. 우선 누가 계약을 어겼는지를 밝힌 후 일방은 법에서 정한 내용을 포함한 청구서를 상대방에게 보내야 할 것이다. 만일 투자자가 보낸 청구서에 대해 북측 계약상대방이 협의에 불응할 경우에는 대외경제중재법 조항을 근거로 책임 있는 답변을 요구할 수도 있을 것이다.

향후 투자가 본격화되면 사안별로 분쟁의 특성을 고려한 다양한 형태의 협의가 시도될 것이고, 이런 사례들이 축적됨에 따라 협의절차나 방법도 점차 다양해지고 합리적으로 변모해갈 것이다. 향후의 연구과제로는 실제 협의사례를 유형별로 분류하여 협의절차와 그 과정에서 발생한 문제점을 경험적으로 연구할 필요가 있다.

## 2. 조정(調停)

### 1) 의의

조정의 사전적인 의미는 "분쟁을 중간에서 화해하게 하거나 서로 타협점을 찾아 합의하도록 함."이고, 북한에서 조정이란 "분쟁해결을 위하여 제3자가 조정인이 되어 당사자들이 서로 화해 또는 타협하도록 노력하는 행위"이다(대외경제중재법 제2조 제9호). 북한에서 대외경제분쟁은 조정의 방법으로도 해결할 수 있는데, 조정결정은 해당사건에 대하여 재결과 같은 효력을 가진다(동법 제48조). 재결의 효력은 재결문을 작성한 날부터 발생하며(동법 제55조), 만일 책임있는 당사자가 재결문에 지적된 의무를 제때에 이행하지 않거나 불성실하게 이행할 경우 상대방 당사자는 직접 또는 중재위원회를 통하여 재판기관 또는 해당 기관에 재결집행을 신청할 수 있다(동법 제61조).

조정도 분쟁해결제도의 하나인데, 실제로 이 절차로 분쟁을 해결한 사례는 발견하지 못하였다. 조정사건이 거의 없었는지, 혹은 조정의 성질상 비공개로 처리되는 경우가 많아 공개되지 않은 것인지는 알 수 없다.

### 2) 조정제도 활용가능성

남한은 민사조정법이 있고 조정에 의해 분쟁이 해결되는 경우가 많은 편이다. 또한 특별법으로 <의료사고 피해구제 및 의료분쟁 조정 등에 관한 법률> 등에서 조정절차를 규정하고 있다. 의료분쟁조정법에 의하면,

법인으로 한국의료분쟁조정중재원을 설립하고 그 산하에 의료분쟁조정위원회를 두고 조정을 진행한다. 조정부의 조정결정은 문서로 하고, 사건번호와 사건명, 당사자 및 대리인의 성명과 주소, 결정주문, 신청의 취지, 결정이유, 조정일자를 기재하며, 결정이유에는 주문의 내용이 정당함을 인정할 수 있는 정도의 판단을 표시하여야 한다(동법 제34조).

조정부가 조정결정을 한 때에는 그 조정결정서 정본을 7일 이내에 신청인과 피신청인에게 송달하고, 송달을 받은 신청인과 피신청인은 그 송달을 받은 날부터 15일 이내에 동의 여부를 조정중재원에 통보하여야 한다. 이 경우 15일 이내에 의사표시가 없는 때에는 동의한 것으로 본다. 조정은 당사자 쌍방이 조정결정에 동의하거나 동의한 것으로 보는 때에 성립한다. 성립된 조정은 재판상 화해와 동일한 효력이 있다(동법 제36조).

조정은 쌍방당사자의 동의를 전제로 분쟁을 해결하는 방식이며, 국가가 조정기관의 설립에 적극 관여하는 특징이 있다. 이런 남한법상의 조정제도 특성을 대북투자분쟁에서 활용하여, 북한 당국 주도로 투자분쟁을 전담하는 조정기구를 구성하고 이 기구를 통해 투자분쟁을 간이하고 신속하게 처리할 수 있을 것이다.

북한법상 대외경제중재법 외에 조정절차를 보다 구체적으로 정한 법령은 발견하지 못하였는바, 위 대외경제중재법의 내용으로는 분쟁당사자가 조정절차로 진행하기로 합의하고, 조정인 선정방법에도 합의하면 조정이 진행될 수 있을 것이다. 일단 조정이 시작되면 민사소송법과 대외경제중재법을 준용하여 절차를 진행하게 될 것이고, 조정결정이 내려지면 재결의 효력이 있으므로 분쟁은 종국적으로 해결될 것이다. 북한 내에서 실제로 조정절차를 통해 분쟁이 해결된 사례는 발견하지 못하였으나, 조정은 중재에 비해 간이한 편이므로 간편하게 분쟁을 해결하기 원하는 경우[18]에는 이 제도를 활용할 여지도 있을 것이다.

또한 남한의 의료분쟁조정법상의 조정위원회제도처럼 분야별로 국가가 주도하는 조정위원회를 활용하는 방안도 적극 검토할 수 있다. 분쟁의 해결에는 결과적인 공정함뿐만 아니라 분쟁해결과정의 신속하고 저렴한 비용이라는 측면도 고려하여야 할 것인바, 북한 당국은 투자분쟁조정제도를 만들고 운영하는데 관심을 가져야 할 것이다. 대외경제중재법상 기구인 조선국제무역중재위원회 내에 조정위원회를 두는 방법도 고려할 수 있다.

## 3. 중재(仲裁)

### 1) 의의

북한의 중재제도는 외국적 요소를 기준으로 중재법과 대외경제중재법으로 이원화되어 있다. 중재법에 의한 중재제도는 기관, 기업소 같은 사회주의적 소유조직이 인민경제계획을 수행하는 과정에서 발생하는 시비를 가리는 국가재판활동이나 행정활동으로서 자본주의 법제 하에서 일반적으로 사법상 분쟁을 해결하는 중재제도와는 다르다.[19]

한편 대외경제중재법(1999년 제정되고 2008년, 2014년 개정)에 의한 중재는 투자분쟁과 같은 외국적 요소가 있는 사건을 취급한다. 대외경제중재는 외국적 요소와 당사자들 사이의 중재합의가 있는 대외경제 거래과정에서 발생한 분쟁을 재판소 판결이 아닌 중재부의 재결로 해결하는 분쟁해결제도이다. 외국적 요소란 "당사자들 가운데 어느 일방이 다른 나라의 법인, 개인이거나 업무장소, 거주지, 주소지 또는 분쟁재산이나 중재장소가 다른 나라에 있는 것 같은 다른 나라와 연관되는 조건들"(동법 제2조 제5호)이다. 중재사건은 중재제기, 중재부 구성, 심리, 재결 및 집행의 순서로 진행된다.

한편 대외경제분쟁의 해결기관으로는 상설중재기관으로 무역, 투자 등의 분쟁을 담당하는 조선국제무역중재위원회, 해상경제활동분쟁을 담당하는 조선해사중재위원회, 컴퓨터쏘프트웨어 분쟁을 담당하는 조선콤퓨터쏘프트웨어중재위원회가 있다(동법제3조).

대외경제중재법의 개정을 분석해 보면, 2008년 개정에서 UNCITRAL (United Nations Commission on International Trade and Law)의 국제상사 중재모델법을 상당부분 수용했고, 2014년 개정에서는 외국인투자유치를 염두에 두고 대외중재의 법적 안정성과 구체적 타당성을 추구하였다는 분석이 있다.[20] 2014년 개정법은 개념을 명확히 하여 해석상 논란을 줄였으며, 중재합의의 대상과 범위도 확대하였고, 또한 중재심리과정에서 당사자 자치성을 보완하고 재결의 집행과 관련하여 신속성과 구체적 타당성을 보장하려는 노력을 하고 있다.

한편, 북한의 조선대외경제투자협력위원회가 2016년에 발간한 투자안내 책자[21]에서 분쟁해결 항목에 설명한 내용을 보면, "외국투자와 관련한 의견 상이는 협의의 방법으로 해결한다. 협의의 방법으로 해결할 수 없는 경우에는 조정, 중재, 재판의 방법으로 해결한다. 외국투자기업의 활동에서 제기된 분쟁문제들을 중재의 방법으로 해결하려고 하는 경우 당사자들 사이에 중재합의를 하여야 한다. 중재합의는 해당 계약서에 중재사항을 포함시키거나 계약서와 별도로 중재합의문건을 만드는 방법으로 한다.

대외경제중재절차로 해결할 수 있는 전문적인 대외경제중재기관들이 있다. 조선국제무역중재위원회에서는 무역, 투자, 봉사와 관련한 분쟁을 심리해결하고 있다. 대외경제중재에서는 지역관할과 심급을 따로 두지 않으며, 중재부가 내린 재결을 최종결정한다. 중재절차는 중재제기, 접수통지, 답변서제출, 중재부구성, 중재사건심리, 재결, 재결문발송, 재결집행 순서로 진행된다."[22]

이러한 설명을 보면, 북한은 대외경제중재절차가 투자관련 분쟁해결 제도로 유용하다고 인식하고 있는 것으로 보인다. 외국인투자유치는 북한이 강제할 수 없는 영역이고, 실제 투자를 할 것인지 여부는 외국투자자가 해당국의 인센티브와 법제도를 고려하여 결정하기 때문에 북한도 분쟁해결방법에 대해서도 북한 내부의 사법제도 보다는 중재를 제안하고 있는 것으로 보이는바, 이는 외국투자자의 입장을 최대한 고려한 것이라 짐작한다.

## 2) 중재제도 활용가능성

중국 연변대학 김미란은 현재 북한의 사법상황을 고려할 때 외국적 요소가 있는 사건 재판에서 북한 재판소는 전문성과 능력에 대한 신뢰도가 낮기 때문에 투자자입장에서는 재판보다는 중재를 선택할 가능성이 높다고 평가하며, 중재의 장점으로는 절차적인 유연성, 신속성, 간편성을 들고 있다.[23] 다만, 이 연구는 북한 대외경제중재법의 문제점으로 중재합의를 함에 있어 자주권이 제약된다는 주장을 한다.

즉, 북한은 대외경제계약을 함에 있어 대외경제계약법의 규제를 받기 때문에 중재합의를 할 것인지 여부에 대해 해당기관의 승인을 받아야 할 수도 있고, 또한 동법 제18조에서 국가안전 혹은 국가경제이익에 손해를 주는 계약과 사기, 강요에 의하여 체결한 계약은 무효라고 규정하였는데 여기서 국가경제이익을 판단하는 기준이 명확하지 않기 때문에 중재합의를 부정할 우려가 있다는 견해를 제시한다.[24] 그런데 북한의 대외경제중재법에 의하면, 중재합의는 계약서에 포함시킬 수도 있고 분쟁발생 후에 합의할 수도 있는바, 김미란이 우려한 점은 사전에 계약을 함에 있어 중재조항을 명확히 함으로써 극복할 수 있을 것이다.

물론, 일반적으로도 국제중재의 장점으로는 당사자들이 중재인을 직접 선정할 수 있다는 것과 뉴욕협약(The New York Convention on the Recognition and Enforcement of Foreign Arbitral Awards, June 10, 1958)에 의해 중재판정의 집행이 법적으로 보장된다는 점이 지적되는데, 북한은 뉴욕협약에 가입하지 않아 중재판정의 집행 여부가 불투명하다는 문제는 남는다.[25]

한편, 남북 당국은 <남북사이의 상사분쟁해결절차에 관한 합의서>(2000.12)와 <남북상사중재위원회 구성 운영에 관한 합의서>(2003.10)를 채택하여 중재위원회 구성, 기능 등에 관하여 합의한 바 있다. 이 합의서를 개성공단에 실제 적용하기 위하여 2014년 3월 13일 '개성공단 상사중재위원회 운영을 위한 제1차 회의'를 개성공단에서 개최하여 남북 간 중재인 명부 교환, 중재규정 제정 등 구체적인 문제를 협의하였으나, 북측이 중재규정 제정은 북측의 입법주권에 관한 사항이므로 북측에서 제정하여야 한다고 주장하는 등 상호 인식차이가 커 접점을 찾지 못한 채 종료되었다.[26]

향후 남북상사중재의 실질적 구현을 위해서는 상사분쟁의 대상, 중재인의 자격 및 선정, 준거법의 결정, 중재절차, 중재판정과 취소, 중재판정 승인절차 등을 구체적으로 만들 필요가 있다. 이때 상사분쟁의 대상이 무엇인지에 대해서는, 상사분쟁의 의미를 포괄하고 상사중재대상을 넓히기 위해서 상사분쟁 개념을 명확히 하거나 '남북사이에 경제교류·협력과정에서 생기는 법률분쟁'으로 수정하자는 견해가 있다.[27]

남북상사중재위원회가 실제 가동시 발생할 사건은 남측 사업자의 북측 정부 및 북측 기업에 대한 손해배상 청구 등이 주종을 이룰 것으로 예상되는바, 이런 이유로 북한은 남북상사중재위원회 가동에 소극적이었고 그 동안의 진행은 남측의 정책적 의지에 의한 것이었다는 평가[28]가 있다. 향후 남북경협이 재개될 경우에는 남북상사중재위원회의 활성화가 선결되어야 할 것이다.

그런데, 남한의 중재제도의 활용현실을 보면, 현재 남한의 소송건수는 100만 건에 달하지만 대한상사중재원에는 연 500건 정도의 사건만 접수되어 현격한 차이가 있다. 하지만 대북투자분쟁에서는 중재의 활용이 강조될 것이고 남북상사중재의 미래에 대한 관심도 높아질 것이라는 분석이 있다.[29]

외국사례로 동서독의 상사분쟁 경험을 살펴보면, 당사자들의 합의하에 동독의 대외무역상공회의소에 설치된 상설중재재판소에서 중재되는 경우가 많았다. 동독 중재재판소는 국제표준에 따라 준거법과 절차법을 적용하였고 외국인 중재인도 1명 포함되어 있어 불공정시비는 없었다고 한다. 동서독간의 상사분쟁은 동독에서 제작한 기계의 하자문제와 서독에서 시공한 공장의 하자문제가 다수였다.[30] 독일의 경험을 보면, 준거법과 절차법을 합리적으로 적용한다면 어느 일방의 민간단체인 상공회의소 산하의 중재재판소를 활용한 분쟁해결도 가능하다. 중요한 것은 상대방 국가의 분쟁해결기관에 대한 신뢰인데, 이것은 상호교류를 통해 축적해 나가야 할 것이다.

참고로, 일반적인 상사분쟁과 구분되는 제도로 투자중재(investment arbitration) 또는 투자자-국가 소송(ISD : Investor-State Dispute)이 있는데, 절차는 일반상사중재와 유사하다. 투자중재를 위하여 세계은행 산하 기구로 국제투자분쟁해결센터(ICSID : International Center for Settlement of Investment Disputes)가 설립되어 있으며, '국가와 타국가 국민간 투자분쟁의 해결에 관한 협약'(International Center for Settlement of Investment Disputes between States and Natioonals of Other States)에 따라 운영된다. 투자중재사건은 1990년대 후반부터 꾸준히 증가하여 2012년말 기준으로

누적 514건이다.[31] 정치적 위험이 큰 북한과의 투자분쟁 위험을 줄이기 위해서는 북한이 국제사회의 일원으로 투자분쟁해결에 책임을 다한다는 모습을 보여야 하는데, 이를 위하여는 북한의 ICSID협약 가입이 선행되어야 한다.[32]

## 4. 신소(伸訴)

### 1) 의의

북한의 권리구제방법 중에는 신소가 있다. 예컨대, <외국투자기업 및 외국인세금법> 제73조는 "외국투자기업과 외국인은 세금납부와 관련하여 의견이 있을 경우 중앙세무지도기관과 해당 기관에 신소할 수 있다. 신소를 접수한 해당 기관은 30일 안으로 요해처리하여야 한다"고 규정한다. 이 규정에 의하면, 세금관련 분쟁의 해결은 원칙적으로 신소로 하여야 한다.

신소제도를 규율하는 법으로는 신소청원법[33]이 있다. 신소는 "자기의 권리와 이익에 대한 침해를 미리 막거나 침해된 권리와 이익을 회복 시켜 줄 것을 요구하는 행위"이다(동법 제2조). 공민이나 기업소 등은 정당한 이유와 근거가 있는 한 기관, 기업소, 단체에 신소를 제기할 수 있고, 신소를 접수한 기관 등은 정확히 등록하고 요해 처리할 의무를 부담한다.

재판 또는 법적 제재를 받은 것과 관련하여 제기된 신소의 요해 처리는 최고인민회의 상임위원회가 직접 할 수 있다(동법 제22조 1호). 또한 행정경제사업, 행정경제일군의 사업방법, 작풍과 관련한 신소의 요해처리는 내각과 지방정권기관, 해당기관, 기업소, 단체가 한다(동법 제22조 제2호). 재판, 중재, 공증과 관련한 신소는 재판기관이 요해처리한다(동조 제4호). 신소에 대해 요해처리를 끝낸 기관 등은 요해처리문건을 작성하여야 하고, 해당 중앙기관은 제기된 신소에 대해 처리를 결정한 경우 기관 등에 신소처리통지문건을 보내어 집행하게 하고, 그 통지를 받은 기관 등은 문건에 지적된 대로 집행하고 그 결과를 보고하여야 한다(동법 제35조).

북한의 신소제도를 남한과 비교하면, 행정기관에 대한 이의신청이나 행정심판에 준하는 절차로 볼 수 있다. 행정심판과 행정소송제도가 없는 북한에서 신소제도는 행정기관의 처분 등 공권력행사에 대하여 준사법적 판단을 구할 수 있는 유일한 방법이다.[34] 하지만 신소는 독립적인 지위에 있는 제3의 기관이 판단하는 것이 아니라 그 기관의 신소청원사업부가 담당하므로 독립성에 한계가 있다.

### 2) 신소제도 활용가능성

신소청원법의 내용을 살펴보면, 외국투자와 관련된 분쟁에 대해서도 신소가 적용될 여지가 있다. 특히 재판이나 중재 등과 관련하여 권리가 침해되었다고 주장하는 경우에도 신소제도를 이용할 수 있다고 하므로, 분쟁해결과정에서 불이익을 입은 경우에는 이 제도의 활용을 고려할 수 있다. 다만 현실적으로 외국투자기업이 신소제도를 이용한 사례가 있는지 확인하지 못하였기 때문에 구체적인 운영 실태는 알 수 없다. 이번 연구에서는 신소도 향후 북한 진출시 고려 가능한 분쟁해결방법 중의 하나라는 점을 확인하였다는데 의미를 찾고 이 분야의 연구를 기대한다.

북한에서 신소제도의 형성과 역할변화를 연구한 논문[35]을 살펴보면, 신소[36]가 차지하는 의미와 역할의 변화를 알 수 있다. 북한은 '우리식 사회주의'를 표방하고, 주체사상을 강조하는 방식으로 사회를 구성해왔다. 주체사상이 종교성을 강화하기 시작하면서 수령에 대한 절대적 복종과 충성을 강요당한 북한주민은 자신들의 존재를 지도자와 수직적 관계로 이해하게 되었다. 그와 동시에 주변의 동료와 이웃과는 다소 평등하고 독립적인 관계가 되었다.

이런 구조에서 신소는 지도자와 인민 사이의 직접적 소통이 가능하다는 신화를 사회 전체에 확산시키는 역할을 하였다. 인민은 신소를 통해 자신들의 곤경을 지도자가 해결해 줄 수 있다는 의식과 태도를 갖게 되었으며, 또한 신소는 당 간부에 대한 불신과 일상적인 불만을 해결하는 수단으로 기능하였다. 그런데 경제사정의 변화에 따른 시장화의 확산이라는 사회변화를 겪으면서 종래의 인식이 변화를 겪게 되었다. 수령에 대한 의존은 약해지고 주민들 간의 일상적인 협력이 생존에 직결되는 상황에서 북한주민은 이제 지도자와의 직접적인 소통이나 이념을 추종하는 것이 더 이상 중요하지 않고, 시장을 통해 형성하는 일상이 중요하다는 것을 알게 되었다. 이에 따라 신소제도는 북한사회 내에서 그 영향력이 약화되고 있다.

김성경의 연구는 북한 사회 내에서 신소의 역할에 대한 시대적인 변화를 보여주는바, 이때의 신소는 북한 사회 내부를 염두에 둔 것이어서 외국투자자의 신소와는 차이가 있다. 하지만 신소가 가지는 청원이라는 고유한 기능은 제도상으로 보장되고 있으므로 이를 적극 활용해 볼 수 있을 것이다.

투자분쟁이 발생한 경우에 신소를 제기할 수 있을 것인바, 이때의 신소는 종래의 신소가 가졌던 북한 사회 내부의 정치적인 역할과는 무관하게 순전히 권리구제라는 기능적인 측면에서 작동할 가능성이 있고, 북한 당국의 입장에서도 신소를 통하여 투자유치정책의 집행을 감독하고 비리를 적발하는 수단으로 활용할 수 있을 것이다. 따라서 신소제도는 유용한 분쟁해결제도로 기능할 가능성이 있으므로 향후 신소제도의 구체적 적용 사례에 대해서도 좀 더 관심을 가지고 지켜보아야 할 것이다.

## 5. 재판(裁判)

### 1) 의의

북한에서 재판을 담당하는 기관은 재판소이고, 재판소는 판사와 인민참심원에 의해 구성된다. 재판의 독립성에 대하여 헌법에서 재판소는 재판에서 독자적이며 재판활동을 법에 의거하여 수행한다고 규정한다(사회주의헌법 제166조). 판사와 인민참심원은 선거권을 가진 공화국 공민이 될 수 있다고 규정한다(재판소구성법 제6조). 특히 판사의 경우에는 '해당한 자격이 없는 자는 판사로 될 수없다'(동 법 제6조 후단)고 규정하고 있다. 실제 북한의 판사는 김일성종합대학 법학부 법학과에서 5년간 정규 법학교육을 받고 재판소에서 실습생, 지도원, 재판서기, 집행원, 보조판사 등의 업무를 5년 이상 수행하던 자 중에서 선출되는 경우가 많다고 한다.[37]

북한의 재판소는 최고재판소, 도(직할시)재판소, 시(구역), 군인민재판소의 3급 2심제를 취하고 있다. 북한에서 1심 재판은 원칙적으로 참심제에 의하는데, 인민참심원은 1년에 14일 동안 재판에 참여하며 그간의 임금, 노동 보수 및 여비는 인민참심원이 소속하는 기관 등이 부담한다. 제1심 재판은 판사인 재판장 1인과 인민참심원 2인의 합의제로 행하고, 1심 재판에 대한 상소 및 항의에 대해서는 상급재판소의 판사 3인으로 2심 재판을 한다.

민사분쟁 처리에 관한 기본 법률인 민사소송법은 1976년 제정된 이래 2016년에 이르기까지 9차례 개정되었다. 과거 북한 민사소송법은 당사자처분권주의 및 변론주의를 배척하고, 검사가 민사소송에 깊이 관여하고, 일반대중도 참여하고, 1심 관할분배에 대한 기준에 명확하지 않는 등 문제가 있었는데, 최근 2016년 개정법에서는 이런 요소들이 대폭 변화하였다.[38] 연구자 중에는 북한의 사법제도를 활용하는 것도 중요하다고 지적하는 분이 있는바, 북한의 사법절차에 당사자로서 적극 참여하여 실체적, 절차적 권리를 주장함으로써 북한의 사법제도를 정확하게 파악하고 그의 투명성과 민주성을 제고할 수 있기 때문이라 한다.[39]

### 2) 재판제도 활용가능성

북한 재판소는 투자분쟁을 해결해 본 경험이 절대적으로 부족할 것인바, 현재의 재판소를 그대로 이용하기는 적절하지 않을 것이고 대안을 모색해야 할 것이다. 향후 대북투자가 본격화 될 경우에 발생할 분쟁과 관련하여 생각해 보면, 대북투자 분쟁의 복잡성, 북한 사법당국의 경험부족, 북한의 사법제도에 대한 부정적 인식 등에 비추어 대북투자분쟁을 북한 재판소에 전적으로 맡기기는 불안하므로 북한의 재판제도 뿐만 아니라 제3자에 의한 분쟁해결방안을 포함한 다른 대안도 적극 고려되어야 할 것이다. 그런 현실을 고려하더라도 재판소가 분쟁해결의 기본적인 기관이고, 분쟁해결에 소요되는 시간과 비용을 고려할 때 현실적으로 북한 재판소에 의한 분쟁해결도 병행해야 할 것이다.

이런 사정을 고려하여 북한 재판소의 재판능력을 향상시키는 노력을 해야 한다. 북한 판사와 교류를 통해 투자분쟁에 대한 이해를 높이고, 재판진행에 대한 경험을 전수함으로써 장래 북한 재판소에서 투자분쟁이 합리적으로 해결될 수 있도록 노력할 필요가 있다. 북한 재판소 구성원들의 능력이 향상되는 것은 외국투자자나 북한 측 투자자 어느 일방만을 위한 것이 아니다. 투자당사자 어느 측이든 분쟁이 발생한 이상 합리적인 비용으로 분쟁을 해결하는 것이 투자자들에게 유리할 뿐만 아니라 그런 합리적 분쟁해결 제도가 있다는 사실 자체가 외국인투자를 유치하는데도 큰 도움이 될 것이기 때문이다.

또한 북한의 주요 재판소에는 외국투자분쟁을 전담하는 전문재판부를 설치하고 투자분쟁은 해당 재판부에서 재판하도록 하는 것도 고려할 수 있을 것이다. 남한의 법원에서도 경제발전에 따라 분쟁이 복잡해지자 이를 해결하기 위해 전담재판부(상사, 지적재산권, 국제무역 등)와 특수법원(특허, 가정, 행정, 파산)을 두는 방법으로 분쟁을 효율적으로 처리한 경험이 있다.


## IV. 분쟁사례 분석을 통해 얻은 내용과 대응방안 모색

여기서는 북한 투자 관련 분쟁의 내용 및 전개 양상을 정리하고, 이를 통하여 향후 북한 투자시 발생 가능한 분쟁의 내용은 무엇인지, 그러한 분쟁을 어떤 제도로 해결하는 것이 바람직할지 살펴보고자 한다. 북한 투자관련 분쟁의 형태는 다양한바, 몇 가지 유형으로 분류하여 사례를 검토하는데, 계약체결단계와 계약이행 중 변경, 불완전이행, 계약파기 등 시간 순으로 분쟁을 나누어 살펴본다. 또한 특별한 사례로서, 북한 투자 관련 분쟁은 아니나, 북측이 당사자인 분쟁이 제3국의 재판기관이나 남한 법원을 이용한 사례도 아울러 살펴본다.

### 1. 양해각서(MOU)체결 단계의 분쟁 사례

중국의 '훈춘 창리(創力) 해운물류유한회사'는 2010년 북한 나진항을 중국 내항으로 이용하는 것으로 중국 정부로부터 정식 허가를 받고, 2014년 5월까지 나진항 1호 부두 정비 및 시설투자에 1억 위안을 투자하였다.

그런데 북한의 나진항 대외사업부서 관리는 홍콩 봉황위성TV의 나진선봉 관련 다큐멘터리에서 "현재 나진항에 중국전용 부두는 없다. 중국이 그렇게 말하는 것이지 정식으로 빌려준 적은 없다"고 인터뷰를 했다.

이에 대하여 중국 측은 "북한투자계약서에는 약속한 기한 내 투자가의 투자가 이행되지 않을 경우, 투자 철회 또는 다른 기업에 위임한다는 내용이 명시되어 있어 나진항 1호 부두를 사용하고 있는 훈춘창리 회사에도 이러한 계약 내용이 적용될 가능성이 있을 것"이라며, 북한 관리의 인터뷰 내용을 분석하고 있다.[40]

이 사안에서 실제로 중국이 투자한 금원을 회수하였는지, 북측과의 분쟁이 어떻게 처리되었는지 여부를 확인하지는 못하였지만, 이 사안을 통해 보면 북한과 투자계약을 함에 있어서 기한 내 투자 조항을 지키지 못하면, MOU 단계에서 사업계약이 철회되거나 다른 기업에 위임될 수 있는 계약 조항이 있는지, 그 당시까지 지출한 금액의 배상을 받을 수 있는지 여부 등을 명확히 할 필요가 있음을 알 수 있다.

또한 MOU 체결 단계에서 발생한 분쟁은 보통 MOU의 내용이 실질적으로 계약내용으로 볼 수 있는지 여부에 따라 계약책임을 물을 수 있는 경우와 아닌 경우로 나누어 볼 수 있는데, 해당 사례의 경우에 중국 측이 MOU에 따라 일정 금원을 투자한 것이 계약 내용에 편입하는 것으로 보아 계약책임을 물을 수 있을 것이라고 전제할 때, 협의나 조정, 중재의 방식으로 해결 할 수 있는 사례로 판단된다.

## 2. 계약 변경으로 인한 분쟁 사례

[양평합영회사 사례 : 중국 시양(西洋)그룹과 북한 영봉연합회사 간 분쟁][41]

중국 시양그룹과 북한 영봉연합회사는 2006년 10월 북한 옹진철광의 철광석을 가공해 철 함유량을 높인 철광석을 생산하는 사업을 하기로 하고, 설비와 자금은 시양그룹이 투자하고(75%), 토지와 광물은 북한이 현물로 투자(25%)하여 '양평합영회사'를 설립하였다. 2007년부터 2011년까지 중국 시양그룹은 총 422억원(한화)을 투자하였고, 2011년 철 함유량이 67%에 이르는 고급 분광 3만톤 가량 생산이 가능하게 되었다.

한편, 이 과정에서 북한은 2008년경 광산개발에 25%의 '자원세'를 추가로 부과하기로 하자, 2009년 중국 시양그룹은 기존 투자금 포기, 사업 철수 의사를 밝혔다. 이에 북한은 당초 계약대로 조건을 이행하라고 하여 2011년까지 양평합영회사는 계속 사업을 추진하였으나, 2011년 9월경, 북한이 일방적으로 '북·중 근로자 동일 임금', '토지 임대료와 공업용수 사용료, 자원세 부담', '오·폐수 배출 금지' 등을 포함한 새로운 요구 16개를 제시하여 분쟁이 발생하게 되었다.

2011년 10월경, 북한 주재 중국대사관과 북한 조선합영투자위원회 주선으로 분쟁을 협의로 해결하려고 하였으나 실패하였다. 이후 북한은 2012년 계약 해지 통보를 하고, 시양그룹의 현장 직원 10명에 대한 추방 조치를 한 것으로 알려져 있다. 2012년 8월경, 시양그룹은 중국 포털사이트 바이두에 이러한 분쟁발생과 계약 해지 단계에 대한 내용을 게시하였고, 북한에 대해 3,120만 달러(약 345억원)의 보상금을 지불할 것을 촉구하였다.

같은 해 9월경, 북한은 조선합영투자위원회 대변인 담화를 통해 '시양그룹이 계약이 발효된 때로부터 4년이 되도록 자기의 출자의무를 현물적으로 50%정도 밖에 하지 못함 점', '계약 쌍방은 1단계 투자완료시간표와 조업문제를 두고 협의하였으나 합의를 이루지 못한 점', '시양그룹이 분쟁 책임의 중요한 논거로 제시하고 있는 16개의 조항문제에 대하여 법률적 견지에서 해석하여 본다면 쌍방 계약서에 "조선민주주의인민공화국

합영법에 기초하여 맺는다.”라고 합의하였으므로 그에 맞게 계약을 이행하는 것은 당연한 계약상의 의무인 점’, ‘시양그룹이 시제품 판매대금 처리와 관련하여 해당 재정관리규범에 따른 대금처리절차를 무시하고 중국 내에서 자기의 채무해결을 위한 독단적인 처리방안을 주장한 점’ 등을 들어 시양그룹에게 계약 파기 및 분쟁의 책임이 있다고 주장하였고, 또한 “일반적으로 경제거래관계에서 발생하는 분쟁해결은 계약의 해당 중재조항에 따라 처리하는 것이 국제적 관례이며 상업적 윤리”라고 하며, 북한은 국제투자관계를 발전시켜나갈 것이라고 담화를 발표한 바 있다.

이 사안은 중국 측에서는 북한이 일방적으로 계약 내용을 변경하여 이에 따라 부득이 계약을 해지하게 되었다고 주장하고, 북한 측에서는 중국이 양측이 체결한 계약 내용을 이행하지 않았고, 양측이 체결한 계약은 북한의 합영법에 맞게 체결하고 그에 따라야 하는데, 중국 측이 북한의 합영법에 따른 의무를 위반하여 계약을 이행하지 않았다고 주장한 사안이다. 이렇게 쌍방 당사자 간의 계약불이행 책임에 대한 주장이 엇갈린 가운데, 북한 주재 중국대사관과 북한 조선합영투자위원회 주선으로 협의로 분쟁을 해결하려 하였으나 결렬되었고, 이후 조정이나 중재 등의 분쟁해결절차를 거쳤는지 여부는 확인되지 않고 있다.

이 사안을 통해 알 수 있는 것은 북한은 계약 체결 이후 북한 당국의 자원세 부과 등 새로운 정책이 시행될 경우 이를 기존에 맺은 계약에 적용한다는 점, 즉, 북한 정부의 정책의 변화로 인한 계약의 변경이 불가피해지는 상황이 발생한다는 점, 둘째, 북한이 외자유치를 통해 사업을 진행할 경우 계약서에 ‘합영법에 기초하여 맺는다’라는 조항이 있을 경우, 이를 투자자가 위반할 경우, 위 조항을 들어 계약 불이행 책임을 물을 수 있다는 점, 마지막으로 계약 당사자간 분쟁이 발생했을 경우, 북한은‘계약의 해당 중재조항에 따라 처리하는 것이 국제적 관례이며 상업적 윤리’라고 한 바, 북한 측 입장은 분쟁해결에 있어 협의가 되지 않을 경우 중재를 통한 해결을 고려하고 있다는 점이다.

[북한 노동자의 임금 인상 요구 사례]

계약내용의 변경으로 인한 분쟁 사례 중의 하나로, 북한이 북한 노동자에 대한 임금인상을 요구하는 경우가 있다. 북한은 2014년 3월 경, 중국 연변 지역 파견 북한 노동자에 대한 월 임금을 미화 300달러로 요구한 사례[42]가 있고, 개성공업지구에서는 월 최저임금을 개성공업지구관리위원회와 총국(북측)이 합의하여 5%의 범위 내에서 최저임금을 인상할 수 있도록 규정(개성공업지구 노동규정 제25조)한 바 있는데, 2014년 이 규정을 개정하여 최저임금상한규정을 폐지한 바 있다. 이에 따라 북측은 개성공업지구 입주기업들이 고용한 북한 근로자의 월 최저임금을 기존 70.35달러에서 74달러로 해줄 것을 통보하였고, 이는 5.18%의 상승률로서 기존에 합의한 5%의 범위를 벗어난 것이어서 남측과 북측 간에 이와 관련한 분쟁이 발생하였다. 개성공업지구 사례는 2015년 당국 합의로 개성공단 최저임금을 월 70.35달러에서 월 73.87달러로 5% 범위내로 인상하는 것으로 일단락되었다.

이 사례는 앞서 살펴본 분쟁해결제도 중 '협의'의 방법으로 해결된 경우로 볼 수 있는데, 이러한 사례의 경험을 축적하여 '협의'를 통한 분쟁해결에 있어서 예측가능한 절차가 마련될 필요가 있다. 예를 들어, 기존 계약의 변경을 요구하는 북측에서 먼저 변경의 이유와 요구조건을 밝히는 문서를 보내고, 그에 대하여 상대방이 통지를 하는 절차를 거치면서 협의를 진행하는 등의 협의 절차가 그것이다.

또한, 이러한 사례를 통해, 북한은 계약체결 이후 법률 개정을 통해 변경된 내용을 북한에 진출한 외국기업들에게 요구할 가능성이 있는바, 향후 북한 투자에 있어 북한 노동자를 고용하거나, 해외파견 북한 근로자를 고용하는 경우에 이런 점을 미리 예상하고 관련 조항을 계약서에 명시하도록 할 필요가 있다.

[나선특구 진출 중국 기업에 대한 퇴출 통보 사례]

2015년 8월경, 북한 당국은 나선 특구 내 중국기업에 토지사용료 10배 인상 및 토지임대기간 축소(기존 50년에서 20년으로)를 통보하였다. 즉, 같은 해 7월부터 기존 계약의 효력이 상실되었음을 통보하고, 위와 같은 새로운 조건을 받아들이지 않을 경우 기존 공장은 압류된다고 통지한 것이다. 또한 중국인 사업가들의 범법사항(휴대폰 차명 사용, 음란물 유포, 간첩혐의 등)에 대하여 단속을 엄정하게 하는 등의 압박을 하였다.[43]

이 사례도 앞서 살펴본 분쟁해결제도 중 1차적으로는 '협의'를 통해 해결할 수 있을 것이다. 즉, 북측의 통지에 서면으로 답변을 보내면서, 토지사용료 인상의 부당함을 지적하고 감액을 요구하는 등으로 협의를 진행하거나, 그것이 여의치 않으면, 조정을 신청해볼 수 있는 사례이다. 중재의 경우에는 계약서상에 '중재조항'이 있어야 하기 때문에, 기본적으로 중재를 통한 분쟁해결을 위해서는 북한과의 계약체결에 있어서 '중재조항'을 삽입하는 것이 중요하다고 하겠다.

## 3. 북한의 계약 불이행 사례

[북한 무연탄 수입 시 중량미달 사례]

2014년 11월경 중국의 산둥성 룽커우(龍口)항 출입국 검사 검역국은 북한산 무연탄이 16차례 연속으로 당초 계약한 양보다 적게 수입되었다고 발표하였다. 부족한 무연탄의 양은 총 1,432톤에 달하며 금액으로는 8만 8천달러(약 9,600만원 상당)로 발표된 사례이다. 당시 중국 정부는 자국 기업 보호를 위해 유사사례 방지를 위한 권고를 발표하였는데, 우선 관련 업계에서 신용도가 낮은 북한 업체에 대한 명단 작성하여 배포하고, 북한 기업과 계약서 작성 시에는 화물을 하역하는 지역의 관할 검사감정기구가 발행한 증명서를 대금 결제 근거로 삼도록 권고하였다.[44]

이 사례의 경우에는 중재나 재판제도를 활용하는 방안을 검토해 볼 수 있다. 즉 출입국 검사 검역국의 검사를 통해 밝혀진 중량미달에 대한 내용을 증명하여 계약의 내용대로 이행되지 않은 책임을 물을 수 있는 사안이다. 다만, 앞서 살펴보았듯이 북한의 재판제도에 대한 신뢰도가 낮은 상황이므로 중재를 통한 방법을 먼저 활용할 수 있을 것이다. 실제로도 북한에서 사업을 하는 경우, 미수금 등을 중재위원회를 통해 청구하여 받는 사례가 있다고 한다.

한편, 위와 같은 북측의 계약 불이행의 경우, 중국이 손해배상청구를 하였는지 여부는 알 수 없으나, 중국 정부가 발표한 '유사사례 방지를 위한 권고' 내용을 통해 북한과의 거래에 있어 계약서에 구체적인 대금 결제 근거 등을 규정하는 것이 중요하다는 점을 알 수 있다.

### [중국과의 어업권 이중 계약 사례]

2004년 북한의 장성택이 관리하던 승리무역과 중국의 바오화그룹은 압록강 하구에 있는 신도양식장을 공동 운영하기로 합의하고 합영계약을 체결하였으나, 2016년 2월경 북한 군부가 관리하는 무역회사로 알려진 조선성산경제무역연합회사는 위의 계약을 일방적으로 파기하고 새 사업자인 중국의 룬정그룹과 계약을 체결하였다. 이에 대하여 해당 기업은 평양 주재 대사관을 통해 북측에 항의하였으나 별다른 진전이 없었다.[45]

위 사례는 북한 내 정치상황의 변화로 기존 사업권을 다른 기관이 뺏는 경우에 발생할 수 있는 형태인바, 북한 투자에 있어서 대상 사업권에 대한 이중 계약이 이뤄진 경우에 어떤 형태의 분쟁해결절차를 통해 손해배상을 청구하거나 계약의 이행을 보장 받을 수 있는지 검토되어야 하는데, 정부의 정책 변화에 따라 발생한 사건이므로 앞서 살펴본 분쟁해결제도 중 '투자중재'로 해결되어야 할 것이다.

## 4. 제3국의 사법기관 또는 중재기관을 통한 분쟁 해결

기존 사례 중에는 북한의 기관이나 개인이 당사자인 경우 외국법원을 통해 해결된 사례들이 있다. 이러한 사례들은 이하에서 살펴보는 바와 같이, 사안의 성질(해운사건의 관할합의 등), 소제기의 편의성(개성공단내 입주기업의 경영자가 모두 남한에 거주하는 경우의 사례), 당사자 간의 관할합의(북한어선 두루봉 충돌사건에서 중국법원으로 관할합의)에 의하거나 <알리안쯔 보험회사사례>처럼 집행판결을 얻기 위해 영국법원에 소를 제기한 경우이다.

이와 같이, 북한은 자신들의 권리를 주장하기 위해 외국법원을 이용한 사례가 다수 있는바, 이러한 사례들을 통해, 북한 상대방의 입장에서 외국 투자자가 북한의 사법기관은 물론이고, 제3국의 사법기관이나 중재기관을 통해 북한 투자 관련 분쟁을 해결할 가능성도 배제할 필요가 없음을 알 수 있다.

[남북한 사이에 제3국의 중재절차를 이용하기로 한 사례]

2000년 8월 22일 현대아산과 조선아시아태평양위원회 사이의 '경제협력사업권에 관한 합의서'에는 북경의 국제경제무역중재위원회 중재판정에 따라 분쟁을 최종 해결하기로 합의하였다.[46]

[중국법원의 판결에 따르기로 합의한 사례]

2015년 10월 1일, 북한 측 공해상에서 남한 선박이 북한 어선 두루봉 3호를 충돌한 사건이 있었다.[47] 이 사안에서 북측은 남측에 손해배상청구를 하였는바, 일반적으로 공해상에서의 선박충돌로 인한 손해배상청구는 준거법이 문제가 되는데, 이 사안의 경우 양측이 중국 법원의 판결에 따르기로 합의하였고, 그 합의에 따라 중국법원이 손해배상액을 결정한 것으로 알려져 있다. 이 사례는 북한 투자 관련 사례는 아니나, 남북 간 민사적 분쟁이 제3인 중국 법원의 판결에 따르기로 한 사례로서 의미가 있다.

[조선보험총회사(Korea National Insurance Company) v Allianz 사건[48]]

조선보험총회사는 북한의 보험회사로서 고려항공과 보험계약을 체결하고, 알리안츠(다른 재보험자들 포함)와 재보험계약을 체결하였다. 보험기간은 2004년 11월 1일부터 2005년 10월 31일까지이었다. 재보험계약에 따르면, 적용법과 관할은 북한이며, 보험금 청구가 유로로 들어오면 유로로 지급하고, 북한 돈으로 청구되면 북한 돈 160원 당 1유로 환율로 환전하여 유로로 지급("Currency Conversion Clause")하기로 하였다. 그런데, 2005년 7월 9일, 고려항공의 응급의료 헬리콥터에 의해 병원 창고가 부서지는 피해가 발생하였다.

2006년 1월 23일 고려항공은 조선보험총회사에 자신들이 병원에 북한 돈 7,353,600,000원의 피해금액을 지불하였다며 이를 청구하였고(대물손해 7,200,000,000원, 대인손해 9,600,000원, 144,000,000원의 비용을 합함), 2006년 3월 6일 고려항공은 조선보험총회사를 상대로 중재절차를 진행하여 총 합계 금 7,301,932,137원을 지급하라는 결정을 받았다. 조선보험총회사는 같은 해 7월 20일에 고려항공에 이 금액을 지급하였다. 조선보험총회사는 Currency Conversion Clause에 따라 이를 유로로 환산하여 총 45,657,076유로를 재보험사인 알리안츠에 청구하였고 알리안츠는 이를 거절하였다.

이에 따라 조선보험총회사는 평양 법원에 소제기하여 판결을 받고, 이 판결을 집행하기 위해 영국에 소를 제기한 사건이다. 소송은 영국법정에서 항소까지 진행된 후 4천만 유로를 지급받는 판결을 받았다. 북한은 소송대리인으로 영국 법률회사 엘본 미첼의 변호사들을 고용하였다.

[조선정명무역회사(JY, Korea Jonmyong Trading Co) v Sea-Shore Transportation Pte Ltd(SST)사례[49]]

2001년 2월 15일, 조선 정명무역회사는 Sea-Shore Transportation Pte Ltd(이하 "SST") 와 인도네시아산 고속디젤 3,000MT(1MT당 USD 215)을 구매하는 계약을 체결하고, 기한은 2001년 2월 중에 북한 남포항에 화물이 도착하는 것으로 하였다. 그런데, 일부 물량만이 2001년 6월 7일에야 남포항에 도착하였고, 더욱이 품질이 계약한 수준의 품질보다 하급의 물품이 배송되었다.

이에 조선정명무역회사는 SST를 상대로 USD 1,515,494달러의 손해배상을 청구하였다. 이 사건은 싱가포르 법원에서 진행되었고, SST는 자신들의 계약 위반 사실을 인정하고, USD 600,500달러 배상에 합의한 사례이다.

## 5. 남북경협과정에서 발생한 분쟁

[북한주민이 남한주민으로부터 불법행위 피해를 입은 사례[50]]

2005년 12월 금강산관광지구에서 음주상태의 남한주민이 승용차를 운전하다가 북한 군인 3명을 치어 그 중 1명은 사망하고, 2명은 중상을 입는 사고가 발생하였다. 가해 운전자의 사용자가 피해를 배상하였고, 이후 사용자가 한국 법원에 보험회사를 상대로 소송을 제기하여 북측에 지급한 손해배상합의금의 일부를 보험금으로 청구하였다. 북한 지역에서 발생한 사고에 대하여 남한 법원에 소송을 제기할 경우 재판관할권과 준거법이 문제가 될 수 있는데, 위 사례에서 소송당사자인 원고와 피고 모두 남한주민(법인)이어서 쟁점이 되지는 않았다.

[남한주민이 북한주민으로부터 불법행위 피해를 입은 사례[51]]

이 경우는 피해자가 남한주민이고, 불법행위지가 북한지역인 개성공단이며, 가해자는 북한주민인 사례인데, 원고인 피해자가 피고인 북한의 개성공업지구관리위원회를 대상으로 제기한 보험금 지급 관련한 구상금청구소송이다.

이 사안에서 피고는 항변으로 관리위원회는 북한법인이므로 당사자능력이 없다는 주장을 하였는데, 남한 법원은 헌법상의 영토조항의 존재, 남한법률인 <개성공업지구 지원에 관한 법률>에 따라 피고의 법인격이 인정된다는 이유로 피고의 항변을 배척하였다.

[개성공업지구 내 건물인도청구 사건[52]]

원고와 피고 모두 북한 개성공업지구법에 의해 설립된 현지기업으로서 법적으로는 북한법인이다. 또한 소송의 대상이 되는 목적물이 북한에 소재하고 있고, 원고가 승소할 경우에 북한에서 집행이 가능한지도 쟁점이 된 사건이다. 피고는 재판관할권 항변을 하였다. 대법원은 <개성공업지구 지원에 관한 법률>의 규정 등을 근거로 남한 법원이 이 사건에 관한 재판관할권을 가지고 있다고 인정하였다.

한편 개성공업지구 내에서 발생한 법적 분쟁은 북한의 <개성공업지구법>에 따르면 협의, 남북 사이에 합의한 상사분쟁해결절차, 중재, 재판을 통해 해결할 수 있다(동법 제46조). 그런데 현실에서는 상사분쟁해결절차나 중재제도가 작동되지 않고 북한 재판소에 재판을 신청해 본 경험이 없다. 이에 따라 지금까지는 남한 법원에 소송을 제기하는 방식으로 해결하였다.

현재까지 북한지역에서 발생한 남한주민과 북한주민간의 법적 분쟁에 대하여 남한 법원에 소송이 제기된 경우, 남한 법원은 남한 법원에 재판관할권이 있고, 남한법이 준거법이 될 수 있다는 입장에서 재판을 진행하였다. 그런데 향후 남북 간 교류가 활성화될 때에도 현재의 판결태도가 그대로 유지될 수 있을지는 알 수 없다. 분쟁의 유형과 성격에 따라 기존의 입장이 재검토될 가능성도 있다. 실무적으로는 개성공단 관련 분쟁은 공단 내에 특별재판소 등을 마련하여 일원적이고 체계적으로 처리하자는 논의가 있고, 그런 방법이 어려울 경우에는 현실적인 대안으로 개성공단의 지역적 특성을 고려해 의정부지방법원 고양지원에서 전담하여 처리하자는 의견도 있다.

## V. 북한 내 분쟁해결제도의 발전방안 모색

### 1. 북한 내 분쟁해결제도의 실태와 변화방향

2018년 대한변호사협회가 최근 탈북한 50명의 탈북자를 심층면접을 통하여 시행한 실태조사에 의하면, 자기 재산을 빼앗기게 되거나 피해를 당한 경우 빼앗긴 재산을 되찾고 피해를 변상 받으려면 어떻게 해야 하느냐는 질문에 17명의 응답자 중 10명(58.9%)이 사실상 별다른 방법이 없다는 대답을 하고 있으며, 북한에서 빼앗긴 재산을 되찾거나 피해를 변상받기 위해서 재판을 하거나 재판을 해서 재산을 되찾는 것을 본 적이 있느냐는 질문에 대하여도 45명(90%)의 응답자가 본적이 없다고 대답했다.[53]

한편 북한법상 보장되는 재산권과 경제활동의 범위를 살펴보면, 사회주의헌법 제24조에서 개인소유를 보장한다고 하면서, 노동에 의한 사회주의분배와 텃밭경리 등에서 나오는 생산물 등 합법적인 경리활동을 통해서 얻은 수입을 보호하고 상속권도 인정한다. 또한 민법 제58조(개인소유의 성격과 원천), 제59조(개인소유권의 대상), 제60조(개인소유권의 담당자와 그 권한), 상속법 제2조에서 개인소유에 대한 규정을 두고 있으나, 개인소유의 범위는 남한에 비하여 매우 제한적이다.

지금까지 연구된 바에 의하면, 북한 내에서 개인소유가 제한적인데다가 사법권이 개인소유를 보장하는 제도로 제대로 기능하지 못하고 있는바, 북한에서는 민사재판제도가 분쟁해결제도로서 제대로 기능하지 못하고 있다고 판단된다. 또한 현재까지 북한의 민사판결이나 중재결정문 등이 입수된 적이 없기 때문에 북한분쟁해결기관의 수준을 평가할 자료도 없다. 필자가 추측하기로 북한 사법당국은 사적분쟁 특히 투자관련 분쟁을 해결한 경험이 절대적으로 부족할 것으로 보이고 그 결과 투자분쟁을 해결할 전문성도 부족할 것으로 보인다.

최근 외국인을 통해 북한 법조의 현실이 조금씩 알려지고 있다. 미국 변호사의 경험에 의하면, "북한로펌은 3군데가 있는데 모두 국가 소속이고, 특허로펌도 있고 미국의 많은 회사들이 이미 특허 등록을 하였다(HP 나 인텔 등). 북한은 법이 상당히 선진화 되어 있으나 집행에 문제가 있고 가장 문제가 되는 것은 재판제도(court system)로 형사 법원만 제대로 운영될 뿐 민사와 상사 분쟁사례(civil and commercial dispute)는 전무하다시피 하다. 중재기관은 3군데로 해운, 철도, 국제무역 중재기관이 있다. 연간 40~60개의 중재 케이스가 진행된다. 북한법은 스웨덴 법의 영향을 많이 받았다"고 한다.[54]

중국 변호사의 접촉사례로는, 2018년 10월 16일 평양에서 중국-북한 로펌간 세미나 행사가 개최되었는데, 언론보도 요지는 아래와 같다.[55] 중국더헝로펌(德衡律師)은 평양에서 북한의 대외경제부 산하 고려로펌과 '조선과 중국 변호사 법률제도 비교 토론회'를 개최하고 상호협력을 강화하기로 하였다. 북한 경제특구에 투자하려는 기업들을 위해 법률, 무역, 외국인 직접투자에 대한 설명과 논의가 이뤄졌으며 양측의 민법과 상법, 경제특구법에 대한 정보가 교환되었다. 북한변호사들이 자국의 법률제도에 대해 외국과 논의한 것은 이번이 처음이며 중국변호사들이 북한에서 세미나를 개최한 것 또한 처음이다. 이번 세미나에서 북중간 경제특구법, 국제 무역 및 외국인 투자법의 차이점을 집중적으로 논의해 향후 북한의 대외 개방에 대비한 준비 작업임을 시사했다. 북한대외경제로펌은 25명의 변호사가 근무하는데 외국인 투자유치를 위해 영어, 러시아어, 일본어, 중국어 서비스가 가능하다.

한편, 더헝은 10월 10일에 중국 북경에서 고려 로펌과 함께 세미나를 개최했는데 북경 주재 조선대외경제투자협력위원회측도 관여했다. 북한에는 약 500여 명의 변호사가 있고 이중 200명이 평양에 있으며 북한 변호사들 대부분은 형사 민사 분야에 집중돼있어 상법을 잘 아는 변호사는 많지 않다고 한다. 기업의 해외 진출에 있어 법률 서비스가 필수적이라는 점을 감안하면 이번 행사는 중국에서 북한 투자를 위한 준비가 이뤄지고 있음을 시사한다.

북한변호사의 대외접촉은 시작단계로 보이는바, 향후에는 남한 변호사들(변호사단체 포함)과 교류할 필요가 있다. 대북투자가 본격화될 경우, 남한기업이나 남한을 근거로 한 외국기업의 진출이 상당할 것인바, 이때를 대비하기 위해서는 남북 상호간에 법실무 경험을 공유할 필요가 있다. 이를 위하여 남북한 법조인 교류가 장려되어야 하고, 그 방법으로 남한 또는 제3국에서 개최되는 국제행사에 북한 변호사 참여를 유도하는 방안을 모색할 필요가 있다. 법조교류에는 정부 차원의 관심과 지원도 필요하다.

## 2. 북한 변호사 활용방안

북한에도 변호사가 있다. 근거법령은 1993년 제정된 변호사법이며, 변호사 조직으로는 변호사에 대한 지도와 통제를 담당하는 조선변호사회 중앙위원회가 있고, 도·시급 변호사 조직으로 평양시의 고려법률사무소와 평양법률사무소, 사회과학원 법률연구소 산하의 평양대외민사법률상담소 및 기타 법률상담소가 있으며 라선시에 한 개의 법률사무소가 있다. 2018년 기준 중앙위원회에 등록된 변호사수는 500여 명이고 그 중 평양시에서 활동하는 변호사가 200여 명이다.[56]

변호사는 변호인, 소송대리인, 민사법률행위의 대리인, 기관, 기업소, 단체의 법률고문으로 활동하며 법률상담과 법률적 의의를 가지는 문서를 작성, 심의한다(동법 제3조). 북한 내에 있는 다른 나라 법인과 개인도 변호사의 법률상 방조를 받을 수 있다(변호사법 제4조). 변호사는 자기가 수행한 사건의 중요성, 결과 등을 고려하여 변호사보수를 받을 수 있으나, 보수는 변호사가 의뢰인으로부터 직접 받을 수는 없고 변호사위원회가 보수를 수령한다. 변호사는 원칙적으로 보수를 받는 직무를 겸직할 수 없으나 법학학위 소지자는 변호사를 겸직할 수 있다.

변호사가 가진 권리(동법 제9조)에는 "변호에 필요한 증거를 수집확인하며 증거를 보존하여야 할 특별한 이유가 있을 경우에는 재판에 앞서 재판소에 증거를 심리하여 줄 것을 신청할 수 있고, 해당 기관, 기업소, 단체와 공민에게 변호에 필요한 증거문서, 증거물의 열람과 제출을 요구할 수 있으므로" 외국투자자로서는 분쟁발생시 북한 변호사를 통해 증거를 수집하고 재판을 진행업무를 위임할 수도 있을 것이다.

### 3. 남북한 법조 인력의 교류 방안

북한 분쟁해결제도의 실질적, 형식적 발전을 지속적으로 추진하기 위해서는 북한법령의 관리개선과 법조 인력의 교류라는 두 가지 측면에서 접근이 필요하다. 먼저 북한법령의 형식적인 관리를 개선하기 위해서는 양측 법령에 대한 정보의 교류가 선행되어야 하며, 이를 바탕으로 법령을 수집, 입법, 관리하는 기술적인 지식과 시스템 교류가 추진되어야 한다. 쌍방 법령집의 정기적 교환과 법령관리시스템 및 관련 기술에 대한 정보의 교류를 우선 추진할 수 있을 것이다. 이러한 법제기술적인 교류와 지원은 쌍방의 체제와 이념에 관련되는 법령의 구체적인 내용과는 무관한 것으로 실무적이고 기술적인 것이므로 남북한 쌍방이 협력 초기 단계에서 시도하기 좋을 것이다.[57]

다음으로 법조 인력의 교류이다. 투자 관련 분쟁해결 경험이 많은 남한의 법조인력과 그런 경험이 부족한 북한 법조인력의 교류는 남북한 쌍방간의 이해를 증진시키고 북한 법조인력의 수준을 향상시키는데 도움이 될 것이다. 교류방법으로는 개성공업지구 등 북한지역에서의 교류, 중국 등 제3국에서의 교류, 남한 방문을 통한 교류 등을 순차적으로 생각해 볼 수 있고, 교류의 내용으로는 학술회의 또는 세미나와 같은 쌍방이 참여하는 단기적인 것과 일정기간 교육과 연수를 하는 장기적인 것으로 구분해 볼 수 있다.

교육과정에 대한 비용문제는 ODA 자금을 활용하거나 국제기구의 지원을 받을 수도 있을 것이다. 또한 남북기본합의서(1991년) 부속합의서 내용 중 남북화해공동위원회 산하에 법률실무협의회를 구성하기로 되어 있는 점을 활용해 법률실무위원회를 구성하고 그 위원회에서 이 문제를 논의해 보는 것도 고려해 볼 수 있다.

남북한은 개성공업지구에서 법제지원 및 법조인력 교류의 실험을 해 본 경험이 있다. 개성공업지구는 법제도적 측면에서 실험장이었다. 북한은 체제위협 없이 자본주의적 법제와 국제기준을 경험하였고, 남한은 북한의 법률실무와 법조인력의 사고방식을 이해할 수 있었다. 그 과정에서 기본법인 개성공업지구법 아래 개발규정 등 하위규정 16개와 시행세칙을 북한측이 제정하였고, 남한 인력이 운영하는 관리위원회는 51개의 사업준칙을 제정하였다. 개성공업지구에서 시행된 규정, 세칙, 준칙은 남북한 당국 및 관리위원회의 긴밀한 협의를 통해 제정되고 개정되고 있었다. 또한 북한은 개성공업지구에서 경험한 내용을 활용하여 나선경제지대법 등 후속 법령의 개정에 적극 활용하고 있다.

이런 사정을 고려해 보면, 북한 입장에서도 체제에 위협이 되지 않는 내용이라면 상호교류를 할 의향이 있을 것으로 예상한다. 분쟁해결제도가 투명하게 운영되고 분쟁해결을 담당하는 법조 인력의 독립성이 보장될수록 외국투자가의 신뢰가 높아질 것이고, 그런 신뢰가 있어야 투자규모가 확대될 것이다. 북한 입장에서도 분쟁해결제도를 국제기준에 맞게 운영하는 것이 투자유치에 유리할 것이므로 법조인력의 교류를 적극 환영할 것으로 예상한다.

한편 남한 변호사가 북한에서 활동할 수 있을지 여부에 대해 살펴보면, 북한 변호사법 제23조는 "다른 나라 변호사에 호상성의 원칙에서 공화국 변호사자격을 줄 수 있다. 공화국변호사 자격을 가진 다른 나라 변호사는 다른 나라 법인과 개인, 다른 나라 법과 관련된 문제만을 취급할 수 있다"고 규정하고 있는바, 남한 변호사는 조선변호사회 중앙위원회의 심사를 거쳐 북한 변호사 자격을 취득할 수 있고, 북한 변호사 자격을 취득하면 대북투자기업 관련 법률사무에 종사할 수 있을 것이다. 또한 외국 변호사는 북한 변호사 자격을 취득하지 못할 경우에도 변호사가 아닌 일반대리인으로서 법률업무를 수행할 수 있을 것이다.[58]

실제 사례로 영국계 법률회사인 헤이 칼브 앤드 어소시에이트(Hay, Kalb & Associate)는 2004년에 평양에 진출하여 12년간 운영하다가 2016년에 대북 제재로 인해 업무를 중단하였다. 향후 대북투자가 본격화될 경우에는 투자자를 자문하는 외국변호사들이 북한에 진출하게 될 것이고, 이 경우 북한 변호사법에 따른 자격취득이 시도될 것이다. 북한 입장에서도 엄격한 심사와 관리를 전제로 남한을 포함한 외국 변호사들에게 북한 변호사 자격을 부여하여 법률전문가의 활동을 공식화시켜 주는 것이 투자유치와 경제협력에 도움이 될 것이다.

한편 중국의 경험에 의하면, 중국은 초기에 외국변호사의 자국 내 업무를 철저하게 제한하는 정책을 유지하였으나, 경제개혁과 개방에 따라 경제규모가 커지고 외국과의 교역과 분쟁이 늘어나면서 점차 자국의 법률시장을 개방하게 되었다. 경제교역과 관련된 분쟁 및 대량의 외국자본

유입으로 인한 법률자문에서 외국변호사의 수요가 확대될 수밖에 없었다.[59] 북한의 경우에도 외국 투자가 늘어날수록 변호사의 수요는 늘어날 것이다. 북한은 국제거래를 하기 위해서 뿐만 아니라 북한 내부적으로 외국자본 도입을 위한 법제 정비를 하기 위해서도 법률전문가의 수요는 더욱 증가하게 될 것이다. 이 경우 언어와 문화가 유사한 남한 법률가의 경험을 활용할 필요가 있다.

### 4. 사법공조 필요성

투자분쟁이 북한에서 발생하더라도 분쟁당사자중 일부는 남한 등 북한 이외 지역에 거주할 수 있는바, 분쟁당사자들이 서로 다른 나라에 있을 경우에는 분쟁해결을 위해 국가간 협조가 필요한데, 이것은 사법공조의 문제다.

실제 사례로 개성공단 현지기업 사이에 임대차계약 만료 후 소유권에 기한 부동산 인도청구소송이 남한법원에 제기된 바 있다(대법원 2016.8.30.선고 2015다255265 판결). 이 소송에서 원고가 승소하였으나 판결집행은 하지 못하였다. 의정부지방법원 고양지원 집행관에게 인도 집행을 신청하였으나, 개성지역은 관할이 아니라는 이유로 거부되었다.

현실적으로 남북한 사법공조가 없는 한 개성공단 내에서 남한판결의 승인과 집행은 어렵다. 이 문제에 대한 해결방안으로 개성공업지구 부동산집행준칙 제3조의 개성공업지구관리기관 내 집행기구를 통해 판결집행을 하는 것도 고려할 수도 있으나 이것 또한 북한 당국의 협조가 필요하다.[60] 또한 남북한 사이에 분쟁이 발생할 경우 분쟁당사자 중 일부가 북한에 거주하는 경우에는 송달이나 증인소환이 불가능하다는 문제가 있는바, 이런 문제는 사법공조를 통해 해결하여야 한다. 남북한 사법공조에 대하

여는 법무부의 연구자료를 참고할 수 있다.[61]

　보다 근본적으로 대북투자 분쟁 중에서 남북간의 민사분쟁을 합리적으로 해결하기 위한 첫 출발점은 남한과 북한에 각각 형성된 사법질서를 존중해주는 것이며, 남한은 자신의 입장에서 북한의 법질서를 나름대로 검토하고 객관적인 질서로 존중하여 남한의 법질서와 공서양속에 반하지 아니하는 한 분쟁해결의 토대로 삼는 것이 바람직하다. 이때 가장 시급히 추진하여야 할 것은 사법공조의 문제라는 주장이 일찍이 제기된 바 있다.[62]

　또한 같은 맥락에서 남북한의 민사분쟁은 순수한 법이론에 의해서만 해결될 관계가 아니고, 현실적인 상황도 고려되어야 하며, 해결방법은 다양하게 모색하여야 하고, 특별법의 제정, 남북합의, 법이론과 법해석을 통한 해결 등 다양한 방법을 고려해야 한다. 남한헌법의 결단을 존중하면서도 분단의 특수성을 고려하고, 북한법을 북한지역의 지역법으로서 효력을 인정하면서, 가장 보편적이고 설득력있는 제3의 법규범을 참조하여 분쟁을 해결해야 하며, 법해석에 의한 적극적인 해결방법을 적극 고려해야 한다는 방향성에 대한 주장[63]도 있다.


## VI. 적극적인 북한제도 활용을 통한 경험 쌓기

　이 논문은 북한에서 발생한 분쟁사례와 북한법상 분쟁해결제도를 하나씩 검토하면서 합리적인 분쟁해결방안을 찾아보았다. 실제로 북한에서 대북투자와 관련한 분쟁이 다양하게 발생하고 있는데, 원만히 해결된 경우도 있지만 그렇지 않은 경우가 많다. 그 이유는 사회주의 계획경제체제

사회인 북측과 시장경제체제하의 외국투자자간의 인식 차이가 컸기 때문이지만 북한분쟁해결제도에 대한 이해 부족과 북한의 경험부족도 주요 원인이다. 투자자들에게 두려운 것은 분쟁이 아니라 분쟁을 해결하는 법적보호조치가 부실한 것이다.

앞에서 검토한 바와 같이 북한법상 분쟁해결제도는 다양하고 각 제도별로 장단점이 있으므로 분쟁의 성격과 규모에 따라 적합한 분쟁해결방법을 모색해 볼 수 있다. 또한 분쟁유형별 사례를 하나씩 축적해감으로써 예측가능성과 투명성을 높일 수 있을 것이다. 분쟁해결제도가 합리적 수준에서 정착되어야 북한에 대한 외국투자도 활기를 띠게 될 것이다. 북한 내 분쟁해결제도는 북한의 제도이지만 북한에 투자하는 것은 외국투자자이므로 분쟁해결제도의 형성과 운영에는 투자당사자들의 의견도 고려해야 한다. 또한 장차 북한도 남한 등 외국에 투자할 수 있는바, 이런 점까지 고려하면 사법공조나 법조인력의 교류에도 관심을 가져야 할 것이다.

본 논문은 북한 투자와 관련한 분쟁사례를 수집하고, 그 사례와 관련된 북한 법상 분쟁해결제도가 무엇인지 정리하였다. 또한 북한법상 분쟁해결제도를 전반적으로 검토하여 장단점을 확인하고, 이를 바탕으로 향후 북한 투자와 관련한 분쟁해결제도의 활용방안을 제시하였다. 개별 분쟁해결제도에 대해서는 향후 분야별로 구체적인 연구가 있기를 희망하며, 분쟁사례도 다양하게 축적되기를 바란다.

## 이 장의 주

1 남한기업의 북한투자현황을 살펴보면, 대우의 합영사업을 시작으로 남한정부로부터 남북협력자 사업승인을 받은 사업은 2011년말 기준으로 365개 사업이다. 이중 291건은 개성공단 입주사들이고 내륙지역 및 금강산관련 승인 기업수는

74건이다. 내륙지역 투자기업은 평양에 28개 업체로 녹십자의 유로키나제조업, 국양해운의 남북물류사업, 평화자동차의 자동차제조업, 평양대마의 섬유사업 등이 있다. 김한신, 『2019 북한투자 가이드』2018, 서교출판사, p. 60. 한편 2014년까지 라선경제무역지대에 등록된 외자기업은 150개이고 투자액은 4.1억 유로인데 대부분 중국기업이 투자한 것이라 한다. 김미란, 「북한라선경제무역지대 투자분쟁해결에 관한 연구」, 『홍익법학』 제19권 제3호, 2018, p. 329.

2 북한이탈주민을 상대로 한 연구에 따르면, 북한에서 민사분쟁이 발생하였을 경우에는 법기관에 신고한다(25%), 당기관에 신고한다(9%), 주변사람의 도움을 받아 자력으로 해결한다(55%), 당간부의 도움을 받는다(10%)는 것으로 공식적인 절차에 비하여 비공식적 대응방안 모색이 더 많았다. 경남대 극동문제연구소, 「북한이탈주민 법의식 사례연구」, 『통일부 연구용역보고서』 2011, p. 79.

3 이런 예상의 근거는 구 동독의 사례이다. 구 동독에서 민사분쟁사례는 다른 사회주의 국가에 비해 많은 편이었지만 사건유형별로 분류해보면 이혼, 부양사건 등 가사사건의 비중이 재산분쟁에 비해 훨씬 높은 편이었다. 법원행정처, 『북한 사법제도 개관』 1996, p. 189.

4 신현윤, 「남북한 민사분쟁해결방안에 관하여」, 『남북교류협력 법제연구(II)』 법무부, 2007, p. 398.

5 투자자들이 가질 수 있는 의문으로는, 수용에 대한 법적 보호, 투자유인 조건의 보장, 공정한 사법절차의 보장이 있을 수 있고, 이런 의문은 북한법으로 보장하기에는 한계가 있으므로 투자보호협정을 체결하는 것이 중요하다는 연구가 있다. 김병필, 「북한의 경제개발구 투자에 대한 법적 보호장치 검토」, 『통일문제연구』 제27권 2호, 2015 하반기.

6 2018년 세계은행 기업환경평가에서 평가대상 190개국 중 남한은 5위를 차지하였고, 북한은 평가대상에 포함되지 않았다. 부문별로 볼 때 남한의 법적분쟁해결은 2위로 평가되었는데, 평가항목의 세부지표는 시간, 비용, 사법절차의 효율성 지수인데, 남한은 낮은 소송비용과 효율적인 소송절차로 인해 상위권을 유지하고 있다. 특히 온라인을 통한 소송절차 진행과 화해와 조정 등 대체적 분쟁해결제도 도입이 좋은 평가를 받았다. 기획재정부 보도자료, "2018년 세계은행 기업환경평가, 한국 5위"(2018. 10. 31 자).

7 김광록, 「북한의 대외경제중재법에 관한 연구」, 『법학연구』 2004 ; 김석철, 「북한대외경제중재법의 실효성 고찰」, 『중재연구』 제18권 제1호, 2008 ; 신현윤, 「북한 대외경제중재법 개정의 주요 내용과 집행상의 문제점」, 『저스티스』 154호, 2016 ; 최석범, 「북한 대외경제중재법의 문제점과 해결방안에 관한 연구」, 『관세

학회지』제8권 제1호, 2007 ; 최석범, 「북한의 중재법의 주요 특징과 시사점」 『중재연구』제17권 제3호, 2007 등.

8 김미란, 「북한라선경제무역지대 투자분쟁해결에 관한 연구- 중재의 실효성을 중심으로」 『홍익법학』제19권 제3호, 2018 ; 정영화, 『北·中間의 經濟特區 投資法制의 懸案과 展望(라선·황금평 경제특구 개발법제)』 『동북아법연구』제8권 제3호, 2015 등.

9 양병회, 「남북경제교류협력에 따른 상사중재제도의 문제점」 『한국중재학회』 1995 ; 원용수, 「남북간 상사중재제도 운영방안」 통일부, 2004 ; 김연호 외 4명, 2004년도 남북상사중재 정책세미나 및 학술발표논문집 : 「남북한 경제교류 확대에 따른 상사분쟁 해결촉진」 『한국중재학회』 2004 ; 박종삼, 「남북중재규정에 따른 상사분쟁해결에 관한 소고」 『중재연구』 15(1), 2005 ; 최석범 외 4인, 「남북상사중재위원회 운영상의 문제점과 활성화방안」 『한국중재학회』 2007 ; 이주원, 「남북상사중재에 있어 중재인 선정방식에 관한 연구」 『한국중재학회』 2008 ; 박필호, 「Structural Flaws in the Commercial Dispute Settlement Mechanism between North and South Korea(남북한 간 상사분쟁 해결제도의 구조적 결함에 관한 연구)」 『법학논총』제33권 제2호, 2009 ; 김광수, 「남북상사중재 제도 활성화를 위한 남북협력방안-북한의 대외경제중재법(1980) 평가를 중심으로」 『중재연구』제21권 제1호, 2011 ; 강병근, 「남북상사중재위원회 구성·운영 활성화 방안」 『중재연구』제14권 제1호, 2004 ; 김광수, 「개성공단에서의 남북상사중재위원회 구성·운영에 관한 연구」 『중재연구』제24권 제2호, 2014 ; 김상호, 「남북상사중재기구의 운영과 실행과제」 『중재연구』제18권 제2호, 2008 ; 서정일, 「남북상사중재위원회의 법적성격 및 효율적 운영방안에 관한 연구」 『기업법연구』제19권 제4호, 2005 ; 법무법인(유)태평양, 남북상사중재 준거법 결정방안, 법무부, 2007.

10 박덕영·강승관, 「개성공단 투자보호와 분쟁해결제도의 개선방안 고찰」 『통상법률』 제92호, 2010 ; 박은정, 「개성공업지구 노동분쟁해결을 위한 제도적 틀잡기에 관한 연구」 이화여자대학교 법학연구소, 2008 ; 신현윤, 「개성공단 외국기업 투자활성화를 위한 법제도 개선방안 : 투자보장과 분쟁해결절차를 중심으로」 『저스티스』제 154호, 2016 ; 이철수·박은정, 「개성공업지구 노동분쟁해결제도의 모색」 북한법연구회, 2008 ; 임성택, 「개성공업지구의 분쟁해결을 위한 사법제도」 법무부, 2011 ; 이주원·신군재, 「개성공단에서의 분쟁해결을 위한 중재규칙의 제정방향」 『국제상학』 제22권 제3호, 2011 ; 최기식, 「개성공단의 국제화 선결과제로서의 상사분쟁 해결제도화 방안」, 법무부, 2014 등.

11 『법학연구』제27권 제4호, 2017. 12.

12 『중재연구』 제28권 제2호, 2018. 6.

13 정영화, 「북한의 외국인투자법제의 문제점과 개선방안 : 베트남 외국인투자법제와 비교를 중심으로」 법제처, 2007.

14 김상호, 「북한의 상사분쟁 해결제도에 관한 연구」「국제무역연구」 제8권 제2호, 2002, p. 33.

15 1979년 체결된 미국과 중국 무역협정 제8조와 한국과 중국간 한중무역협정 제8조에는 중재 전 단계 의 분쟁해결 노력으로 당사자 간의 우의적 협상이나 조정을 강조하고 있다. 김상호 위 논문, p. 33.

16 정응기, 「남북경협사업과 투자분쟁의 해결」『법학논총』 제20집 제2호, 2013, p. 813.

17 정응기 위 논문 p. 813; 한중일 BIT 제15조 제항에는 4개월의 냉각기간, 한미 FTA 제11.16조에는 90일의 의사통보기간과 6개월의 냉각기간을 두고 있고, 냉각기간과 의사통보기간은 별도로 연이어 진행되는 것이 아니라 동시에 진행될 수 있다고 한다.

18 중재는 무거운 제도이고 저작권 분쟁은 산업재산권과 달리 권리자와 최종 이용자사이의 침해분쟁이 대부분을 차지하고 피해 금액이 소액일 뿐만 아니라 침해 건수는 많으므로 중재와 함께 조정제도를 활성화할 필요가 있다는 견해가 있다. 김현철, 토론문, 한반도 지식재산 경쟁력 강화를 위한 미래전략 토론회, 국가지식재산위원회, 2018. 11. 27, p. 102.

19 태원우 외, 「개성공단에서 분쟁해결을 위한 제도 정비방안」『통일법제특별위원회 연구보고서』 서울지방변호사회, 2018, p. 196.

20 신현윤, 「북한 대외경제중재법 개정의 주요 내용과 집행상의 문제점」『저스티스』 제154호, 2016, p. 207; 이 논문은 대외경제중재법의 주요내용을 설명하고 있다. 이 논문에서는 북한의 개정에도 불구하고 여전히 불확정 개념이 다수 있기 때문에 실제 적용이 어떻게 이루어질지 예측하기 어려운 문제가 있다고 지적한다.

21 이 단체는 북한에서 국내외 투자사업을 전문으로 맡아보는 민간급단체라 한다. 담당업무는 외국투자가들에게 북한의 투자정책과 투자환경, 투자법률, 투자기회를 소개하는 사업, 이와 관련한 정책적 문제를 정부에 건의하는 사업, 투자대상에 대한 소개와 현지참관, 투자가능성조사보고서와 투자관련 문건 작성에 대한 협조, 외국투자가들이 필요로 하는 북한 내 기관을 연결해 주는 사업, 투자기업의 영영과정에서 발생하는 분쟁을 조정하는 사업, 중요국가투자대상들에 대한 계약체결사업 등이다. 조선대외경제투자협력위원회, 『조선민주주의인민공화국 투자안내』, 2016, p. 111.

22 조선대외경제투자협력위원회, 『조선민주주의인민공화국 투자안내』, 2016, pp. 51~52.

23 김미란, 위 논문 p. 330.

24 김미란, 위 논문 pp. 331~332 참조. 이 밖에도 북한 중재기관의 독립성이 보장되지 않을 우려가 있고, 중재원 선정 등에서 중재위원회의 권한이 지나치게 확대되는 등 미비한 점이 있다고 한다. pp. 332~334.

25 김병필, 위 논문 pp. 258~259.

26 이강우 외, 「개성공단 운영실태와 발전방안 : 개성공단 운영 11년의 교훈」 통일연구원, 2017, pp. 175~176.

27 태원우 외, 위 논문 p. 214.

28 오현석, 「동일법제 공동세미나 토론문」 『2018 통일법제 유관부처 공동학술대회 자료집』, p. 98.

29 "향후 남북 경협시 분쟁이 발생하면 큰 역할을 할 수 있는 것이 중재산업일 것입니다. 분쟁 발생시 북한은 북한의 법원에서, 남한은 남한의 법원에서 분쟁을 해결하기를 원할 것이기 때문입니다. 역사적으로 과거 중국이 개방을 할 때나 소련이 해체할 때도 중재산업이 큰 역할을 했습니다"《법률신문》 2018. 11. 5일자 "주목 이사람, 이호원 대한상사중재원장" 기사 중에서(서영상 기자).

30 법무부, 「동서독 교류협력 법제연구」 2008, p. 204.

31 김병필, 위 논문 pp. 262~263; 위 논문에서는 북한정부는 투자중재를 두려워할 것이 아니라 오히려 적극적으로 ICSID 협약에 가입함으로써 북한이 투자보호협정을 준수하겠다는 신호를 보내야 한다고 주장(p. 271)하는 바, 위 주장에 찬동한다.

32 신현윤, 위 논문 p. 209; ICSID는 협약이 관할요건을 충족하는 분쟁이 회부된 경우 조정 또는 중재절차의 수행을 위한 편의를 제공하는 기관이다. 동 협약 제25조 내지 제27조에 따르면, 투자자 본국과 투자유치국이 협약당사국이어야 하며, 양 당사국이 ICSID 중재를 이용하겠다는 상호 서면동의가 있어야 하며, 투자로부터 직접 발생한 체약국과 쌍방 체약국 국민으로서 투자자 간의 법적 분쟁이어야 한다.

33 신소청원법은 1998. 6. 17. 채택된 이후 1999년, 2000년, 2010년에 수정보충되었고, 5개장 43개 조문으로 구성되었다.

34 최진영 외, 「개성공업지구 조세제도 개선방안」 『통일법제특별위원회 연구보고서』 서울지방변호사회, 2018, p. 179.

35 김성경, 「북한정치체제와 마음의 습속 ; 주체사상과 신소(伸訴)제도의 작동을 중심

으로」『현대북한연구』제21권 2호, 2018.

36 북한 문헌에서 신소가 등장한 것은 소련신탁통치기간이다. 1947. 3. 15. 북조선로 동당 중앙위원회 제6차 회의보고에서 김일성은 비판과 자기비판에 게으른 당 일꾼 들을 질타하면서 신소를 무겁게 다루어야 한다고 강조했다. 이는 일본 제국주의와 봉건주의의 잔재를 극복하기 위해서는 인민들에게 지지받는 노동당과 체제구축이 중요했고, 이를 위해 당이 나서 인민들의 불평과 불만을 적절하게 해소하는 것이 중요했기 때문이다. 김성경, 위 논문 p. 210.

37 이은영, 「북한의 사법제도 개관 : 북한의 변호사제도를 중심으로」『통일법제특별위 원회 연구보고서』서울지방변호사회, 2018, p. 17.

38 자세한 내용은 이은영, 위 논문 pp. 17~27.

39 정응기, 「개성공업지구에서의 투자분쟁해결」『2018 통일법제 유관부처 공동학술 회의 자료집』p. 81; 다만 필자는 북측 법원의 소송을 통하여 분쟁을 해결하는 것은 많은 시간과 위험이 따르고 집행의 문제까지 고려하면 현실적인 해결책이 되기 어 렵다는 견해를 취하면서 남북상사중재절차가 실효적인 분쟁해결제도라 주장한다.

40 (사)남북교류협력지원협회, 《뉴스레터》vol18(http://www.sonosa.or.kr/newsinter/vol18/ sub6.html).

41 《노컷뉴스》, 중국 시양그룹, "대북 투자실패 파문확산"(http://www.nocutnews.co. kr/news/961724).

42 (사)남북교류협력지원협회, 《뉴스레터》vol.16(http://www.sonosa.or.kr/newsinter/ vol16/sub6.html).

43 (사)남북교류협력지원협회, 《뉴스레터》 vol.32(http://www.sonosa.or.kr/newsinter/ vol32/sub6.html).

44 (사)남북교류협력지원협회, 《뉴스레터》vol.24(http://www.sonosa.or.kr/newsinter/ vol24/sub6.html).

45 (사)남북교류협력지원협회, 《뉴스레터》vol.39(http://www.sonosa.or.kr/newsinter/ vol39/sub6.html).

46 신영호, 「남북간 민사분쟁 해결방안」『남북교류협력 법제연구(II)』법무부 2007, p. 353.

47 《중앙일보》, "부산해경, 북한어선 충돌 선박 특정…경위 수사"(https://news.joins. com/article/18809011, 검색일 2018/12/11).

48 《노컷뉴스》, "유럽보험사, 北 헬기사고 관련 보험금 4천만 유로 지급"(http://www.

nocutnews.co.kr/news/527679) ; 노컷뉴스, "영국법정, 북한 대형사고 보험금 지급문제 논란"(http://www.nocutnews.co.kr/news/242306) ; 판례 참조 (http://www.nadr.co.uk/articles/published/ArbitLRe/Korea%20v%20Alianz%202007.pdf).

49 https://www.singaporelawwatch.sg/Results/PID/426/mcat/442/acat/1/evl/0/nsw/a/EDNSearch/jonmyong.

50 광주지방법원 목포지원 2007. 10. 23. 선고 2006가합1539 판결.

51 서울중앙지방법원 2015. 9. 18. 선고 2015나3562 판결.

52 대법원 2016. 8. 30. 선고 2015다255265 판결.

53 이재원, 「경제적 자유」『북한인권백서』 대한변호사협회, 2018, p. 353.

54 2018. 10. 미국로펌 limnexus에 근무하는 James Min 변호사와 대담한 자료.

55 《연합뉴스》, "북중밀월가속.무역투자확대겨냥법률공조나서"(2018. 10. 18) ; Chinese, NKlawfirmsmeetontraderules(2018. 10. 17, GlobalTimes) ; 德衡律師集團在北京組織擧辦中朝律師法律制度比較研討會(北京德和衡律師事務所, 2018. 10. 12) ; 德衡律師集團 Website. 북한측참석자 : 정일남 변호사(조선변호사중앙위원회 부회장, 조선고려법률사무소 소장), 서송 변호사(조선고려법률사무소 소속).

56 이은영, 위 논문 58면, 위 논문에는 변호사의 권리와 의무에 대한 자세한 내용이 포함되어 있다.

57 손희두, 「북한의 법령관리와 법의식의 변화」『남북법제연구보고서』 법제처. 2013, pp. 94~95.

58 이은영, 위 논문 p. 59도 같은 견해이다.

59 박효선, 「중국 변호사제도 연구」『통일법제특별위원회 연구보고서』 서울지방변호사회, 2018, p. 96.

60 태원우 외, 위 논문 p. 199.

61 법무부, 「남북한 사법공조의 발전방향」『법무자료』 제321집, 2016.

62 신영호, 「남북간 민사분쟁 해결방안」『남북교류협력 법제연구(II)』 법무부 2007, pp. 368~370.

63 김상용, 「남북한 간의 민사분쟁 시 적용법률 결정의 방법에 관한 구상」『남북교류협력 법제연구(II)』 법무부, 2007, p. 393.

# 첨단 기술을 적용한
# 북한 경제개발구 육성 방안*

## I. 북한 경제개발의 새로운 방향 모색

### 1. 4차 산업혁명과 남북협력 방식의 전환

4차 산업혁명에 의한 변화가 전 세계적으로 진행되고 있다. 이 변화의 물결에 대응하기 위해 여러 국가들은 각자의 고유한 경쟁력을 기반으로 산업 전략을 준비하고 있는 상황이다. 이는 기존 제조업의 위기이자 동시에 새로운 기회가 될 수 있다. 이러한 변화의 영향은 한반도에도 예외가 될 수 없으며, 남북한 산업 협력을 추진함에 있어서도 4차 산업혁명에 의한 변화를 주목해야만 한다. 어쩌면 우리가 기존에 가졌던 남북협력 방식의 패러다임을 전환해야 할지도 모른다. 70년대 개발도상국으로 성공했던

---

* 본 글은 필자의 단행본『서울 평양 스마트시티』(미래의창, 2018)의 주요 개념을 바탕으로 발전시킨 것으로서, 이후 변경된 사항을 수정하고 일부 내용을 보완하였음.
** 통일부 통일교육원 교수, minkenny@gmail.com

한국의 경험이 앞으로 북한에도 유효할 것이라는 보장이 없기 때문이다.

4차 산업혁명 분야를 육성하기 위해서는 기존 산업에 ICT 기술을 접목하여 산업의 '지능화'를 추진해야 한다. 이 방면에서 선두에 있는 국가는 독일, 일본, 미국, 중국 등이다. 독일은 제조업 경쟁력을 바탕으로 스마트팩토리 중심의 '인더스트리 4.0' 전략을 추진하고 있으며, 일본은 로봇 기술 분야의 경쟁력을 살려 '로봇신전략'으로 산업 플랫폼을 준비하고 있다. 미국은 산업 인터넷과 클라우드를 기반으로 인공지능 분야에서 선두를 달리고 있고, 중국은 이에 대응해 '중국제조 2025' 전략을 세우고 제조 혁신을 추진하면서 첨단 인공지능 분야에서도 상당한 수준으로 발전하고 있다.

이러한 변화의 영향은 특정 분야에만 국한되는 것이 아니라, 우리의 삶을 구성하는 모든 사회 활동과 산업 분야에서 나타나고 있다. '사물인터넷(IoT)' 기술이 우리의 생활과 산업 활동으로부터 정보를 취합하여 '빅데이터'를 만들어 내고, '인공지능(AI)'을 통해 분석한 후 다시 실제 생활과 산업을 보다 효과적으로 운영하는 것이 4차 산업혁명의 핵심이다. 이러한 프로세스의 전환이 거의 모든 산업과 생활에서 진행될 것이다. 즉, 공장은 스마트팩토리가 되고, 항구는 스마트항만으로, 농장은 스마트팜으로 전환되듯 우리의 생활과 산업의 모든 분야가 '지능화'되는 것을 의미한다.

한국의 상황을 보면 4차 산업혁명에 대한 중요성은 인식하고 있으나 명확한 전략은 아직 마련되지 못하고 있다. 게다가 기존 주력산업인 제조업의 침체로 인해 경제의 활력은 전반적으로 저하된 상태이다. 한국 경제의 고도 성장기에는 섬유, 신발 제조 등 노동집약적 산업을 우선 육성한 후, 자동차, 기계, 화학, 조선, 중공업 등 대규모 설비장치 산업으로 전환하는데 성공하였다. 그러나 최근 제조업 분야의 경쟁이 치열해지고 보호무역주의가 전 세계적으로 확산되면서 한국 제조업은 위기 상황에 처했다. 대외의존도가 높은 한국 경제의 특성상 외부 환경변화에 매우 취약한 구조를 가지고 있다. 기존 제조업에 활력을 불어넣고 4차 산업혁명의 기반을 구축하기 위한 혁신적 발상과 정책 수립이 하루빨리 이루어져야 한다.

그런데 과연 어디에서부터 시작해야 할까? 우리의 삶을 담고 있는 공간적인 '그릇'인 도시를 먼저 살펴보고자 한다. 앞으로 미래의 도시는 4차 산업혁명을 기반으로 구성될 것이다. 그렇다면 '스마트시티'는 4차 산업을 적용한 미래의 도시라고 개념적으로 정의할 수 있다. 따라서 북한에 4차 산업혁명 기반의 첨단기술로 경제 성장을 추진하기 위해서는 스마트시티 건설을 모색해야 한다. 이하의 논의에서는 북한 경제 개발의 새로운 방향으로서, 4차 산업혁명을 통한 남북 협력 방식의 전환 가능성을 고찰해 볼 것이다. 우선 북한에 스마트시티를 구축하는 것이 과연 적합한지, 또한 어느 지역에 어떤 형태로 구성하는 것이 좋을지 살펴본 후, 도시 네트워크로 이루어진 한반도 광역경제권 발전 전략을 바탕으로 북한 경제 개발구[1] 육성 방안에 대해서 제안해 보고자 한다.

## 2. 새로운 남북협력 방식의 필요성

기존의 남북한 협력 방식은 상호보완적 경쟁력을 활용하기 위해 북한의 노동력과 남한의 기술 및 자본을 결합하는 것을 목표로 한다. 이와 같은 방식의 대표적 모델인 개성공단은 남북 경제협력의 가장 성공적인 사례이다. 개성공단은 중국이나 베트남 등 어느 지역과 비교하더라도 경쟁력 있는 임금 수준을 갖추고 있고, 우리와 동일한 언어를 사용하는 우수한 노동력을 활용할 수 있다는 것이 큰 장점이다. 또한 단기간에 북한 주민의 소득을 증대시키고 남한 중소기업의 경쟁력을 제고할 수 있으므로, 북한 경제제재 완화 시 가장 먼저 재개해야 할 남북 경협 사업이다.

그러나 이렇게 장점이 있는 남북한 협력 모델이라고 해도 미래에 영원히 지속될 수는 없다. 남북한 경제협력의 초기 단계에서는 유용하지만 시간이 지날수록 그 효용가치는 감소될 수밖에 없다. 우리의 경쟁 국가들이 4차 산업혁명을 바탕으로 제조업 혁신을 추구하는 상황에서 북한의 노동력과 임금 경쟁력에 의존하는 모델로 한반도의 미래 성장 동력을 확보할 수는 없기 때문이다. 다음과 같은 이유로 미래 지속가능성에는 한계가 있는 방식이다.

첫째, 인간 노동력에 기반한 경제성장 방식에는 한계가 있다. 특히 4차 산업혁명이 도래함에 따라 노동을 효율화하고 공장을 자동화하는 스마트 제조 기술을 중국이 앞장서서 도입하고 있는 상황이다. 앞으로 제조업의 거의 모든 분야에서 큰 변화가 일어날 것이며, 자동화가 용이한 공정에서부터 인간 노동력이 퇴출될 가능성이 높다. 따라서 인간 노동력에 의지하는 단순 임가공 형태의 제조 방식은 곧 세계시장에서 경쟁력을 상실하게 될 것이다. 남북한 경제협력에 있어서도 북한의 노동력을 단순 활용하는 것을 넘어 다음 단계의 협력방식을 구상하고 준비해야 할 필요가 있다.

둘째, 북한의 임금 경쟁력은 영원하지 않다. 비록 현재 북한의 임금이 베트남이나 중국보다 훨씬 낮은 수준이지만 계속 이 상황을 유지하기는 어려운 것이 현실이다. 북한의 임금 수준도 점차 올려야 하며, 북한의 경제 상황이 개선됨에 따라서 내수 시장의 소비도 진작시켜야 한다. 저렴한 노동력을 활용하는 제조기지로부터 생산된 제품을 소비하는 시장으로 북한을 전환시키기 위해서는 임금 수준도 현실화할 필요가 있다. 따라서 임금 경쟁력에 의존하는 기존 방식의 협력 모델은 점차 지양해야 한다. 중장기적 성장기반을 확보하지 못한 채 근시안적으로 북한의 역량을 소진해서는 안 될 것이다.

셋째, 남북한 경제협력 방식도 첨단기술을 활용한 4차 산업혁명과 지식기반 산업 분야의 협력 모델로 진화해 갈 필요가 있다. 북한의 노동과 자원, 남한의 기술과 자본을 서로 결합하는 상호보완적 협력은 초기 단계에 충분히 활용하되, 장기적으로는 북한이 미래 산업 분야에서 자체적인 성장 동력을 내재화할 수 있도록 유도해야 한다. 노동과 자원 기반의 산업이 아닌, 지식기반 산업 또는 첨단 4차 산업혁명 분야에서 경쟁력을 갖춰 나가야 한다. 이를 위해서는 북한의 경제특구 및 개발구 계획 단계에서부터 미래 산업구조의 변화를 염두에 두고 계획안을 설계할 필요가 있다.

## 3. 첨단기술 육성을 위한 인재양성

북한에 첨단기술을 육성하기 위해서는 과연 어떤 방식의 남북협력 모델이 필요할까? 북한 노동자의 임금경쟁력에 의존하는 기존의 남북협력 방식을 탈피하기 위해서는 북한에 자체적인 성장 동력을 내재화하는 것이 중요하다. 따라서 단기간에 결과를 얻는 것에 만족하지 않고, 성장의 씨앗을 심어서 경제발전의 기반이 될 수 있는 미래 산업 생태계를 구축해야 한다. 이를 위해서는 정부-기업-학계 등이 모두 연계된 생태계를 조성하고, 미래 산업 분야의 연구, 기술 개발, 창업 등이 기업의 경제활동으로 선순환 될 수 있도록 유도해야 한다.

북한이 보유한 최고의 자원이 인재이므로, 북한에 자체적인 미래 성장 동력을 내재화하기 위해서 가장 중요한 것은 '인재 양성'이다. 따라서 남북한의 모든 산업 협력 과정을 인재 양성과 연계해서 진행할 필요가 있다. 산업단지와 배후도시를 개발하더라도 학교와 연구 단지를 함께 구성하여 서로 시너지를 낼 수 있도록 설계해야 한다. 대학을 통해 배출된 인력이 기업에서 일자리를 찾고, 연구소에서 진행된 R&D 프로젝트를 발전시켜 벤처기업의 창업으로 이어지도록 유도해야 한다. 산업과 학교, 연구기관을 서로 연결하는 가치 사슬이 지식 생태계의 핵심이다. 기업이 해당 지역의 대학이나 연구기관의 활동에 참여하도록 유도하고, 이를 통해 얻어진 성과와 인력을 기업이 다시 활용할 수 있어야 한다. 이를 위해서는 중앙정부와 시정부가 정책적으로 지원하는 체계를 갖추어야 하며, 특히 투자 네트워크, 인큐베이터, 액셀러레이터 등을 통해 벤처 기업의 창업 과정을 지원할 수 있는 제도적 시스템 구축이 필요하다.

북한의 학교와 연구기관은 지식 생태계의 중요한 축으로 성장시켜야 한다. 김책공업종합대학, 평양이과대학과 같은 북한의 주요 이공계 대학과 글로벌 대학 간의 협력을 유도하고, 필요하다면 북한 주요 지역에 분교 설립을 추진하는 것도 검토해 보아야 한다. 한국의 국책 연구소와 협력을 추진하고 해당 분야별 전문가, 유관기관, 연구소 등이 연계되어 남북한의 지식 네트워크를 구축할 필요가 있다. 이와 같은 혁신은 북한 전역을 대상으로 일시에 추진하기는 부담이 되므로, 우선 경제특구 및 개발구를 중심으로 지식 생태계를 시범적으로 구축해 볼 필요가 있다. 지정된 시범 지역을 대상으로 글로벌 우수 대학의 분교 설립, 남북한 대학 및 연구기관의 공동 연구, 북한 인재 육성을 위한 남한 기업과 대학의 교육 프로그램 운영 등 R&D 분야에서 남북한 교류 협력을 활성화하기 위한 정책적 지원이 뒷받침 되어야 한다.

## II. 북한의 첨단 스마트시티 구축 가능성

### 1. 과학기술을 활용한 경제성장 의지

과연 북한은 첨단기술을 활용한 경제성장의 의지가 있을까? 최근 북한이 공식적으로 발표한 회의 내용, 언론 보도, 선전 구호 등을 통해 과학기술 중심의 경제성장에 대한 바람을 엿볼 수 있다. 2018년 4월 20일 개최된 북한 노동당 전원회의에서 김정은 국무위원장은 "인민경제의 주체화, 현대화, 정보화, 과학화를 높은 수준에서 실현하며 전체 인민들에게 남부럽지 않은 유족하고 문명한 생활을 마련"해주기 위해 경제건설에 총력을 집중하겠다고 언급한 바 있다. 과학기술과 첨단산업 육성을 바탕으로 국가 경제를 발전시키겠다는 뜻을 밝히며, 과거와 같은 방식에 안주하지 않고 북한의 경제성장을 추진하겠다는 의지를 표명한 것이다.

북한 노동신문 보도에 의하면, 북미 정상회담 참석을 위해 싱가포르를 방문한 김정은 위원장이 2018년 6월 11일 밤 시내의 여러 명소를 참관했으며, "싱가포르가 듣던 바대로 깨끗하고 아름다우며 건물마다 특색이 있다. 앞으로 여러 분야에서 귀국의 훌륭한 지식과 경험들을 많이 배우려고 한다"는 김정은 위원장의 언급을 그대로 소개했다. 또한, 최근 제3차 남북 정상회담 전후로 평양을 방문한 인사들의 전언에 따르면, 평양 시내의 정치적 구호들은 거의 사라지고 "과학으로 비약하고, 교육으로 미래를 담보하자"[2]와 같이 과학기술을 바탕으로 경제성장을 지향하는 구호들이 눈에 띄게 증가했다고 한다.

북한은 과거와 달리 평양을 방문한 인사들에게 새롭게 변모한 거리 모습과 상점, 교육시설 등을 보여주는 데 적극적이며, 과학기술과 첨단산업에 대해 큰 관심을 보이고 있다. 문재인 대통령이 평양 순안 공항에 도착해서 숙소인 백화원 초대소로 이동하는 중에 '여명거리' 부근에서 카퍼레이드를 진행했던 것은 발전된 평양의 모습을 외부 세계에 적극적으로 보여주려는 의도로 볼 수 있다. 또한 능라도 5.1경기장의 집단체조공연 '빛나는 조국'에서는 약 200여 대의 드론으로 구성된 쇼를 연출했는데, 비록 하드웨어는 직접 제작하지 않고 수입했다고 하더라도 소프트웨어를 조작하여 한글로 드론쇼를 진행하는 등 적극적인 신기술 적용 의지를 보여주었다. 아울러 평양을 방문하는 인사들에게 학생소년궁전 및 평양교원대학 등 교육시설에서 물고기 홀로그램 영상, 로봇 제작 및 구동 장면, 증강현실(AR)을 활용한 교육 프로그램을 시연하는 적극적인 모습도 볼 수 있었다.

북한은 해외에서 첨단 기술, 시장 경제 및 기업 경영 관련 교육 프로그램을 지속적으로 진행하면서 경제 개혁과 개방을 위해 준비하고 있다. 《JTBC》 보도에 따르면, 북한은 현재까지 8년 동안 꾸준히 북한 주요 대학의 교수들을 캐나다 브리티시 콜롬비아 대학에 파견하여 연수 프로그램을 진행해 왔다고 한다. 캐나다를 견학하기 위해 방문한 북한의 주요 대학 총장단은 영문 원서로 된 경영학 교과서에 큰 관심을 보이며 시장경제 및 기업경영 관련 교육 분야를 준비하는 모습을 보여 주었다. 이미 원산경제대학에서는 시험적으로 MBA 과정을 개설해 운영하고 있다고 한다.[3] 한편, 싱가포르의 NGO인 《조선 익스체인지》를 통해 북한의 관료 등이 시장경제 및 기업경영 관련 교육을 진행하고, 스웨덴의 학자들이 베트남을 방문하여 북한의 수강생을 교육하는 프로그램도 있는 것으로 알려졌다.

## 2. 한반도 경제권 관점에서의 적합성

북한의 경제 성장 방식이 과거의 개발도상국 모델을 따라야 한다는 고정관념에서 탈피하여, 새로운 기술 혁명인 4차 산업혁명 분야에서 남북한 협력을 통해 미래를 모색할 필요가 있다. 첨단 기술을 적용한 4차 산업혁명의 플랫폼으로 기능하는 '스마트시티' 건설 분야에서 남북한 협력을 추진하는 것이 과연 가능할 것인가?

한국은 신도시 개발 경험이 풍부하고 스마트시티의 기반이 되는 IT 기술 분야의 경쟁력도 뛰어나다. 또한 사물인터넷, 차세대 네트워크 등 정보통신 기술을 도시 인프라에 융합할 수 있는 역량을 보유하고 있으며, 세계 각국이 벤치마킹하고 있는 전자정부 운영 노하우도 있다. 그러나 남한의 도시들은 인프라가 잘 갖춰져 있으므로 새로운 시스템을 적용하기 어렵다는 것이 문제다. 기존의 것을 해체하지 않으면 혁신적인 도시 모델을 실험해보기 어려운 상황이기 때문이다. 이를 고려한다면 북한에 첨단 인프라를 건설하는 것이 효용 가치가 상대적으로 높다.

즉, 북한에 첨단 스마트시티를 건설하는 것은 한반도 경제권 관점에서 볼 때 보다 효율적이고 바람직한 대안이 될 수 있다. 인프라 구축은 건설 기간이 길고 막대한 비용이 소모되며, 기존 인프라를 해체해야 하는 경우 추가 비용이 투입되어야 한다. 따라서 기술적으로 앞선 첨단 인프라를 실현할 수 있다고 해도 실제로 새로운 시스템으로 전환하기에는 여러 가지 어려움이 있다. 남한에는 에너지, 교통, 통신 등 주요 도시 인프라가 상당한 수준으로 구축되어 있으므로, 기술 발전 상황만을 고려하여 기존 인프라를 해체하는 것은 비효율적이다. 반면, 북한의 인프라는 부분적으로 개선하기 보다는 완전히 새로 건설하는 것이 오히려 적합한 상황이므로 새로운 시스템 구축의 효용 가치가 높다.

더구나 장기적 효용을 고려했을 때, 기존 방식의 시스템을 구축하는데 소요되는 투자 비용에 비하여 첨단 시스템 구축 비용이 크게 차이 나지 않는 경우가 많다. 현재 남한에 구축된 인프라 수준보다도 훨씬 앞선 차세대 시스템을 북한에 구축하는 것이 한반도 경제권의 관점에서 효용가치가 높은 이유이다.

## 3. 남한보다 북한이 유리한 이유

첨단기술을 적용한 도시 인프라를 북한에 구축하는 것은 한반도 경제권의 관점에서 보았을 때 효과적이라는 것을 앞서 살펴보았다. 그런데, 실제로 스마트시티를 추진하는 과정에서도 북한에 먼저 개발하는 것이 더욱 효과적일 수 있다. 남한보다 북한이 유리한 이유를 다음과 같이 정리해 보았다.

첫째, 신속하고 효율적인 정책 추진이 가능하다. 북한에서는 최고 지도자의 의지와 당의 결정을 통해 필요한 정책을 신속하게 집행할 수 있으므로, 첨단 기술을 적용하거나 새로운 시스템을 시험해 볼 수 있는 신도시 개발이 상대적으로 용이하다. 또한 북한이 지정한 27개의 경제개발구에는 별도의 법률적 조치를 적용할 수 있으므로, 지역별 특성과 투자 자본의 성격에 따라 특정한 목표를 가진 스마트시티를 개발하는 것이 가능하다. 반면, 남한의 신도시 개발에는 막대한 비용과 복잡한 절차가 필요하다는 문제가 있다. 특히 첨단기술을 적용한 스마트시티의 경우 법률과 제도 준비에 더욱 많은 시간이 소요될 수 있다.

둘째, 토지 보상이나 도시 건설비용이 적다. 북한에는 토지에 대한 사유재산권이 없으므로 토지 수용 문제나 보상에 대한 부담이 남한에 비해 현저하게 적다. 남한에서 신도시를 개발할 때 개인 소유 부동산에 대한 보상 문제가 걸림돌이 되는 것을 고려하면 북한의 상황이 큰 장점으로 작용할 수 있다. 또한 건설공사에 투입되는 비용도 남한에 비해 현저하게 적다. 자연에서 채취되는 골재나 자원이 국가 소유이며, 대규모 토목 건설공사에 투입되는 노동력에 군 병력을 활용할 수 있기 때문이다.

셋째, 이상적 도시 모델을 구현해 볼 수 있다. 남한에 신도시를 건설할 경우 토지 매입비용이 막대하므로 반드시 사업성이 뒷받침되어야 한다.

따라서 이상적인 시범도시를 설계하기 보다는 개발 이익을 환수하기 위한 상업성에 초점을 맞출 수밖에 없다. 남한의 기존 도시를 재생하는 사업의 경우에도, 단기간에 사업성이 확보되지 않을 경우 투자 재원을 마련하기 쉽지 않다. 그래서 대부분의 한국 신도시 상가 지역에는 용적률을 최대로 하여 임대수익률을 높이기 위한 건물들로 채워져 있다. 반면, 중국과 같은 사회주의 국가에서는 단기적으로 사업성이 낮다 해도 중장기적으로 가치가 있는 프로젝트에는 정부가 주도하여 투자를 유도할 수 있다. 이런 점을 고려하면 남한에서 실현하기 어려운 이상적인 스마트시티 모델을 우선 북한에서 구현해 볼 수 있다.

넷째, 시장과 산업 기득권의 저항이 없다. 남한의 경우 새로운 기술이나 서비스를 도입하기 위해서는 기존 시스템과 경쟁을 거쳐야 한다. 그런데, 주도적 기업들에 의해 독점적 시장이 형성되어 있는 분야에서는 기술의 혁신성만으로 경쟁에서 우위를 차지하기 어렵다. 또한 새로운 첨단 시스템을 적용할 때에는 다양한 이해관계자의 반발과 저항이 발생할 소지가 있다. 스마트시티에 자율주행차, 원격 의료, 원격 교육 등 첨단 시스템을 적용할 경우, 운수업 노조, 의료 관련 협회, 교육 관련 단체 등으로부터 반대에 직면할 것이다. 반면 북한에서는 아직 시장과 산업 기득권이 형성되지 않은 상황이므로, 정책적 결정을 통해 가장 적합하다고 판단되는 첨단 기술을 도입하는 것이 용이하다. 따라서 남한의 혁신 기업들이 북한에서 첨단 신기술과 새로운 서비스를 시험해보는 기회를 얻을 수 있다.

# Ⅲ. 경제개발구 중심 광역경제권 발전 전략

## 1. 북한의 27개 경제개발구 계획

북한은 2018년 11월 『조선민주주의인민공화국 주요경제지대들』이라는 책자를 외국문출판사에서 발행하였다. 이 자료에는 북한의 27개 경제개발구에 대한 위치, 면적, 업종 등 주요 개요와 설명을 포함하고 있다. 특히

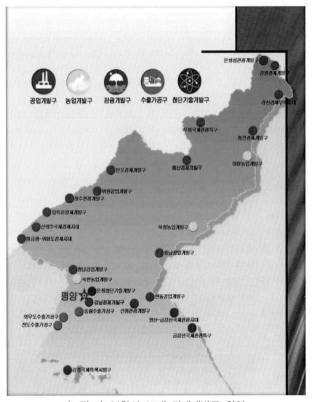

〈그림 1〉 북한의 27개 경제개발구 위치

출처 : 『조선민주주의인민공화국 주요경제지대들』(2018.11)

8개의 경제개발구를 중앙급으로 분류하였는데 원산-금강산 국제관광지대, 라선 경제무역지대, 황금평-위화도 경제지대, 금강산 국제관광특구, 신의주 국제경제지대, 강령 국제록색시범구, 은정 첨단기술개발구, 진도 수출가공구 등이다.

북한은 이 자료의 서문에서 해외 자본의 투자를 유치하기 위한 노력에 대해 소개하고 있다. 투자와 관련된 법과 규정을 새로 제정하여 발표하였으며, 일부 법규를 수정 보완하였고 외국인 투자를 위한 절차를 간소화하고 기업에 대한 편의를 제공하는 등 경제지대 투자환경을 개선하기 위해 노력하고 있음을 밝히고 있다. 이를 위해 외국의 경제지대 경험과 교훈을 분석하여 북한식 경제지대를 지정하고 운영 목표를 설정하였다고 한다. 북한이 밝히고 있는 경제개발구 투자에 대한 혜택 및 기준은 다음과 같다.

- 경제개발구법에 따라 투자자의 경제활동을 보장하고 권리와 이익, 신변안전을 법적으로 보호한다.
- 경제개발구에서 하부구조건설(SOC 인프라) 및 첨단과학기술 분야, 국제경쟁력이 높은 상품 생산 분야의 투자를 장려하기 위해 투자 기업의 위치 선정 시 우선권을 제공하고 토지사용료를 면제해 준다.
- 경제개발구에서 10년 이상 운영하는 기업에 대해서는 기업소득세를 경감하거나 면제해 주며, 이윤을 재투자하여 자본을 늘리거나 새로운 기업을 창설하여 5년 이상 운영할 경우 재투자분에 대한 기업소득세 50%를 환급해 준다. 하부구조건설 분야에 재투자할 경우에는 납부한 재투자분에 대한 기업소득세 전부를 환급해 준다.
- 경제개발구의 개발기업은 관광업, 호텔업 분야의 경영권 취득에서 우선권을 가지며, 개발기업의 재산과 하부구조시설, 공공시설운영에는 세금을 부과하지 않는다.
- 토지 임대기간은 최고 50년이고, 기업소득세는 결산 이윤의 14%인데 장려부문은 10%이다.
- 물자의 반출입은 신고제이며, 경제개발구 건설용 물자와 가공무역, 중계무역, 보상무역 등을 목적으로 들여오는 물자, 기업의 생산 및 경영용 물자와 수출상품, 투자가가 사용할 생활용품 등에는 관세를 부여하지 않는다.

북한이 제시한 27개 경제개발구의 위치 및 육성 대상 산업은 <그림 1> 및 <표 1>과 같다.

<표 1> 광역경제권별 북한의 경제개발구 현황

| 광역경제권 | 행정구역 | 경제개발구 | 육성 대상 산업 |
|---|---|---|---|
| 신의주-단둥-압록강(6) | 평안북도 | 신의주 국제경제지대* | 현대농업, 관광휴양, 대외무역 |
| | | 황금평-위화도 경제지대* | 정보산업, 경공업, 농업, 상업, 관광업 |
| | | 압록강 경제개발구 | 현대농업, 관광휴양, 대외무역 |
| | | 청수 관광개발구 | 압록강의 자연환경을 이용한 관광봉사 |
| | 자강도 | 위원 공업개발구 | 광물자원, 목재가공, 기계설비, 농토산물가공 |
| | | 만포 경제개발구 | 현대농업, 관광휴양, 대외무역 |
| 평양-남포-숙천(7) | 평양직할시 | 은정 첨단기술개발구* | 정보기술, 나노·신소재, 생물공학, 첨단기술 |
| | | 강남 경제개발구 | 선진영농 농축산, 첨단제품가공·임가공 |
| | 남포직할시 | 와우도 수출가공구 | 수출지향형 가공조립업 |
| | | 진도 수출가공구* | 기계, 전기, 전자, 경공업, 화학제품 생산수출 |
| | 평안남도 | 청남 공업개발구 | 채취설비, 공구제작, 석탄화학제품, 대외무역 |
| | | 숙천 농업개발구 | 육종, 채종, 농산, 수산, 과수, 나물, 버섯 생산 |
| | 황해북도 | 송림 수출가공구 | 수출가공업, 창고보관업, 화물운송업 |
| 해주-개성-인천(2) | 황해북도 | 개성 공업지구 | 공업, 무역, 상업, 금융, 관광개발 |
| | 황해남도 | 강령 국제록색시범구* | 록색상업기술 연구개발, 유기농수산물가공 |
| 두만강-청진-나진(5) | 나선직할시 | 라선 경제무역지대* | 중계수송, 무역·투자, 금융, 관광, 봉사 |
| | 함경북도 | 온성섬 관광개발구 | 골프장, 수영장, 경마장, 관광봉사 |
| | | 경원 경제개발구 | 전자제품, 수산물, 정보산업, 피복, 식료, 관광 |

| 광역경제권 | 행정구역 | 경제개발구 | 육성 대상 산업 |
|---|---|---|---|
| | | 청진 경제개발구 | 금속, 기계, 건재, 전자제품, 중계수송, 무역 |
| | | 어랑 농업개발구 | 농축산기지, 농업과학연구개발 |
| 백두산·단천·흥남(4) | 양강도 | 무봉 국제관광특구 | 백두산 관광 종합봉사, 관광상품 생산 |
| | | 혜산 경제개발구 | 수출가공, 현대농업, 관광휴양, 대외무역 |
| | 함경남도 | 북청 농업개발구 | 과수업, 과일종합가공업, 축산업 |
| | | 흥남 공업개발구 | 보세가공, 화학제품, 건재제품, 기계설비제작 |
| 원산·금강산·양양(4) | 강원도 | 원산-금강산 국제관광지대* | 국제 휴양·치료관광, 역사유적관광 |
| | | 금강산 국제관광특구* | 금강산 관광 |
| | | 현동 공업개발구 | 정보산업, 경공업, 관광기념품생산업 |
| | 황해북도 | 신평 관광개발구 | 명승지 유람, 탐승, 휴양, 체육, 오락관광봉사 |
| 합계(28) | | 중앙급 경제개발구(8) + 지방급 경제개발구(19) + 개성공업지구 | |

주 : * 표는 중앙급 경제개발구. 중앙급 경제개발구(8) 및 지방급 경제개발구(19)에 개성공업지구를 추가.
출처 : 『조선민주주의인민공화국 주요경제지대들』(2018.11)의 내용을 바탕으로 광역경제권별로 재분류함.

## 2. 허브도시와 중소도시 네트워크 모델

북한의 경제개발구를 활용한 광역경제권을 구성하기 위해서는 어떤 형태로 만들어야 할까. 우선 대도시와 중소도시의 장단점을 살펴볼 필요가 있다. 대도시는 산업혁명을 통해 탄생하고 발전해왔다. 농업시대 경작지 근처에서 거주하며 농사를 짓던 인류가 도시로 이동해서 공장과 기업에서 근무하는 대전환이 발생했다. 노동자들이 공장에 모여서 일을 하는 동안, 자녀들은 유치원이나 학교에서 단체로 교육 받는 시스템이 필요했다. 또한 작은 마을 단위가 아닌 도시 생활을 유지하기 위해 대규모로 의료 서비스가 가능한 대형 병원이 세워지고, 물품 구매와 유통을 위한 대형 상점 등 도시 생활을 위한 새로운 서비스가 탄생했다.

도시에서 제공하는 서비스가 점차 고도화되면서 도시로의 집적화는 점점 가속화되었다. 그렇게 형성된 대도시는 공간적, 물리적 제약을 극복할 수 있었으나 도시가 비대화되고 집중화가 진행될수록 다양한 문제가 발생하게 되었다. 자원 고갈, 환경 파괴, 대기 오염, 사회적 갈등 등 대도시에서 삶의 질이 저하되는 현상이 나타난 것이다. 과거 산업혁명은 대도시를 만들어준 원동력으로 기능하였으나, 이제 정보혁명 시대에는 새로운 미래 도시 모델이 필요하다. 즉, 대도시가 주는 혜택을 유지하면서도 환경적으로 쾌적한 중소도시의 장점을 결합한 대안적 모델을 구상해야 한다.

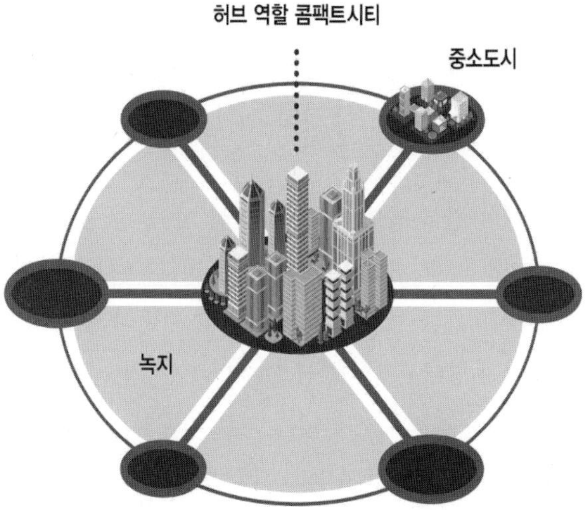

〈그림 2〉 광역경제권의 허브와 주변 중소도시 네트워크
출처 : 민경태, 『서울 평양 스마트시티』(미래의창, 2018), p. 124.

대도시는 직업, 의료, 교육 등 기본적인 서비스만이 아니라 인간이 필요로 하는 문화적 공간과 엔터테인먼트 기능 등 다양한 욕구를 충족시켜

준다. 특히 지식 기반 산업 사회에서는 다양한 사람들이 오프라인 공간에서도 활발하게 교류하는 암묵지의 형성이 필요하다. 도시는 문명의 허브 역할을 하고 있으므로, 사람들이 많이 모이는 대도시 일수록 창의적이고 생산적으로 기능할 수 있다. 도시의 크기가 10배 증가하면 창조성은 17배가 증가한다는 연구가 있다.[4] 도시의 생산성과 창조성은 인구나 면적에 비례하기 보다는 사람들 사이의 상호작용을 통해 만들어지기 때문에 기하급수적으로 증가하게 된다는 것이다.

따라서 대도시가 주는 편리함과 높은 수준의 서비스를 유지하면서도 보다 쾌적한 환경을 갖춘 중소도시의 장점을 결합하는 대안을 모색할 필요가 있다. 허브 역할을 하는 콤팩트시티와 주변의 중소도시를 결합하여 구성된 광역경제권 모델을 제안한다. 광역경제권의 허브 역할을 하는 콤팩트시티가 대도시 규모에서 제공할 수 있는 핵심적 서비스 기능을 보유하도록 하여, 중소도시에 살면서도 대도시의 기능을 쉽게 활용할 수 있도록 하는 것이다.

<그림 2> 에서와 같이 광역경제권의 중심 지역, 즉 중소도시 네트워크에서 허브를 차지하는 핵심 지역은 콤팩트시티로 조성한다. 면적을 적게 차지하는 콤팩트시티가 허브 역할을 수행하고 주변의 중소도시 네트워크와 긴밀하게 연결된 형태로 구성하는 것이다. 도시기능 측면에서 예를 들어 보자면, 허브 역할 콤팩트 시티에는 의료 기능의 중심 역할을 하는 메디컬 센터를 배치하고, 이를 중심으로 주변의 중소도시들에게 원격 진료 서비스를 제공하는 방식이다. 또한 콤팩트시티에 교육기관의 허브 역할을 하는 대학이나 연구소를 배치하고, 중소도시에서는 네트워크를 통해 원격 교육을 받는 방식도 생각해 볼 수 있다.

## 3. 한반도 광역경제권 구성 방안

북한의 경제개발구를 중소도시 네트워크가 연결된 광역경제권으로 개발하는 방안을 생각해 보자. 광역경제권 내에서 중심이 되는 허브도시를 집중적으로 개발하고, 주변의 경제개발구 또는 거점도시와 네트워크로 연결하는 것이다.

한반도의 지형적 특성을 감안하면 광역경제권은 벨트 형태로 구성하는 것이 적합하다. 남북한은 모두 산악 국가이며 특히 북한 지역에는 대부분 산악 지형으로 이루어져 있다. 따라서 인구가 집약되어 있는 곳은 서해안의 일부 평야지대이거나 동해안의 항만 주변 해안도시들이다. 따라서 <그림 3> 과 같이 해안 또는 강변을 따라 벨트 형태로 중소도시를 연결한 광역경제권을 구성하는 것이 바람직하다.

한반도는 3면이 바다를 접하고 있는 해양 국가로서, 거의 모든 도시에서 한두 시간 정도 이동하면 바닷가에 닿을 수 있다. 중국이나 미국과 같이 거대한 나라와 비교할 때 한반도의 도시들은 사실상 거의 모두 '해안도시'라고도 볼 수 있다. 이와 같은 한반도의 지형과 인구 분포를 감안하면, 한반도의 광역경제권은 해안을 따라 벨트 형태로 형성되는 것이 자연스럽다. 또한 각 광역경제권은 하나 이상의 중심 항만을 보유하고, 해양과 대륙을 연결하는 네트워크를 형성할 필요가 있다.

스마트시티 네트워크도 마찬가지로 적용할 수 있다. 중소규모의 스마트시티들이 네트워크로 연결된 '스마트시티 벨트'로 육성하는 것이다. 스마트시티 벨트에는 4차 산업혁명 분야 지식기반 산업 및 기존 산업을 '지능화'하여 만들어 낼 수 있는 다양한 산업을 포함하게 될 것이다. 따라서 거의 모든 산업 분야와 중소도시들이 스마트시티 벨트로 융합될 수 있다.

각 광역경제권은 고유한 지경학적 특성에 따라 발전 전략을 수립할 필요가 있다. 주변 국가와 우선적인 협력을 통해 경제성장을 추진하되, 지역 특성을 살리는 방향으로 다양한 형태의 산업을 수용하게 될 것이다. 한반도 8대 광역경제권의 주요 특성 및 개요는 다음과 같다.

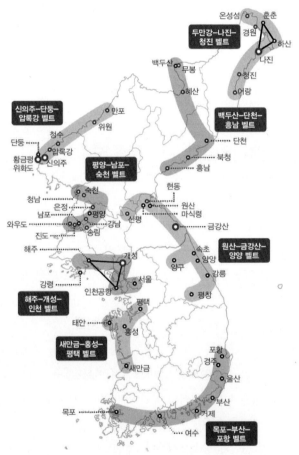

〈그림 3〉 한반도 8대 광역경제권 구상

출처 : 민경태, 『서울 평양 스마트시티』(미래의창, 2018), p.213.

## 1) 신의주-단둥-압록강 벨트

경의선과 중국 TCR이 만나는 단둥·신의주를 핵심 거점으로 개발한다. 항만·철도·도로를 연계한 복합물류 허브로 육성하고, 남북한과 중국이 함께 참여하는 국제자유무역지대를 추진한다. 신의주 국제경제지대와 단둥을 연계한 첨단 ICT 부품산업 단지를 구축하고, 압록강 유역 접경지역에 분포된 경제개발구들과 연계하여 관광 프로그램을 개발한다.

## 2) 평양-남포-숙천 벨트

강남 경제개발구와 은정 첨단기술개발구를 중심으로 첨단산업 분야 남북한 협력을 추진하기에 가장 적합한 지역이다. 북한의 우수 인재를 활용하여 남한 기업 및 연구소와 협업을 진행할 수 있다. 평양·남포 인근 경제개발구와 남한 수도권의 상호보완적 산업 협력 추진이 가능하며, 외곽 지역에는 소비재, 식료품 등 경공업 위주로 배후 산업단지를 조성한다.

## 3) 해주-개성-인천 벨트

남북한 수도권의 핵심 거점인 해주-개성-인천을 연결하는 삼각벨트 협력을 추진하고, 중국 웨이하이·칭다오를 연결하는 해양 네트워크 구축한다. 김포·강화도·교동도와 황해남도 개풍·연안 등 한강 하구 남북한 지역을 연결하는 교량을 건설한다. 개성공단 2단계를 추진하고, 해주에도 개성공단 모델을 적용한 경제특구를 개발하여 남북한 산업 협력의 중심지대로 육성한다.

## 4) 새만금-홍성-평택 벨트

서해안의 자연환경과 자원을 활용하는 해양·바이오·친환경 산업을 육성한다. 태안·당진·부안·고창을 중심으로 해양식품·농생명 산업 벨트, 서산·홍성·보령을 중심으로 태양광·농축산바이오 산업 벨트를 조성한다. 군산항·평택항 등 항만도시는 중국과의 물류 네트워크 구축하고, 광주· 새만금을 거점으로 신재생에너지·친환경부품소재 산업 벨트 등 환황해 경제벨트를 육성한다.

### 5) 두만강-나진-청진 벨트

북-중-러 3국을 항만·도로·철도로 연결하는 복합 물류의 허브로 육성하고 두만강 국제도시 개발을 검토한다. 청진·나선 산업단지를 남북한 공동으로 개발하고, 중국 훈춘 경제무역구 및 러시아 연해주 개발과 연계시킨다. '동북아 슈퍼 그리드' 전력망 및 남·북·러 천연가스관 연결을 통해 북한의 에너지 부족 문제를 해결한다.

### 6) 백두산-단천-흥남 벨트

단천 지역을 자원개발 특구로 지정하고 부품소재 산업을 연계한 클러스터를 조성하여, 단천~김책~혜산을 잇는 산업 벨트를 구축한다. 백두산·개마고원의 산악지대와 동해안의 수려한 자연환경을 활용한 관광·휴양 산업을 개발한다. 러시아·중국·남북한·일본을 연결하는 동북아 해양관광 루트와 연계할 수 있다.

### 7) 원산-금강산-양양 벨트

DMZ가 지나는 백두대간 산악지역의 친환경 생태관광 및 녹화사업을 추진하고, 태양광·풍력 발전 등 신재생 에너지를 개발한다. 금강산·원산·설악산·강릉·속초 등을 연계하는 환동해 국제관광 협력벨트를 조성한다.

원산은 한반도 횡단철도의 중요 거점이자 항구 도시로서, 해양·철도·도로망을 연계하는 국제 복합물류 거점으로 개발한다.

### 8) 목포-부산-포항 벨트

남해안의 아름다운 자연환경과 문화적 자산을 활용하는 문화·해양 관광 벨트 조성하여 '동북아의 지중해'로 육성한다. 컨벤션, 국제음악회, 영화제 등 국제교류 중심으로 육성한다. 기존 산업 시설 및 자원을 활용한 남북한 협력과 동북아 복합 물류망의 연계를 고려하여 개발한다. 한반도 남단의 관문인 부산항과 목포항을 동북아 복합물류의 허브로 육성한다.

## 4. 광역경제권 설계의 주안점

북한의 27개 경제개발구는 장기적으로 한반도 광역경제권 개발 전략에 포함하여 발전시켜 나가는 것이 바람직하다. 즉, 미래 한반도 광역경제권의 주요 거점 도시로 기능할 수 있도록 남북한이 함께 계획을 수립할 필요가 있다. 한반도 광역경제권을 구성하는데 있어서 우선적으로 고려해야 할 추진 방향을 정리하면 다음과 같다.

첫째, 북한이 제안한 경제개발구 계획과 연계한다. 북한은 자체적으로 27개 경제개발구 계획을 발표하였다. 따라서 이 계획을 긍정적으로 검토하고, 가능한 해당 지역을 광역경제권의 중요 거점도시에 포함시킬 필요가 있다. 북한의 경제특구와 개발구를 '씨앗'으로 삼아 스마트시티 벨트를 개발하는 것이다. 경우에 따라서는 경제개발구의 영역을 확대하거나 새로운 지역을 경제특구로 지정하는 방안도 추진할 필요가 있다.

둘째, 거점 항만을 중심으로 해양 네트워크를 구축한다. 한반도의 지리경제학적 특성상 해안도시와 항만의 중요성이 증대하고 있다. 정부의 한반도 신경제지도 구상에서도 환동해 경제협력 벨트와 환황해 경제협력 벨트가 큰 축을 이루고 있다. 또한 북한이 제시한 경제개발구도 대부분 동해안이나 서해안, 또는 압록강이나 두만강 주변의 접경지역에 위치해 있다. 그러므로 스마트시티 벨트에서는 최소한 한 개 이상의 거점 항만을 선정하여 광역경제권 차원의 해양 네트워크 구축을 추진할 필요가 있다.

셋째, 철도·도로·에너지 복합 물류 네트워크를 구성한다. 대륙과 해양의 접점에 위치한 한반도가 물류와 교통의 중심으로서 기능하기 위해서는 각 스마트시티 벨트가 복합 물류 네트워크의 중심적 역할을 하는 허브 도시를 보유해야 한다. 허브 도시는 철도, 도로, 에너지망 등 육상 네트워크와 공항, 항만을 효율적으로 연계시켜서 물류 및 교통의 중심으로 기능하게 할 필요가 있다. 아울러 스마트 항만, 스마트 도로·철도, 자율주행차·선박·드론 등 첨단 물류·교통 시스템의 적용도 검토할 수 있다.

## IV. 북한 경제개발구 개발 방향 제안

### 1. 평양 은정·강남 경제개발구에 ICT 및 바이오 산업

남한과 북한 모두 산업경제에서 제조업이 차지하는 비중과 중요성이 매우 높은 수준이다. 그러나 제조업의 부가가치가 점차 하락하고 선진국과의 격차가 확대되고 있어 제조업 경쟁력을 높일 수 있는 혁신적 대책이 필요하다. 기존 제조업의 경쟁력을 살리는 길은 정보통신기술(ICT) 접목을 통해 '스마트化'를 추진하는 것이다. 이를 위해 북한의 경제개발구 중에서 적합한 곳을 지정하여 ICT 허브로 전환시키는 것을 검토할 필요가 있다.

ICT 적용의 핵심은 데이터에 있으며, 고품질의 데이터를 수집, 관리, 운용, 가치창출 할 수 있는 역량에 의해 국가 경쟁력이 결정될 것이다. 따라서 데이터 확보를 가능하게 하는 규제 개선 및 법률적 장치 마련이 시급하다. 또한 데이터 분석과 해석을 위해서는 소프트웨어 알고리즘을 통한 인공지능 기술이 뒷받침 되어야 하는데, 소프트웨어 및 인공지능 분야의 인력이 전 세계적으로 부족한 상황이다. 캐나다의 인공지능 스타트업 '엘리먼트 AI'의 발표에 따르면 세계 인공지능 인재 약 2만 2천 명 중 한국은 168명에 불과하다. 또한 소프트웨어 정책연구소에 따르면 국내 인공지능 인력은 2022년까지 7천 명이 부족할 것으로 전망된다. 따라서 소프트웨어 및 인공지능 분야의 인력을 양성하는 획기적인 방안 마련이 필요하다.

이 문제를 해결하기 위해 전기/전자 분야의 한국전자통신연구원(ETRI) 같이 인공지능 분야에 특화된 전문연구소를 북한 경제개발구에 설립하면 어떨까. 북한 경제제재가 해제되고 남북한에 평화체제가 정착되어 ICT 분야에서까지 협력이 가능하게 된 경우를 가정해 본다면, 평양의 은정 첨단기술개발구 또는 강남 경제개발구를 중심으로 소프트웨어 및 인공지능 분야 인재를 육성하는 것이 가능할 것이다. 남북한 ICT 분야 협력을 진행하는 중심 공간으로 평양시 행정구역 내에 위치한 은정과 강남 경제개발구를 활용하는 것이다. 인공지능 전문연구소에서는 조직을 산업 분야별로 구분하여 산업 특성에 따른 ICT 시스템 통합을 추진하고, 북한의 산업 현장에서 엔지니어와 연구자를 대상으로 소프트웨어 교육을 실행하게 될 것이다.

여기서 좀 더 나아가 군 복무를 대체하는 특별업무 요원 양성 또는 특수부대를 활용한 ICT 전문 인력 양성도 검토해 볼 필요가 있다. 이스라엘의 '탈피오트'와 같이 ICT 분야 특수부대 창설을 통해 우수인력을 확보한 후, 향후 인공지능 분야 전문연구소에 근무하게 하거나 관련 산업분야 진출을 유도하는 것이다. 북한의 소프트웨어 인력을 활용하여 남북한이 R&D 분야에서 긴밀히 협력하고, 한국 기업이 북한의 인재를 양성하여 채용하는 것도 가능하게 될 것이다. 현재 한국 기업은 소프트웨어 인력 부족으로 인해 중국이나 인도의 엔지니어를 채용하는 상황이므로, 북한의 우수한 인재를 육성하고 활용하는 방안을 적극 모색할 필요가 있다. 한반도에 평화 체제가 정착되어 병력을 감축하거나 전투 요원의 숫자를 줄여도 될 경우, 남북한의 많은 젊은이들이 ICT 관련 기술을 습득하고 이 분야로 진출하는 계기가 될 수 있을 것이다.

한편, 북한에서 바이오 산업 분야의 R&D를 진행하기에 가장 적합한 지역으로는 은정 첨단기술개발구를 생각해 볼 수 있다. 평양 이과대학 및 국가과학원과 연계하여 첨단 기술인력을 확보하기에 용이하며, 북한 정부 차원에서 정보기술, 나노기술, 생명 공학 분야의 연구를 접목하여 첨단기술을 육성하겠다는 취지와도 부합한다. 특히 건강 및 의료분야에서 4차 산업을 추진하기 위해서는 의료정보 데이터의 확보가 필수적인데, 국가 차원에서 평양시민의 의료 정보를 연구 활동에 활용할 수 있도록 하는 제도를 생각해 볼 수 있다. 만약 적절한 정책적 지원을 제공할 수 있다면 바이오 산업 분야의 글로벌 기업들을 북한에 유치하는 것도 가능할 것이다.

## 2. 남포 수출가공구를 활용한 스마트팩토리

4차 산업의 핵심 분야인 스마트팩토리를 구현하기 위해 북한의 수출가공구를 우선적으로 검토할 필요가 있다. 북한은 27개 경제개발구 중 와우도, 진도, 송림 등 3개의 수출가공구를 지정하였는데, 이들은 모두 남포항과 평양 인근에 위치해 있다. 즉, 항만 시설을 활용하여 해외로부터 자재를 조달한 후 이를 조립 가공하여 생산된 제품을 다시 항만을 통해 수출하도록 하는 물류·유통 공급망의 효율을 고려한 것이다.

평양과 남포의 역할 분담 관점에서 생각해 보면, 평양에는 주로 첨단 기술 중심의 R&D 시설을 배치하여 우수 인력을 통해 제품을 개발하고, 남포항 인근 보세구역 수출가공구에서는 해양 네트워크를 통해 확보된 자재 및 부품을 활용하여 생산을 담당하는 것이다. 남포의 스마트팩토리에서 생산된 제품은 물류 특성에 따라 인근 남포항을 통해 선박으로 수출되거나 육로를 통해 인천공항으로 이동한 후 항공 물류망을 통해 해외시장으로 공급하는 체계가 완성되는 것이다.

송림 수출가공구는 평양과 남포 사이에 위치하여 지리적인 입지 조건이 매우 우수하다. 송림은 황해남도에 위치한 도시로, 북쪽으로는 평양시에, 서쪽으로는 남포시에 접해 있다. 만약 新경의선 고속철이 평양과 남포를 모두 경유하게 될 경우 새로운 고속철도 역사가 인근 지역에 들어설 가능성이 높다. 이는 첨단기술 분야의 우수 인력을 확보하는 데 있어서도 유리하다는 것을 의미한다.

따라서 송림 수출가공구는 IT 제품을 생산하는 스마트팩토리로 육성하는 것이 바람직하다. 특히 평양시 강남 경제개발구 인근에 위치해 있으므로, 향후 IT 산업을 육성하는 첨단 기지로 연계하여 발전시킬 수 있다. 강남 경제개발구에는 IT 제품을 개발하는 R&D 센터를 구축하고, 송림 수출가공구의 스마트팩토리에서 제조하는 방식으로 협력하는 것이다.

아울러, 송림 수출가공구는 남포항을 통해 들어오는 수입 원자재를 가공하여 수출하는 조립산업, 국내외 원료와 자재들에 대한 2, 3차 가공과 수출을 전문으로 하는 수출가공업 등을 육성하기에도 적합하다. 황해제철 연합기업소에서 나오는 선철과 강철, 압연강재 등 철강 제품을 활용하기 용이하며, 송림시와 사리원시 등의 공장 및 기업소와 연계하여 수출 임가공 산업을 발전시킬 수 있다. 철강 제품에 특화된 스마트팩토리를 송림 수출가공구에 구축하는 것도 검토해 볼 필요가 있다.

남포항 인근 와우도·진도 수출가공구는 첨단 스마트 조선 및 자율주 행선박 기지로 개발하는 것이 유망하다. 와우도 수출가공구와 진도 수출 가공구는 모두 남포항 주변에 위치해 있으며, 북한 최대의 조선소인 '남 포조선소'와 인접해 있다. 이곳에서는 여객선을 비롯해 견인선, 바지선, 잠수선, 쇄빙선 등 다양한 종류의 선박과 장비를 제작할 수 있는 인프라 가 구축되어 있다. 따라서 남포조선소를 스마트팩토리로 전환하여 다양한 종류의 첨단 선박을 제작하는 것이 가능하다. 또한 남포항에 원격제어 선 박이나 자율주행 선박을 시험 운용하는 테스트베드를 구축하고 스마트 항만 시스템을 시험하는 곳으로 활용하는 방안도 생각해 볼 수 있다.

남포항의 경쟁력을 강화하기 위해서는 향후 개발될 해주항과 남한의 인천항 및 평택항을 서로 연계하는 해상 물류망 구축이 필요하다. 여객 및 물류를 실은 자율주행 선박이 서해안 주요 항구를 긴밀하게 연결하도 록 하여, 남포의 스마트팩토리에서 생산된 제품이 한국, 중국, 동남아를 비롯한 세계시장으로 진출하는 루트를 확보하는 것이다.

## 3. 강령 국제녹색시범구에 스마트팜과 관광산업

북한의 농업개발구를 스마트팜으로 육성하는 방안은 어떨까. 북한은 27개의 경제개발구 중 숙천 농업개발구, 어랑 농업개발구, 북청 농업개발 구 등 3개를 농업개발구로 지정한 바 있으며, 강령 국제녹색시범구에도 유기 농산물 및 수산물 가공, 양어장, 친환경 농업 연구 등을 유망 업종으 로 분류해 놓았다. 따라서 우선 이들 지역을 중심으로 스마트팜 추진 타 당성 검토를 진행할 필요가 있다.

특히, 황해남도의 국제녹색시범구는 강령군 전체 지역에 해당하는 매우 큰 영역을 포함할 뿐만 아니라, 농토와 해안을 모두 갖추고 있어서 농업과 수산업 분야의 스마트팜을 함께 육성할 수 있는 장점이 있다. 이 지역은 풍력, 태양광, 조력, 수력 등 에너지 자원이 풍부하고 연안 수역에 수산자원이 많아 바닷가 양식을 통한 해양 스마트팜 육성에 유리한 조건을 갖추고 있다.

친환경 녹색산업으로 활용할 수 있는 바다 양식장 면적이 8천 정보에 이르며, 해삼, 전복, 조개류, 다시마, 김, 꽃게, 광어 등 수산자원이 풍부하다. 또한 강령군에 있는 수십 개의 저수지는 양어를 활성화하기에 좋은 조건을 갖추고 있다. 이 지역은 다양한 농산물 육성에 적합한 무공해지대이므로 농산과 축산을 연계한 '고리형순환생산체계'의 시험기지, 유기농 토산물 생산 및 가공기지로도 적합하다고 북측이 밝히고 있다.[5]

강령 국제녹색시범구는 해안과 평야 지대를 활용해서 친환경 해양·농생명단지로 육성할 수 있으므로, 이곳을 중심으로 남북한이 다양한 분야에서 협력이 가능하다. 한국의 해양, 농업, 바이오 등 관련 대학 및 연구기관을 이 지역에 유치하고 연구와 산업을 연계한 벤처 생태계 육성을 검토할 필요가 있다. 남북한의 산·관·학 협동을 통해 네델란드 등 농업 분야의 해외 선진 사례를 벤치마킹하고 세계적 수준의 해양·농생명 단지로 육성하는 것이다.

강령 국제녹색시범구는 지리적으로 남한의 수도권과 가장 가까운 북한의 경제개발구이다. 해주와 개성을 연계하는 남북한 산업협력 벨트를 구축하고 이를 서울·인천과 연계하면, 한강 하구와 서해안 지역은 동북아의 국제적인 광역경제권으로 육성할 수 있다. 강령지역의 스마트팜에서 생산되는 농수산물은 서울과 평양의 다양한 수요를 대상으로 공급될 것이다. 특히 북한의 특용 작물을 육성하기 위해 스마트팜 기술을 활용하면

보다 높은 품질의 약효를 가진 경쟁력 있는 제품을 생산할 수 있다.

한편, 해주와 개성을 연결하는 지역은 관광·리조트·컨벤션 산업을 육성하기에도 유망하다. 지금 한강 하구와 서해 접경지역은 남북의 군사력이 대치하고 있어서 해병대가 주둔하는 민간인 통제구역이지만, 남북한 평화체제 정착을 가정한다면 해안의 절경을 활용한 관광·리조트 산업을 발전시킬 수 있다. 또한 개성과 강화 지역의 고려시대의 유적을 연계하여 문화 컨텐츠로 개발하고 남북한을 연계하는 관광 프로그램으로 육성하는 것도 생각해 볼 수 있다. 예를 들어, 과거 고려시대 무역항이었던 예성강 하구의 벽란도를 관광 항구로 되살려 유람선과 요트 선착장을 개발하고 국제회의를 유치하는 컨벤션 산업 단지로 육성하는 방안도 가능하다.

또한 ICT 기술을 활용하여 남북한을 연계하는 '스마트 투어리즘(Smart Tourism)'을 시도해 볼 수도 있다. 하나의 모바일 앱으로 남북한 관광 정보를 함께 제공하는 '스마트 가이드(Smart Guide)', 환전할 필요 없이 모바일 결제로 남북한의 관광지 입장권과 열차·버스·선박 등 교통요금을 지불하는 '스마트 페이먼트(Smart Payment)', 가상현실과 증강현실 기술을 활용하여 남북한의 관광지를 경험할 수 있도록 해 주는 '가상현실 박물관(Virtual Museum)' 등을 활용해 남북한 연계 관광산업을 육성하는 것이다.

## 4. 원산 갈마해안관광지구의 관광·컨벤션·휴양 산업

원산은 서울과 평양에서 가장 가까운 동해안 항구라는 지리적 장점을 살려 환동해 경제벨트의 중심으로 육성하기에 적합하다. 김정은 위원장은 특히 원산 갈마해안관광지구에 큰 관심을 가지고 있는 것으로 알려져 있는데, 이 지역은 뛰어난 자연환경을 갖추고 있어 휴양·관광·컨벤션 산업의 경쟁력이 매우 높은 곳이다.

북한은 원산-금강산 국제관광지대를 중앙급 경제개발구로 지정한 바 있다. 이 경제개발구의 총면적은 440km²이며, 원산지구, 마식령스키장지구, 울림폭포지구, 석왕사지구, 통천지구, 금강산지구로 구분되어 있다. 북한은 원산시를 중심으로 다양한 휴양문화시설 중심의 국제관광지구로 개발하고, 금강산지구·통천지구·석왕사지구를 역사유적관광지구 및 휴양·치료관광지구로 개발하는 것을 목표로 하고 있다. 원산과 함흥을 연결하는 고속도로도 곧 착공될 예정이어서 이 지역을 중심으로 인프라 및 관광단지 개발이 한창이다.

원산에는 호텔과 리조트 등 관광시설만이 아니라, 실버타운, 요양병원 등을 함께 구축하여 국제적인 의료관광과 휴양산업의 중심으로 육성하는 것이 필요하다. 원산과 동북아의 주요 항만도시를 연계하는 크루즈 유치도 유망하다. 싱가포르-홍콩-상하이-제주-부산-원산-나선-블라디보스토크 등을 거치는 루트도 생각해 볼 수 있다. 개발이 순조롭게 진행된다면 원산 명사십리에서 세계 각 국의 해외 관광객들이 휴가를 보내는 것도 가능하게 될 것이다.

하지만 북한은 아직 국제적 수준의 관광산업을 운영해 본 경험이 부족하다. 이 문제를 해결하기 위해 국제자본의 투자를 유치하고 관광단지 경영을 위탁하는 것을 생각해 볼 수 있다. 예를 들어, 원산 갈마해안관광지구에 미국의 투자를 받고 향후 일정 기간 관광사업 경영권을 위탁함으로써, 북한은 사업운영 노하우를 습득하고 미국은 북한 경제개발로 얻어지는 이익을 공유하는 방안이다.

일본에게도 획기적인 제안을 할 수 있다. 북일 관계가 개선되고 전쟁 배상금이 북한에 투자되는 것을 전제로 해서, 원산 인근 경제개발구에 일본 기업의 산업단지와 일본인 타운을 조성하는 것이다. 과거 중국 쑤저우 공단이 개발될 당시, 중국 등소평과 싱가포르 이광요 수상의 합의를 통해 싱가포르 주도로 산업단지를 계획하고 선진 운영시스템을 도입한 사례가 있다.

유엔의 경제제재가 완전히 해제되기 전이라도 한국 관광객이 북한을 자유롭게 여행하기 위해서는 '원화청산결제제도'와 같은 새로운 금융결제 방안을 모색할 필요가 있다. 북한 관광개발구 지역에 달러 지불이 아닌 원화 결제를 도입하고 개인이 직접 지불하는 시스템을 구축하는 것이다. 남북한이 금융거래를 위한 창구 은행을 지정하고 한국 관광객이 지불하는 비용을 원화로 결제하는 방식인데, 북한은 이 원화계좌에 쌓인 자금을 활용하여 남한으로부터 필요한 물품을 구매할 수 있다. 제재에 해당되지 않는 생활용품을 비롯하여 의약품, 식료품 등 북한이 원하는 다양한 물품을 구매할 수 있다는 것이 현물거래 방식에 비해 장점이다.

장기적으로는 한국 관광객의 금융거래를 원활히 할 수 있도록 원화결제가 가능한 카드 및 모바일 결제시스템을 북한의 호텔과 쇼핑몰에도 설치할 필요가 있다. 또한 해외 관광객을 대상으로 보다 편리한 지불 방식을 제공하기 위해, 한중일 3국과 북한이 함께 협의하여 QR코드를 활용한 국제 모바일 결제시스템을 도입하는 방안도 가능할 것이다.


## 이 장의 주

1 북한은 2018년 11월 발간된 책자 '조선민주주의인민공화국 주요경제지대들'을 통해 기존에 발표되었던 여러 경제특구를 모두 27개로 정리하였는데, 중앙급 경제개발구 8개와 지방급 경제개발구 19개로 구성되어 있다. 일종의 경제특구로서 역내에서는 경제개발구법을 통해 투자자의 경제활동 및 신변안전을 보장하고, 세금 혜택 및 투자 우선권 부여 등 우대 조치를 적용하고 있다.

2 "김정은 위원장에 '개방과 성장' 자문할 경제고문 파견을," 《매일경제》, 2018년 10월 14일.

3 "특별취재! 북한 엘리트와 단풍의 캐나다," 『《JTBC》이규연의 스포트라이트』 제172회, 2018년 11월 8일.

4 제프리 웨스트, 『스케일 - 생물 도시 기업의 성장과 죽음에 관한 보편 법칙』(김영사, 2018)

5 외국문출판사, 『조선민주주의인민공화국 주요경제지대들』(2018. 11).

# 영국 외교 문서(1947~1950년)에 나타난 한반도 정부 수립 과정*

곽 채 원**

## I. 서 론

### 1. 근현대사 연구, '남북한 분단사'의 시각으로 충분한가?

"현재와 과거의 끊임없는 대화" 영국의 역사가 E. H. 카(Edward Hallett Carr)는 역사의 현재성을 이렇게 정의했다. 그의 통찰력은, 역사가가 역사를 언덕 위에서 관찰하는 사람이 아니라 역사와 함께 흘러가는 평범한 한 사람임을 인정하는 겸손함에서 더욱 빛난다. 역사가는 역사의 일부이며, 역사의 흐름 속에 그가 서 있는 지점이 과거에 대한 시각을 결정한다는 것이다.[1]

74년 전 우리는 해방된 한반도의 운명을 예측할 수 없었다. 지금 이

---

* 본 연구논문은 국사편찬위원회 국외사료 조사 및 해제 지원사업에 제출된 보고서에 기초해 작성되었습니다.
** 북한대학원대학교 박사, befriday@daum.net

시점의 우리 역시 그 때와 다르지 않다. 한 치 앞을 내다 볼 수 없다. 극단적인 표현이지만, 선대 지도자들보다 이해의 실마리를 더 갖지 못한 북한의 젊은 3대 지도자와, 이전과는 전혀 다른 특징을 가진 새로운 유형의 미국 대통령의 손에 한반도의 운명이 내맡겨진 것과 다름없다. 돌이켜보면, 한반도 미래에 대한 '예측 불능'은 74년 내내 지속된 현상임을 깨닫게 된다. 우리는 무엇에 근거하여 한반도의 미래를 예측할 수 있는가? 우리가 알고 있다고 생각하며, 판단의 기준이 되는 '과거'는 무엇인가? 우리는 과연 무엇을 알고 있는가?

본 연구는 근현대사 인식에 대한 새로운 접근이 필요하다는 문제의식에서 출발했다. 정부 수립 이후 전쟁과 이념 경쟁, 통제된 정치 환경에 의해 한반도의 역사는 자유롭게 연구되지 못했다. 1980년대 부터 '남북한 분단사' 중심의 깊이 있는 연구가 진행되었고 갈라선 남과 북, 전쟁, 슬픔, 이념, 적, 경쟁과 갈등으로 서술되었다. 그러나 남북 분단의 원인과 결과에 집중하는 대립과 갈등의 분단사 관점으로는 한반도의 현재를 파악하고 미래를 예측하는 것에 한계가 있음을 점차 깨닫고 있다. 3대 세습에 성공한 북한 젊은 지도자의 행보는, 단편적인 사실과 정보가 아닌, 70년 이상을 존속해 온 체제의 틀 안에서 이해되어야 하기 때문이다. 마찬가지로 파격적인, 전례없는 특징을 가진 북·미 지도자들의 정치적 행위들 조차도 2차 세계대전 이후 한반도를 둘러싼 국제관계의 틀 안에서 이해되어야 할 것이다. 그러나 우리는 국내 정치의 덫에 74년 한반도 역사의 많은 부분을 가두어 놓았다.

이러한 문제의식 하에, 본 연구는 남북한의 정부 수립 과정을 국제관계의 틀을 통해 살펴보고자 시도했다. 분단사의 관점에서 남한과 북한 정부의 수립과정을 개별적인 역사로 서술하는 기존의 연구 경향은 각각의 정부 수립과정을 구체적이며 미시적으로 서술하는 성과를 축적할 수 있었다. 그러나 분단사 관점의 근현대사 연구는 남북한의 통합을 준비하기 위한 기반으로서의 역사 연구에는 많은 노력을 기울이지 못했다. 또한, 남북한 정부 수립 과정의 국제관계적 배경, 상호 영향들을 역사적 접근을 통해 거시적으로 살펴보는 노력도 심도 깊게 이루어지지 못했다.


## II. 새로운 사료로서 영국 외교 문서(FO483) 소개

한편, 남북한 근현대사 연구에 있어서 사료의 범위를 확장하려는 노력도 절실히 요구된다. 기존 연구에 사용된 사료들은 주로 해방과 분단에 직접적 관련이 있는 국가들, 즉 남·북한, 미국, 중국, 소련, 일본 등에서 생산된 것들로 역사적 사실과 의미를 깊이 있게 연구하는 기반이 되었다. 반면, 해당국의 입장들이 주로 반영되거나, 부분적으로 여전히 개방되지 않고 기밀로 유지되는 자료들이 많아, 객관화가 어렵다는 한계 또한 존재한다.

이러한 의미에서 본 연구는 기존의 근현대사 연구에서 자주 다뤄지지 않았던 영국 외교 문서 중 남북한 정부수립 과정 시기가 포함된 FO483 사료를 소개하고자 한다. FO483은 영국 외무부 소장 문서 중 1947년부터 1956년 사이 작성된 한반도와 관련된 문서군의 명칭이다. 이 문서군에는 한미, 북소, 미소 관계 및 한반도 정치 제도의 형성과정, 한국 전쟁 과정에서 남한과 미국 및 유엔(UN ; United Nations)의 관계 형성, 전쟁 후 남한과 미국간의 관계 등이 드러난다.

1941년 한반도와 공식적인 외교관계를 중단했던 영국은, 제1차 미소 공동위원회가 서울에서 열린 직후인 1946년 4월 연락사무관(liaison officer)으로서 더웬트 커모드(Derwent Kermode)를 서울에 파견했다. 1947년부터 그는 총영사(consul-general)의 신분으로 한반도의 정세를 수집해 본국에 보고하기 시작했다. 1948년 6월 경에는, 홀트(Vyvyan Holt)가 공사(minister) 직함으로 파견되어 보고서를 작성했다.[2] 본 연구는 FO483 문서중 1947년부터 한국 전쟁 발발 직전까지 작성된 보고서를 선별해 다루었다. 당시 보고의 주요 최종 수신자는 1945년 12월 모스크바 삼상회의의 당사자였던 영국의 외무부장관 버빈(Ernest Bevin)이었다.

본 연구가 다루는 시기에 해당하는 FO483 문서의 대부분은 한반도에서 작성된 보고들이며, 영국 외무부의 답신은 거의 포함되어 있지 않다. 따라서 연구가 다룬 문서들에서 드러난 입장이 당시 영국 외무부의 입장과 일치한다고 보기에는 무리가 있다. 다만, 1948년 외무부 조사국(Research Department)의 밀워드(R. S. Milward)가 한국을 방문해 작성한 보고서가 포함되어 있는데, 이를 통해 영국 외무부가 한반도에 어떠한 인식을 가지고 있었는지 살펴 볼 수 있다.

당시 영국 공관은 서울에 소재했기 때문에 문서는 주로 남한의 정세를 다루고 있다. 북한 정보의 경우 소련의 동향을 통해 예측하거나, 한국에 주재한 미국 관리들 및 정보기관, 북한의 피난민들을 통해 수집한 것으로 보인다. 사료가 포함한 문서의 양도 남한 정세 보고가 상대적으로 많고 북한과 관련한 보고는 극히 제한적이다. 따라서 북한 정부 수립 과정에 대한 구체적인 내용이 다뤄지지 못한 한계가 있다. 그러나 어떠한 의미에서는 사료에 포함된 남북한 문서의 양적인 불균형도 당시의 상황과 영국의 입장을 유추하는 근거로 판단하고 연구를 진행하고자 한다.

또한 본 연구는 남북한 근현대사와 관련한 새로운 사료의 관점과 내용을 충실히 소개하는데 목적을 두었으므로 다소 분석적이지 않은 한계가 있음을 미리 밝힌다.

## III. 한반도와 국제 관계

### 1. 한반도와 영국 : 한반도에 대한 영국의 이중적 시각

한반도에 대한 영국의 공식적인 입장은 무관심과 불관여 정책이었다. 영국 외무부 일본 및 태평양 부서는 1947년 5월 보고서를 통해 영국 정부가 한국을 영향력 있는 지역으로 간주하지 않으며, 궁극적으로 미국과 소련의 이해 충돌에 관여하기를 원하지 않는다고 밝혔다.[3] 1949년 연례보고서에서도 이러한 입장이 드러나는데 영국은 한국에서 관심을 둘 분야는 2개의 홍콩 선박회사 지사와, 영국 성공회 뿐이라고 기록되었다.[4]

한국에 대한 영국의 무관심은 조선과 영국이 최초로 조약을 체결하던 1882년 무렵과 크게 달라지지 않았다. 당시 영국 재무부는 외교 사절 아스톤(William Goerge Aston)이 서울의 공관과 관련한 비용을 요청하자 회의적인 반응을 보였다. 영국에게 당시의 조선은 공관을 마련할 만한 가치가 없는 '비참한 지역'이었기 때문에, 단기간의 임시 공관을 얻을 수 있을 정도의 비용만을 설득하는데도 많은 어려움이 있을 정도였다.[5]

그러나 영국이 한반도를 발견했던 시점으로 거슬러 가보면 그들이 처음부터 이중적인 시각을 견지했음을 확인할 수 있다. 이를 지적한 사람은 제임스 호어(James Hoare)로, 2001년 평양에 영국대사관 설립을 준비하고 초대 대리대사로 재직했던 인물이다. 호어의 주장은 영국이 조선과 수교하기 이전부터 한반도의 지정학적 중요성을 인식하고, 조선과 미국의 관계를 관찰하고 있었음을 밝혔다는 점에서 흥미롭다.

1797년 브러튼 제독(Captain Broughton)이 부산 지역을 관찰하고 돌아간 이래 1870년대, 한반도에 대한 영국의 관심이 촉구되었다. 동경의 공사였던 파커스(Sir Harry Parkes)의 영향 때문이었다. 파커스는 한국의 거문도(Port Hamilton)가 중국과 세계 사이에 석탄공급 항구들을 연결하는 유용한 고리가 될 것으로 생각하고 거문도를 점령할 것을 주장했다. 당시 파커스는 런던의 보수 정부를 설득할 수 없었지만, 사실 이미 영국은 일본과 미국이 한국을 압박하는 것을 주의 깊게 지켜보고 있었다. 때가 오자, 영국 정부는 중국 항의 부제독인 조지 윌리스(George Willis)에게 미국의 슈펠트(Robert W. Shufeldt)를 쫓아 가서, 필요하다면 조선과 조약을 체결하도록 지시했다. 1882년 5월 슈펠트가 조미수호통상조약을 성공적으로 체결하자 윌리스는 즉시 미국을 쫓아 조미수호통상조약을 모델로, 1882년 6월 인천항에서 최초로 한국과 조약을 체결했다.

그러나 동아시아에 관심을 집중해 있던 영국은 한국과의 무역에는 그다지 노력을 기울이지 않았다.[6] 호어는 당시 무역대상국으로서의 한국의 가치에 대해 영국 재무부가 회의적이었던 것은 합리적인 판단이었지만, 한반도의 전략적 중요성에 대해 확신을 가지고 있었던 것은 분명하다고 강조했다. 영국은 줄곧 한반도에 대한 이중적 시그널을 보내고 있었던 것이다.[7]

조영조약 체결 이후 한반도에 줄곧 무관심과 불관여 입장을 유지해 온 영국은, 아이러니하게도 2001년, 평양에 대사관을 가진 극소수의 서방국가 대열에 합류했다.

## 2. 한반도와 미소공동위원회 및 유엔(UN ; United Nations)

해방 이후 한반도에서는 정부수립을 위해 정치 지도자들이 활발한 활동을 벌이고 있었지만, 국내 지도자들의 영향보다, 국제 관계의 영향이 매우 크게 작용했다. 특히 남북한에 각각 점령군을 주둔시켰던 미국과 소련의 대립은 한반도에 두 개의 정부가 수립되는 중요한 배경이 되었다.

미소공동위원회와 유엔한국임시위원단(UNTCOK : United Nations Temporary Commission on Korea), 유엔한국위원회(UNCOK : United Nations Commission on Korea)는 한반도의 '민주주의' 및 '사회주의' 정부 수립과 관련되었던 국제적 단위의 제도이다.

미국과 소련은 모스크바 삼상회의의 결정대로 공동위원회를 설치하고 1946년부터 1947년 사이 회담을 진행했지만 입장차이로 인해 아무런 성과도 도출하지 못했다. 이후 미국은 1947년 10월 유엔 총회에 한반도 문제를 상정, 한반도의 총선거 실시를 위한 유엔한국임시위원단 파견이 결정되었고, 위원단은 1948년 1월 한국에 도착해 활동을 시작했다. 유엔한국임시위원단 역시 총선거에 대한 독자적 결론을 내지 못한 채 유엔 총회에 보고서를 제출, 위원단이 선거실시가 가능한 지역에서만이라도 선거를 감시하라는 결정이 내려졌다. 유엔의 결정에 따라 1948년 5월 유엔임시위원단의 감시 하에 남한 지역의 단독 총선거가 이루어지고 8월 대한민국 정부가 수립되었다. 유엔은 1948년 12월 유엔임시위원단의 사업을 계승한 유엔한국위원회(United Nations Commission on Korea)를 설립했다.[8]

본문에서는 FO483 문서가 포함하는 한반도와 관련한 국제관계 부문, 즉 미소공동위원회와 유엔한국임시위원단, 유엔한국위원회, 미국 및 소련에 대해 직접적인 견해가 드러난 부분만을 중심으로 다루었다. 이들 단체 및 국가들의 동향을 직접적인 내용으로 하는 보고는 양적인 면에서 매우 제한적이다.

## 1) 미소 공동위원회

1947년 5월 영국 외무부 일본 및 태평양 부서가 작성한 보고서는 한반도 정세에 영향을 미치는 요인으로 국내 문제가 아닌, 연합국의 결정, 미국과 소련의 이해 충돌을 지적했다. 무기한 휴회되었던 제1차 미소공동위원회 이후 미국과 소련 사령부가 서신 교환을 통해 방향성에서는 어느 정도 진전을 이루었으나 의견 차이를 조정하는 것은 불가능한 것으로 보였다.[9]

제2차 미소공동위원회 재개 후 북한의 연락사무소에 다녀온 미국 관리의 의견을 인용, 현재 북한지역의 어려운 경제 상황을 감안한다면 소련은 병력철수를 해서라도 이 문제를 다른 사람들의 손을 통해 해결할 것이라고 보고되었다. 그러나 설사 병력을 철수하더라도 일시적인 편의를 위한 조치 이상은 아닐 것이라고 부연했다.[10]

1947년 7월 보고서는 미소공동위원회가 다시 교착상태에 빠졌으며,[11] 미·소가 자문의 대상인 사회조직 및 정당들의 조건에 대해 의견의 차이를 좁히지 못하고 있으나, 상대방을 자극하지 않으려는 노력이 보인다고 평가했다.[12] 그러나 소련은 이념이 다른 정부를 허용하지 않을 것이며 처음부터 자신들을 지지하지 않는 정당과 조직들에 대한 자문을 원하지 않았다는 설명을 통해 미소공동위원회가 합의점에 도달하지 못할 것이라는 부정적인 시각을 드러냈다.[13] 소련의 목적은 한국의 독립이 아니라, 한국을 소련의 점령국가로 세우는 것이지만[14] 한국문제가 유엔에서 다뤄지는 것을 원하지 않기 때문에 미소공동위원회를 지속하고 있다고 분석했다.[15]

## 2) 유엔(국제연합, United Nations)

남한 정부 수립의 공식절차가 마무리된 이후인 1949년 3월, 유엔한국위원회가 한국의 대통령과 대사들, 관련자들과의 대화를 통해 한국의 미래에 대해 가지게 된 입장들이 보고되었다. 위원회는 대통령 및 관련자들의 목적이 북한을 무력으로 침공할 수 있을 정도의 강한 군대를 건설하는 것이라고 판단했다. 이승만 대통령[16]이 군사력 지원을 위해 미국 정부와 유엔한국위원회를 설득하고 있으며, 위원회의 위원들 중 시리아, 중국, 필리핀 위원들은 한국 정부의 견해를 지지하고 있음을 확인할 수 있다.[17]

한편 유엔한국위원회는 한국 내에서의 활동할 수 있는 조건들에 대해 만족스럽지 못했던 것으로 보인다. 보고서에는 위원회가 북한 측과의 연락망을 구축하는데 진전을 보이지 못하고 있었으며, 한국 정부 측(대통령 및 관련인사들)이 한국의 향후 발전에 대해 그들로부터 조언을 듣거나 미군 철수를 위한 계획을 논의하기를 바라지 않는다고 느끼며, 한국에서 자신들의 존재가 도움이 되지 않는다고 생각하기 시작했다고 설명되었다. 특히 인도대표인 씽(Bahadur Singh)은 인도 정부에 보내는 보고에서 위원회의 역할을 '미국인 부모를 위한 베이비시터'로 비교하며, 업무를 바꾸어 줄 것을 요청했다. 위원회는 활동과 관련된 것들 뿐아니라 숙소 등 자신들에 대한 처우에 대해서도 불만을 가졌던 것으로 보인다. 당시 위원회 대표단은 낡은 일본식 호텔에 체류 중이었는데, 비품 등 부족한 것들이 많아 불편을 겪고 있었다.

또한 일부 위원들은 위원회가 미국의 주도로 만들어졌음에도 자신들을 '유기'하는 미국에 대해 강한 불만을 가지고 있었다. 특히, 술취한 미국 국적의 민간인들에 의해 시리아 대표를 포함한 일부 위원들이 모욕을 당했던 사건에 대해 미군정 혹은 외교 당국으로부터 아무런 조치도 받지 못했던 것은 위원회의 사기를 저하시킨 원인이 되었다.[18]

## 3. 한반도와 미국 및 소련

미국과 소련에 대한 직접적인 보고의 양은 매우 적다. 아마도 양국에 대하여 미국과 소련 주재 대사관을 통해 보고받았을 것으로 추측된다. 본 연구에서는 미국과 소련의 한반도 정책에 대한 영국의 인식이 드러나는 부분만 발췌해 다루었다.

### 1) 미국

1947년 5월 외무부 일본 및 태평양 부서가 작성한 보고서는, '한국이 소련의 영토가 되어서는 안된다'는 것이 미국 극동정책의 핵심임을 밝혔다. 한반도 영토의 절반이 이미 소련의 점령하에 있기 때문에 한국에 관해 그리스나 터어키보다 더 굳건해야 한다는 것이다.[19]

미소공동위원회에 대한 이승만 박사의 입장도 보고되었다. 이승만 박사가 5월 미소공동위원회가 재개되었을 때 '타협불가한 반대'에서 '협조는 할 수 없는' 태도로 입장을 완화했으며, 이후 공동위원회 합의가 이루어질 것으로 판단하자 미군정에 협조하는 입장으로 신중히 돌아섰다고 지적했다. 이러한 이승만의 입장 변화에 미군정 역시 한국방문사절단과의 접견을 주선하는 등 유화적인 태도를 보였으며 이러한 미군정과 이승만의 화해무드는, 미국의 강력한 반공정책과 이승만이 한국의 지도적 반공주의자이기 때문이라고 분석했다. 이승만 박사의 입장변화의 원인은 권력을 획득하고자 하는 이기적인 동기와 함께, 공산주의를 '범죄'로 여기는 강한 반공주의적 성향 때문이라고 주장했다.

한편, 이승만 박사에 대한 한국 지성인들의 반응이 분석되었는데, 특히 한국의 젊은 층은 미국이 이승만을 '지지'하고 있으며, '이기적인 정치인'이라는 이미지를 가진 이승만에 대한 비판적 의식이 공산주의에 동조하는 경향을 부추겨 왔다고 설명되었다.[20]

## 2) 소련

소련의 한반도 정책에 대한 인식도 드러난다. 제 1차 미소공동위원회가 결렬된 이후 보고서는 한반도가 부동항을 가졌다는 점에서 태평양 연안의 중요한 확장대상이며, 따라서 한국이 소련 극동정책의 우선순위에 있다고 분석했다. 소련의 목표는 한반도에 대한 지배적인 영향력을 갖추는 것이지만, 소련의 무력이 아직 준비되어 있지 않기 때문에 소련의 직접적 지도를 받는 지도자들과 관리들을 통해 북한에 영향력을 미치는 등 간접적인 방법을 진행할 것으로 예측되었다.

북한에 다녀온 여운형의 의견도 인용되었다. 여운형은 소련당국이 '남한 공격을 지원할 정도로' 북한에 충분히 소비에트화가 이루어지려면 적어도 2년 이상은 걸릴 것이라 생각한다고 주장했다. 북한 대중의 80퍼센트가 소비에트화에 무력하게 침묵하고 있으며, 남한 우익의 부패함과 식량문제로 인한 대중들의 팽배한 불만이 한반도에 공산주의가 활발하게 활동할 수 있는 중요한 조건으로 작용한다고 기록되었다.

소련의 전략에 따른 한반도의 공산주의자들의 일관성없는 활동들도 지적되었다. 1차 미소공동위원회 결렬 이후 좌우합작을 시도한 김규식을 비난하던 공산주의자들이, 이후 그에 대한 대중들의 지지를 확인하고 김규식을 통일된 한국정부의 수장으로 지지했던 것, 그리고 신탁통치를 반대하다가 찬성으로 돌아선 것등이 근거로 제시되었다.[21]

당시 미국은 소련의 팽창정책에 정면대응하는 방향으로 외교정책을 수정했는데, 소련은 한반도 전체에 대한 영향력을 재수립하려 하기 때문에, 당장은 어렵더라도 한반도를 장악할 때까지 방해활동을 지속할 것이라고 보고되었다. 또한 트루먼 대통령의 새로운 정책에 많은 미국인들이 강하게 반대하고 있음을 소련이 이미 알고 있기 때문에 미국 정책의 변화를 두려워하지 않을 것이라고 예측했다.

한편, 한반도의 유혈 내전을 경고하면서, 그 주된 배경으로서 우익과 좌익의 상반된 이해관계가 제기되었다. 우익극단주의자들은 권력이 자신들에게 이양되지 않을 경우 유혈 내전의 가능성으로 미국을 위협할 수 있고, 좌익주의자들의 경우 역시, 반좌익 요소를 가진 경찰 권력이 청산되지 않는 경우 유혈내전의 가능성으로 미국을 위협할 것이라고 주장이 제기되었다. 이러한 1947년 3월은 '일촉즉발'의 상황으로 묘사되었다. 한반도의 위험성은 소련이 한반도 통제에 대한 의지를 굽히지 않을 것이라는 전제 하에, 만약 한국의 화약통이 폭발한다면 그 결과로 화염은 소련에게로 옮겨 붙고, 따라서 세계를 다른 전쟁 속에 빠지게 할 것이라는 설명으로 강조되었다.[22]

1947년 3월 보고서 이후, 영국 외무부의 일본 및 태평양 담당 부서는 한국의 상황에 대한 보고서를 작성해 회람했다. 보고서는, 한국이 스스로를 통치할 능력이 없으며 소련이 전략적 필요에 의해 한국을 꼭두각시 국가로 만들려는 의지가 있다고 인정하면서도, 미국이 한국에 대한 원조를 통해 최대한 소련을 저지하고 있기때문에 소련의 목적은 가능하지 않을 것이라는 견해를 제시했다. 또한 3월의 보고서에 지적된 바와 마찬가지로, 한반도의 부동항과, 지리적으로 소련의 본토를 침공할 수 있는 외부병력과의 연결 통로라는 이유가, 소련이 어떤 비용을 지불하더라도 전선을 유지할 근거가 된다고 주장했다. 북한의 대중들 중 80퍼센트가 정치에 무관심하며 이들이 소련의 강력한 통제 하에 있으며, 남한 우익 정당들의 비도덕성, 관리들의 부패 등이 소련의 영향력을 확장하는 긍정적인 요소가 된다고 평가했다.

보고서는 전쟁의 위험에 대해서는 3월의 보고서에 비해 그 가능성을 낮게 보고 있지만, 소련이 한국 지배를 극동정책의 필수조건으로 간주한다는 점에 대해서는 의견을 같이 했다.[23] 북한의 정세와 관련해 보고서는, 남쪽으로 많은 수의 피난민들이 내려오는 중요한 원인을 어려운 식량상황으로 분석했다.[24]

## IV. 남·북한 정부수립 과정

남북한 정부 수립 과정은 국제적 단위의 제도가 활동했던 시기별로 미소공동위원회 시기, 유엔한국임시위원단 시기, 유엔한국위원회 시기로 분류했다. 한편 FO483 문서의 대부분이 서울에서 작성되었고, 영국이 연합국 세력에 포함되어 있었기 때문에 북한과 관련한 내용은 매우 제한적이다. 북한 관련 정보 수집도 용이하지 않았던 것으로 보인다.

북한 관련 보고의 양적인 한계에 대한 안타까움이 있지만, 사료의 양과 내용이 불균형하다는 점 또한 역사적 사실을 이해하는 단서가 될 수 있다. FO483이 포함하는 북한과 관련한 정보는 김일성의 연설이나, 소련 군정 간부들의 공식 발표 내용과 약간의 의견 정보가 대부분이다. 이러한 자료들은 기존의 근현대사 연구들에서 많이 소개되어 중복되므로 본 연구에서는 제외했다.

### 1. 남한 정부수립 과정

#### 1) 미소공동위원회 시기

1947년 5월 외무부 일본 및 태평양 부서가 작성한 보고서에는 당시 남한의 식량 상황이 북한보다 조금 나은 것으로 나타난다. 정치 상황면에서는, 엄격한 통제 하에 소수 정당들만이 존재하는 북한에 비해, 남한의 정당들은 100개 이상이 미군정에 등록되어 활동하고 있었다. 제각기 다른 목표를 가진 정당들이 '신탁통치 반대'의 경우에만 연합하며, 특히 이승만과 한민당, 김구는 '필요하다면 폭력적 방법도 마다하지 않는' 지도자들로 묘사되었다. 이들이 극단적인 우익정당들을 지배하고 있는 것으로 이해되었다.

중도파(moderates)로서 김규식과 여운형은 영향력이 매우 부족하다고 평가되었다. '일촉즉발'의 상황으로 묘사된 당시의 남한은 많은 한국인들이 일제 치하에 있을 때보다 미군정 점령 하에서 형편이 더 어려워졌다고 느끼며, 점령세력을 몰아내고 스스로 정부를 수립하고자 하지만 한국인들의 통일성과 행정경험의 부족함을 고려한다면 이것 자체가 한국에 '재난'이 될 것이라고 표현되었다.

미군정에 대해서는, 당시 사령관인 하지장군이 맥아더와 같은 정치가의 능력을 가지고 있지 않으며, 점령지역의 미묘한 문제들을 해결하는데 필요한 능력을 보여주지 못하고 있다고 지적되었다.[25,26]

남한 내의 공산주의 활동도 관찰되었는데 1947년 9월 보고서는 우익 언론들이 보도하고 있는 남조선노동당의 내분은 단순한 전술적 측면이지, 공산주의 세력의 약화를 뜻하는 것이 아니라고 지적했다.[27]

한편 한국내 팽배한 정치적 갈등의 원인들을 분석하는데 《중앙신문》의 사설이 인용되기도 했다. 한국이 지리적으로는 남북으로 이념적으로는 좌우로 나뉘어 있지만, 갈등의 원인은 이러한 가시적인 분단의 요인들이 아니라, 지도자들과 정당 등을 추동하는 권력에 대한 열망때문이라는 논지이다. 사설은 '민주주의'와 '조국' 같은 아름다운 용어가 지도자들과 정당의 권력욕을 위해 사용되고 있으며, 이들의 목적은 민주주의가 아니라 '독재'라는 내용도 포함했다. 보고서는 이러한 사설의 진단이 '완벽히 옳다'고 공감하고, 덧붙여 신문이 거론하지 않은 '대중의 책임'을 언급했다.

한국이 아직 고대 봉건주의 제도에서 벗어나지 못했으며 특히, 한국의 대중이 본능적으로 권력에 중요성을 두고 권력의 승리자에게 집착하는 경향 또한 현재의 정치적 갈등을 야기하는 원인으로 보았다.

또한 우익 극단주의자들과 공산주의자들의 성향을 비교했는데, 강력한 개인의 통치 공약에 기반한 봉건주의적 사고를 가진 한국인들이 우익 극단주의자들에게 매력을 느끼는 반면, 공산주의자들은 취약계층이 매력을 느낄 수 있는 실제적인 개혁을 제공하며, 이러한 공산주의자들 역시, 김일성이라는 권력을 잡은 영웅에게 귀결된다고 설명했다.

한편 중도파들은 '길의 가운데를 걷는 정치가들'로 비유되었는데, 이들에게는 봉건주의적 사고를 가진 대중들에게 확신을 줄 만한 강한 힘이 없기 때문에 사라질 운명에 처해 있다고 분석했다. 보고서를 작성했던 커모드는 한국의 정치적 안정성에 대해 부정적인 견해를 가진 것으로 보이는데, 만약 한국이 외세의 지원없이 스스로 운명을 개척해야 하는 상황에 처했다면, 일본의 통제 하에 있을 때 보다 더 민주주의로부터 멀어졌을 것이라는 그의 주장은 이를 뒷받침한다.[28]

1947년 9월은 재개되었던 미소공동위원회를 통한 한국문제의 논의가 결렬되었던 시점이었다. 당시의 언론 보도를 통해 국내 정세가 분석되었다. '한국인들이 한국문제를 해결해야 한다'는 《중앙신문》의 주장이 인용되었다. 주장의 핵심은 소련의 협조 없이는 어떠한 해결점도 찾을 수 없다는 것이었다. 즉 모든 한국인들은 현재의 침체가 끝나야 한다고 생각하며, 우익 극단주의자들은 소련으로부터 독립적인 결정을 진행함으로써, 좌익 극단주의자들은 소련의 요구에 대해 미국이 양보함으로써, 중도파는 점령세력들 간의 합의에 의해 현재의 상황이 결론지어진다는 것이다.

보고서는 미국의 행동에 대한 한국인들의 의견이 당노선에 따라 구분되며, 우익들은 조건부 지지를, 좌익들은 반대의견을 가지며 이들은 이 두 개의 안 중 하나만을 선택할 수 있는 가능성이 있다고 믿는다고 설명했다. 보고서는 소련이 원하는 합의를 위해서는 미국이 포기하던가, 혹은 더 높은 차원의 권력의 압박 외에는 방법이 없을 것이라며 미소공동위원회 합의에 대한 부정적 견해를 피력했다.[29]

소련이 미군과 소련군의 동시 철수를 주장한 이후, 우익주의자들이 큰 충격을 받았다고 보고되었다. 우익들의 반응을 관찰하기 위해 이승만 박사의 입장 변화를 분석했다. 이승만 박사를 분석의 대상으로 선택한 이유는 그가 대중의 감정이나 한국 민족주의자 운동 전체를 대변하는 것은 아니지만, 우익 편에서 방해할 소지가 가장 큰 사람이기 때문에 이승만의 사고를 추적하는 것이 도움이 되기 때문이라고 설명되었다.

이박사의 연설을 통해 그가 바라는 것은, 선거법과 잘 조직된 지지세력에 힘입어 남한 지역의 총 선거를 통해 최고권력자의 자리에 오르는 것, 남한의 훈련된 무장병력으로 권력을 유지하는 것, 무력으로 북한을 침공할 수 있도록 북한의 소련군을 철수시키고 남한 공산주의 세력을 해체하는 것, 그리고 한국을 독점할 수 있도록 미군 병력을 철수하는 것임을 알 수 있다고 기록되었다. 보고서는 현재 상태에서 이승만에게 특히 중요한 점은 사적인 욕망뿐 아니라 스스로 만들어 온 영웅의 이미지, 그리고 고집센 전투력이며, 상황이 그를 압박할수록 끝까지 맞서며 정치적 긴장 상태를 '난투극'으로 이끌수 있을 것으로 평가했다.[30]

남한에서 공산주의자들의 활동과 이에 대한 미군정과 경찰의 대응 방식이 보고되었다. 미군정의 정보담당 책임자인 로빈슨 대령의 조언이 인용되었다. 그는 한국 경찰이 국내 문제에 미국인들이 개입하는데 민감하기 때문에 미군정은 경찰의 조사업무에 관여하지 않는다고 설명했다. 다만, 공산주의 활동과 같은 사건들에 있어서 경찰 보고의 정확성을 확인하기 위해 미국이 정보원들을 활용하고 있음을 밝혔다. 보고에 따르면 미국은 경찰 내부에 고문(adviser)을 두고 있고, 고문은 한국 경찰 최고책임자의 행동을 은밀히 관찰하며 사태의 심각성을 평가한다고 설명했다. 예를 들어, 미군정 경무부장, 미군정 수도청장과 관련해 기밀 정보를 받으면, 경찰 내부의 고문은 이들의 행동과 긴장 상태를 신중히 살피도록 요구된다는 것이다.[31]

## 2) 유엔한국임시위원단 시기(1947년 11월 이후)

한편 미소공동위원회가 결렬되고 <유엔 총회 결의 제 112호 Ⅱ>에 의해 한국에 유엔한국임시위원단이 파견되기로 결정되면서 남한에는 정치적 혼란이 심화되었다. 보고서는 이 시기 우익과 좌익이 번갈아 남한의 정치적 위기를 야기했다고 설명했다. 이승만의 활동을 통해 남한의 정치적 혼란이 분석되었는데, 이승만과 그의 지지세력들이 미소공동위원회의 결렬을 예상했고, 결렬 이후 미국이 남한의 독립정부를 허락하기를 희망했다고 설명했다. 미국이 이승만에게 기회를 주는 대신 한국문제를 유엔에 상정했고, 유엔이 한반도 전체에 선거를 감독한다는 대책을 마련했을 때조차 이승만은 소련이 보이콧할 것과 유엔의 대책이 실효성이 없을 것이라 믿었다고 보고서는 기술했다.

이승만의 입장에서는, 한국의 최고지도자가 되기 위해서는 대중적 선거방식을 거쳐야 하며, 그의 지지기반인 경찰과 폭력적 성향의 청년조직에 힘입어 유엔한국임시위원단의 입국 이전에 남한 내의 선거를 치르는 것이 중요할 것이라고 분석되었다. 그 근거로서 9월 3일 선거법이 미군정의 승인을 얻은 후 이승만이 선거의 조속한 개최를 주장했던 사례가 제시되었다. 선거를 통해 권력을 획득하기 위해 이승만은 우익 세력들을 집결했으며, 심지어 한국민주당의 장덕수 암살 사건에의 간접적인 관여 가능성이 제기되기도 했다. 당시 한국민주당은 유엔의 해결안을 공식적으로 지지하고 이승만의 지도를 무시해 왔으며, 이 암살이 이승만의 지시를 받은 우익 청년조직에 의해 실행되었을지 모른다고 추측되었다.

한편 당시 우익과 경찰은 주재 공관들에 대한 감시 및 정보수집 활동을 했던 것으로 보인다. 영국 공관의 일꾼 소년이 잠시 자리를 비워도 양해해 달라고 부탁하면서, 경찰이 공관의 한국 일꾼들에게 정치와 관련해 질문하고, 그들이 이승만 지지모임에 참석하지 않으면 의심을 살 것이라는 내용이 사례로 보고되었다. 보고서는 이 사례를 통해 당시 한국의 경찰이 일본의 '사상경찰' 시기보다 더욱 더 위협적이 되었다고 비난했다.

또한 이승만과 경찰세력들이, 조건이 갖춰진다면 미군정 사령관의 지시를 무시하고 독립적인 선거를 진행해도 아무도 그를 무시할 수 없으며, 심지어 유엔임시위원단에 대항하려 할 수도 있다고 예상하면서 1948년에 대해 부정적인 전망을 내놓았다.[32]

1948년 3월 남한 정당들에 대한 보고가 작성되었다. 부정적 견해도 드러났는데 대체로 남한의 정당들이 한 두 개의 예외를 제외하고 쉽게 입장을 바꾸는데 한국인들은 유전적으로 반대주의자들이 때문에, 쉽게 분노하며 열띤 논쟁으로 수많은 당파로 분열되기도 한다는 것이다.

남북한 분할 연장에 반대하는 입장을 가진 김규식과 김구가 비교되기도 했다. 김규식은 순수한 이상주의자로, 김구는'일생동안 권력과 지위를 지키기 위해 동료들로부터 자금을 강탈'한 사람으로 묘사되었다.[33]

남한의 정당 및 단체들은 우익, 중도, 좌익, 공산주의로 구분되었다. 우익 성향의 정당 및 단체로는 한국민주당, 한국독립당, 대한독립촉성국민회, 비상국민회의, 조선민주당을, 중도 성향의 정당 및 단체로는 조선공화당, 조선농민당, 민족자주연맹, 민주독립당, 신진당을, 좌익 성향의 정당 및 단체로는 근로인민당, 근로대중당, 민주한국독립당, 사회민주당을, 공산주의 성향의 정당 및 단체로 남조선노동당, 인민공화당을 분류했다. 보고서에서 조선민주당의 지도자인 조만식이 한국에서 가장 존경받는 인물 중의 하나로 묘사되었는데, 소련군이 그의 영향력을 인정해 보호 구금 상태에 두었다고 설명했다.[34]

1948년 4월 남한의 사전선거 상황과 이를 방해하는 공산주의자들의 활동이 보고되었다. 같은 해 1월 한국에 입국했던 유엔한국임시위원단이 남한에서 개최될 5월 10일 선거를 관찰할 것이라는 공식적인 발표가 있었고[35], 선거인 명부 작성, 선거 준비 과정에서 언론 및 집회의 자유가 얼마나 허용되는지 등에 대한 전반적인 조사가 수행되기 시작했다. 보고서는 잠재적 투표자의 91퍼센트가 등록했다는 우익세력의 선전이 오히려 그들이 선거와 관련해 압력을 행사했던 반증으로 판단했다.

우익세력이 선거과정에서 압력을 행사한 이유로서 첫째, 대중들의 압도적인 선거열기를 선전함으로써 유엔위원단이 이러한 분위기에서 자유롭지 못하게 하고, 둘째, 위원단 중 일부 위원들은 2차 세계대전 이후 독립했거나 독립과정에 있는 아시아의 국가 출신이므로[36] 한국 역시 독립국가가 되기를 기대했을 것. 셋째, 소수 공산주의자들이 선거를 반대하여 선거와 관련된 관리들과 후보들에게 방해 및 폭력전략을 썼다는 것을 들었다. 정보원으로부터 수집한 내용으로 공산주의자들의 선거 폭력에 150~200명이 관련되었다고 언급되었다.

한편, 남한의 단독 선거가 분단을 지속시키며 결국 남북한 간의 전쟁으로 분단이 고착화될 것이라는 김구와 김규식 등의 주장도 함께 보고되었다. 이들의 주장은 '한 나라를 게임의 장난감으로 사용하는' 외국세력의 냉담함에 대한 '애국주의'로 '존경스럽지만 현실적이지 않다'고 평가되었다.[37]

1948년 총영사(Consul-General)로 부임한 홀트는[38] 국회에서 헌법이 통과된 것과, 미군 사령관 정치고문을 통해 수집한 향후의 한국 정부 일정을 보고했다. 이는 국내에서 영국과 미국 간의 정보교류가 이루어졌음을 추측하게 한다. 한국 정치 지도자들이 해방기념일인 8월 15일에 한국 정부가 공식적으로 선포될 수 있도록 유엔임시위원단과 사령관이 이해해 주기를 희망하며 만약 정부 선포 시기가 유엔총회의 다음 회의로 미뤄진 다면 한국 지도자들이 문제를 일으킬 수도 있다는 우려도 기록되었다.[39]

1948년 12월 한국 내각의 변화와 관련된 보고에서는 이 시기 한국 정부의 외교적 미숙함이 드러나기도 했다. 보고서는 장택상이 영국대사로 임명되었는데, 한국정부로부터 어떤 메시지도 받지 못했음을 알리면서, 임명된 사실이 너무 일찍 언론에 알려진 것은 정부의 외교적 경험이 얼마나 부족한가를 증명한다고 설명했다. 장택상 신임 대사가 그 자리를 수락하고 싶어하지 않는다는 소문도 함께 전했다.[40]

### 3) 유엔한국위원회 시기 (1948년 12월 이후)

1948년 12월 유엔총회 결의안에 의해 유엔한국임시위원단의 임무를 이어받은 유엔한국위원회는 1949년 2월 서울에서 임무를 시작했다. 한반도 통일을 이루기 위해 한국을 대표하는 정부가 발전하는 과정에서 관찰과 조언을 하고, 점령군의 철수를 관찰 및 중재하는 위원회의 노력은[41] 성과가 없었다고 보고되었다.

위원회 역시 총회에서 결정한 주된 목적을 달성하지 못했음을 보고서를 통해 인정했다. 1949년 10월 제4차 유엔총회에서 유엔한국위원회가 작성한 보고서가 검토되었고, 위원회의 임무를 지속하도록 다시 결의되었다. 이 때 위원회에 할당된 임무는 한국에서 군사적 충돌로 이어질지 모르는 정세를 관찰 및 보고하고, 현재 남북한을 분할하는 경계선을 제거할

방법을 모색하고, 대표정부(한국)의 지속적인 발전을 자문하고 관찰하는 것이었다. 그러나 1949년 말까지 위원회가 아직 이러한 임무를 재개하지 않고 있다고 보고되었다.[42]

한편 1949년은 독립 국가로서 필요한 조건을 모두 갖추고 시작한 해로 평가되었다. 1948년 5월 국회의 개회, 7월 헌법의 제정, 대통령의 선출과 취임, 그리고 1948년 12월 유엔총회에서 대한민국의 승인을 통해 선거에 기반한 합법적인 정부의 수립이 선포되었다. 그러나 사회는 여전히 혼란한 상황이었던 것으로 보인다.

정부가 수립된 이후에도 공산주의자들은 적극적으로 게릴라 활동을 벌였다. 주로 산간지역을 이용해 움직였기 때문에 이들이 식량과 피난처를 얻었던 마을에 강제적인 소개정책이 실시되어 농민들이 고향을 떠나게 되는 경우도 발생했다. 도시에서 적극적으로 활동했던 공산주의자들에 대해 정부는 1948년 12월 시행된 국가보안법을 적용, 상당수가 공산주의 활동 혐의로 체포되었다. 이로 인해 감옥이 '수용능력을 훨씬 넘어서는 정치범들을 수용'해야 했고, 언론과 대중, 정치활동, 심지어 일상생활도 통제되었다. 또한 경찰의 비리와 억압이 지적되었는데, 권위가 남용되고 고문이 일상화되어 '고문으로 인한 사망'은 경찰 기록에서 흔한 것이었다는 비판이 제기되었다.[43]

이러한 정국에서 1949년 상반기 일부 국회의원들이 정부에 대해 독립적이고 용기 있는 비판을 했지만 이들 중 15명이 공산주의자의 혐의로 체포되었고 국회가 무력해지기 시작했다는 우려가 제기되었다. 또한 통과된 중요한 법안들 중 아무것도 효과적인 운영을 시작하지 못했는데, 그 원인으로 공공서비스의 기본적인 개혁, 혹은 대규모 재건 계획을 수행할 지식이 없으며 법을 효율적으로 운영하는데 필요한 행정 관리들이 전적으로 부족했음이 지적되었다.

공공서비스의 미숙함과 비효율성으로 인한 부패가 만연되어 '뇌물없이는 아무것도 가능하지 않다'는 비판도 포함되었다. 뇌물에 대한 신랄한 비난도 제기되었다. 경찰은 비참한 수준의 월급을 받기 때문에 부적절한 행위로 인한 소득 없이는 생계를 유지할 수 없고, 최고위층의 공무원조차도 뇌물을 받기 때문에, 시민들은 아마 세금을 내는 것보다 뇌물을 줌으로써 얻는 가치가 더 크다고 생각할 것이라고 주장되었다.[44]

대통령 및 내각에 대한 대중들의 부정적 견해도 관찰되었다. 수많은 정치단체와 파벌들이 존재했지만 확실한 정책들이 부재하고 국가적 기관들이 발전하지 못했고, 정치적 활동들은 주로 사적인 야망이나 물질적 이익의 동기로 작동한다고 지적되었다. 이러한 정부와 정치적 상황이 공산주의의 만연을 유리하게 했고 심지어 공산주의 활동에 대해 무력적인 통제와 억압이 없었더라면 아마 남조선노동당이 남한의 통제권을 가질수도 있었을 것이라고 강하게 비난되었다. 정치적 살인과 암살, 상호 복수가 자행되고, 특히 김구의 암살사건은 대중들의 감정을 격동하게 했지만, 두려움 때문에 간접적으로 표현하는 것처럼 보인다고 기록되었다.

1948년 9월 민족반역자법의 적용 과정에 대한 비판도 있었다. 1949년 3월부터 9월말까지 일관성 없는 법집행이 지속되어 400여 명이 체포되고 그 중 20명이 특별재판에 세워졌지만, 대통령에 의해 법이 수정되는 방식으로 이후의 기소는 일반사법권에 위임되었다. 따라서, 일본 정부에 부역했던 사람들은 더 이상 기소되지 않았고, 심지어 이전에 체포되었던 사람들은 보석금을 지불하고 석방되었다는 문제가 제기되었다.[45]

한편, 영국에게 있어 미국은 정보를 수집하는 소스로서 뿐아니라, 관찰의 대상이었던 것으로 보인다. 이는 '한국의 미국인들'이라는 제목의 보고를 통해 확인할 수 있다. 대사관이 소재한, 서울 중심가의 반도호텔을 통해 당시 미국의 위상이 상징적으로 표현되었다. 대사관의 직원들은 300

명 이상이며, 구매, 분배, 농업, 어업, 관개, 삼림, 광업, 방직, 금속공업, 지질학, 전력, 교통, 기술훈련, 고등교육, 보건복지 및 인구 통계 등 광범위한 분야의 전문가들이 한국 지원을 목적으로 일하고 있었다. 미국의 원조가 모든 주요한 공공업무, 공장과 광산, 선박업 등을 지원하고 운송수단에 필요한 석유를 공급할 뿐 아니라, 한국 부대는 모두 미국이 제공한 군복을 입고 미군의 무기를 들고 미국의 운송수단으로 움직인다고 기술되었다.

또한 미국의 문화적 영향이 한국 사회 전반에 과도하게 작용하며 이것에 더해 종교와 교육, 의료활동이 국가 전역을 통해 수행되고 있다고 설명했다. 특히, 대통령 및 지도급 인사들의 상당수가 미국에서 교육을 받은 인물들이며, 따라서 젊은이들에게 미국은 유토피아로 상징된다고 평가되었다.[46]

## 2. 북한 정부 수립 과정

앞서 밝힌 바와 같이, FO483 문서중에서 북한 정부수립 과정과 관련한 분량은 매우 적다. 1948년 9월 조선민주주의인민공화국이 소련과 소련의 위성 국가들에 의해 인정되었고, 평양에 러시아 대사가, 모스크바에 조선민주주의인민공화국의 대사가 임명되었음이 보고되었다. 북한지역의 정보를 얻기가 매우 어려우며, 매달 3,000~4,000명씩 월남하는 피난민들로부터는 삶이 고되고 정부가 억압적이라는 것 외에는 다른 정보는 얻을 수 없다고 설명되었다.

북한과 관련한 정보를 수집하기 위해 선교사들과의 대화와 평양라디오 청취를 이용했던 것으로 보인다. 1949년 초여름 북한 당국이 모든 카톨릭 성직자들을 체포, 평양의 감옥에 투옥했고 그 중 한 사제가 학대로 인해 사망했음이 기술되었다. 북한의 군사부문과 관련해, 1949년 하반기, 중국공산군으로 징병되었던 만주의 한국인들 중 3개사단이 북한의 병력 강화를 위해 보내졌지만, 당시로서의 남북간의 군사력은 남한이 북한에 비해 다소 유리한 조건이라는 평가도 포함되었다.[47]


## V. 밀워드(Milward) 보고서[48]

남한 정부 수립의 공식적인 과정이 마무리된 시점인 1949년 3월 26일 부터 4월 4일까지 영국 외무부는 조사국(Research Department)의 밀워드 (R.S. Milward)를 한국에 파견해 보고서를 작성하게 했다. 흥미로운 점은 그의 보고가 한반도의 '위험성'에 초점을 맞추고 있다는 점이다. 밀워드 의 보고서는 당시 영국 외무부가 한반도에 대해 어떤 인식을 가지고 있었 으며, 한반도의 미래에 대해 무엇을 알고 싶어하는지가 드러난다는 점에 서 중요한 의미가 있다.

결론적으로 밀워드는 미국이 철수하지 않는 한 북한이 남한을 침공하 지 않을 것이며, 북한의 군사력이 남한에 비해 강하지 않다고 여긴 반면, 남한이 북한과의 전쟁을 모색할 가능성, 그리고 남한 내부의 불안정함에 서 오는 위험성에 무게를 두었다.

밀워드의 보고서는 크게 한반도의 위험요인들에 대한 분석 및 평가, 남한 및 북한의 동향과 전망으로 구성되어 있다. 정보 소스의 한계를 설 명하면서 특히 한국인 관리들은 많은 것을 아는 위치에 있으나 정보를 비 교하고 평가하는 훈련이 부족하며, 그것을 '낯선' 외국인에게 전하는 것 을 망설인다고 평가했다. 또한 한국에 주재하는 미국 장교들로서는 워싱턴의 사전 승인 없이 영국 정부 관리들을 신뢰하고 정보를 공유하는 것이 부적절하며, 그들로 하여금 정보를 공유하도록 압력을 행사하는 것이 바람직하지 않다고 평가했다. 밀워드는, 따라서 한국에 대한 정보는 서울에서보다 오히려 워싱턴주재 영국대사관을 통해 수집할 것을 제안했다.

북한에 대한 충분한 정보들이 홍콩 식민지 정부를 통해 영국 외무부로 전달되며, 군사부문과 경제부문에 대해서는 한국 내 미국 정보원으로부터 동경주재 영국대사관의 육군무관으로 전달된다는 내용은 특히 주시할만하다. FO483 문서에서 북한 부문의 보고가 매우 제한적이었는데, 이를 통해 영국 외무부가 이미 남한과 북한에 대한 보고를 각기 다른 채널을 통해 수집하고 있었음을 확인할 수 있다.

## 1. 한반도의 위험성

남한에 대한 미국의 지원에도 불구하고 결과를 예측할 수 없는 다음과 같은 위험의 요인과 가능성이 분석되었다.

### 1) 북한의 남한 침공 위험

1947년부터 1948년 사이 인민군 강화와 관련하여, 북한의 남한 침공 가능성이 대두되었다. 그러나 결론적으로 북한의 침공 가능성은 높지 않다고 평가되었다. 그 근거로서 '남한이 더 이상 북한의 침공에 대한 공포에 사로잡혀있지 않는 것 같다'는 홀트 공사의 의견과 함께, 한국에 입국하는 미국 민간인 가족들의 수가 증가하고 있음이 제시되었다. 만약 북한의 침공 가능성이 높다면, 위험 상황에서 철수하기 어려운 가족과 어린이들을 입국시킬 리가 없다는 것이 그 이유이다.

또한 군사력과 관련해, 북한의 군대가 남한보다 더 잘 훈련되고 장비

가 갖춰져 있기는 하지만, 실제로 운용가능한 군인의 수는 남한이 64,000
명으로, 55,000명으로 추산되는 북한보다 우세하다고 평가되었다.

### 2) 남한 내부적인 요인에 의한 국가 전복의 위험

보고서는 제주도에서 벌어지고 있는 갈등과 혼란[49], 그리고 남한 대중
들의 불만족을 지적했지만, 이러한 요인들로 국가 전복에 이르기는 어려
울 것이라고 판단했다.

### 3) 남한의 북한 침공 위험

남한에 의한 북한 침공 가능성도 분석되었다. 근거로써 남한 정부의
일부 관리들이 공산주의자들에 대해 복수심을 가지고 있다는 점, 해주에
서 발생했던 데모가 북한 대중들의 분위기를 시험하기 위해 남한에 의해
조작되었을지도 모른다는 의심이 기록되었다. 남한의 북한 침공 가능성을
'사변적'으로 표현하면서도, 만의 하나 그러한 일이 벌어졌을 경우 공산
진영의 대응이 예측되었다.

소련에 대해서는 한국 및 주한 미국 관료들의 의견을 인용, '갈등에
개입하지 않을 것'이라고 분석되었던 반면, 중국의 개입가능성에 대한 우
려가 지적되었다. 남한의 북한 침공 가능성에 대해 홀트는 페르시아, 아제
르바이잔의 사례에서 알 수 있듯이 소련이 공산진영을 방어하는 모든 곳
에 지원을 하지는 못할 것이라는 견해를 보였다.

그러나 한국 및 미국 관료들은 중국 공산주의자들의 개입가능성에 주
목했는데, 이들이 수적으로나 전쟁의 경험면에서 잘 준비되어 있고, 한국
으로 연결되는 관문인 안둥(Antung)지역에 주둔하고 있고, 식량과 전쟁물
자들의 공급이 용이한 만주에 기지를 두고 있으며, 일부 군인들이 한국

출신이며, 만주에서 한국인 공산주의자들로부터 받았던 도움에 대한 의무감을 느낄 수도 있고, 남북한 간의 무력 갈등에 개입했을 때 국제적 인식 혹은 해외무역 관련해서 잃을 것이 없다는 이유를 들어 위험성을 피력했다. 그러나 보고서는 한국과 미국의 공식적인 정책은 북한지역에서의 군사적 분규를 피하는 것이기 때문에 이러한 추측이 실현될 가망은 거의 없다고 결론지었다.

### 4) 남한 내부의 동요로 인한 붕괴의 위험

보고서는 한국에 주재한 외국인들의 의견을 인용해 대한민국이 존속하는데 가장 심각한 위험요인은 자발적인 내부의 동요 가능성에 있다고 분석했다. 위험성의 요인으로, 한국인들의 고집센 성격과 파벌적 성향, 정치의 미숙함과 국회의 무책임한 행동들, '경찰국가'로 불리는 이승만 체제의 가혹한 성향, 빈농들이 지주와 대금업자들로부터 여전히 '참을수 없는' 의무의 멍에를 질 수 밖에 없는 토지제도, 식량부족 등이 언급되었다.

한국의 경찰은 국회와 내각에 대한 탄압으로 인해 국제사회에서 비판을 받아 왔지만, 범법자나 공산주의자로 의심되는 사람들의 경우에는 예외가 인정되었다고 기술되었다. 경찰의 억압적인 태도는 일본 식민지 시기에 형성된 것이며, 대중들이 경찰에 대해 분노보다는 공포감을 느낀다고 기록했다.

한편 식량 부족문제로 인한 도시 반란의 위험이 매우 현실적이라고 지적했다. 식량배급이 폐지되고 있고, 쌀의 가격이 얼마나 오를지, 굶주린 사람이 얼마나 늘어날지 예측하는 것은 불가능하다고 평가했다. 이러한 식량부족의 해결책으로서 미국이 적시적소에 적량을 공급할 수 있다면 식량부족의 해소 뿐 아니라 심각한 기아에서 오는 폭동을 피할 수 있을 것이라고 기록했다.

## 2. 남한의 동향 및 전망

남한의 경제, 교육, 사회 및 종교의 영역에서 다음과 같이 동향과 전망
이 보고되었다.

### 1) 경제

남한의 경제는 지난 수십 년간 일본 경제의 보완제였기 때문에 효율성
을 위해 일본기업과 경영에의 의존성이 증가되는 경향을 보여왔다. 그러
나 해방 후 일본으로부터의 경제적 분리와 북한으로부터의 제재가 남한
경제의 어려움을 야기했다. 미국인들은 10년 후면 남한이 자립할 수 있을
것이라 예측했지만, 남한의 경제 관료들은 남한의 경제적 독립은 사실상
남북한의 재통합 없이는 달성하기 어렵다는 견해를 보였다.

이러한 견해의 이면에는 남한 경제가 단독으로 자립하기는 어려울 것
이라는 자조가 깔려 있었다. 한국의 경제 계획에 대한 미국인들의 주도성
이 증가하고 있기 때문에 보고서는 한국인들이 미국인들의 의견에 점점
더 순응하고 있다는 인상을 받았다고 밝혔다.

### 2) 교육

정치적인 미성숙과 경제적 비효율성에 반해, 한국인들의 교육에 대한
열정이 높이 평가되었다. 한국인에게는 배우기를 좋아하는 습성이 있고,
해방 이후 교육받은 지식인들이 매우 필요할 것이라고 예측되었다. 한편,
학교 교사들을 통한 공산주의의 전파 위험성이 제기되었다.

### 3) 사회 및 종교

한국의 전통은 급진적으로 서양화되고 있는 것으로 인식되었다. 기독교가 성공적으로 전파되고 있음에도 불구하고 한국은 극동아시아에서 가장 비종교적인 국가로 남아있다고 평가되었다.

## 3. 북한의 동향 및 전망

남한에서의 북한 정보 수집은 세 가지 경로로 이뤄지는데, 첫째는 신문과 무선방송, 둘째는 북한의 피난민들이며, 셋째는 비밀정보원들이다. 보고서는 이 정보원들을 신뢰하기 어렵지만, 이 세 가지 경로를 통해 얻은 정보를 대조함으로써 구체적으로 증명할 수 없는 일상의 많은 부분들을 합리적으로 그려볼 수 있다고 기술했다.

### 1) 정당들

정부의 최고지도자로서 김일성이 '공산당북조선분국'의 비서로 소개되었다. '공산당북조선분국'은 북한의 노동당과 별개로 북한 내에 공산당 조직이 존재하는 근거로서 설명되었다. 다수당인 노동당과 약간의 독립성을 보이는 민주당, 몇 개의 군소정당이 존재하며 민주당의 대표인 조만식은 소련군에 의해 보호감호 상태에 있다고 기록되었다.[50]

### 2) 선거

북한의 중앙입법기관인 북조선임시인민위원회가 소개되었다. 김일성이 김두봉과 함께 북조선노동당의 공동대표이며, 위원회의 책임자는 고려호텔에 위치한 중앙위원회의 지시를 들도록 되어있다. 정부는 재정, 식량,

상업, 농업, 교육, 노동, 사법, 내무 등으로 나뉘어 있고 각각의 부서에 소련 고문들이 포진해 있다고 기술되었다.[51]

### 3) 내무국

내무국은 평화유지부(보안국)에서 시작되었으며, 일본 경찰로부터 이전의 방식과 조직 및 인력을 답습했다. 그러나 일본 경찰의 모델이 소련 시스템에 부합하지 않아 상당수의 소련출신 한국인들이 내무국에 유입되어 개편되고 있다. 내무국은 경찰, 철도경찰, 해안경비군, 검열, 첩보 및 방첩부대를 관장하고 감독하는 역할도 가지고 있다.[52]

### 4) 인민군

군대의 전략적 이용보다는 훈련부문 위주의 정보가 보고되었다. 인민군의 기원에 대해서는, 1945년 이전부터 상당수의 한국 장교들이 소련군에 복무했던 것으로 보이며, 그들이 조선인민군의 중요한 위치를 차지했다고 설명되었다. 인민군에는 중국 공산주의자들과 함께 자발적인 항쟁을 벌인 한국인들도 포함되었다. 이들은 재조직되었고, 훈련을 위해 한국으로 귀환한 것으로 보이며, 일부 한국인 조직은 아직 중국 공산군의 일부로서 전투중인 것으로 보인다.

한편 당시 인민군의 모집은 대부분 국내에서 충원되고 있는 것으로 보여진다. 신병모집은 이전에는 경찰병력으로 입대했다가 경찰 예비 교육 이후 일부가 군대로 보내졌다. 그러나 1947년 중반의 어느 기록에는 그 이후 경찰 과정이 없어지고 경찰의 강제 징집이 증가했다는 설명이 보충되었다.[53]

### 5) 소련의 영향

북한의 정치 및 군대 조직에 소련군이 배치된 형태 및 역할이 보고되었다. 군사(military)와 민사(civil affairs) 중 민사 분야의 장교서열이 부사령관으로 대우 받으며, 한국 관료 부처의 고문으로 대우받았다. 북조선중앙정부 단위의 경우, 행정부문의 고문들이 감소되는 추세인데 1946년 8월 200명에서, 1947년 4월 30명으로 감소되었다. 이 고문들은 입안은 하지 않고, 소련의 상위 권력으로부터 내려온 명령 혹은 자문을 한국인 관리들에게 전달한다. 내무국에는 다른 부처보다 훨씬 많은 수의 소련 고문들이 속해 있으며, 인민군 역시 많은 수의 소련 고문이 있고, 소련의 장교들이 훈련을 지휘하기도 했다. 소련 지휘관들에게는 각자 정치 고문들이 있는데 정치부문의 부사령관이 이 기능을 수행했다. 이러한 고문의 배치는 공산주의 국가가 소련의 지시에 잘 따를 수 있는 체계이기도 하지만, 소련 점령군의 철수 이후에도 현재의 상태를 잘 유지하는 시스템으로도 유용한 것으로 보인다.[54]

### 6) 농업

소련군 점령 초기 집행된 토지개혁에 다수의 빈농이 만족했던 반면, 재산을 몰수당한 지주들과 일본인들은 북한지역을 떠나거나 남한으로 피난했다. 농업 생산량 증가에 많은 노력을 기울이고 있으나 은행자금과 관개시설이 부족하며, 강제징수로 인한 농민들의 불만이 커지고 있다.[55]

### 7) 산업

인민경제 계획에 의해 생산 부문이 통제되었다. 해외 수입 원자재가 상당 부분 감소되어 소련을 통해 부족분을 들여오려는 노력이 시도되고 있는데 그 범위와 성격을 알려져 있지 않다. 숙련된 노동력이 부족하며, 소련에서 훈련받은 한국인 광부들이 시베리아 훈련학교에서 교육을 마치고 북한에 정착했다. 애초의 목표는 광산과 공장을 위한 20,000명의 숙련된 정비사를 배출하는 것이지만 소련 역시 숙련된 정비사가 부족했기 때문에 인력 제공은 불가능한 것으로 보인다.[56]

### 8) 일상생활

북한 지역에서 폭력적인 억압이 대중들에게 자행되며, 경찰의 탄압이 일제 강점기보다 덜하지 않다고 보고되었다. 북한지역이 중국인 공산주의자들의 후비지역으로 이용되며, 여전히 소련군의 강제징수가 이루어지고, 전쟁물자의 이동, 만주지역의 곡식과 쌀의 대체, 한국 경제와 삶의 방식이 독단적으로 재형성되어 주민들의 고통을 야기하고 있다고 설명되었다. 밀워드가 수집한 정보에 의하면 해방 이후 1947년 4월까지 북한지역으로부터 월남한 한국인들은 약 41만 명, 일본인들은 약 236,000명이며, 만주지역으로부터 월남한 한국인들은 약 30만 명, 일본인들은 약 51,000명이라고 한다. 인구의 10분의 1의 비율이 집과 토지를 남겨두고 국경을 건널 수 밖에 없는 고난의 조건이 북한 체제를 가장 잘 나타내는 설득력 있는 표현이라고 기술되었다.[57]


## VI. 결 론

한반도의 지정학적 중요성은 미국과 소련이 이해 충돌과 대립의 상황에서 누구도 먼저 포기하지 못했던 중요한 원인이 되었다. 또한 영국이 한반도에 대한 이중적 입장을 견지했던 원인이기도 했다. 영국은 한국을 이익의 대상으로 보지 않았으며, 미국과 소련의 이해관계에 관여하지 않는 정책을 고수했다. 그러나 또 다른 세계대전으로 번질 수 있는 한반도의 불안정성을 우려하고 주시했던 것으로 보인다. 따라서 남북한 정부 수립 시기 현장에서 수집한 정보와 분석을 담은 영국 외교관들의 보고서는 당시의 관찰자적 시각을 생생하게 제공한다.

밀워드 보고서를 통해 알 수 있듯이, 영국은 한반도의 위험성을 파악하고자 했다. 흥미롭게도 보고서는 한반도의 안정에 위협을 끼칠 수 있는 요인으로서 남한의 북한 침공 가능성과 남한 내부의 동요로 인한 붕괴 가능성에 무게를 두었다. 그러나 입장 차이는 있지만 미국과 소련 모두 전쟁을 원하지 않으며, 미국의 원조를 통해 남한 내부의 동요를 어느 정도 안정화할 수 있기 때문에 전쟁 가능성은 높지 않다고 결론지었다. 미소공동위원회의 역할에는 회의적이었고, 양국이 한반도에 대한 합의에 노달하지 못할 것을 예상했다.

정부 수립과 관련, 미국을 '부모'로, 북한 공산주의자들을 소련의 '꼭두각시'로 표현한 것에서 알 수 있듯이, 방식의 차이는 있지만 남·북한 정부 모두 미국과 소련의 지배적인 영향 하에 수립되었다는 인식을 엿볼 수 있다. 또한 당시 남한에서 활동하던 정치 지도자들, 특히 이승만 박사와 우익 정당들의 활동과 이에 대한 대중들의 반응을 주의깊게 관찰했던 내용도 발견할 수 있었다. 보고서에는 우익 지도자들 개인의 권력욕구와 반공성향이 정부 수립에 영향을 미쳤다는 인식과, 대중의 권력지향 성향, 그리고 우익 지도자들에 대한 젊은층의 반감이 관찰되었다. 북한에 대하여는 80퍼센트의 대중이 정치에 무관심하거나 무지하며, 소련의 강력한 통제와 지도 하에 북한 공산주의자들이 정부 수립을 주도했다는 인식이 드러난다.

## 1. '한반도 현대 정치체제 형성사' 관점의 제안

남한과 북한의 근현대사는 분단의 고착화로 인해 개별적으로 연구되어 온 경향이 있다. 이러한 경향은 해방의 시기에서 멀어질수록 국제관계의 틀에서 한반도를 하나의 공간으로, 연속적인 시간의 선상에서 이해하기 어렵게 만들고 있다. 앞으로 이러한 어려움은 더욱 커질 것이고, 남북한 간의 역사인식의 간극은 점점 더 벌어질 것이다. 남북한 분단의 원인과 결과, 갈등에 주목한 역사적 관점으로는 현재를 이해하기도, 미래를 예측하는 것도 더욱 힘들어질 것이다.

한편 제2차 대전 이후, 다수의 국가들이 독립했으며, 현대 정치체제를 갖춘 근대 국가들의 기틀이 갖추어졌다. 각 국가들이 처한 국내외적 상황과 조건에 따라 민주주의, 중립국, 사회주의 체제 등이 도입되었다. 이러한 맥락에서 보면, 남북한 근현대사는 '정치체제 형성'의 측면에서, 한반도에 민주주의와 사회주의라는 두 개의 현대 정치 체제가 형성, 정착되었던 시기로도 이해될 수 있을 것이다.

본 연구는 따라서, 근현대사의 관점을, 기존의 분단사적 관점에서 한반도에 이질적인 두 개의 현대 국가 체제가 형성되는 관점으로 접근하는 시각을 제안하고자 하였다. 이러한 시도는 남북한 통합을 준비하는 기초로서의 역사 연구를 가능하게 할 것이다. 이를 위해 한반도에 남, 북한의 정부가 수립되는 과정을 연구의 범위로서 살펴보았다.

## 2. 사료로서 영국 외교 문서의 의의

본 연구는 한반도 근현대사를 접근하는 관점과 사료의 한계를 극복하려는 노력으로, 영국 외교문서를 대상으로 살펴보았다. 영국은 한반도의 전략적 중요성을 인지하면서도 한반도에 대한 무관심과 불관여 입장을 주장하는 등 한반도에 대한 이중적 시각을 오랫동안 견지해왔다. 이것은 영국이 해방 이후 한반도 정치 지형에 적극적으로 개입하기 보다는, 다소 객관적인 관찰자의 시각을 유지해 온 중요한 원인이 된다. 따라서 유엔 창설의 주도국으로서 해방 이후 서울에 총영사를 재파견, 정세를 수집한 영국이 취해온 관찰자의 입장은 한반도 근현대사를 연구하는데 새로운 시각을 제공할 수 있다는 의의를 가진다. 또한 보고서라는 문서의 특성상, 역사적 사실이 발생했던 당시의 상황과 인식을 시간적인 면에서 생생하게 확인할 수 있다는 데 의의가 있다.

## 3. 연구의 한계

본 연구는 근현대사를 연구하는 새로운 관점을 제안하고, 비교적 관찰자직 시각을 가졌던 영국 외교문서를 새로운 사료로서 소개하는 것을 목적으로 진행되었다. 따라서 사료가 포함하는 내용들을 충실히 소개하고 설명하는 것에 집중했기 때문에, 다소 분석적이지 않은 한계가 있다.

이 장의 주

---

1 E, H, 카 지음, 김택현 옮김, 『역사란 무엇인가』(서울 : 까치글방. 1997), p. 50, p. 58.

2 J. E. Hoare, *Embassies in the East : The Story of the British and Their Embassies in China, Japan and Korea from 1859 to the Present*, (New York, Routledge, 2013), p. 196.

3 FO483/1 / 4. No.3 / 1947. 5. 22.

4 FO483/4 / 1. No.5 / 1950. 1. 5.

5 J. E. Hoare, *Embassies in the East : The Story of the British and Their Embassies in China, Japan and Korea from 1859 to the Present*, (New York, Routledge,

2013), p. 172, p. 174.

6 위의 책, p. 171.

7 위의 책, p. 172, pp. 175~176.

8 국방부 군사편찬연구소, 『6·25 전쟁과 UN군』(서울 : 군사편찬연구소, 2015), pp. 8~20.

9 FO483/1 / 4. No.3 / 1947. 5. 22.

10 FO483/1 / 5. No.61 / 1947. 6. 2.

11 FO483/1 / 6. No.84 / 1947. 7. 22.

12 FO483/1 / 7. No.86 / 1947. 7. 23.

13 FO483/1 / 8. No.97 / 1947. 8. 12.

14 FO483/1 / 9. No.120 / 1947. 9. 4.

15 FO483/1 / 13. No.126 / 1947. 9. 9.

16 이승만 대통령은 보고의 시기와 내용에 따라, 이승만, 이박사, 대통령 등으로 다르게 표현되었다. 본문에서는 사료에 기록된 대로 표기하는 것을 원칙으로 한다.

17 FO483/3 / 3. No.19 / 1949. 3. 12.

18 FO483/3 / 4. No.26 / 1949. 3. 29.

19 FO483/1 / 4. No.3 / 1947. 5. 22.

20 FO483/1 / 12. No.121 / 1947. 9. 5.

21 FO483/1 / 3. No.3 / 1947. 3. 28.

22 FO483/1 / 3. No.3 / 1947. 3. 28.

23 FO483/1 / 4. No.3 / 1947. 5. 22.

24 FO483/1 / 4. No.3 / 1947. 5. 22.

25 FO483/1 / 4. No.3 / 1947. 5. 22.

26 서중석, 『한국현대사 60년』.(서울 : 역사비평사, 2007), pp. 24~27.

27 FO483/1 / 14. No.127 / 1947. 9. 13.

28 FO483/1 / 16. No.129 / 1947. 9. 19.

29 FO483/1 / 17. No.130 / 1947. 9. 22.

30 FO483/1 / 18. No.141 / 1947. 10. 15.

31  FO483/1 / 19. No.147 / 1947. 10. 27.

32  FO483/2 / 2. No.162 / 1947. 12. 12.

33  FO483/2 / 7. No.37 / 1948. 3. 27.

34  FO483/2 / 7. No.37 / 1948. 3. 27.

35  1948년 2월 유엔 소총회는 소련 등 공산진영 11개국이 불참하고 11개국이 기권한 상태에서, 31개국(캐나다·호주 제외)이 찬성하여 위원단이 선거 실시가 가능한 지역에서만이라도 선거를 감시하라는 결정을 내렸다. 이에 따라 위원단은 논란 끝에 1948년 5월 선거안을 찬성 4, 반대 2(호주·캐나다), 기권 2(인도·프랑스)로 가결했다. 캐나다와 호주는 극우단체를 제외한 한국 내의 모든 정당이 선거를 보이콧하는 중대한 사태가 발생했다는 이유로 선거안을 반대했다. 출처 : 한국학중앙연구원 한국민족문화대백과사전 인터넷 사이트. 캐나다와 호주는 영국연방의 일원으로 영국의 외교적 견해를 공유하고 있었다는 점에서, 남한의 단독 선거에 대한 영국의 입장, 한국에 대한 미국과 영국의 입장 차이를 유추해 볼수 있다.

36  시리아와 인도 대표위원들을 의미하는 것으로 보인다. 당시 인도는 1946년 임시정부가 수립되어 네루가 수상으로 추대되었고, 1947년 독립이 이루어졌다. 시리아는 1946년 4월 프랑스로부터 독립했다, 조길태, 『인도독립운동사』(서울 : 민음사, 2017), pp. 604~605, p. 748 ; 한국학중앙연구원, 한국민족문화대백과사전 인터넷 사이트.

37  FO483/2 / 8. No.43 / 1948. 4. 29.

38  이후 홀트의 직함은 공사(minister)로 바뀌었다.

39  FO483/2 / 10. No.54 / 1948. 7. 13.

40  FO483/3 / 1. No.129 / 1948. 12. 27.

41  FO483/4 / 1. No.5 / 1950. 1. 5.

42  FO483/4 / 1. No.5 / 1950. 1. 5.

43  FO483/4 / 1. No.5 / 1950. 1. 5.

44  FO483/4 / 1. No.5 / 1950. 1. 5.

45  FO483/4 / 1. No.5 / 1950. 1. 5.

46  FO483/4 / 1. No.5 / 1950. 1. 5.

47  FO483/4 / 1. No.5 / 1950. 1. 5.

48  FO483/2 / 5. No.11 / 1948. 3. 5.

49 당시 제주도에서 1947년 3월 1일 촉발되어 진행되고 있는 상황을 의미한다. 제주 4.3 사건으로 불린다. 한국학중앙연구원, 한국민족문화대백과사전 인터넷 사이트.

50 FO483/2 / 5. No.11 / 1948. 3. 5. 본 논문은 보고서가 담고 있는 내용들을 충실히 소개하는데 중점을 두었으므로, 사실을 확인하여 보고서의 내용과 비교하지 않았다.

51 FO483/2 / 5. No.11 / 1948. 3. 5.

52 FO483/2 / 5. No.11 / 1948. 3. 5.

53 FO483/2 / 5. No.11 / 1948. 3. 5.

54 FO483/2 / 5. No.11 / 1948. 3. 5.

55 FO483/2 / 5. No.11 / 1948. 3. 5.

56 FO483/2 / 5. No.11 / 1948. 3. 5.

57 FO483/2 / 5. No.11 / 1948. 3. 5.

# 북한의 한국전쟁 계획 재해석*

## I. 서 론 : 기존 분석은 북한의 군사안보관을 반영하였는가?

전쟁은 모든 학문이 분야별로 연구하고 융합시켜야 전쟁의 참 모습을 그릴 수 있다. 하지만 대부분의 학문들은 전쟁 보다는 평시의 현상을 연구하고 분석하기 때문에 전쟁의 참 모습을 그리는데 한계가 있다. 북한의 한국전쟁 계획과 관련해서는 국제정치, 전략, 전투사, 군사, 한국군 입장 등 각각의 관점에서만 보면 대관소찰(大觀小察) 할 수 없고, 이는 필연적으로 전쟁을 단편적으로 보게 만든다.

지금까지 북한이 수립한 한국전쟁 계획에 대한 연구를 살펴보면 국방부 군사편찬연구소를 중심으로 그 실체적 모습을 파악하기 위해 노력하였다. 특히, 국방부 군사편찬연구소는 1994년 러시아가 한국정부에 전달한 소위 '엘친 문서'와 이 기관이 번역한 라주바예프 보고서 내용 등을

---

* 『軍史硏究』 제145집에 게재한 필자의 논문을 수정 및 보완하였음.
** 북한대학원대학교 북한학 박사, k-1tank49@hanmail.net

기초로 북한군 전쟁계획을 분석하여 공간사의 수준을 한층 높였다.

하지만 이러한 노력에도 불구하고 기존연구에는 북한의 국가안보전략 목표(정치적 목표)와 이와 연계된 북한군의 군사술(軍事藝術, Military Art ; 한국군의 용병술과 유사한 개념) 관점에서의 분석은 미흡하였다. 특히, 한국군이 2000년대 소위 '적서(敵書)'라 부르는 북한군 문헌들을 입수하여 북한군 교리를 연구하는데 활용하였으나, 북한의 한국전쟁 계획을 설명하는데 활용하지는 못했다. 게다가, 국방부 군사편찬연구소는 북한군 작전 계획을 분석하는데 사실(Facts) 적용에도 오류가 있다.

따라서 여기서는 북한의 한국전쟁 계획을 국가안보전략 목표(정치적 목표)와 군사술 즉, 국가안보전략-군사전략-작전술[1]-전술의 종적인 개념을 적용하여 분석하고자 한다.[2] 즉, 북한 지도부가 제시한 국가안보전략 목표를 달성하기 위해 민족보위성(총참모부)이 군사전략을 수립하고, 주(보조)타격방향 작전조 및 사(여)단은 군사전략이 제기하는 임무를 달성하기 위하여 작전술 및 전술 차원에서 어떻게 군사작전 계획을 수립했는지 살펴보는 것이다. 이를 위한 연구방법은 문헌연구방법과 역사적 접근방법을 적용하는데 1차 사료는 소련군이 분석한 한국전쟁 자료, 한국전쟁 당시 북한군 작전명령, 보고서 등을 이용하고 부족한 부분은 기존연구 성과와 2차 자료들을 활용한다.


## II. 북한의 국가안보전략

최근 한국전쟁 기원에 관한 연구에 따르면 "북한은 소련을 자신들의 멘토로 생각하고, 매우 의존적이고 복종적이었다"[3]는 연구 결과가 있다. 실제 북한은 한국전쟁 전에 자주적으로 정책을 입안할 수 있는 능력도 없었고 입장도 아니었다. 따라서 북한은 막 태동한 소련의 위성국가였기 때문에 소련 중심으로 살펴보아야 하나, 여기서는 논제를 고려하여 소련의 영향 하 북한의 외교와 군사 분야를 중심으로 살펴보고자 한다.

## 1. 소련의 정책과 북한의 외교안보전략

북한은 소련에 종속된 국가로 북한의 외교전략을 분석하기 위해서는 소련의 정책변화를 살펴볼 필요가 있다. 스탈린은 아시아에서 공산주의 혁명을 확산시키기 위해서 중공군이 내전을 통해 중국 대륙을 점령하는 게 한반도 공산화보다 중요하였다. 그리고 북한은 중국공산당이 만주지역에서 국부군보다 우세를 점하고, 병력·의료·장비보급 등 '후방 지원'을 위해 매우 중요한 지역이었다. 이에 따라 김일성은 중국공산당의 지원 요청에 적극 호응하였고, 중공군은 북한의 지원을 받아 1948년 9월 12일부터 11월 12일까지 진행한 랴오선전역(遼瀋戰役)을 통해 랴오닝성 서부와 선양, 창춘지역에서 국부군을 격파하여 전략적 결전단계로 진입하였고,[4] 전세를 역전시켰다.

소련은 이 시기 동북아시아에서 영향력을 확대시키려면, 북한에 군사력을 주둔시켜야 하지만 오히려 철수시키기 시작하였다. 북한 주둔 소련군은 1947년 9월 4만여 명이 주둔하였고, 1948년 6월 7일 소련군 축소를 발표한 이후 실질적인 철수가 시작되어 9월에는 증강된 1개 사단 정도가 잔류하고 있었다. 소련 정부는 북한의 외국군 철수 요구를 받아들이는 형식으로 10월 19일부터 철수를 시작하였다. 결국 12월에는 북한군 훈련과 소련군 철수에 대비하여 소련 군사고문단의 북한파견을 결정하고, 12월 25일 북한 주둔 소련군을 완전히 철수시켰다.[5] 국공내전 시 만주에 주둔한 소련군도 1946년에 이미 완전 철수한 바 있다.

이 두 사건을 통해 당시 소련의 정책을 살펴보면 몽골이 동북아시아에서 1924년 최초로 공산혁명을 달성한 후, 소련은 중국 공산당과 북한 노동당을 지도 및 지원하였다. 1948년 말 중공군은 소련의 지도하에 대륙에서 우세를 점하기 시작하였고, 북한은 공산주의 국가를 건설하고 있었다. 소련은 내부적으로 제2차 세계대전 종전으로 피폐해진 경제를 건설해야 하고, 아시아보다 더 중요한 동유럽 지역에 공산주의 정권을 착근시켜야 했다.

따라서 이 당시 소련의 동북아시아 정책은 코민포름(Cominform, 공산당 정보국)을 통해 공산주의 정당들에 대한 소련의 직접적인 지배를 용이하게 하여,[6] 소련의 지도 하에 공산주의 혁명을 확산시키는 것이었다. 즉 소련은 동유럽에 중점을 두면서 동북아시아 지역은 공산주의 혁명을 간접적으로 지도 및 지원하면서 미래에 다가올 자본주의 국가와의 제3차 세계대전을 준비하는 것으로 분석할 수 있다. 다음은 분석의 범위를 한반도 내로 좁혀 북한의 외교안보전략을 살펴보자.

1948년 8월 15일 한국이 정부수립을 선포하자, 북한은 9월 9일 '조선민주주의 인민공화국'을 선포하였다. 김일성은 북한과 한국에 각각 정부가 수립되자 남·북한 협상에 의한 통일은 어렵다고 판단하고, 군사력을 통한 통일을 구상하게 되었다. 북한의 한국전쟁 준비는 1949년 3월 5일 김일성-스탈린의 모스크바 회담을 계기로 진전되기 시작하였다. 김일성은 스탈린과 경제협력, 무역과 문화관계의 확대, 1949~50년 무역협정, 기술지원, 문화와 교육분야의 협력, 북한에 대한 차관 제공, 북한 아오지-소련 크라스끼노 철도건설, 전쟁준비와 군사력 건설 등에 관해 광범위 하게 협의하였다.[7]

이 방문에서 북한과 소련은 3월 17일, 모스크바에서 '지원의 성격, 소련에서의 북한군 교육 및 경제관계의 발전과 기타 문제들에 관한 조·소협정'을 체결하였다.[8] 이 협정은 북한이 예상되는 한국과의 전쟁에 대비하여 외교적으로 소련의 협조와 지원을 구하는 것으로, 북한이 한반도 내에서 한국과의 세력균형 또는 우위에 서게 하는 중요한 사안이었다. 하지만, 북한이 소련으로부터 외교적인 지원을 받는다 하더라도 전쟁 발발 시 미국의 개입은 새로운 문제이다. 즉, 제3차 세계대전 발발의 도화선이 될 수 있었다. 당시 소련은 전쟁의 후유증으로 미국을 중심으로 하는 자본주의 국가들과 전쟁을 수행할 수 있는 상태가 안 되었다. 따라서 소련은 미국의 반응을 중요하게 생각하였다.

한편 미국은 중국대륙에서의 내전과 관련하여 중국 국민당과 공산당 모두에게 관여하고, 국부군을 돕다가 철수를 하였다. 그리고 한반도 문제와 관련해서는 미국 내 국무부와 국방부간 한반도의 전략적 가치에 대한 불일치로 철군에 대한 논쟁을 시작하였다. 이 논쟁은 1948년 4월 2일 미국 국가안보회의가 NSC 8에서 가급적 부정적 영향을 줄이면서 12월 31일까지 철군을 완료한다고 결정하였다.[9] 당시 미국은 한국에 대한 군정을 시행하면서 철수할 명분만 찾고 있었는데 유엔이 1948년 한국에서 선거를 실시함에 따라 자연스럽게 철수할 수 있었다.[10] 이 결정은 한반도에 대한 미국의 불관여 정책으로 북한의 외교안보전략을 수립하는데 중요한 역할을 하였다. 하지만 미국이 당장 한반도에서 철수하더라도 전쟁이 개시되면 미군의 개입은 또 다른 문제였다.

한반도에서의 전쟁 논의가 있던 1949년 8월, 소련 외무상 비신스키는 북한주재 소련대사관의 툰킨 공사에게 몇 가지 질문을 했다. 질문 가운데 하나인 "한국에 미군이 주둔하고 있는지? 북측이 먼저 공격을 개시할 경우 김일성은 미군 측에 어떠한 조치를 취할 생각인지?"에 대한 의견을 제출하도록 하였다.[11]

둔킨은 김일성과 박헌영과의 접촉을 통해 "만일 한국에 전쟁이 일어날 경우 미국은 일본과 대만의 장개석에게 한국에 대한 지원을 요청할 수 있고, 또한 해군과 공군의 지원이 있을 것이며 미국측 교관들은 전투행위에 직접 참가할"[12] 가능성이 높다는 판단을 하였다. 이 내용을 보면 북한은 전쟁 발발 시 전개되는 외교·안보적 상황을 정확히 예측, 판단하고 있었다. 따라서 북한의 외교·안보전략은 소련과의 '협정'을 통해 지도 및 지원을 받고, 제3차 세계대전을 수행할 준비가 안 된 소련 대신 예상되는 미국에 대응할 중국의 역할이 중요하였다. 그리고 가장 중요한 사항은 한국보다 우위의 군사력을 건설하는 것이었다.

## 2. 남한보다 우위의 군사력 건설

한반도를 중심으로 한 동북아시아의 지리적 구조는 38도선을 중심으로 대칭적이다. 한국과 북한은 38도선을 중심으로 대립하고, 동북아시아의 대륙 및 해양국가는 중국과 일본, 세계적인 차원에서는 소련과 미국이 대칭적인 관계를 유지하고 있다. 그럼, 1차적인 대립 관계인 남·북한 사이에서 북한의 군사력 건설에 대해 살펴보자.

김일성은 1948년 2월 8일 북한군 창설식에서 "반동분자들이 악선전하는 것같이 동족내란을 일으키게 될 것이 아니라 도리어 반동파들의 그러한 민족분렬과 동족살해를 미연에 방지"하는 것이라고 일부의 비난 여론을 부정하였다.[13] 그는 민족동란이 목적이 아니라고 했지만, 북한군 건설은 스탈린의 지령에 따라 1946년부터 정규군 편성을 시작하여 1950년까지 계속되었다. 여기서는 전쟁발발 전 최종적인 군사력 강화를 규모 위주로 살펴본다.

먼저 한 국가가 군사력을 건설하고자 하면, 직접적인 적에 대한 규모와 이에 대응한 자국군의 적절한 규모를 제시한다. 북한은 한국전쟁 전 소련의 지원을 받아야 했으므로, 소련이 북한군의 규모를 결정하였다. 한 자료에 의하면 소련 공산당 정치국은 1949년 9월 24일 북한에 내릴 지령을 작성하면서 3개의 초안을 마련했는데, 그 중 9월 20일에 마련한 초안은 '병력 수와 무장면에서 최소한 2~3배의 우세'를 확보해야 속결전의 성공 가능성이 있다는 것을 명시하고 있다.[14] 그럼 '최소한 2~3배 우세'의 목표를 달성하기 위해 소련 및 북한 당국이 인식한 한국군의 규모와 북한군 규모를 소련군의 문헌으로 보면 다음과 같다.

한국군은 1950년 6월까지 육군, 해군, 공군, 지역군으로 구성되었고, 육군 93,000명의 병력으로 8개 보병사단(1, 2, 3, 5, 6, 7, 8 및 수도사단)과 독립 기마연대, 5개 독립대대(3개 보병대대, 통신대대, 헌병대대), 3개의 독립포병대대와 7개 특수대대(공병, 통신, 2개 정비대대, 병참 기술정비 보급대, 의무대)였다. 해군은 5개 전대(1, 2, 3, 훈련 그리고 진해기지), 해병연대, 9개의 해안경비대, 훈련소를 포함 15,000명의 병력과 71대의 함정을 보유하였고, 공군은 3,000여 명 40대의 항공부대와 비행지원대대, 방공대대 등을 보유하였다. 지역방어 부대는 전쟁 전까지 50,000여 명 5개 여단(101, 102, 103, 105, 106) 규모로서 2개 연대로 구성된 105여단을 제외하고는 3개 연대씩으로 편성되어 있었다. …(중략)…한국군 총병력은 20,000명의 경찰력을 포함, 전쟁 전까지 181,000명이었다.[15]

전쟁전까지 북한군은 육군과 해군, 공군이 있었으며 육군에는 보병사단 10개와 105전차여단, 603모터사이클연대, 독립포병연대, 독립 고사포연대, 독립연대(통신, 공병, 경호) 3개와 독립대대 등 육군 병력은 175,000명이었다. 해군은 4개의 전투함 전단과 1개 해군기지 …(중략)… 병력은 10,297명이었다. 공군은 1개 항공사단으로 전폭기, 전투기 그리고 훈련연대, 2개의 항공정비대대 등을 포함하여 총 병력은 2,829명이었다. 북한의 총 병력은 내무 보안군을 포함하여 약

188,000여 명이었다.[16]

위 언급을 보면 소련은 한국군에 지역방어부대 5개 여단을 포함하고 있으나 한국군 공간사나 문헌에서는 이 부대가 식별되지 않는다. 따라서 소련군 문헌에 언급된 한국 정규군 규모를 보면 육·해·공군 총 병력은 111,000명으로 남·북한 병력과 주요부대 규모 및 장비를 정량적으로 비교하면 다음과 같다.

〈표 1〉 남·북한 총 병력과 부대 규모 비교

| 구 분 | 병 력 | | | | 주요부대 규모 및 장비 | | |
|---|---|---|---|---|---|---|---|
| | 계 | 육 군 | 해 군 | 공 군 | 사(여)단 | 해 군 | 공 군 |
| 남 한 | 111,000 | 93,000 | 15,000 | 3,000 | 8 | 5개 전대 | 61대 |
| 북 한 | 188,126 | 175,000 | 10,297 | 2,829 | 11 | 4개 전단 | 239대 |
| 비 교 | 1:1.7 | 1:1.88 | 1:0.68 | 1:0.94 | 1:1.37 | 비교불가 | 1:3.9 |

* 출처 : 러 국방부편, 『러시아가 본 한국전쟁』, pp. 19~24 내용을 기초로 필자가 정리

<표 1>을 보면 한국군 자료는 남·북한 병력을 통상 1:2로 분석하지만, 소련군이 인식한 한국군 수준을 기초로 비교해 보면 1:1.7이고, 육군의 주요부대는 1:1.37, 공군이 보유한 전투기, 훈련기 등을 포함한 장비로 비교하면 1:3.9가 나온다. 그리고 북한군 해군은 전단이 전대보다 한 단계의 위의 부대 규모이므로 몇 배 우위라고 평가할 수 있다. 물론 여기서 소련이 평가한 한국군 수준은 추정치이므로 확실하다고 할 수는 없지만, 이는 그들이 인식한 평가로 의미 있는 수치이다.

지금까지 한국전쟁 전 남·북한의 군사력을 소련군 자료로 정량적 수준에서 살펴보았다. 물론 완전한 군사력 규모를 평가하기 위해서는 정성적 측면에서 훈련, 지휘관의 자질 등도 평가해야 하지만 이에 관한 문헌

의 언급은 개략적인 수준만 제시하고 있다. 따라서 소련이 목표로 한 북한군은 한국군보다 2~3배 우세를 유지하는 것으로, 정량적 측면에서 육군은 2배에 미치지 못했고 해군은 몇 배 우세로 평가되며 공군은 거의 4배 수준이었다. 그리고 전쟁 전 북한군 육군의 부대훈련 수준, 지휘관의 자질, 장병의 전쟁경험, 장비 및 물자의 질 등 객관화가 불가능한 정성적 측면을 고려하면 2~3배는 충분히 달성했다고 판단할 수 있었을 것이다. 다음은 전쟁 발발 후 예상되는 미군의 참전에 대한 대비에 대해 살펴본다.

### 3. 미군 참전에 대한 대비

한반도내에서는 남·북한 간의 대결이지만 외세가 개입하면 1차적으로 인접한 중국과 일본(또는 일본 주둔 미군)의 개입이 예상된다. 한국전쟁 전 모택동도 미국이 일본군을 재무장시켜 한반도에 군사적 개입을 할 것으로 판단하고 이에 대한 대비를 북한에 주문한 적이 있다. 여기서는 당시 소련이 인식한 극동지역의 미군 전투력에 대해 살펴보고 이를 대응할 중공군을 살펴보고자 한다.

제2차 세계대전이 끝나고 미국은 일본의 항복을 받고 점령군으로 전후 질서를 수립하고 있었다. 그리고 소련과 마찬가지로 확장된 군대를 줄이고 경제력 건설에 치중을 하며 아시아보다는 유럽을 중시하고 있었다. 따라서 미 정부는 극동지역에 주둔하고 있는 미군을 감군시키고 있었다. 그럼 소련이 극동지역에 위치한 미군 규모를 어느 정도로 파악하고 있었는지 살펴보면 다음과 같다.

한국전쟁 발발 전 일본에는 미8군(7, 24, 25 및 제1기병사단)이 전개해 있었고, 류큐섬에는 29보병연대와 가바이 섬에는 5독립보병연대가 전개되어 있었다. 또한 약 5,000명의 병력이 괌과 마르샬 그리고 카롤린 섬에 있었고 약 5,000명은 필리핀에 있었으며, 가바이 섬에는 2개의 국민 근위 독립연대가 주둔하고 있었다. 이로써 극동지역 미 정규군 규모는 143,000명이었다. 해군은 극동지역에 미군과 영국군의 해군항공대(122대 전투기와 16대 함재기)가 주둔해 있었고, 서태평양 미 해군세력은 필리핀과 괌, 일본과 한국, 류큐에 있는 극동해군 소속의 제7함대이다. 이 7함대에는 총 26척의 전함으로 구성되었고 약 140대의 전투기와 10,200명의 인원으로 구성되었다. 공군은 제5공군이 일본에 주둔해 있었고, 제20공군은 오키나와에 주둔하고 있었으며 제13공군은 필리핀 기지에 주둔해 있었다. …(중략)… 이중 570대의 전술공군기와 160대의 수송기는 일본에 있었다.[17]

당시 소련은 주일미군의 주요부대로 육군 4개 사단, 해군은 제7함대, 공군은 제5·20공군이 주둔한 것으로 평가했다. 물론 한반도에 전쟁이 발발하면 주일미군 전부가 한반도로 전개하여 전쟁을 수행하는 것은 아니다. 하지만 주일미군 가운데 일부와 증원 가능한 부대가 참전할 것이므로, 스탈린 입장에서는 한국전쟁 결정을 하면서 미국과의 전면전을 회피하고 만일 미군이 개입한다면 이를 타개하기 위한 중국의 동의가 필요했다.

김일성과 박헌영은 1950년 5월 13일, 제2차 모스크바 비밀회담에서 스탈린이 요구한 중공군의 지원문제를 협의하기 위해 북경을 방문하였다. 15일, 김일성과의 회담에서 모택동은 북한군은 속전속결로 행동해야 하고, 대도시를 우회하지 말고 군사력을 집중하여 적군을 신속히 궤멸시킬 것을 제안했다. 그는 만약 미군이 직접 참전을 한다면 중국은 북한에 대해 지원부대를 파견하여 도울 것이라고 말하면서 중국과 북한 국경지대에 중공군을 배치하는 것과 무기와 탄약이 필요하지 않느냐고 물었다. 김일성은 이러한 모택동의 의견에 대해서 사의를 표명했지만 이를 받아들이지는 않았다.[18]

모택동은 김일성과의 회담에서 전쟁을 승인하면서 만주지역에 군사력을 증강시킴으로써 미국이 개입 시 군대를 보내 북한을 돕겠다는 의지를 드러냈다. 이미 1950년 초 모스크바에서 스탈린과 회담하고 있을 때, 모택동은 중공군 제4야전군 산하 10만 명의 병력을 만주지역으로 서둘러 이동할 것을 지시하였다.[19] 하지만 제4야전군 일부가 만주로 이동하기 전인 1949년 9월, 동북군구(東北軍區)는 제4야전군으로부터 분리되었던 내몽고 소군구(小軍區)를 포함하여 34만 명의 병력을 이미 보유하고 있었다. 이 중에서 중공군 제164사단과 제166사단이 북한군에 편입되기 위해 북한으로 이동하였으나, 1950년 초 거의 30만 명에 달하는 군대가 만주에 배치되어 있었다.[20] 당시는 중국 해군과 공군이 막 태동하는 시기로 만주지역에는 공군 일부가 주둔하고 있었다.[21]

국공내전에서 승리한 모택동은 미군 개입에 대비하여 10만 명을 만주에 사전 배비할 것을 지시하였지만 이미 거기에는 30만 명의 군대가 있었다. 물론 이 부대들은 육군 중심이었다. 따라서 북한을 포함한 소련은 한반도에 전쟁이 발발하면 주일미군 일부가 투입되겠지만 전체적으로 증원 가능한 부대까지 고려하면 전체를 고려해야 할 것이다. 육군을 보면 제4야전군 10만 명을 포함한 만주의 중공군 40만 명, 극동지역 미군 143,000명을 비교하면 2.8:1의 비율이었고, 중국 해·공군은 태동하는 시기라 비교가 제한된다. 그러므로 모택동은 한국전쟁 개입조건으로 중국은 육군 중심으로 준비하고 소련은 중공군에게 공군사단을 지원할 것을 요구한 것이다.

## 4. 소결론

한국전쟁 전 소련의 동북아시아 정책은 각국의 공산주의 정당이 코민

포럼 통제 하에 공산혁명을 확산시키는 것이었다. 이에 따라 북한은 한국전쟁을 위한 외교안보전략으로 소련과 동맹에 준하는 협정을 통해 한국보다 우위의 군사력을 건설하고, 한반도내에서 미국과 소련의 군사적 개입이 없는 남·북한 간의 전쟁 즉, '한반도내 내전'을 기획한 것으로 보인다.

전쟁을 위한 북한의 군사력은 육군차원에서 정량적으로 2배가 안 되었지만, 정성적인 측면을 고려하면 충분히 2배가 넘고 현대전의 총아였던 공군력은 거의 4배였다. 그러므로 소련이 최초 기획한 '남한보다 우위의 2~3배'는 충분히 달성했을 것으로 보인다. 아울러 미군의 참전에 대비한 중공군의 군사적 배비도 중요했는데, 모택동은 소련 공군의 참전을 조건으로 극동아시아 지역 미 육군보다 약 2.8배 우위의 군사력을 만주에 배치하였다. 이와 같이 북한의 국가안보전략 가운데 외교와 군사부문은 동북아시아, 한반도 내 차원으로 구분되어 적절한 외교적 조치와 군사력 건설 및 배비가 이루어진 상태에서 한국전쟁을 계획한 것으로 평가할 수 있다.


## III. 북한군의 군사전략

한국군이 작전계획을 수립할 때 상황평가 5개 요소(METT+C)를 적용하듯이 북한군도 한국군과 같이 '임무 규정 시 고려사항'[22]을 적용한다. 여기서는 북한군이 교리에서 언급하는 요소 가운데 지리, 적(한국군), 북한군 운용 등을 중심으로 살펴보고 군사지휘체계를 포함하고자 한다.

### 1. 남한의 지리와 한국군 평가

상황평가 요소 가운데 지리나 지형은 객관적 요소이다. 적과 아군이 서로 점령하거나, 이용하는 객관적 실체이다. 이와 관련하여 소련은 한국 전쟁 전에 한반도 특히, 남한의 지리에 대해 어떻게 평가하고, 지리 위에 존재하는 한국군을 어떻게 분석했는지 살펴보는 것은 북한군의 군사전략을 살펴보는데 중요한 요소가 된다.

북한군 입장에서 군사전략을 수립하려면, 지리적 범위는 한반도를 포함하고 외세의 증원을 고려하여 일본 열도를 고려해야 하는데, 한반도와 일본 열도는 바다로 단절되어 있다. 즉, 38선 이남지역은 바다로 고립된 '섬'과 같은 특성을 가지고 있어 외세의 개입을 고려한다면 일본으로부터 부산항, 목포항 등으로 연결되는 해상 병참선을 거부할 필요가 있다. 따라서 북한군이 전쟁을 수행할 지리는 전체적으로 '섬'의 특성을 고려하면서 소련이 평가한 내용을 살펴볼 필요가 있다.

당시 소련은 한반도 지리에 대해 전체적으로 산악기복과 상대적으로 잘 발달된 도로망은 육군으로 하여금 해군 및 공군과 합동작전을 가능하게 했으나, 산악지형은 전차 및 포병운용과 자동차 수송이 어려웠다고 평가했다. 그리고 한국전 기간 중 주요작전은 3개 전선지역 즉, 서부, 중부 그리고 동부전선이다. 서부전선은 평양, 서울, 광주로서 광활한 공간으로 폭은 90~120km이고, 이 방향의 큰 평야는 평양평야, 서울평야 그리고 군산평야로서 제병과의 광범위한 기동을 가능케 한다. 중부전선은 철원, 충주, 대구, 부산 방향으로 가장 큰 항구인 부산과 연결되어 있고 폭은 75~120km다. 이 방향은 전차 운용을 제한시키나, 낙동강 계곡은 모든 부대의 광범위한 기동을 가능케 한다. 동부전선은 한국의 동해안을 따라 폭은 35~50km이고, 부대전개가 제한되고 통행이 불가능한 많은 산맥들로 가득차 있다.[23]

소련군이 평가한 내용을 기초로 38선 이남 지리를 종합해 보면, 두 가지 유의미한 내용을 도출할 수 있다. 첫째, 북한군이 조선전사에서 "미군이 본토에서 대병력을 수송하여 전투에 진입시키기까지 약 한달 내지 한 달 반의 기간이 필요하였다. 그러므로 북한은 높은 기동력과 연속적인 타격으로 한국군을 공격하고 3면이 바다인 남한의 해안에 병력을 기동성 있게 배치함으로써 미 본토로부터 증강되는 대병력의 상륙기도를 분쇄하고자 하였다"[24]라고 언급한 것은 군사전략 수준에서 타당한 개념이었다.

둘째, 소련은 전선을 서부, 중부, 동부전선 3가지로 구분하였다. 중공군도 한국전쟁 기간 전선을 3가지로 구분하여 작전을 수행하였고, 최근 북한군도 '조선인민군 서남전선사령부'란 명칭을 사용하였는데 전선지역을 3개 지역으로 구분하는 것으로 보인다. 이 개념은 선제타격계획에서 주타격방향과 보조타격방향 2개를 선정하는 것과 관계된다. 다음은 전쟁의 상대인 한국군 배치를 간단히 살펴본다.

소련군은 한국군이 "옹진반도에 17연대, 평양방향에 제1, 7사단과 수도사단(-1), 1독립기병연대, 2독립보병대대 등이 전개해 있었다. 원산방향에는 제6, 8사단이 전개 있었고, 제2, 3, 5사단과 제1독립보병대대는 빨치산이 준동하는 지역인 대전, 대구, 광주, 진주, 부산 등에 배치되어 있었다"[25]라고 판단했다. 이 내용을 한국군 공간사와 비교해 보면 사단 편성 및 활동은 개략적으로 유사하다. 이 개념은 한국군이 작전지역을 전방과 후방으로 구분하여 전방은 선형으로 5개 사단(+)으로 배비하고, 후방지역은 3개 사단으로 분산시켰다고 평가할 수 있다.

북한군 입장에서 보면 전방에 있는 한국군 5개 사단(+)을 격멸하면 그이후 작전은 미군의 증원을 저지하기 위해 기동성을 발휘하여 남해안의 항구를 선점하면 군사작전을 종결시킬 수 있다. 또한 주일미군이 한반도에 전개한다면 예상되는 부산항에 대해서는 공격 개시와 함께 단시간 내에 그 기능을 무력화시킬 필요가 있었다. 이 개념은 북한군 운용계획에서 드러난다.

## 2. 북한군 운용계획과 군사지휘체계

앞에서 설명한 지리적 특성과 한국군 배치를 기초로 북한군은 군사전략 차원에서 어떤 운용계획을 수립하였는가는 중요한 문제이다. 왜냐하면 전술과 작전술은 전략의 하위개념이기 때문이다. 하지만 이와 관련된 구체적인 설명을 해주는 당시 문헌은 발견되지 않고 있어, 북한군 문헌들을 기초로 살펴보고자 한다.

북한군은 군사전략을 "정치전략[26]이 제기하는 중요과업을 군사적으로 수행하는 것으로서 무장투쟁의 형식과 방법을 규정하고, 그 수행을 조직하고 지휘"하는 것으로 정의한다.[27] 이 정의에서 중요한 개념은 정치전략이 제기하는 중요과업과 무장투쟁 방법이다.

스탈린과 김일성이 협의를 통해 수립한 남침계획의 기본전략은 1950년 6월 말에 전면공격으로 신속히 서울을 점령하고, 인민봉기를 유발하여 한국정부를 전복하는 한편, 북한군이 신속히 남해안까지 전개하여 미 중원군의 한반도 상륙을 막아 1개월 내에 전쟁을 종결하며, 8월 15일 해방 5주년 기념일까지 서울에 통일인민정부를 수립한다는 것이었다.[28] 양국 정치지도자들 사이의 기본전략은 북한군이 언급하는 정치전략으로, 그 목표는 공산주의 통일정부를 수립하고, 이를 위한 중요과업은 서울 점령, 인민봉기 및 한국정부 전복, 남해안 전개 및 미 중원군 상륙 거부, 1개월 내 전쟁 종결이다. 그럼 이를 달성하기 위한 무장투쟁 방법을 살펴보자.

앞에서 언급한 지리와 한국군 배치 측면을 보면, 서울은 한국의 수도로 전략적 중심이다. 기존 전쟁사에서도 알 수 있듯이 적의 수도를 점령하면 전쟁이 종결되는 경우가 많았다. 따라서 북한은 군사전략적 차원에서 서울점령 방법을 먼저 고려해야 하고, 아울러 미군의 증원을 고려하면 부산도 중요한 항구이므로 전략적 중심(重心)으로서 그 운용을 거부해야 했다. 그리고 한국군 배치는 전방과 후방으로 구분되고 전쟁발발 시 후방에 배치된 사단 또는 동원된 부대들이 전방으로 증원을 오기 때문에 군사작전을 큰 틀에서 2단계 이상으로 구분시킬 수 있다. 그것은 제1차 작전은 섬멸전, 제2차 작전 이후는 기동전 개념을 구사하는 것이다.[29]

제1차 작전개념인 '섬멸전'을 어떻게 달성하는가? 북한(소련)군 교리에 의하면 포위전으로 적 집단을 둘러막아 소멸시키는데, 이를 위해 퇴로 차단부대로 '우회대'를 편성한다.[30] 북한군 총참모부는 포위전을 위해 제1단계 작전 시 "주타격을 서울-수원방향의 금천, 연천, 철원지역으로 하고, 보조타격방향은 동해안 및 서해안 방향으로 지향하면서 공격방향의 북동쪽에서 수원방향으로 서울을 우회하는 것"[31]으로 선정하였고, 수원에서 개전 5일 이내에 한국군 주력의 퇴로를 차단함으로써 한국군 주력을 포위

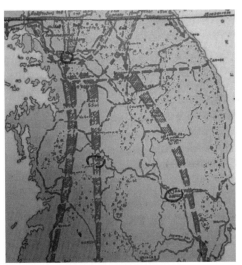

〈그림 1〉 선제타격계획

* 출처 : 육군대학 전사연구실, 『6·25전쟁 다하지 못한
이야기들』(계룡 : 육군본부, 2011), p. 32

섬멸하는 개념을 수립하였다.[32] 이 개념은 북한군의 병력과 가능성, 한국군 병력을 고려하여 결정한 것이다.[33] 선제타격계획 도식은 <그림 1>과 같다.

위 선제타격계획을 보면 서해안과 동해안에 작은 타격방향이, 중앙에 3개의 타격방향이 도식되어 있다. 중앙에 있는 3개의 타격방향은 군사전략 차원에서 선정한 주타격방향이다.[34] 이 개념은 북한군이 서울 방향을 주타격방향을 지향하고 동해안과 서해안으로 2개의 보조타격방향을 선정한 것이다. 이 개념은 현재 한국군이 북한군 전술을 교육 시 교육하는 개념과 다르지만, 한국전쟁 후반기 중공군이 실시한 작전이나 전투에서도 자주 발견된다. 이와 같이 타격방향을 선정하면 북한군 교리는 작전대형(전투서열)을 편성한다. 여기서는 구체적인 내용보다는 북한군 부대편성 위주로 살펴본다.

북한군은 전투력을 집중하기 위해 주타격방향으로 예정된 구역(서울 방면)에 6개 사단(제6·1·4·3사단, 제2·12사단)과 제105전차여단, 제603모터사이클연대의 투입을 계획하였다. 이 6개 사단은 총참모부의 1제대 임무를 수행하고, 제105전차여단은 최종적으로 서울에 진입하여 한강교를 점령하고, 제603모터사이클연대는 가평, 이천 도로를 따라 신속히 진격하여 서울 방면으로부터 남쪽으로 향하는 적의 퇴로를 차단하면서 수원을 점령하는 임무를 부여 받았다.[35]

보조타격방향(동해안 방향)은 제5사단과 제1국경여단(7개 대대), 상륙부대인 2개 유격대대 등을 할당했고, 다른 보조타격방향(서해안)에는 제3국경여단(7개 대대), 6사단을 계획하였다.[36] 그리고 부산항 타격을 위해 600여 명으로 편성된 부대를 편성하였다. 이 내용은 서울 점령을 위해 주타격방향에 6개 사단, 전차여단, 모터사이클연대 등 주력을 편성하였고, 2개의 보조타격방향에는 각각 국경여단과 1개 사단을 편성했다는 것을 의미하고, 또 다른 전략적 중심인 부산은 1개 대대 규모로 직접타격을 계획했다는 것을 알 수 있다. 아울러 우회대는 전술적(작전적) 수준에서 달리 운용하는데 이 계획에 따르면 전차여단과 모터사이클연대이다.

제1단계 작전을 통해 한국군 전방부대를 서울포위전으로 격멸하고, 작전 간 한국군 증원에 대해 북한군 총사령부는 6월 18일 제12사단과 모터사이클연대에게 하달하는 정찰명령에 "적 제2, 3, 4사단은 철로나 비포장 도로를 이용하여 남쪽 지방으로부터 서울로 이동이 가능하다"[37]라고 기술하고 있다. 제2단계 이후 작전은 증원된 이후 산재한 부대와 동원된 부대들과의 작전이 예상된다. 따라서 여기서의 작전의 주안은 한국군을 사전계획한 지점에서 대규모 포위전을 하는 것보다는 미군 증원을 거부하거나 증원하더라도 전투력을 발휘할 수 없도록 기동력을 중시한 작전개념을 적용시킬 필요가 있었다.

제2단계 이후의 작전 기간은 정치전략에서 요구한 전쟁기간 한달에서 제1단계 작전 5일을 제외한 25일 가량이다. 하지만 구체적인 계획수립은 변화된 상황설정이 어려우므로 개략계획 개념으로 선제타격계획 도식에서 보듯이 3개의 타격방향을 주어 시간과 속도 위주의 작전을 요구한 것으로 보인다. 다음은 지금까지 설명한 내용을 기초로 북한군의 군사지휘체계를 살펴보자.

먼저 한국전쟁 전에는 북한군 제1·2군단 사령부와 전선사령부는 없었다. 따라서 한국군 공간사에서 군단과 전선사령부를 포함하여 북한군 작전계획을 설명하는 부분은 오류다.[38] 북한군 군사지휘체계를 간명하게 잘 설명한 자료는 김광수 논문으로, 그 내용을 기초로 살펴본다.

한국전쟁 발발 후 7월 초까지 북한군은 평시 지휘구조를 그대로 살린채 일부 기구를 신설하여 전쟁을 지휘했다. 개전 당일부터 7월 5일까지 북한군 총사령관은 민족보위상 최용건이 맡았고 총참모장은 강건이었다.

총사령부는 평양근교 서포의 자연동굴에 지휘사령부를 설치했고 전선에 대한 근접 지휘를 위해 6월 26일 철원에 총사령부 전방지휘소를 설치했다. 개전 몇일 동안 연천에 제1작전조(작전그룹)의 지휘소를 두고 김웅이 서부전선의 주공부대(제1·4·3사단, 제105전차여단, 13사단)를 통제했고, 화천에는 제2작전조(작전그룹)의 지휘소를 설치해 김광협이 동부전선의 부대(제2·12사단, 603모터사이클연대, 제15사단)들에 대한 작전을 통제했다. 이 작전조들은 임시적인 조직으로 군단편제에 따라 인원과 장비를 갖춘 정식 군단 지휘부가 아니었고, 작전의 지휘통제에 필수적인 참모요원들과 통신기재들만을 대동했다. 사단들에 대한 명령을 내릴 권한은 서포의 북한군 총사령부가 갖고 있었다. 작전조는 상황을 종합해 보고하고 일부 조정의 권한을 갖고 있었던 것으로 보인다. 동해안의 제5사단과 서해안의 제6사단은 작전조장을 거치지 않고 북한군 총사령부가 직접 지휘했다. 해군과 공군에 대한 지휘는 총참모부가 해군사령부와 공군사령부를 통해 지휘권을 행사했다.[39]

위 내용을 검토해 보면 최고사령관은 김일성이 아닌 최용건, 총참모장은 강건이었다. 소련을 포함한 공산주의 국가는 지상군 중심의 통합군 체제로 전시에 총참모부의 일부가 총사령부를 구성하므로, 개전시 북한군은 총참모부의 지원을 받아 최고사령부를 구성하고 이를 통해 직접 10여 개의 사(여)단, 해·공군을 직접 통제해야 했다. 그런데 주타격방향에서 행동하는 많은 사(여)단들을 효과적으로 통제하기 위해서는 별도의 조직이 필요한데 이를 위해서 2개의 작전조[40]를 운용한 것으로 보인다. 그리고 총사령부가 해·공군사령부를 직접 지휘하지 않고, 총참모부를 통해 지휘한 것은 지상군 중심의 통합군체제였다는 것을 알려준다. 이 내용을 기초로 북한군 군사지휘체계를 한국전쟁 전과 개전 시를 살펴보면 다음과 같다.

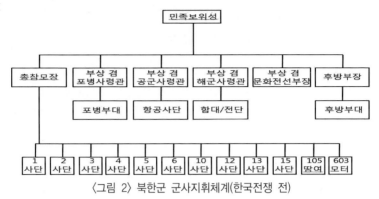

〈그림 2〉 북한군 군사지휘체계(한국전쟁 전)

* 출처 : 육군군사연구소, 『6·25전쟁 시 피아 부대편성 및 무기·장비』(계룡 : 국군인쇄창, 2017), p. 13.

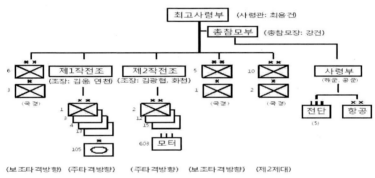

〈그림 3〉 북한군 군사지휘체계(한국전쟁 개전 시)

## 3. 소결론

북한군은 38선 이남의 지리적 특성과 한국군 배치의 특성을 고려하여 군사전략을 수립하고 군사지휘체계를 편성하였다. 통상 군사전략은 목표, 개념, 수단으로 설명하는데[41] 이를 기초로 북한군의 군사전략을 설명하면 다음과 같다.

군사전략 목표는 미군 증원 이전, 한국군을 격멸하고 전 한반도를 한 달 이내에 군사적으로 점령하는 것이었다. 이를 위한 개념은 섬멸전과 기동전을 적용하는 것이다. 제1단계 작전인 섬멸전은 북한군 전투력을 집중 투입하여 한국군 주력인 전방사단들을 5일 이내에 수원 일대에서 포위전을 통해 섬멸하고, 제2단계 이후 작전은 25일 이내에 미군 증원이전 남해안까지 대규모 포위전 보다는 3개 방향으로 기동전을 전개하여 남해안의 주요항구를 점령하는 것이었다.

이를 위한 수단으로 제1단계 작전은 서울과 수원을 중심으로 11개 사(여)단, 모터사이클연대와 해·공군, 후방지역은 부산항 타격 1개 대대, 한국내 활동하는 남로당과 북한을 동조한 남한 세력들이었다. 제2단계 이후 작전은 1단계 작전 결과를 반영해야 하므로 1단계 작전의 2제대 사단, 재편성 및 동원된 육·해·공군 부대로 볼 수 있다.

군사지휘체계는 7월 초 전까지는 최고사령부가 주타격방향의 2개 작전조, 2개의 보조타격방향 사단을 직접통제하고, 해·공군 사령부는 총참모부를 통해 지휘통제하였다. 이 내용을 보면 한국군 공간사에서 기술한 북한군 제1단계 작전 분석은 수정이 필요하다.

이 군사지휘체계는 1단계 작전 후 소련군이 분석했듯이 총참모부와 전선지역까지의 거리 이격, 통신 문제, 관할해야 하는 부대 수 등의 문제를 야기시켰으므로 군단사령부와 전선사령부를 편성하여 전선지역과 후방지역을 구분하는 지휘체계를 만들 수밖에 없었다. 즉, 군사전략 제대인 총사령부는 총참모부의 지원을 받으므로 작전술 측면에서 전술제대인 사(여)단과 총사령부를 매개하는 전선사령부, 군단사령부들이 필요했던 것이다.

## Ⅳ. 북한군의 작전술과 전술

북한군은 총참모부에서 선제타격계획을 수립하였는데, 선제타격계획에는 군사전략과 작전술 분야가 함께 반영되어 있다. 앞에서 군사전략 차원에서 북한군 계획을 살펴보았다면 여기서는 작전술 측면에서 총참모부 작전계획, 전술 측면에서 사단 작전계획을 상호 연계성 차원에서 검토하고, 실제 공격 개시를 위한 연대급 이하 부대의 전개를 분석한다.

### 1. 북한군 총참모부 작전계획 : 작전술 측면

북한군은 작전술을 "무장투쟁의 한 현상인 여러 가지 작전을 조직하고 진행하는 형식과 방법을 통틀어 이르는 말이다. 적의 집단을 어떤 형식과 방법으로 타격하겠는가 하는 것을 규정하며 작전의 목적 임무를 성과적으로 수행할 수 있는 타격집단을 편성하며 작전적 협동을 조직하고 유지하며 작전적 보장대책 등을 규정한다"라고 정의한다.[42] 이 정의를 보면 작전술은 적의 집단을 타격하는 방법, 타격집단 편성, 작전적 협동, 작전 보장 대책 등이 중요하다. 여기서는 작전진행 절차, 타격하는 방법, 타격집단 편성 등을 중심으로 살펴본다.

군사전략차원에서 도출된 중요과업은 한국의 전략적 중심인 서울 함락 및 한국군 전방사단들을 격멸하고, 미군 증원이 예상되는 부산항의 기능을 마비시키는 것으로 볼 수 있다. 따라서 총참모부가 이 목표를 달성하기 위해서는 350km 남한 종심을 고려하면 단일 군사작전으로 종결시킬 수 없다. 그러므로 소련 군사고문단과 북한군 총참모부는 3단계 즉, 협조된 작전, 전과확대, 추격 및 전쟁 종결 단계로 수립하였다.

제1단계는 한국군 주력을 섬멸하고 3일 이내에 서울을 점령하며, 서울

(수원)-원주-삼척까지 진출하는 것이다. 제2단계는 전과확대 및 예비대를 섬멸하고 군산-대구-포항까지 진출하는 것이며 제3단계는 소탕 및 남해안으로의 진출단계로 부산-여수-목포로 전개하는 것이었다.[43]

이를 위한 단계별 작전종심 및 시간은 제1단계가 90km, 5일 제2단계는 약 180km, 14일 제3단계는 80km, 10여 일 만에 완료하도록 하였으나,[44] 구체적인 계획은 1단계만 수립하였다. 이 내용을 보면 일반적인 공격작전 절차를 적용하였고, 공산권 군사교리의 특징인 구체적인 작전종심과 시간을 예하부대에게 부여했다는 것을 알 수 있다. 아울러, 이 경험은 현재의 북한군 군단과 사단의 공격작전 종심, 시간 등에 반영되어 있다. 다음은 구체적인 계획을 수립한 제1단계 작전을 중심으로 타격하는 방법과 타격집단 편성을 살펴본다.

제1단계 작전은 '한국군 전방사단 주력 격멸'을 달성하는데 포위전 방법을 적용하는데 포위전은 포위소멸할 지역을 선정하고, 작전지역 내 지형의 특성을 이용해야 한다. 즉 한국군의 증원 및 철수가 가능한 퇴로를 차단하고 4면을 둘러싸 격멸하는 개념이다. 먼저 북한군은 작전술차원에서 한국군이 철수하여 집결이 가능한 '주요 도시'를 포위소멸구역으로 선정하는데 서울이 적절하다. 그리고 서울을 중심으로 퇴로 및 증원차단이 가능한 지역은 한강 상 유일한 다리인 '한강대교'와 부산에서 서울로 이르는 병참선인 철로 상 '수원'이 타당하다. 북한군 총참모부는 이 포위전 개념을 적용한 것으로 보인다.

타격방법은 선제타격계획 도식에 나오듯이 옹진반도를 제외한 4개 지점에서 정면타격을 하고, 이후 형성되는 불균형된 전선을 이용하여 한강 이북의 한국군을 서울에서 포위소멸시키는 것이다. 여기에는 1차 양익포위로 의정부 방향을 타격한 주타격방향 부대들과 서해안 방향의 보조타격방향 부대가 협조하고, 전차여단이 한강대교를 점령하여 서울 북방의 한국군 사단들을 격멸하는 것이다.

그리고 2차 양익포위로 중부전선의 2개 지점에서 정면타격을 한 주타격방향 부대들과 서해안 방향의 보조타격방향 부대가 재차 협조하고, 603모터사이클연대가 수원을 차단하여 수원 북방에서 퇴각하는 한국군을 완전히 격멸하는 것이다. 마지막으로 동해안 방향 보조타격방향 사단은 독립적으로 해안에서 상륙하는 부대가 퇴로를 차단하여 동해안에서 방어하는 한국군 부대를 격멸하는 것이다. 이 내용은 북한군 교리 가운데 타격형식[45]과 타격방향을 적용한 내용으로, 이를 기초로 구체적인 타격집단과 작전대형(전투서열)[46]을 편성한다.

현재까지 선제타격계획을 북한군 교리인 타격집단과 작전대형으로 분석한 연구 성과가 많지 않다. 이 부분은 필자가 기존에 발표한 논문[47]을 참조하기 바라고, 타격집단과 작전대형은 다음과 같다.

〈표 2〉 북한군 제1단계 공격작전 작전대형(역량과 기재할당표)

| 구 분 | | 총참모부 | | | | | | | | | | | | | |
|---|---|---|---|---|---|---|---|---|---|---|---|---|---|---|---|
| | | 3여 | 6사 | 1사 | 4사 | 3사 | 전여 | 2사 | 12사 | 5사 | 603연 | 1여 | 10사 | 13사 | 15사 |
| 1제대 | 주타격(서울구역) | | 6사(-) | 1사 | 4사 | 3사 | | 2사 | 12사 | 5사(-) | | | | | |
| | 보조타격(서해안) | 3여 | 1연 | | | | | | | | | | | | |
| | 보조타격(동해안) | | | | | | | | | 10연 | | 1여 | | | |
| 2제대 | | | | | | | | | | | | | | 13사 | 15사 |
| 전략예비대 | | | | | | | | | | | | | 10사 | | |
| 우회대 | | | | | | | 전여(-) | | | 603연 | | | | | |

* 출처 : 졸저, 「6·25전쟁 초기 조선족 부대의 작전수행 연구」, p. 135.

## 2. 주타격방향과 보조타격방향에서 행동하는 부대

총참모부가 작전술 차원에서 작전계획을 세워 명령을 하달하면 사단은 총참모부 명령에 따라 전술차원에서 작전계획을 수립한다. 여기서는 모든 사(여)단의 작전계획을 검토하는 것은 사료 부족과 지면의 한계로 주타격방향인 제4사단, 보조타격방향인 6사단, 1국경여단을 중심으로 타격방향과 전투서열 관점에서 살펴본다.

먼저 총참모부의 주타격방향에서 행동하는 제4사단은 전투명령에서 1950년 6월 22일 14:00에 연대에 명령을 하달하였다.[48] 이 전투명령에 따르면 공격개시일인 6월 25일 04:40를 기준으로 하면 약 2일 15시간 전에 하달하였고, 사단 지휘소는 23일 전개하여 야지에서 1~2일 정도 공격준비를 한 것으로 보인다.

이 명령 상 당면한 적은 방어중인 한국군 7사단 1연대로 판단하였다. 이는 정면타격을 통한 돌파를 위해 한국군보다 3배 이상의 우위를 보장한 것으로 보인다. 임무는 최근임무로 마지리, 535.6고지 계선, 차후임무는 평마을, 내림암을 점령하고 이후 공격방향은 의정부, 서울이었다. 이와 관련한 북한군 문헌은 "4사단은 전선의 폭은 17km였고, 최근임무의 종심은 5~6km, 차후임무의 종심은 15~17km였다"[49]고 기술하고 있다.

제4사단은 2개 제대로 편성하였는데, 제1제대는 제18 및 16연대로, 제18연대가 사단의 포병, 전차, 공병 등의 지원을 받아 연대 최근임무인 구술리, 등영촌 계선을 점령하고, 차후임무로는 마지리, 262고지 계선을 점령한 다음 차후로는 항동 방향으로 공격을 하도록 하였다. 제16연대도 사단의 포병, 전차, 공병 등의 지원을 받아 연대 최근임무인 양원리, 백하리 계선을 점령하고, 차후임무는 362고지, 535.6고지 계선을 점령한 다음 차후로는 의정부방향을 공격할 것을 명령하였다. 그리고 제5연대(-1)는 2제대로 16연대의 후방 약 300미터 이내를 후속하고 제5연대 2대대는 18연대를 후속하여 공격하고 마지리, 동평촌 계선에서 전투진입 준비를 지시하였다.[50]

이 문서 상 주타격방향 연대를 명시하지 않았지만 배속 및 지원되는 부대와 라주바예프 보고서를 보면 제16연대가 주타격방향이다. 이외 특이한 점은 총참모부 2제대인 제13사단의 포병, 반전차포 등과 4사단 2제대인 5연대의 박격포 등이 제1제대 연대들의 공격을 지원하는 것을 명시하고 있다. 전투명령을 기초로 제4사단의 전투서열(역량과 기재할당표) 주요 내용을 작성하면 다음과 같다.

〈표 3〉 북한군 제4사단 전투서열(역량과 기재할당표)

| 구 분 | | 편 제 | | | | | | 복종변경 | | | | | | |
|---|---|---|---|---|---|---|---|---|---|---|---|---|---|---|
| | | | | | | | | 제13사단 | | | 5연대 | | | |
| | | 5연 | 16연 | 18연 | 전대 | 공병 | 반전차 | 포연 | 반전차 | 76포 | 45밀리 | 82밀리 | 76밀리 | 120밀리 |
| 1제대 | 주타격 | | 16연 | | 2개중 | 중 | 2개 소 | 2대 | 2개 중 | 2개 중 | | 2개중 | 중 | 중 |
| | 보조타격 | | | 18연 | 중 | 중 | 2개 소 | 1,3대 | 2개 중 | 중 | 중 | 중 | | |
| 2제대 | | 5연(-) | | | | | | | | | | | | |
| 포병군 | | | 2,3대 | 1대 | | | | | | | | | | |
| 예비대 | | 2대 | | | | 소 | 소 | | | | | | | |

* 출처 : 정보사령부, 『집단군(군단)·사(여)단』, p. 499의 사단 역량과 기재할당표를 이용하여 필자가 작성.

총참모부의 보조타격방향 사단은 6사단과 1국경여단으로 이 부대들의 전투명령은 발견되지 않아 라주바예프의 보고서를 분석한 한국군 공간사를 통해 분석하고, 전투서열은 가능한 자료 범위에서 살펴본다.

6사단의 임무(-1개 연대)는 한국군 주력을 38선에서 격파하는 것이고 최근임무는 강리, 개풍, 고남리 선까지이고, 이후 계속하여 고척리, 풍덕리, 상도리, 대룡리 선까지 전출하는 것이었다. 첫째 날 오후 늦게 병력 일부로 하여금 개성반도의 방비를 강화하게 하면서 하조강리(개성 남방 20km) 지역에서 한강을 도하하고, 둘째 날 아침에 통진, 백석현 고개, 마곡리 선을 따라 강의 남쪽 강변에 교두보를 확보하고, 서울의 한국군이 서남쪽으로 후퇴하는 것을 차단하면서 한강 남쪽 강변을 따라 영등포로 공격을 확대할 준비를 하는 것이다.[51]

6사단은 제4사단과 비교하면 깊은 종심을 공격하면서도 6사단 1연대는 옹진반도를 공격하는 제3국경경비여단으로 배속된 상태에서 계획을 수립하였다. 이에 사단장은 1개 제대로 전투서열을 편성하여, 제15연대는 고령리의 남쪽 사면구역에서 한국군을 섬멸하고 풍덕리(개성 서남방 13km) 방면으로 공격을 확대하는 임무를 부여하였다. 그리고 제13연대 (-1)는 송악산 동쪽 사면과 산직동 지역에서 개성-덕산리 방면으로 공격하도록 하고, 제13연대 3대대와 교육대대는 사단 예비로 하였다.[52] 6월 23일 18 : 35분에 하달한 6사단 13연대의 구두 전투명령도 3대대를 '사단 예비대'임을 명시하고 공격준비를 6월 23일 24 : 00까지 완료할 것을 지시하였다.[53]

1차 사료를 보면 6사단이 1개 제대로 편성되었다고 기술하는데 한국군 공간사는 2개 제대로 기술되어 있는데 이는 오류로 보인다. 실제 6사단은 1제대로 제15연대와 제13연대(-1), 사단예비대로 제13연대 3대대를 편성하였다. 그리고 북한군 사단은 공격준비를 1일 4시간 전에 완료했다는 것을 알 수 있다

당면한 한국군은 6월 18일 북한군 총사령부가 6사단에 하달한 정찰명령에 "제1사단 12연대가 포병부대와 기계화부대를 배속하여 예성강으로부터 154고지까지 방어하고 있다", 제3국경경비여단에게 하달한 정찰명령에는 "연안방면에는 기갑대대로써 증강한 적 1사단 12연대 3대대가 있

다"라고 기술하고 있다.[54] 따라서 정찰명령을 종합해보면 접적한 한국군은 12연대 2개 대대로 3배의 우위를 보장한 것으로 보인다. 그리고 북한군 문헌에 6사단은 전선의 폭이 22km였고, 최근임무의 종심은 6~8km, 차후임무의 종심은 17km였던 것으로 기술하고 있다.[55] 이 부분은 전투서열을 1개 제대로 편성하면서도 순차적 임무(최근임무, 차후임무)로 부여했다는 특징이 있다.

1국경여단은 제5사단 10연대와 협동하여 동해 연안의 도로 및 소로를 따라 진격하라는 임무를 부여받았다. 최근임무는 원일전리(양양 남방 11km), 동산리 지역을 점령하는 것이었고, 이후 양양 동남쪽의 482고지, 향동, 지경리 선까지 진출하는 것이었다. 여단의 임무는 퇴곡리, 동덕리 지역을 점령하는 것이었다. 선두부대는 강릉 서북방 지역에서 육전대와 합류하도록 되어 있었다. 이를 위해 여단장은 2개 제대로 1제대는 7개 대대, 제2제대는 5사단 10연대로 편성하였다.[56] 접적한 한국군 8사단은 2개 연대(6개 대대) 규모로 북한군은 육전대 2개 대대를 포함하면 2배의 우위를 달성하였다.

## 3. 연대 이하 제대의 전투준비

북한군 교리에 의하면 "연(대)대는 집결구역에서 전투서열 요소별로 은밀히 분산배치하고, 전투를 조직(정황판단 및 결심채택)하며 대기구역으로 진출하여 전투임무와 협동동작질서를 확정한 후 공격출발구역을 점령한다"[57]라고 기술하고 있다. 즉, 주둔지에서 전투로 투입되기 위해서 집결구역을 점령하고, 여기에서 전투준비를 한다. 이와 관련한 1차 사료들이 있어 이 자료들을 중심으로 공격개시 전까지 이루어진 활동을 살펴본다.

제353부대 문화부부대장 오의삼이 6월 22일 작성한 보고서를 보면, 이

부대는 3사단 예하 부대로 사단사령부 명령이 하달되기 전에 주둔지가 아닌 지역에서 북쪽이 아닌 남쪽으로 출발하여 집결구역을 점령하였다. 관련 내용을 살펴보자.

> 6월 17일 점심때부터 자동차에 적재하고 행군준비를 시켰고, 행군준비를 4~5시간내에 완수하고 저녁시간까지 다 시키고 19:30분에 출발했다. 포탄까지 정량을 싣고 완전한 전투준비로 명령받은 목적지로 떠나 18일 2시에 도착하였다. 목적지에 도착하여 포전호 굴설과 자동차 위장 포진지 경계조직을 하고 갈말에 가서 2일간 작업을 나섰다. 20일에는 도하기재를 완수하고 최고인민회의 상임위원회가 남조선 국회에 보내는 결정서를 듣고 완전히 이번 전투 준비를 갖추었다. 6월 21일에는 세탁 군화수리를 하고 21일 12:30분경 자동차 3대를 가지고 지정된 탄환 실러 갈말로 가서 싣고 또 반전차총 중대 1, 2소대가 직업 갔던 인원을 싣고 왔다.[58]

제3사단은 6월 19일 평강을 출발하여 운천리로 이동하여 6월 23일 야미리, 산정리 지역에 재배치되었다.[59] 중대 규모로 판단되는 이 부대는 집결구역에서 호 구축 및 위장, 정신교육, 세탁 군화수리 등 개인정비, 탄약 보충 등을 하였다. 이 부대가 개인위주의 활동을 한 것은 참모부가 없는 소규모 부대이기 때문인 것으로 보인다.

다음은 작전준비와 관련하여 전쟁 개시가 임박하기 전 일반 보병부대가 어떤 훈련을 했는지 살펴보자. 관련내용은 당시 2사단장이었던 이청송이 6월 19일 하달한 지시를 통해 살펴본다.

1. 훈련기일은 : 1950. 6. 20~6. 30(10일간)
2. 전투정치훈련의 기본은 나의 명령과 정치전투훈련계획 : 훈련시간 배당표, 일과표, 각 병과장과 근무장의 계획과 지시에 근거하여 조

직 실시할 것.

3. 전술훈련, 봉 육박전 훈련은 산악지대와 삼림지대에서 뛰어 오르며 내리면서 각종각양 복잡한 환경속에서 능히 적을 타승할 수 있는 기술동작을 익숙시킴에 중심을 둘 것. 특히 야간행동, 지형학 훈련, 전장에서의 기술전진법, 감시병, 연락병. 돌격하면서 적을 찌르고 때리는 동작을 훈련 줄 것.

4. 각급지휘관들이 저격수와 지휘조의 훈련을 실시할 것.

5. 새로 접수한 보병무기에 대한 시사 및 성능검사를 6월 21일까지 실시할 것.

6. 우천이라 훈련을 중지함을 엄금하여 일기와 시계조건이 불량할 때는 더욱 훈련을 가속히 실시할 것.[60]

북한군 2사단은 주둔지가 원산으로 함흥에서 김화까지 기차로 이동한 후 중부 산악지대에 위치한 철원, 김화를 거쳐 화천으로 이동하였고 6월 17일 춘천 서북 추곡리, 화천 북서 장촌리, 춘천 북서 원천리 등지로 집결하였다.[61] 그러므로 이 지시는 후방에서 38선 지역으로 이동한 후 예하부대에 하달한 내용이다. 이 부대는 춘천 및 가평 방향을 공격하는 부대였다. 부대가 산악지역 공격과 지형에 익숙치 않은 부대 사정을 고려하여 사단장은 산악지대 이동, 야간 극복, 백병전 등 개인 전술전기와 저격수 운용, 인수한 무기에 대한 성능검사 등을 강조하고 있다. 또한 우천이 예상되는 상황에서 불량한 일기에서도 훈련을 매진하라고 강조한 점은 실제 지형과 기상에 장병과 부대가 조기에 적응할 것을 요구한 것으로 보인다.

아울러 이 지시에 따르면 소대훈련은 병과별로 6월 20~22일(3일간), 중대훈련은 6월 23~27일(4일간), 대대훈련은 6월 28~30일(3일간)에 계획되었는데 6월 25일을 고려하면 현지에서 소대훈련을 완성하고 중대훈련은 일부 시행한 것으로 보인다. 이 상황을 고려하면 북한군 2사단이 "초기 전투에서 험준한 지형조건과 적의 완강한 저항으로 2~5km 밖에 진출하지 못했다"[62]는 평가를 받은 것을 이해할 수 있다.

마지막으로 집결구역에서 전투준비를 하고 이후 공격으로의 전환은 3사단 예하대대의 전투보고에 간략히 기술되어 있다. 보고서 가운데 관련 내용을 인용하면 다음과 같다.

> 제1대대 : 출공선(공격출발선)은 6월 25일 4시 보병 구분대가 완전히 점령하였으며, 포병대대는 6월 24일 오후에 진지를 점령하고 공격시간까지 전투준비를 완료하였다.
> 제2대대 : 23일 8시부터 집결구역에서 출발하여 24일 3시 30분까지 출발선을 점령, 노곡리 994고지 앞 영평천 일대에 대대는 점령하고 공격신호를 기다리든 중 24일 4시 40분부터 아군 포사격은 개시되었다
> 제3대대(2제대) : 명령에 의하여 6. 24일 3시 30분에 출발진지를 점령하고 공격신호를 대기하다가 5시 30분에 공격을 개시하였다.[63]

이 연대는 제3사단 7연대로 6월 23일부터 철원 부근의 공격출발진지를 점령하여 서울로 공격한 부대이다. 이 보고서에 따르면 대대는 23일 8시에 출발구역을 떠나 24시 3시 30분 공격출발선을 점령하여 대기하다가 공격신호를 기다렸다.


## 4. 소결론

북한군 총참모부는 작전술 측면에서 군사전략차원에서 하달한 한국군 전방부대를 격멸하고 미군 증원이전에 남한을 점령하기 위하여 제1단계는 협조된 공격인 '포위전' 즉, 2중 양익포위를 통해 한국군 주력을 섬멸

하고자 하였다. 제2단계 이후는 1단계 작전결과에 따라 판단되기 때문에 개략적으로 타격방향만 준 것으로 보인다.

제1단계 작전은 총참모부 주타격방향에 보조타격방향인 2개 국경경비여단과 2개 사단을 제외한 전 부대를 투입하였다. 통상 북한군의 주타격방향에 대해 이해하는 '상대적으로 좁은 정면에 상대적인 우위'가 아니라, 넓은 정면에 대부분의 부대를 할당한 것이다. 또한 남·북한 육군의 전투력이 1 : 1.7이었는데 정면타격을 하는 지역들은 1 : 3, 1 : 2(동해안)의 우위에 있었다. 그리고 2중 양익포위를 실시하는데 포위전을 위해 한국군 공간사에서 언급하는 '고속기동부대'는 '우회대'로 보인다.

연대 이하 부대는 사단 작전명령 하달 후 집결구역으로 이동한 게 아니라 그 전에 이동한 것으로 보인다. 집결구역에서는 차후 전쟁준비를 위하여 정치사상교육, 지형극복 및 백병전 훈련, 신무기 시사, 저격수 훈련 등 개인전기 위주로 실시하였다. 물론 참모부를 보유한 제대는 작전에 대한 계획 및 준비를 했을 것으로 추정된다.


## IV. 결 론 : 국가안보전략 목표에 따른 군사술의 적절한 적용

북한의 한국전쟁 계획을 기존 연구와는 달리 북한(군) 시각으로 국가안보전략-군사술 관점에서 분석하였다. 현재와는 다소 차이가 있지만 한국전쟁은 국가와 국가 간의 무장투쟁이었고, 국가는 국익을 위해 전쟁을 계획 및 수행하는데, 북한 지도부는 국가안보전략(대전략)을 수립하고 민족보위성(총참모부) 이하 군 부대는 국가안보전략 목표(정치적 목표)를 달성하기 위한 군사작전 계획을 군사전략-작전술-전술로 이어지는 수직적 구조, 즉 Top-Down 형태로 적절히 수립하였다.

국가안보전략 측면에서 북한은 후견인인 소련과 협정을 맺고 남한보다는 2~3배 우위의 전투력을 건설하였다. 그리고 한반도에서 전쟁이 발발할 경우 예상되는 외세의 개입을 대비하여 중공군의 참전을 사전 협조하였다. 이 구조는 한반도 내의 전쟁은 필연적으로 외세의 개입을 부르는 현실을 반영한 것이다.

군사전략 측면에서 북한군 운용은 섬멸전을 통해 한국군 전방사단 주력을 격멸하고 이후 기동전으로 외세의 개입을 거부하기 위해 남해안 주요 항구를 점령하는 것이다. 이 내용은 현재 북한군이 자주 주장하는 '섬멸전,' '기동전'의 개념이다. 그리고 군사지휘체계는 한국전쟁 전부터 제1·2군단 사령부와 전선사령부가 존재하지 않았기 때문에 개전 시, 총사령부가 중간제대 없이 사(여)단을 직접 통제하되 주타격방향에서 행동하는 사(여)단들을 통제하기 위한 작전조를 편성하였다. 이 부분은 한국군의 '3각 편제' 개념을 벗어나고, 북한군이 사용하는 '주타격방향에서 행동하는 사단들'이란 개념을 이해해야 적용할 수 있다.

작전술 측면에서 1단계 작전은 구체적으로 작성되어 포위전, 즉 2중 양익포위개념을 적용하여 서울과 수원에서 한국군 주력을 격멸하려 하였다. 그리고 타격방향은 주타격방향과 2개의 보조타격방향을 선정하였고, 선정된 주타격방향은 넓은 지역에 많은 수의 지상군 사(여)단을 운용하였다. 2단계 이후의 작전계획은 개략적인 방향을 지정하는 개략계획 수준으로 작성되었다.

전술측면은 4사단과 6사단, 제1국경여단의 작전계획을 분석했는데 여기서는 당면한 한국군보다 1 : 3. 1 : 2의 우세를 달성하고 총참모부 의도에 맞춰 작전계획이 수립되었다. 연대 이하 제대들은 공격개시 전까지 집결구역으로 이동하여 개인전기, 신무기 시사, 정신교육 등을 강화하고 이후 공격출발선 또는 공격출발진지를 점령한 것을 보여준다. 이 과정에서 사단 명령하달 시점과는 별개로 부대들이 이미 집결구역으로 이동하여 개인 및 소부대 차원에서 전투준비를 하였다.

지금까지 설명한 이 개념은 2010년에 발생한 '연평도 포격사건'에도 적용하여 정치적 목표-군사 관계로 분석할 수 있다. 즉, 김정은 체제가 연평도 포격을 통해 달성하고자 한 국가안보전략 목표를 추정하고, 이에 따라 후방에 대비했던 북한 해(공)군 등의 움직임을 포함하여 총참모부-4군단-갱도포병 등으로 이어지는 수직적 관계에서 제대별 역할, 행동 등을 이해할 수 있다. 이를 통해 북한 정책(정치)의 한 수단인 전쟁(분쟁)이 군사적으로 어떻게 작동하는지 추정할 수 있을 것이다.


## 이 장의 주

1 한국전쟁 당시 소련 중국 등은 작전술 개념을 적용하였으나, 미군과 한국군은 1980년대 공지전투를 수용하여 작전술(전역, 대규모작전)을 처음 적용하였다 ; '군사전략-전술'의 2분법에서 작전술을 분화하는 데는 나폴레옹의 영향이 컸다. 나폴레옹은 기동, 전투, 추격을 하나의 연속적인 과정(즉 전략에서 전술로, 전술에서 전략으로 연관성 있게 변화)으로 융합시켰다. 나폴레옹 전역을 분석하여 군사이론을 발전시킨 조미니와 클라우제비츠는 연속적인 기동에 초점을 두었고, 이는 독일과 소련을 중심으로 한 대륙국가에 의해 계승되었다. 박휘락, 『전쟁·전략·군사 입문』(서울 : 법문사, 2007), p. 142.

2 한국전쟁 전 북한군 군사교리의 형성은 다음 논문을 참조. 장성진, 「북한군 군사교리의 형성과 운용에 관한 연구, 1945~1950」(북한대학원대학교 박사학위 논문, 2014), p. 13 ; 북한의 국가안보전략과 군사술의 관계는 관련 논문을 찾기 힘들며 북한과 유사한 중국의 국가안보전략과 군사술의 관계는 다음을 참조. 졸저, 「중국의 한국전쟁 수행 연구」(북한대학원대학교 박사학위 논문, 2014), pp. 18~27.

3 강규형, 「소련문서를 통해 본 6·25전쟁의 기원」 『6·25전쟁의 재인식』(서울 : 기파랑, 2010), pp. 59~60.

4 王厚卿, 『戰役發展史』(北京 : 中國國防大學出版社, 2001), p. 482.

5 국방부 군사편찬연구소, 『전쟁의 배경과 원인』(서울 : 국방부 군사편찬연구소, 2004), pp. 176~179.

6 올랜도 파이지스, 조준래 역, 『혁명의 러시아 1891~1991』(서울 : 어크로스, 2017), p. 348.

7 Kathryn Weathersby, "To Attack, or Not to Attack? Stalin, Kim Il Sung, and the Prelude to War," *CWIHP Bulletin*, Issues 5(Washington, D.C. : Woodrow Wilson International Center, Spring 1995), pp. 4~6 ; 외무부 역, 『한국전쟁 관련 소련극비외교문서』, 제3권, pp. 2~11.

8 국방부 군사편찬연구소, 『전쟁의 배경과 원인』, p. 183.

9 NSC 8, April 2, 1948, *FRUS : 1948,* Vol. Ⅵ, The Far East and Australasia, 1974, pp. 1163~1169.

10 John Lewis Gaddis, 박건영 역, 『새로 쓰는 냉전의 역사』(서울 : 사회평론, 2002), p. 129.

11 외무부 역, 『한국전쟁 관련 소련극비외교문서』 제3권, p. 27.

12 외무부 역, 『한국전쟁 관련 소련극비외교문서』 제3권, p. 30.

13 김일성, 「조선인민군열병식에서 진술한 연설」, 김준엽·김창순·이일선·박관옥 공편, 『북한연구자료집』제1집(서울 : 고려대학교출판부, 1969), pp. 314~315.

14 김광수, 「한국전쟁 전반기 북한의 전쟁수행 연구」(경남대학교 북한대학원 박사학위논문, 2008), p. 98에서 재인용. 원문 출처는 Evgeniy P. Bajanov and Natalia Bajanova, "The Korean Conflict, 1950~1953 : The Most Mysterious War of the 20th Century - Based on Secret Soviet Archives"(unpublished manuscript, no date), pp. 32~33.

15 러 국방부 편, 김종국 역, 『러시아가 본 한국전쟁』(서울 : 오비기획, 2002), p. 24. 이 문헌은 한국전쟁이 끝나고, 소련 국방부가 1956년에 발간한 책으로 소련 입장에서 바라보고 있다.

16 러 국방부 편, 『러시아가 본 한국전쟁』, pp. 19~20 ; 여기서 언급한 내무 보안군은 북한군의 경비여단으로 보인다.

17 러 국방부편, 『러시아가 본 한국전쟁』, pp. 25~26.

18 梁鎭三, 「전쟁기 중국지도부와 북한지도부 사이의 모순과 갈등」 『6·25전쟁사의 새로운 연구』 제2권(서울 : 군사편찬연구소, 2002), pp. 578~579에서 재인용. 원문

출처는 Архив Внешней Политики Россий ской Федерации АВПРФ. Хронология основных событий кануна и начального период кор ей ской вой ны, январь 1949-октябрь 1950 гг.(не публикована), cc.30-31.

19 국방부군사편찬연구소, 『전쟁의 배경과 원인』, p. 208 ; 1950년 5월 모택동은 김일성과의 면담에서 "중국은 장차 선양지역에 부대를 배치시키는데, 이는 만약 한국에 일본군을 끌어들여 군사행동을 할 때 북한에게 필요한 원조를 제공하기 위함이다" 라고 언급하였다. 沈志華,編, "蘇聯外交部關於朝鮮戰爭的背景報告(1966年 8月 29日)-關於1950~1953年朝鮮戰爭及停戰談判,"『朝鮮戰爭 : 俄國檔案館的解密文件』下冊(臺北 : 中央研究院近代史研究所, 2003), p. 1346.

20 David Tsui, 한국전략문제연구소 역, 『중국의 6·25전쟁 참전』(서울 : 한국전략문제연구소, 2011), p. 114.

21 중국은 1948년 11월 최초의 해군기지를 설치한 이후, 1950년 4월 14일 정식으로 해군을 창설하였다. 공군은 1949년 8월 11일 유소기를 중심으로 한 공군 대표단이 모스크바를 방문하여 300~350대의 항공기를 보유한 공군력을 건설할 수 있도록 도움을 요청하였다. 김덕기, 『21세기 중국해군』(서울 : 한국해양전략연구소. 2000), pp. 51~53.

22 정보본부, 『집단군(군단)·사(여)단』(서울 : 정보본부, 2017), p. 93.

23 러 국방부 편, 『러시아가 본 한국전쟁』, p. 18.

24 사회과학원 력사출판사, 『조선전사』 제25권(평양 : 평양종합인쇄공장, 1981). p. 86.

25 러 국방부 편, 『러시아가 본 한국전쟁』, p. 30.

26 정치전략은 한국 개념인 국가안보전략이다.

27 조선인민군출판사, 『군사상식』(평양 : 조선인민군 출판사, 1982), p. 266.

28 국방군사연구소, 『한국전쟁(상)』(서울 : 국방군사연구소, 1995), p. 75.

29 장성진, 「북한군 군사교리의 형성과 운용에 관한 연구, 1945~1950」, p. 13 ; 북한군 조선전사나 1990년대 적서에서도 섬멸전과 기동전 개념이 언급된다. 즉, 한국군 전방부대를 포위전으로 섬멸하고, 그 후방지역은 조직적인 저항을 하지 못하도록 기동전을 수행한다는 뜻이다.

30 정보본부, 『집단군(군단)·사(여)단』, p. 173 ; 우회대는 집단군(군단) 차원에서는 1개 연대 또는 그 이상 규모 편성한다. 우회대는 보병, 전차, 기계화보병 모두 운용 가능하다. 정보본부, 『집단군(군단)·사(여)단』, p. 166, 270.

31 러 국방부 편, 『러시아가 본 한국전쟁』, p. 31, 55.

32 국방부군사편찬연구소, 『라주바예프의 6·25전쟁 보고서』, 제1권(서울 : 국방부군사편찬연구소, 2001) p. 137 ; 북한군은 이 사례와 교리에 따라 서울을 포위하는데 5~7일 소요된다는 '5~7일 작전'을 언급한다.

33 러 국방부 편, 『러시아가 본 한국전쟁』, p. 55.

34 소련군은 주타격방향을 "승리하기 위한 중요한 요건 중 하나는 주타격방향에 모든 힘을 집중하는 것으로 주타격은 적 주력을 격멸하기 위한 결정적인 방향에 실시해야만 한다. 공격정면과 주타격방향의 폭은 부여된 임무와 보유한 전투력, 지형조건 그리고 적 방어성격에 의해 결정된다."라고 설명한다. 러 국방부편, 『러시아가 본 한국전쟁』, p. 21.

35 국방부 군사편찬연구소, 『라주바예프의 6·25전쟁 보고서』, pp. 137~139.

36 러 국방부 편, 『러시아가 본 한국전쟁』, p. 31.

37 국방부 군사편찬연구소, 「정찰명령 제1호-50. 6. 18」 『6·25전쟁 북한군 전투명령』 (서울 : 국방부 군사편찬연구소, 2001), p. 26.

38 북한 『조국해방전쟁사』는 김일성은 7월 4일 최고사령관직에, 김책은 7월 5일 전선사령관에 임명되었다고 기술하고 있다. 『러시아가 본 한국전쟁』은 7월 13일 총참모부 보조지휘소에 전선사령부를 창설함과 동시에 2개의 집단군(군단)이 창설되었다고 기술하고 있다 ; 국방부군사편찬연구소는 북한군 제1단계 작전계획을 설명하면서 제1군단, 제2군단, 전선사령관을 포함하는데 이는 역사적 사실에 대한 오류이다. 국방부 군사편찬연구소, 『북한의 전면남침과 초기 방어전투』(서울 : 국방부 군사편찬연구소, 2005), pp. 12~39 참조. 박명림도 "전쟁 직전 1, 2군단의 지휘를 맡은 사령관은 김웅과 김광협이었다"라고 기술하고 있는데 이 부분도 오류이다. 박명림, 『한국전쟁 1950 전쟁과 평화』(서울 : 나남, 2009), p. 91.

39 김광수, 「한국전쟁 전반기 북한의 전쟁수행 연구」, p. 150에서 재인용. 원문의 출처는 다음과 같다. *Voina v Koree 1950~1953*, p. 73, 825 ; 유성철, "나의 증언 9," 《한국일보》 1990년 11월 11일자 ; 주영복 『내가 겪은 조선전쟁』 제1권, pp. 224~233. 또한 철원의 전방지휘소에서 최용건, 강건에 의해 내려진 노획문서, 총참모부, 『부분전투명령』(1950년 7월 5일 철원에서) 참조 NARA RG 242 Captured Enemy Documents(North Korea) 소장문서.

40 이 작전조가 지휘한 부대와 한국군 공간사에서 언급하는 군단의 부대표와 일치하지 않는다. 예를 들어 한국군 공간사에는 제1군단에 15사단이 포함되어 있는데 동부전선에서 지휘한 제2작전조가 제15사단을 통제하였다. 그리고 작전조의 운용은 한국전쟁 후반기 중공군의 작전에서도 발견된다.

41 정보사령부, 『북한군 군사사상』(서울 : 정보사령부, 2007), pp. 172~174.

42 조선인민군출판사, 『군사상식』, pp. 267~268.

43 육군대학, 『한국전쟁사 부도』(대전 : 육군대학, 2008), p. 9.

44 국방부 군사편찬연구소, 『북한의 전면남침과 초기 방어전투』, pp. 7~8.

45 군단과 사단의 타격형식과 한국전쟁 사례 분석은 다음을 참조. 정보본부, 『집단군 (군단)·사(여)단』, pp. 110~112 ; 졸저, 「북한군 공격작전의 제대별 연계성에 관한 연구」『군사평론』405호(대전 : 육군대학, 2010), pp. 206~218.

46 북한군은 군단 이상 부대는 작전대형, 사단 이하는 전투서열이란 용어를 사용한다.

47 관련 내용은 다음을 참조. 졸저, 「6·25전쟁 초기 조선족 부대의 작전수행 연구」『軍史硏究』138집(계룡 : 육군본부, 2014), pp. 132~137.

48 국방부 군사편찬연구소, 「인민군 제4사단 전투명령 제1호/전투계획 일람표」(서울: 국방부 군사편찬연구소, 2001), p. 32.

49 정보사령부, 『북한군 공격(사단·연대)』(서울 : 정보사령부, 1998), p. 12, 13, 20.

50 국방부 군사편찬연구소, 「인민군 제4사단 전투명령 제1호/전투계획 일람표」, pp. 33~43.

51 국방부 군사편찬연구소, 『라주바예프의 6·25전쟁 보고서』 제1권, p. 146.

52 국방부 군사편찬연구소, 『라주바예프의 6·25전쟁 보고서』 제1권, p. 147.

53 국방부 군사편찬연구소, 「구두 전투명령-송악산 부근」『6·25전쟁 북한군 전투명령』(서울 : 국방부 군사편찬연구소, 2001), p. 86.

54 국방부 군사편찬연구소, 「정찰명령 제1호-50. 6. 18」『6·25전쟁 북한군 전투명령』(서울 : 국방부 군사편찬연구소, 2001), p. 8.

55 정보사령부, 『북한군 공격(사단·연대)』, p. 12, 13, 20.

56 국방부 군사편찬연구소, 『라주바예프의 6·25전쟁 보고서』 제1권, pp. 174~175.

57 정보본부, 『보병연대·대대』(서울 : 정보본부, 2016), p. 93.

58 국방부 군사편찬연구소, 「야영에서 군무자의 사상동향과 특별사고에 관한 보고」『6·25전쟁 북한군 전투명령』(서울 : 국방부 군사편찬연구소, 2001), pp. 76~78.

59 국방부 군사편찬연구소, 『북한의 전면남침과 초기 방어전투』(서울 : 국방부 군사편찬연구소, 2005), p. 41.

60 국방부 군사편찬연구소, 「야영특별전투훈련계획과 임무지시에 관하여」『6·25전쟁 북한군 전투명령』(서울 : 국방부 군사편찬연구소, 2001), pp. 69~70.

61 국방부 군사편찬연구소, 『북한의 전면남침과 초기 방어전투』, pp. 41~42.

62 러 국방부 편, 『러시아가 본 한국전쟁』, p. 32.

63 국방부 군사편찬연구소, 「전투 결과보고-제3사단 예하대대」 『6·25전쟁 북한군 전투명령』(서울 : 국방부 군사편찬연구소, 2001), p. 100, 103, 106. 이 부대는 3사단 7연대로 보이고, 2대대와 3대대가 보고한 내용은 24일 04시 40분에 공격한 것으로 기술되어 있는데 이는 정밀한 검토가 필요하고 필자의 판단은 오타로 보인다.

# 북한 심리전부대의 베트남전쟁 참전과 활동*

이 신 재**

## Ⅰ. 들어가며

70여 년 남북분단사에서 남북의 군사적 대결 장소는 비단 한반도에만 국한된 것은 아니었다. 남북한의 군대가 한반도를 떠나 해외의 전장(戰場)에서 상대방을 '적'으로 마주했던 상황도 있었다. 그곳이 바로 베트남이었다. 베트남전쟁 당시 남한뿐만 아니라 북한도 군대를 파병하면서 베트남에서는 남북의 군대가 서로 대치하는 상황이 만들어졌다.

지금까지 한국군의 베트남전쟁 파병에 대해서는 잘 알려져 있었다. 한국은 1964년 9월부터 1973년 3월까지 연인원 32만여 명의 병력을 베트남에 파병했다. 그러나 북한의 참전은 오랜기간 베일에 가려져 있었다. 구체적인 실상은 차치하고서라도 파병을 했다는 사실 자체도 제대로 확인되

---

* 이 글은 필자의 논문 "Battle between the Two Koreas in Vietnam : An Analysis of Participation in the Vietnam War by the North Korean Psychological Warfare Unit and Propaganda Leaflet" *S/N Korean Humanities*, Vol.4 No.1(2018)의 내용을 수정·보완한 것임을 밝힙니다.
** 군사편찬연구소 선임연구원, 2godis@naver.com

지 못했다. 그러던 중 2000년대 들어서면서부터 작은 변화가 나타나기 시작했다. 북한이 공군, 심리전부대, 공병부대 등의 참전사실을 공개하고 나선 것이다.[1] 비슷한 시기 베트남에서도 정부차원에서 간행되는 역사서에 북한을 포함한 사회주의 진영의 참전사실을 수록하기 시작했다. 이로써 그동안 '추측'으로만 알려졌던 내용들이 '사실'로 확인되기 시작하였다.[2]

북한군의 베트남전쟁 참전이 사실로 확인되면서 학문적 차원의 연구성과도 나오기 시작했다. 2003년 일본의 미야모토 사토루(宮本悟)는 북한의 베트남전쟁 참전 배경을 규명하는 연구를 발표했다. 사토루의 연구는 참전의 구체적인 사항까지는 규명하지 못했지만, 북한의 베트남전쟁 참전을 학문적 차원에서 규명하기 위한 첫 시도라는 점에서 의미가 있다.[3]

미국의 프리브나우(Merle Pribbenow)는 베트남 내부문건을 발굴해 북한 전투기 조종사와 심리전부대의 참전사실을 규명하였다. 비록 분량이나 내용면에서 단편적이긴 하지만, 베트남 문건을 연구에 활용할 정도로 연구의 여건이 진전되었다는 점에서 주목할 만하다.[4]

2017년에는 국내에서도 북한의 베트남전쟁 참전을 주제로 한 단행본이 출간될 정도로 이 분야에서 성과가 나타났다.[5] 그러나 북한의 베트남전쟁 참전은 아직도 많은 부분이 연구의 공백으로 남아있다.

지금까지의 연구에 따르면 북한의 베트남전쟁 참전은 사회주의 진영의 이른바 '국제주의적 의무이행'이라는 명분 속에서 이루어졌다. 한국이 공산주의 확산방지와 '자유와 평화의 십자군'이라는 명분을 내걸고 베트남으로 향했던 것과 대조를 보인다. 이것은 냉전시기 이념적으로 양분된 국제질서의 한 단면을 보여주는 것으로 이해할 수 있을 것이다.

군대를 파병하기 전 북한과 당시 북베트남(베트남민주공화국)은 매우 밀접한 관계를 맺고 있었다. 양국은 1950년 1월 국교를 체결한 이후 1957년과 1958년 호치민(Ho Chi Minh)과 김일성이 평양과 하노이(Hanoi)를 상호 방문한 바 있었다. 이러한 토대 위에서 1964년 8월 이른바 통킹만 (The Gulf of Tonkin) 사건으로 베트남전쟁이 본격화되자 북한은 공군 전투기 조종사, 고사포부대, 공병부대, 심리전부대 등을 베트남에 파병했고, 전쟁 수행에 필요한 물자도 지원하였다.

북한의 베트남전쟁 참전은 참전 그 자체만으로도 주목할 만하다. 이것은 베트남전쟁의 모습을 재구성하고, 평가하는데 필요한 부분이기 때문이다. 그러나, 이 연구에서 특히 주목하는 점은 북한의 여러 파병부대 중에서 심리전부대의 참전이다. 심리전부대는 북한이 파병했던 다른 종류의 부대들과는 성격면에서 명백한 차이점을 지니고 있다. 북한이 파병했던 공군, 고사포, 공병부대의 상대는 한국군이 아니었다. 이들 부대는 주로 하노이에 주둔하면서 북베트남을 공격하는 미군을 방어하는 활동을 전개했다. 하지만, 심리전부대의 작전대상은 미군이 아니라 바로 한국군이었기 때문이다. 이로인해 한반도에서 전개되던 남북한 군대의 대결이 베트남에서도 이루어지게 되었다.

이런 점에서 이 연구는 베트남전쟁 당시 북한이 베트남에 파병했던 심리전부대의 참전실태와 활동에 대해 살펴보고자 한다. 이것은 그동안 제대로 알려지지 않았던 사건에 대한 연구라는 점에서 특별한 의미를 부여할 수 있을 것이다. 더 나아가 주로 한국군의 파병만 다루고 있는 국내 베트남전쟁사 연구동향에도 긍정적 영향을 줄 수 있을 것이다.

그리고 무엇보다 북한 심리전부대의 참전 연구는 냉전사적 측면에서 한반도의 냉전이 국제적 냉전 속에서 어떻게 확장되고, 연결되었는지를 엿볼 수 있는 좋은 사례가 될 수 있다. 한반도와 지리적으로 떨어진 베트남에서 남북의 군대가 장소를 옮겨 벌였던 대결의 모습은 당시 냉전의 모습을 이해하는데 중요한 의미가 있기 때문이다.

이를 위해 이 연구에서는 베트남전쟁 당시 작성된 한국군 전사(戰史)기록, 첩보문건, 북한군 노획문서 그리고 북한, 미국, 베트남 등의 자료를 통해 북한 심리전부대의 파병실태에 대해 살펴볼 것이다. 또한 전쟁 당시 수집된 북한의 선전용 전단(傳單, 이하 삐라)[6]을 통해 베트남에 파병된 북한군이 한국군을 향해 보냈던 메시지(message)의 내용과 특징을 확인할 것이다. 그리고 이를 통해 북한 심리전부대의 베트남전쟁 참전의 의미를 평가하고자 한다.

## II. 심리전부대의 참전배경과 활동

### 1. 참전 배경

베트남에 파병된 한국군은 외국군대 중에서 미군 다음으로 많은 규모였다. 1964년부터 1973년까지 연인원 32만여 명의 한국군이 베트남에 파병되었다. 연간 최대 주둔 인원도 5만 명에 이르렀고, 이중 약 70%가 전투부대 병력이었다. 한국군은 전술책임구역(TAOR)을 할당받아 베트콩(Vietcong)으로부터 주민을 보호하고 책임구역의 안정을 도모하는 이른바 평정작전(Pacification Operation)을 실시하였다.

북베트남과 베트콩의 입장에서 한국군은 남베트남(베트남공화국) 군대 및 미군과 더불어 현실적으로 직면한 적(敵)일 수 밖에 없었다. 그러나 전선이 명확하지 않은 비정규전의 양상을 띠었던 베트남에서 한국군과 같은 정규군을 상대하기에는 베트콩의 게릴라식 투쟁 방식은 한계가 있을 수 밖에 없었다. 이런 상황에서 정치전의 양상을 띠었던 전쟁의 특성을 살려 고국을 떠나 해외의 전장에 나온 한국군을 상대로 한 심리전은 총보다 효과적인 수단임에 틀림없었다.

베트남전쟁 당시 심리전은 모든 군대가 중요하게 고려하고 있었다. 한국군의 경우에는 이른바 물(주민)과 물고기(게릴라)를 분리시킨다는 전술을 사용하며, 민사심리전을 적극적으로 활용했다. 주월(駐越) 한국군사령부와 각 예하부대에 민사심리전참모부를 편성하고, 민사심리전중대를 통해 심리전을 전개했다. 그 결과 파병 초기에는 군사작전과 민사심리전의 비중이 7 : 3의 비율이었으나, 1967년 중반부터는 군사작전과 민사심리전의 비중이 5 : 5로 양분되었다.[7] 남베트남군도 정치전총국 산하에 심리전국을 두고 각 군구(軍區)에 정치전대대를 설치해 심리전을 수행하였다.[8]

남베트남 주둔 미군은 제4심리전단에서 미국 대외원조처(USAID)와 미국 대사관 공보부 등의 지원을 받아 심리전을 전개하였다. 미군은 선전개발연구반(PDS)이라고 불린 조직에 전직 북베트남 장교 및 남베트남의 민간기술요원을 활용해 심리전 기법을 개발하였고,[9] 연합군의 효과적인 심리전 수행을 위해 각 군구 및 지역별로 심리전협조센터(CPOC)도 운영하였다.

이런 상황에서 북베트남도 심리전에 관심을 가지지 않을 수 없었다. 특히 한국군에 대해서는 파병 초기부터 심리전을 전개하기 시작하였다. 그러나 한국어 및 한국인들의 정서를 바탕으로 효과적인 심리전을 전개할 능력은 갖추지 못한 상태였다. 1964~1965년도 한국군 파병 초기 북베트남과 베트콩은 북한 유학을 다녀와 한국어 구사가 가능한 인원들을 활용해 한국어로 된 심리전 방송을 내보냈다. 그러나 전투 현장에서 직접 심리전을 수행하고, 한국군에 대한 첩보를 수집하는 등의 적극적인 활동 역량은 부족할 수 밖에 없었다. 결국 북베트남으로서는 한국군에 대한 심리전을 강화할 새로운 대책이 요구되고 있었다.

이런 상황에서 북한은 사회주의 진영의 '국제주의적 의무이행'을 명분으로 내걸고 북베트남을 지원하고자 하였다. 북한의 지원배경에는 베트남에 파병된 한국군의 전술을 파악하기 위한 목적도 중요하게 자리잡고 있었다. 이 같은 북한의 구상이 북베트남의 이해관계와 일치하면서 북한 심리전부대의 베트남파병으로 나타나게 된 것이다.[10]

이러한 내용은 프리브나우가 발굴한 베트남 자료를 통해서도 확인된다. 프리브나우에 따르면 베트남 공산당과 북한 조선노동당은 1966~1967년경 심리전부대의 베트남 파병에 관한 협정을 체결하였다. 협정의 내용은 북한이 베트남에 파병된 한국군에 대한 이념적 공격과 전향공작을 위해 북한군 간부들로 팀을 편성해 남베트남의 제5군구로 보낸다는 것이었다.[11] 제5군구는 북베트남이 남베트남에 설정했던 군대의 주둔지역 중 하나로서, 실제로 한국군이 주둔하던 곳이었다. 이로써 남북한 군대의 대결이 한반도를 벗어나 해외에서도 시작되게 되었다.

## 2. 참전 현황

북한 심리전부대의 베트남 파병에 대한 상세한 자료는 찾아보기 쉽지 않다. 이것은 북한과 베트남에서 공개한 사항이 매우 단편적인 수준에 불과하기 때문이다. 대부분의 국가들이 전쟁이 끝난 뒤 일정시간이 지나면 자국의 전쟁사 등을 통해 전쟁에 관한 자료를 공개하는데 반해, 북한과 베트남은 그렇지 않고 있다. 그럼에도 불구하고, 지금까지 수집된 각종 자료를 종합해 보면 베트남에 파병된 북한 심리전부대의 모습을 일정부분까지는 재구성해 볼 수 있다.

북한 심리전부대의 존재는 이미 1965년 말 한국군 전투부대의 파병 직후부터 제기되고 있었다. 1965년 10월 한국군 전투부대인 수도사단(맹호부대)과 해병 제2여단(청룡부대)이 베트남에 도착했을 때부터 한국어로 송출되는 라디오 방송이 수신되고, 한글로 된 삐라(Bill)가 발견되고 있었기 때문이다. 그러나 당시 라디오방송은 북베트남의 수도 하노이에서 내보내는 것이었고, 한글로 된 삐라는 베트콩 측에서 제작해 살포했을 가능성이 컸기 때문에 북한 심리전부대의 참전은 '추측'에 불과한 정도였다.

그러나 1968년 4월 남베트남 주둔 미군이 북한군이 작성한 것으로 보이는 한글로 된 문서를 작전 중에 노획하였고, 이어서 1968년 5월 30일 한국군 제9사단(백마부대)이 120여 건에 달하는 북한군 문서를 노획하면서 북한군의 참전이 확인되기 시작하였다.[12] 당시 노획문서에는 북한 심리전부대의 베트남 도착시기와 편성현황, 그리고 구체적인 활동사항과 성과가 상세하게 기술되어 있었다.

이 문건에 따르면 심리전부대는 1966년 6월 제1진 4명이 한국군 주둔지 인근지역이자 캄보디아 국경과 인접해 있는 자라이성(Gia Lai Province)에 처음 도착하였다. 이후 순차적으로 후속 인원이 도착하면서 1967년 12월에는 전체규모가 35명으로 증가했다.[13] 이것을 베트남전쟁 전 기간 동안 교체된 병력까지 포함하면 그 규모는 최소 100명 이상 되었을 것으로 추산된다.[14] 이것은 1967년 하노이 주재 루마니아 대사관이 본국에 보고한 외교전문에 나타나는 남베트남 민족해방전선(National Liberation Front : NLF) 대표의 발언과도 일치한다. 전문에는 '많은 북한인이 한국군에 대한 정보를 수집하고, 한국군에 대한 심리전 활동을 하기 위해 남베트남으로 파견되었다'는 NLF 대표의 발언이 담겨 있다.[15] 북한은 보다 많은 심리전 인원을 보내고자 하였으나, 언어(베트남어)의 제한으로 성사되지 못했다는 내용도 이 전문에서 확인된다.[16]

당시 북한 심리전부대는 자신들을 '선전파견대' 또는 '파견선전대'로 불렀고, 한국군은 이들을 '북한공작단'이라고 불렀다. 북한 심리전부대는 자라이성에 자신들의 본부를 설치하고, 5개 성(省) 지역에 걸쳐 주둔하고 있는 한국군 3개 전투부대(맹호·백마·청룡부대)를 대상으로 와해공작(瓦

解工作)을 전개했다. 이를 위해 베트남어 통역관 1명을 포함해 4명으로 편성된 5개의 전방조(前方組)도 설치하였다. 전방조는 작전지역이었던 각 성의 명칭을 따서 자라이(Gia Lai)조, 꽝남(Quang Nam)조, 빈딘(Bin Dinh)조, 푸엔(Phu Yen)조, 카인호아(Khan Hoa)조로 불렸다. 이들 전방조의 활동을 지원하기 위한 출판조와 기술정보조도 별도로 편성했다. <그림 1>은 당시 북한 심리전부대의 편성현황이다. 괄호안의 '백마', '청룡' 등의 명칭은 북한의 해당 전방조가 상대했던 한국군 부대를 의미한다.

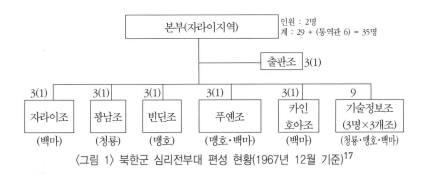

〈그림 1〉 북한군 심리전부대 편성 현황(1967년 12월 기준)[17]

당시 한국군 주둔지 또는 인접지역에서 북한군으로 의심되는 인원들의 출현은 빈번하게 식별되었다. 한국군은 자체 정보수집 기구뿐만 아니라 미군, 남베트남군, 남베트남 경찰 등 여러 경로로 북한군 참전에 관한 첩보를 수집하고 있었다. 당시 미군과 남베트남 군대 및 경찰로부터 수집한 첩보는 33건에 달했다. 그 결과 베트남전쟁 당시 북한 심리전부대의 참전에 대해서는 국내언론에도 10여 차례 보도되었다. 심지어 박정희 대통령이 1969년 10월 31일 이세호 주월한국군사령관에게 보낸 친서에도 북한군의 존재가 등장하였다.

수집된 첩보에 따르면 북한군의 출현지역은 베트남을 남북으로 양분

했던 북위 17도선을 기준으로 남쪽지역인 꽝남(Quang Nam)에서부터 꽝
틴(Quang Tin), 꽝응아이(Quang Ngai), 빈딘(Bin Dinh), 푸옌(Phu Yen), 플
레이쿠(Plei Ku) 등에 집중되어 있었다. 남베트남의 수도였던 사이공 인근
의 빈두옹(Binh Duong)에서도 확인되었다.[18] 당시 사이공에는 주월한국
군사령부, 건설지원단, 해군수송단, 공군지원단 등의 한국군 부대가 주둔
하고 있었다. 이것은 북한 심리전부대가 한국군이 주둔하고 있던 베트남
전 지역에서 활동하면서 한국군을 상대로 한 심리전을 전개하고 있었음
을 보여주는 것이다.

### 3. 임무 및 활동

북한은 심리전 임무를 수행하는 부대를 '적공(敵工)'이라는 이름을 붙
여 적공조, 적공국, 적공부대 등으로 부른다. 적공이란 '적군와해공작'의
줄인 말로서 심리전이 곧 적군을 와해하는 공작활동임을 의미한다. 베트
남에서의 북한 심리전부대 활동도 적군이라 할 수 있는 한국군에 대한 와
해공작을 주된 임무로 하였다.

노획문서를 토대로 파악된 북한 심리전부대의 임무는 와해선전사업(瓦
解宣傳事業), 정치투쟁 조직 및 활동지도, 인민유격전쟁 경험 습득, 군사첩
보수집 등이었다. 이런 임무를 위해 전개했던 구체적인 활동으로는 삐라
및 선전용 책자 제작살포, 한국어 교육, 한국군 포로 납치, 한국어 방송실
시, 자료조사사업과 무전감청 등 다섯 가지였다.[19]

먼저, 삐라 및 선전용 책자 제작·살포는 가장 대표적인 활동이었다. 일
반적으로 삐라는 자신들의 메시지를 상대방에게 전달하고, 이를 통해 상
대가 자신들이 기대하는 행동으로 변화하기를 바라는 심리전의 수단 중
하나이다. 노획문서를 토대로 파악된 삐라의 발행규모는 1966년 6월부터

1967년 6월까지 13개월 동안 223,371장에 달했다. 이것은 베트남 현지의 심리전부대에서 제작한 수량 181,393장(본부 : 133,834장, 전방조 : 47,559장)과 북한 내부에서 제작한 후 베트남에서 살포한 수량 41,978장을 합한 수치이다.[20] 이것을 베트남전쟁 전 기간으로 확대하면 북한이 제작 살포한 삐라의 규모는 최소 100만 장 이상으로 추산되며, 이것은 연인원 32만여 명의 한국군 참전인원에게 1인당 약 3장씩 돌아가는 분량이다.

둘째, 베트콩에 대한 한국어 교육은 베트콩 측에서 한글과 한국어를 제대로 알지 못해 한국군에 대한 심리전에서 성과를 거두지 못하던 것을 보완하기 위해 실시되었다. 이를 위해 북한은 남베트남 중부의 3개 지역에 '조선어 강습소'를 설치해 운영했다. 강습소에는 18~40세의 베트콩 적공간부 중 중졸이상의 학력을 가진 인원을 선발해 1~2개월 동안 교육했다. 교육내용에는 한국어뿐만 아니라 한국인들의 생활풍습과 한국군의 구체적인 실태 등도 포함되었다. 1967년 7월 기준 교육을 마쳤거나 이수 중인 인원은 총 83명이었다.[21]

셋째, 북한군은 한국군 납치를 위한 강습을 실시했다. 북한군은 베트콩을 대상으로 '포로나포강습'이라 불린 한국군 납치방법을 교육하고, '포로잡이조'라는 이름의 납치조직을 편성하였다. 노획문서에 따르면, 이 강습에는 3년 이상의 전투경험을 가진 베트콩 특공대원과 정찰병 중에서 교육대상을 선발해 한국어, 포로 획득 방법, 당수(唐手), 한국군에 관한 일반적 사항을 교육했다.[22] 이들의 납치 대상에는 한국군뿐만 아니라 현지에 나가 있던 '파월기술자'로 불린 한국 민간인들도 포함되었다. 전쟁기간 베트남에는 약 2만 명의 민간인들이 미국과 한국기업에서 근무하고 있었다. 또한 북한은 제3국을 통해 파병 장병들에게 펜팔(Penpal)로 접근하기도 하였다.[23]

넷째, 북한 심리전부대는 한국어 방송도 운영하였다. 북한의 한국어 방송은 크게 북한 방송을 하노이 방송과 연계해서 라디오 방송으로 내보내는 '월남의 소리' 방송과 한국군 인접지역에서 직접 스피커로 방송을 하는 이른바 화선(火線)방송 또는 함화(喊話)공작으로 나뉘었다.[24] 이것의 궁극적인 목적은 한국군을 상대로 잘못된 정보를 제공하고 귀순을 유도하며, 사기를 저하시키는데 있었다.

끝으로, 자료조사사업과 무전 감청활동을 전개하였다. 자료조사사업이란 한국군 와해선전사업에 필요한 자료, 베트콩의 투쟁경험, 선전 및 정치투쟁과 군사작전에 필요한 자료를 수집 및 분석해서 베트콩 측에 제공하는 것이었다.[25] 이것은 향후 북한군의 전쟁경험 축적을 위해서도 필요한 것이었다. 또 무전교신을 감청해 한국군의 작전사항을 베트콩 측에 알려주는 역할도 수행했다.

북한은 이러한 작전을 전개하기 위해 다양한 종류의 장비도 구비하고 있었다. 이들이 사용한 장비로는 녹음기, 확성기, 석판인쇄기, 수동식인쇄기, 타자기, 등사기, 목판, 라디오, 카메라, 무비(Movie) 카메라 등이었다. 또 원활한 작전활동을 위해 베트콩 측으로부터 신변보호와 군수지원을 받았다.[26]

## III. 선전용 삐라 분석

### 1. 북한군 삐라의 특징

심리전(Psychological Warfare)에 대한 정의는 연구자들마다 다양하다. 그러나 상대방에게 목적한 정보를 제공하고, 이것이 상대방에게 어떤 반응과 영향을 주게 한다는 점은 공통적이다. 군사용어 사전에서도 심리전은 "궁극적으로 정부, 조직, 단체 및 개인의 행동에 영향을 미치도록 기획된 작전"으로 정의하고 있다.[27] 이점에서 심리전을 '설득커뮤니케이션'으로 평가하기도 하고, '보이지 않는 전쟁', 또는 '종이폭탄' 등으로 부르기도 한다.[28]

이러한 심리전에서 가장 대표적으로 활용되는 수단이 바로 삐라이다. 삐라 속에는 작성의 주체가 상대방에게 보내고자 했던 메시지와 이를 통해 상대방에게 어떠한 반응(효과)이 나오기를 기대하는 목적이 담겨있다. 베트남에서 북한 심리전부대의 활동 중에서 가장 많았던 것도 삐라 제작과 살포였다. 당시 북한이 제작해 살포한 삐라에는 북한군이 한국군에게 보내고자 했던 메시지의 내용과 이를 통해 기대했던 한국군의 의식과 행동의 변화를 엿볼 수 있다. 물론 수집된 삐라가 당시 살포된 삐라의 일부라는 점에서 전체의 특징을 완전히 확인하기에는 한계가 있지만, 전체적인 정황을 파악하는데는 도움이 될 수 있다.

베트남전쟁 당시 북한이 제작 살포한 삐라에는 몇 가지 특징이 있다. 먼저, 제작의 주체와 장소는 북한내부에서 북한 당국이 제작한 것과 베트남 현지에서 심리전부대가 제작한 것, 그리고 베트콩이 제작한 것으로 구분된다. 북한에서 제작해 가져온 것은 종이와 인쇄의 품질이 베트남 현지에서 제작한 것보다 상대적으로 좋았다. 북한에서는 체계적인 인쇄공정을 거쳐 칼라로 제작한 삐라도 만들었지만, 베트남 현지에서는 주로 목판(木版), 석판(石版), 등사기 등을 이용했기 때문에 인쇄상태가 조잡하고 흑백 위주의 단색인 것이 특징이다.[29]

삐라에는 보내는 주체와 수신의 대상이 명시되었다. 보내는 주체로는 '남부월남 민족해방전선 중부위원회', '재인도지나 조선인연합회', '조국통일민주주의전선 중앙위원회' 등의 명의가 기재되었다. 수신대상에는 '남조선 국군장병 여러분!', '청룡부대 장병 여러분' 등으로 일반적인 한

국군 또는 특정한 한국군 부대가 명시되었다.[30] 삐라의 제작 언어는 살포
대상이 한국군이었기 때문에 한국군이 읽을 수 있도록 한국어로 작성되
었으며, 한국인의 정서에 맞는 내용과 그림이 소재로 활용되었다.

삐라의 형태도 다양했다. 노획문서와 수집된 삐라를 토대로 파악한 형
태별 비율을 보면, 1966년 6월~1967년 6월까지 발행된 223,371장은 일반
삐라(81,328장), 연하장(3,978장), 편지(804장), 소책자 및 구호(4,195장),
화보(96장), 손수건(132,550장), 기타(420장) 등이다.[31] 손수건의 형태가
일반삐라보다 많았던 점은 눈에 띄는 부분이다.

한국군에게 삐라를 어떻게 살포할 것인가에 대한 방법도 강구되어 있
었다. 삐라는 주로 항공기나 고무풍선과 같은 기구를 이용하여 살포하는
것이 일반적이다. 그러나 북한군은 남베트남 지역에서 활동하는 만큼 이
와는 다른 방법을 사용했다. 노획문서에 제시된 살포방법에는 한국군 부
대나 마을에 드나드는 남베트남 군인 가족을 이용하는 법, 활로 쏘아서
들여보내는 법, 우물가, 목욕장소, 자주 다니는 길, 시장 등에 놓는 법, 토
벌(討伐)시 길가 마을 주변에 놓는 법, 자동차 안에 두는 법, 어린이를 이
용하여 전달하거나 산에서 주은 것으로 꾸며 살포하는 법 등 구체적인 방
법이 제시되어 있다.[32]

## 2. 분석대상 삐라 현황

북한군의 삐라 내용을 분석하는 것은 여러가지 의미가 있다. 그것에는
북한군이 한국군에게 보내고자 했던 메시지와 함께 북한군이 한국군의
취약점이라고 생각한 것이 무엇인지도 엿볼 수 있기 때문이다. 이 연구에
서는 베트남전쟁 당시 수집된 삐라 중 국가기록원 등에서 소장하고 있는
총 58종을 대상으로 분석을 시도하였다.[33] 58종의 삐라 형태는 글, 사진,

그림, 글과 사진(또는 그림)의 혼합, 악보 등 다양하다. 이중에서 글 위주로 된 삐라가 37종으로 가장 많고, 그림 및 사진 13종, 노래 악보 7종, 달력 1종 순이다. 문장과 화보가 혼합되어 있는 것은 그 비중에 따라 문장, 또는 화보로 분류하였다. 색상별로는 칼라 12종, 흑백 46종으로 흑백이 4배 정도 많았다. 또 11종은 '안전통행증'이라는 문구가 삽입되어 있다.

수집된 삐라 속에는 다양한 내용들이 담겨 있다. 그 내용에는 베트남전쟁의 성격을 규정하고 반미감정을 고취하며 반정부투쟁 독려와 같은 정치·이념적인 것에서부터 장병들의 향수를 자극하고, 베트콩 및 북한으로의 귀순과 투항을 권유하는 내용, 그리고 전쟁에 대한 각종 정보를 제공하는 것까지 다양하다. 또한 한 장의 삐라 속에는 하나의 내용만 담겨 있는 것도 있지만 대부분은 몇 가지 내용이 복합적으로 담겨 있다.

<표 1>은 58종의 삐라 내용을 주제 및 내용별로 유사한 것들끼리 분류한 것이다. 그러나 이러한 분류는 현재 수집된 삐라 58종에 대한 분류로서 절대적인 것은 아니며, 각각의 비율을 참고하는 정도로 이해할 수 있을 것이다. 전체적으로 개인의 신상과 관련된 내용이 30종(52%)으로 가장 많은 부분을 차지했고, 정치·이념적 사항 20종(34%), 정보제공 5종(9%), 기타 3종(5%) 순이다. 세부적으로는 베트남전쟁의 성격(6종), 반미감정 고취(9종), 반정부 투쟁선동(5종), 가족애와 향수 자극(17종), 투항·귀순·월북 유도(13종), 정보제공(5종), 기타(3종) 등이었다. 기타는 '소를 죽이지 말라'는 등 한국군의 작전활동으로 발생한 주민들의 재산피해에 대한 비난 등이 담겨 있다.

〈표 1〉 삐라의 주제 및 내용별 분류현황

| 구분 | 정치·이념사항 | 개인의 신상 | 정보제공 | 기타 | 계 |
|---|---|---|---|---|---|
| 수량(%) | 20종(34%) | 30종(52%) | 5종(9%) | 3종(5%) | 58종(100%) |

북한이 살포한 삐라의 주된 주제와 내용은 6·25전쟁 당시 북한군과 중국군이 살포했던 삐라의 내용과도 상당히 유사했다. 6·25전쟁 당시 북한군과 중국군이 살포한 삐라의 내용도 전쟁의 성격과 만행을 비롯해 투항권유, 향수 자극, 포로에 대한 대우와 신분보장, 저항의지 말살, 방송시간 광고, 미국과 한국군의 갈등 조장 등의 내용으로 구성되어 있다.[34]

또한 이런 내용은 노획한 북한의 '선전사업계획'과도 일치했다. 1968년 5월 30일 한국군이 작전 중 노획한 "현지에서의 남조선괴뢰군 와해 선전사업에 대하여"라는 문건에는 북한군 자신들이 설정한 선전사업의 방향과 내용에 대해 다섯가지를 제시하고 있다.[35] 첫째, '남부 월남전쟁'이 어떤 전쟁인가를 해설해야 한다(미국은 침략자, 공동의 원수). 둘째, 한국군 파월의 본질 : 왜 월남에 파병되었나(아시아인끼리 싸우게 하려는 미제의 간교한 술책, 총알 방패, 박정희 목적은 대통령 자리 유지와 자금 획득). 셋째, 살인, 방화, 파괴, 강간 등 만행을 저지시키는 구호 및 전단사용. 넷째, 향수심, 비관, 절망, 전쟁공포심, 생명, 무모한 죽음 등 염전 염군사상 고취. 다섯째, 전투기피, 귀국투쟁, 미국과 남한 장교 및 병사 간 모순조성 등 반전투쟁 고취였다. 이것은 북한이 이미 계획적으로 한국군을 상대로 자신들이 보내고자 했던 메시지와 이를 통해 기대되는 한국군의 행동을 상정하고 조직적으로 한국군 와해공작을 전개했다고 평가할 수 있다.

삐라의 주제 및 내용 현황을 통해 볼 때 북한이 한국군에게 보내고자 했던 메시지는 베트남전쟁이 침략전쟁이며, 한국군은 이 전쟁에 개입하지 말 것과 한·미관계에 갈등을 일으키고, 한국정부와 장병들을 이간시켜 반정부 및 귀국투쟁을 전개하도록 선동하는 것이었다. 그리고 타국의 전장에서 가족과 고향에 대한 향수를 자극하여 사기와 전투의지를 저하시키고, 생존을 위한 투항과 귀순, 그리고 월북을 종용하는 것이었다. 이하에서는 당시 삐라의 내용을 ①정치·이념적 사항, ②개인의 신상관련 사항, ③정보제공 등 세 가지로 나누어 각각의 내용을 구체적으로 살펴보고자 한다.

### 1) 정치·이념적 사항

북한이 살포한 삐라 중 정치·이념적 내용의 삐라는 34%(20종)를 차지한다. 여기에는 베트남전쟁의 성격규정과 반미감정 고취, 반정부 투쟁선동의 내용이 포함된다.

삐라의 주요 내용은 베트남전쟁을 미국이 일으킨 '침략전쟁'으로 규정하고, 피부색이 같은 아시아인들끼리 서로 싸우면 안된다는 메시지를 담고 있다. 미국 제국주의에 대항하여 약소국들이 서로 뭉쳐야 하며, 특히 아시아 국가들이 힘을 합쳐 미국에 대항해야 한다는 논리를 담고 있다. 그 연장선에서 한국 국내에서 발생한 미군범죄 사실을 알리고, 미국을 한국과 베트남의 '공동의 적'으로 규정하며, 한미 간의 갈등을 유도하였다. 또 한국군이 총을 쏘지 않으면 자신들도 한국군에게 사격하지 않을 것이고, 다른 지역에서는 한국군들이 미국의 전투명령을 거부하고 있다면서 '양키대신 죽을 필요가 없다'고 선전했다.

〈그림 2〉 정치·이념적 내용의 삐라

또 여기에는 한국군 장병들과 한국정부를 이간시키는 내용도 있었다. 대표적인 것으로 박정희 정부가 미국과 공모하여 장병들을 전쟁의 '총알받이'로 내몰고 있다거나, 파월장병들의 부모들은 울고 있는데 서울의 '고관대작', 즉 한국 정부지도자들은 술판을 벌이는 '타락한 모습'으로 선전하였다. 이를 통해 장병들의 전투의욕을 저하시키고, 한국정부와 장병들을 이간시켜 한국군의 내부분열과 반정부 및 귀국 투쟁을 선동하는 내용들이었다. 또 '아내의 염원'이라 적힌 삐라에는 파병군인의 아내가 미군 대신 전쟁에 참전한 남편을 생각하며 남편이 하루빨리 돌아오기를 바란다는 내용이 담겨있다.

## 2) 개인 신상관련 사항

삐라 중에서 가장 많은 부분을 차지하고 있는 것은 개인의 신상과 관련된 것으로 전체 수집 삐라의 52%(30종)를 차지했다. 여기에는 가족과 고국에 대한 향수를 자극하고 베트콩으로의 투항 및 귀순, 그리고 북한으로의 월북을 권유하는 내용들이 포함되어 있다. 이것은 고향에 대한 향수와 가족에 대한 그리움을 자극해 사기를 저하시키고 전의를 상실하게 한 뒤, 신변과 물질적 보상 등 개인적 이익과 관련된 내용을 강조하여 귀순과 월북을 유도하는 것이다.

한국군의 베트남전쟁 파병은 건군이후 첫 해외파병이었다. 한반도와 멀리 떨어진 낯선 전장에서 날마다 생사의 갈림길에 놓인 군인들에게 고향과 가족에 대한 그리움은 매우 컸을 것이다. 당시 한국군들의 베트남 파병기간은 대부분 1년 정도였다. 조국을 떠나 해외에 파병된 군인들의 입장에서 가족과 고향에 대한 향수는 최고의 취약요소 중 하나임에 틀림없었을 것이다.[36] 북한은 바로 이러한 취약점을 파고 들었던 것이다. 그러면서 한국군을 향해 고국에 있는 가족들을 생각해 소극적으로 전투에 임하고, 더 나아가 목숨을 구하는 길은 귀순과 월북이라고 유인했던 것이다.

〈그림 3〉 개인적 향수를 자극하는 삐라

수집된 삐라 중 장병들의 향수를 자극하고 있는 것은 총 17종으로 가장 많은 부분을 차지한다. 여기에는 문장뿐만 아니라 사진, 그림, 악보 등을 통해 고향과 가족에 대한 그리움을 자극하고 있다. 주요 내용으로는 여자 아이가 한복을 입고 절을 하는 사진 위에 '세배 받으세요'라는 글자가 새겨져 있거나, 고향의 보름달 아래에서 '임이 그리워 밤마다 운다'는 여인의 모습, 여인이 울음을 우는 아이에게 젖을 먹이며 '네가 울면 네 아빠를 기다리는 내 가슴도…'라고 적힌 것, 남녀 간의 '사랑의 시절'을 회상하는 사진, 그리고 '다른 집 남편들은 돌아오는데 당신은 돌아오지 않나요?'라고 묻는 내용 등이다.

또 노래의 가사를 개사한 악보가 담긴 삐라도 6종이 확인된다. 대부분의 노래가 고향을 그리고 자신의 처지를 한탄하는 내용들이다. '고향생각'이라는 노래는 '그리운 심정으로' 부르라고 되어 있으며, 가사도 '머나먼 천만리에 고향을 두고 양놈대신 죽으려고 내 여기 왔던가. 한번가면 다시 못 올 청춘시절을 정글 속에 내어던진 가련한 내 신세'라고 되어 있다.

'남쪽나라 십자성아'라는 제목의 노래는 일제 강점기 인도차이나 반도로 끌려가 강제노역을 했던 이들이 십자성(十字星)을 바라보며 고향을 향한 그리움을 담고 있는 노래로 당시 국내에서도 널리 불리던 노래였다. 또 이러한 노래를 당시 한국의 유명 여가수인 '현미', '박재란' 등 실존인물들이 새로 부른 노래라고 거짓으로 선전하였다.

〈그림 4〉 북한으로 월북을 유도하는 삐라

이러한 내용의 삐라는 궁극적으로 한국군에게 '해방군'(베트콩) 편으로 귀순할 것을 종용하고, 북한으로의 월북을 유인하고 있다. 귀순과 월북을 유도하는 삐라는 총 13종이 확인된다. 삐라의 내용은 북한이 이른바 '의거자'들을 표창하기 위해 만든 일종의 보상기준표나 북한 정부차원의 결정문, 그리고 이미 남한에서 북한으로 월북해 생활하고 있는 월북자들의 실명과 사진을 담고 있다. 또 '해방군에 의거하여 조선민주주의인민공화국으로 가자!'라는 구호와 그림이 담긴 삐라도 있다. 당시 유명 여가수였던 이미자가 불렀던 '진주라 천리길'의 가사를 개사해 "아, 베트콩을 찾아가야 고향간다네"라며 베트콩으로의 귀순이 고향으로 가는 방법이라고 유도했다. 또한 귀순과 월북을 유도하는 삐라에는 이 삐라를 들고 오는 자에게는 신변보호와 생활안정을 지원한다는 내용의 '안전통행증'이 대부분 포함되어 있다.

### 3) 정보제공 사항

북한군이 한국군을 대상으로 '정보'를 제공하기 위해 삐라를 활용한 사례도 5종이 확인된다. 대표적인 것이 자신들이 송출하는 한국어 라디오 방송에 대한 방송정보를 내보내는 일종의 '광고' 삐라와 베트남에 파병된 각국의 군인 보수비교표에 관한 내용, 그리고 북한이 베트남전쟁 및 한국에 대해 채택한 주요 성명이나 군사위원회 결정 등을 알려주는 삐라도 있었다. 일부는 간단하게 새해 달력이 그려져 있는 것도 있다.

한국어 라디오 방송에 대한 삐라는 북한이 하노이에서 내보내던 방송정보를 제공하는 것이었다. 당시 북한은 하노이에서 한국어 라디오 방송을 내보내고 있었다. 이 방송의 주요 내용은 정치해설, 미국정책 비난, 남베트남 정부 비난, 북베트남 정책선전, 한국노래 등이었다.[37] 북한은 삐라에서 이 방송이 1965년 6월 1일부터 하노이에서 시작된 '월남의 소리'라는 이름의 '조선말 방송'이라면서 구체적인 방송시간과 주파수를 안내하고 있다. 또 방송대상이 주월한국군과 베트남에 있는 한국인 "로동자 기술자들"이라고 적힌 삐라도 있다.

베트남에 파병된 각국 군인들의 보수비교표에 관한 내용은 한국군이 베트남전쟁에 참전한 타국의 군인들보다 낮은 보수를 받고 있다는 정보를 제공하는 것이었다. 북한은 베트남전쟁에 파병된 미군이나 필리핀, 태국군 등과 한국군의 보수를 비교하면서 베트남전쟁에 파병된 '고용병' 중에서 한국군이 가장 낮고, 이것은 "미국이 한국군을 거저 부려먹고, 미국은 꿩먹고 알 먹기"라고 비난했다.

〈그림 5〉 라디오 방송정보를 알려주는 삐라

## IV. 심리전부대 활동의 평가와 의미

북한 심리전부대는 규모면에서는 비록 작은 규모였지만, 한국군 부대를 1 : 1로 전담하는 전방조를 편성하고, 한국군을 대상으로 삐라 살포, 포로나포조 운영, 한국어 강습, 한국어 방송 운영 등 다양한 작전을 전개하였다. 그렇다면 북한 심리전부대의 베트남전쟁 참전 활동의 성과는 어떻게 평가할 수 있을까? 이것은 다양한 측면에서 평가가 이루어질 수 있겠지만, 북한이 심리전 활동을 통해 기대했던 효과와 북한 심리전부대가 전개했던 한국군 납치, 한국어 강습, 첩보수집 활동 등을 종합적으로 고려하여 그 성과를 평가할 수 있을 것이다.

먼저, 북한 심리전부대의 활동을 종합적으로 고려해 볼 때 일정부분 성과를 거두었다고 할 수 있다. 당시 북한이 주월한국군을 향해 보냈던 삐라와 방송 메시지는 그들의 당초 계획대로 한국군에 도달하고 있었다. 이로 인해 한국군 내부에서는 북한군 참전에 관한 관심과 주의의 분위기가 조성되었던 것도 사실이다.[38] 베트남에서 실종되었던 한국군 2명이 평양에 나타나기도 했다. 북한은 이들이 스스로 베트남에서 북한으로 귀순했다고 선전했지만, 그 과정에는 베트콩과 북한이 연계되었던 것으로 알려져 있다.[39] 북한의 정보 및 심리전 전문가들이 북베트남군에게 포로가 된 한국군 4명을 직접 접촉했을 가능성이 매우 높다는 주장도 제기되고 있다.[40] 이런 점은 북한 심리전부대가 삐라 살포나 포로납치 활동에서 일정한 성과를 거두었다고 평가할 수 있는 부분이다.

그러나 전체적으로 북한 심리전부대의 성과는 그리 높게 평가되기 힘들 것 같다. 북한이 삐라를 통해 한국군을 선동했던 귀국투쟁이나 월북, 귀순, 반미투쟁 등과 같은 메시지를 보냈지만, 실제로 북한이 기대한 한국군의 행동들은 일어나지 않았기 때문이다. 그 이유는 북한 심리전부대의 활동에 대응하기 위해 주월한국군사령부에서도 맞대응 활동을 전개했기 때문이다. 한국군은 1969년도 '주월사 훈령'에 북한공작원 체포활동계획을 수립하고, 공작원을 생포할 경우 포상하겠다고 공고하였다.[41] 주월한국군은 북한군을 상대로 귀순을 유도하는 내용의 삐라를 사령관 명의로 살포하였고, 베트남에 있는 한국 민간인에 대한 보호활동도 전개하였다.[42] 심지어 한국어 라디오 방송국(KFVN : Korea Forces Vietnam Network)을 설치 운영하면서 대적(對敵) 심리전도 전개했기 때문에 북한군 입장에서

〈그림 6〉 북한군의 귀순을 유도하는 한국군 삐라

기대한 만큼의 성과를 얻지는 못했다.[43]

노획문서 중 하나인 북한군 심리전부대가 작성한 '사업총화보고서'에도 한국군에 대한 와해공작에서 주목할 만한 성과가 없었다는 내용이 반영되어 있다.[44] 결국 북한군 스스로도 성과를 낮게 평가하고 있었던 것이다. 북한이 공군 전투부대의 참전에 대해서는 철군이후 계속해서 조종사 양성과정에서 교육하고 있는데 반해,[45] 심리전분야에서는 공식적인 교육을 하지 않고 있다는 점도 심리전부대의 성과를 높게 보지 않기 때문으로 볼 수 있다.[46]

그렇다면, 북한 심리전부대의 베트남전쟁 파병은 냉전사 및 베트남 전쟁사 측면에서는 어떠한 의미를 부여할 수 있을까? 먼저, 냉전사적 측면에서 베트남전쟁은 6·25전쟁에 이어서 냉전(Cold War)이 열전(Hot War)으로 표출된 세계사적 사건이었다. 6·25전쟁 때는 전쟁의 직접적인 당사자로 냉전의 최전선에서 대결하던 남북한이 자유진영과 공산진영 간의 대립과 대치의 또 다른 대결장이었던 베트남에서도 다시 충돌하게 된 것이다. 이것은 한반도 냉전사 연구에서도 간과할 수 없는 중요한 사실이다.

특히 북한 심리전부대의 참전은 한국군 파병에 대한 맞대응 성격이 강했다는 점에 주목해야 한다. 북한이 북베트남에 대한 지원과 실전경험을 쌓기 위한 목적으로 공군, 고사포, 공병부대 등을 파병한 데 반해 심리전부대는 직접적으로 한국군을 상대하기 위한 맞대응 차원의 파병이었다. 한반도를 벗어나 베트남이라는 타국의 영토에서 남북한이 '보이지 않는 전쟁'을 전개하였던 것이다. 이는 같은 시기 한반도에서 일어났던 소위 '군사모험주의'라고 불리는 북한의 군사적 도발을 이해하는 데에도 중요한 참고자료가 될 수 있을 것이다.

다음으로, 베트남 전쟁사 측면에서 볼 때 그동안 베트남전쟁 연구는 한국군의 파병에 중점을 두고 추진된 측면이 강했다. 베트남 파병은 한국군 최초이자 최대 규모의 파병이었던 만큼 한국 현대사에서 차지하고 있는 비중이 컸기 때문이다. 그러나 지금껏 베트남 전쟁사에서 북한의 참전에 대해서는 거의 논의되지 못했고, 공산진영의 참전에 대한 사항도 크게 다루어지지 못했다. 우리가 베트남전쟁의 제대로 된 모습을 이해하기 위해서는 한국군의 베트남전쟁 파병뿐만 아니라 북한군의 참전, 그리고 더 나아가 공산진영의 전쟁수행에 대한 연구도 반드시 필요할 수 밖에 없다. 이점에서 북한의 베트남전쟁 참전은 베트남전쟁사 연구에 새로운 시각을 제시할 수 있다는 점에서 중요한 의미가 있다.

## V. 나오며

이 연구는 기존연구에서 충분하지 못했던 북한의 베트남전쟁 참전사실 중 심리전부대의 참전에 중점을 두고 살펴보았다. 심리전부대의 베트남전쟁 참전 배경과 시기, 규모, 활동 등에 대한 전반적인 사항을 규명하고자 하였다. 특히 전쟁 당시 북한군이 살포했던 심리전 삐라의 내용분석을 통해 '보이지 않는 전쟁'이라는 심리전의 한 단면도 엿보고자 하였다.

북한의 베트남전쟁 참전을 규명하는 것은 베트남전쟁이 한국 현대사에서 차지하고 있는 중요성과 1960~70년대 한반도 안보상황에 대한 보다 올바른 이해의 측면에서 중요한 주제라 할 수 있다. 이 연구는 지금까지 자료의 한계로 인하여 연구의 공백으로 남아 있었던 북한 심리전부대의 베트남전쟁 참전이라는 역사적 사실을 규명하고자 했다는 점에서 의미가 있다. 그리고 이 연구를 통해 남북이 한반도를 벗어나 베트남이라는 또다른 전장에서 군사적 대결을 전개했었음을 밝혀낸 점은 베트남전쟁사와 한반도 냉전사 측면에서 의미있는 성과라고 할 수 있을 것이다.

그러나 아직껏 북한의 명확한 참전 사실공개가 이루어지지 않은 상황에서 이 연구의 한계 또한 존재한다. 이제는 북한과 베트남도 전쟁 당시 심리전부대를 비롯해 북한군의 참전 현황과 활동에 대한 역사적 사실을 보다 상세하게 공개해야 할 것이다. 다행스러운 점은 2000년대 들어서면서 북한과 베트남에서도 자신들의 참전과 전쟁의 모습에 대해 공개를 시작하고 있다는 점이다. 비록 아직까지는 아주 작은 수준에 불과하지만, 이러한 변화는 이 분야 연구에 있어서 분명 긍정적인 상황이라고 할 수 있다. 심리전에 관한 부분뿐만 아니라 북한이 참전했던 더 많은 부대들에 대한 자료가 공개되기를 기대한다. 북한과 베트남이 보다 많은 역사적 사실을 공개할 때 한반도 냉전사와 베트남전쟁사에 대한 새로운 평가도 계속해서 이어져 나갈 수 있을 것이다.

　　흔히, 냉전사(Cold War History) 연구의 중요한 의의 중 하나는 과거 상대에 대한 이해에 있다고 한다. 북한의 역사와 현실을 보다 제대로, 온전하게 이해하기 위한다는 점에서 북한의 베트남전쟁 참전과 그곳에서 전개되었던 남북한 군사대결의 모습을 더 많이 살펴볼 필요가 있다. 남북이 분단의 상처를 치유하고 미래지향적인 관계로 나가기 위해서도 서로의 과거 모습에 대한 명확한 사실 확인과 이를 토대로 한 상호이해의 작업이 필요할 것이다. 이 연구가 냉전시기 베트남에서 전개되었던 남북의 군사적 대결을 규명하여 이 분야 연구의 공백을 메우고, 향후 남북이 대결의 상처를 딛고 화해의 길로 나가는 데 디딤돌로 활용될 수 있기를 기대한다.

# 이 장의 주

1 《조선신보》, 2000년 4월 3일 ; 《조선중앙방송》, 2001년 7월 6일 ; 《연합뉴스》, 2001년 7월 6일.

2 Nguyễn Thị Mai Hoa(응우옌 티 마이 화), 『Các nước XHCN ưng hộ Việt Nam kháng chiến chống Mỹ, cứu nước(1954~1975)』(사회주의 국가들의 베트남 항미전쟁 지원(1954~1975))(NXB Chính trị QG, 2000)(하노이 베트남국가정치출판사, 2000) ; Bộ quốc phòng, Viện lịch sử Quân sự Việt Nam(베트남 국방부 군사역사연구원), 『Lịch sử kháng chiến chống Mỹ, cứu nước, 1954~1975, Tập V : tổng tiến công và nổi dậy 1968』(항미구국전쟁역사, 1954~1975 제5부 : 1968년 총공격 및 봉기)(NXB Chính trị QG, 2001)(베트남 국가정치출판사, 2001) ; Bộ quốc phòng, Viện lịch sử Quân sự Việt Nam(베트남 국방부 군사역사연구원), 『Quân đồng minh Mỹ trên chiến nam Việt Nam(1964~1973)』(남베트남 전투지역에서의 미국의 동맹군(1964~1973) (NXB Quân đội nhân dân, Hà Nội, 2009)(하노이 인민군대 출판사, 2009).

3 宮本悟, "朝鮮民主主義人民共和國のベトナム派兵," 現代韓國朝鮮學會 編, 『現代韓國朝鮮研究』(東京 : 新書館, 2003), pp. 58~67.

4 Merle L. Pribbenow, "North Korean Pilots in the Skies over Vietnam," E-Dossier #2, (Washington D.C. : Woodrow Wilson International Center for Scholars, 2011) ; Merle Pribbenow, "North Korean Psychological Warfare Operations in South Vietnam"(2018). (http://www.wisoncenter.org/blog-post/north-korean-psychological-warfare-operatons-south -vietnam, 검색일 : 2019. 1. 9) ; Merle Pribbenow, "North Korean Military Engineer Regiment Helped Build Secret Underground Headquarters Complex during the Vietnam War"(2019). (http://www.wisoncenter.org/blog-post/north-korean-military-engineer-regiment-helped-bulid-secret-ungergroung-headquarters, 검색일 : 2019. 5. 9).

5 이신재, 『북한의 베트남전쟁 참전』(서울 : 군사편찬연구소, 2017).

6 '삐라'는 전단, 벽보, 포스터 등을 의미하는 영어단어 Bill의 일본식 발음이 국내에 들어오면서 불려지게 되었다. 영어로는 Leaflet이라는 단어가 주로 사용된다. 이 연구에서는 전단을 우리에게 일반적으로 알려지고 불리는 '삐라'로 기술한다.

7 주월사 정리단, 『월남전종합연구』(서울 : 주월사 정리단, 1974), p. 868.

8 주월사 정리단, 위의 책, pp. 932~935.

9 주월사 정리단, 위의 책, pp. 934~935.

10 김일성은 1966년 베트남전쟁에 파병되는 제203부대 군인들과 나눈 담화에서 파병의 명분과 목적을 제시한 바 있다. 김일성, "웰남인민의 투쟁을 지원하는 것은 공산주의자들의 숭고한 국제적의무로 된다(조선인민군 제203부대 군인들과 한 담화, 1966. 10. 19)," 『김일성전집』 제37권(평양 : 조선로동당출판사, 2001), pp. 373~384. '웰남'은 '월남'의 북한식 표기이다.

11 Bộ quõc phòng, Viện lịch sử Quân sự Việt Nam, 『Lịch sử kháng chiến chống Mỹ, cứu nước, Tập V : tổng tiến công và nổi dậy 1968』(NXB Chính trị QG, 2001), p. 271 ; Merle Pribbenow(2018) 재인용.

12 제9사단, 『백마 6호 작전 전투상보』(1968). 당시 노획된 자료는 1968년 6월 주월한국군사령부에서 『월남전과 북괴의 심리전 활동』이라는 제목의 책자로 제작되었다.

13 주월한국군사령부, 『월남전과 북괴의 심리전 활동』, p. 9. 2000년 베트남에서 발행된 역사서에도 북한 심리전 전문가 및 방송전문가의 파병 규모를 35명으로 기술하고 있다. Nguyễn Thị Mai Hoa, 『Các nước XHCN ưng hộ Việt Nam kháng chiẽn chõng Mỹ, cứu nước(1954~1975)』(사회주의 국가들의 베트남 항미전쟁 지원(1954~1975))(NXB Chính trị QG, 2000), p. 317.

14 프리브나우(2018)는 베트남 내부자료를 인용해 북한 심리전부대가 1971년까지 베트남에 주둔했다고 주장한다. 1967년부터 1971년까지 35명 규모가 약 1년 단위로 교대했다고 해도 140명 이상이 된다.

15 Merle Pribbenow, "North Korean Psychological Warfare Operations in South Vietnam"(2018).

16 "Telegram from Pyongyang to Bucharest(July 6, 1967, Telegram No.76.247)," Romanian document confirms North Korea sent troops to Vietnam(2011) (https://www.wilsoncenter.org/article/romanian-document-confirms-north-korea-sent-troops-to-vietnam#sthash. LNzVLx5f. dpuf(검색일 : 2017. 3. 1). 당시 한국군도 베트남어 사용에 대한 현실적 문제가 있었다. 이를 위해 사이공(Saigon)에 위치한 남베트남군의 정보학교와 한국군 각 사단에 베트남어 교육과정을 설치 운영했다. 또 1967년에는 베트남어에 대한 군과 사회의 수요를 충당하기 위해 한국 외국어대학교에 베트남어과(월남어과)가 처음으로 신설되었다.

17 주월한국군사령부, 『월남전과 북괴의 심리전 활동』, p. 9.

18 「북괴활동상황 및 대책」 『지휘관회의록(1968. 4~6)』 주월사.

19 「1967년 7월 20일 북한군 사업총화보고서」(1968. 5. 30 노획문서).

20 주월한국군사령부, 『월남전과 북괴의 심리전 활동』, p. 21. 이외에 베트콩이 발행

한 93,000장(삐라 53,000장, 구호 및 게시물 40,000장)이 별도로 있었다.

21 [쌍아이 공작조 사업방향](1968. 5. 30 노획문서).

22 주월한국군사령부, 『월남전과 북괴의 심리전 활동』, p. 22.

23 주월사, 「주월사 훈령 69-1호-정보부록편」 pp. 40~41 ; 주월사, 「주월사 훈령 70-1호-정보부록편」 A-11.

24 「한국군 와해선전 사업에 대하여」(1968. 5. 30 노획문서).

25 주월한국군사령부, 『월남전과 북괴의 심리전 활동』, p. 22.

26 주월한국군사령부, 『월남전과 북괴의 심리전 활동』, p. 8.

27 합동참모대학, 『합동·연합작전 군사용어사전』(서울 : 합동참모본부, 2010), p. 211.

28 이에 대해서는 김영희, "한국전쟁 기간 삐라의 설득커뮤니케이션," 『한국언론학보』, 제52권 1호(2008), pp. 306~333 ; 이윤규, 「6·25전쟁과 심리전」 『한국근현대미술사학』 제21호(2010), pp. 130~148을 참조할 것.

29 삐라 제작에서 목판, 석판 방식이란 단단한 나무나 돌에 전하고자 하는 글자나 그림을 새긴 후 종이에 찍어내는 방식을 말한다. 전 북한군 적공장교였던 변○○의 증언(2016. 2. 16)에 따르면 이러한 방식은 이미 6·25전쟁 때에도 사용하던 방식이라고 한다.

30 「한국군 와해선전사업에 대하여」(1968. 5. 30 노획문서).

31 주월한국군사령부, 『월남전과 북괴의 심리전 활동』, p. 21.

32 「한국군 와해선전사업에 대하여」(1968. 5. 30 노획문서).

33 국가기록원에서 소장 중인 『월남전단대장』 목록에는 총 85개의 삐라가 PDF화일로 관리되고 있다. 그러나 이것은 양면 삐라의 경우 앞면과 뒷면을 각각 스캔 후 관리하고 있는 것으로 실제 전단 수량은 64매이며, 이중 10매는 내용 및 언어, 그림 등을 종합적으로 판단할 때 미군에서 베트콩을 상대로 살포한 것으로 추정되어 분석대상에서 제외했다.

34 한림대학교 아시아문화연구소 편, 『한국전쟁기 삐라』(춘천 : 한림대학교, 2000)를 참조바람.

35 이 문건은 1968년 5월 30일 제9사단의 '백마 6-42호' 작전 중 노획한 북한군 문서 중 하나이다.

36 당시 한국정부도 이 문제를 해결하기 위해 국무총리를 위원장으로 하는 '파월장병 지원위원회'를 설치해 파월장병의 가족을 지원함과 더불어 베트남현지의 파병장병에 대한 각종 위문활동을 전개했다.

37 주월사 정리단, 『월남전종합연구』, p. 931.

38 맹호부대 소속 병사로 파병되었던 유○○의 증언(2015. 7. 8)에 따르면, 작전을 나가기 전 작전지역에 북한군이 있다는 이야기를 사전에 듣고 나가는 경우가 많았으며 이때는 더 긴장했다고 한다.

39 이들 2명은 2009년 한국정부로부터 베트남전쟁 국군포로로 인정받기 전까지 '월북자'로 관리되었다.

40 Merle Pribbenow(2018).

41 주월사, 「주월사 훈령 69-1호-정보부록 편」 pp. 40~41. 프리브나우(2018)가 발굴한 베트남 자료에는 3명으로 구성된 북한 심리전부대 1개 팀이 빈딘성에 주둔했던 한국군 수도사단과 북베트남군 간의 전투에서 포로가 되었다고 밝히고 있지만, 한국군의 자료에서 이에 관한 내용은 확인되지 않는다. 그러나 1994년 국내의 한 월간지는 익명의 참전 정보장교의 증언을 인용해 한국군이 북한군을 생포해 미군과 합동신문을 했었다는 기사를 보도한 바 있다. 허의도, "현지추적, 베트남전쟁 국군 실종자를 찾아서," 《월간중앙》, 1994년 6월호, p. 210.

42 주월사, 「주월사 훈령 70-1호-정보부록 편」 A-5.

43 이 방송국은 한국방송사상 첫 해외 한국어 방송으로 주 목적은 한국군 장병들에게 고국의 소식을 전달하고, 오락프로를 통해 전장에서의 심신을 위로하고 향수를 달래주는데 있었다. 그러나 이러한 목적외에도 부수적으로는 대적(對敵), 대민(對民) 심리전도 있었다. KFVN에 대한 사항은 다음의 논문을 참고할 것. 이신재, 「주월한국군방송국(KFVN)의 설치와 운용」 『군사』 제92호(2014), pp. 65~101.

44 "1967년 7월 20일 북한군 사업총화보고서,"(1968. 5. 30 노획문서).

45 북한 공군 전투기 조종사로 귀순한 이철수의 증언(2015. 9. 4)에 따르면, 북한 공군은 베트남전쟁 참전 당시 촬영한 전투 영상을 조종사 양성과정에서 교육용으로 활용하고 있다고 한다.

46 전 북한군 적공장교 변○○에 따르면 북한 심리전부대의 베트남전쟁 참전사실은 술자리 등 비공식적 자리에서 선배들로부터 들어서 알고는 있었지만, 적공장교 양성과정에서 공식적으로 언급하거나 교육받지는 않았다고 한다.

# 북한군 상비병력 추정치에 관한 재평가 제안*

장 철 운**

## I. 기존의 북한군 상비병력 추정치, 믿을 수 있나?

문재인 대통령과 김정은 위원장은 2018년 4월 27일 남북정상회담을 갖고 〈한반도의 평화와 번영, 통일을 위한 판문점 선언〉(이하 〈판문점 선언〉)에 합의했다. 양 정상은 〈판문점 선언〉에서 "남과 북은 군사적 긴장이 해소되고 서로의 군사적 신뢰가 실질적으로 구축되는 데 따라 단계적으로 군축을 실현해 나가기로 하였다"는 등의 내용에 합의했다. 이는 지난 2000년 및 2007년 남북정상회담과 확연히 차별화되는 내용으로, 남북한의 정상이 군축에 관해 명시적으로 합의한 첫 사례라는 점에서 그 의미가 대단히 크다고 할 수 있다.[1]

그러나 남북한이 군축을 실현하기까지는 아직 가야 할 길이 멀다. 고도화된 북한의 핵능력을 군축 대상에 포함시킬지에 대한 논의는 차치하

---

* 이 글은 북한대학원대학교 심연북한연구소가 2018년 12월 발행한 『현대북한연구』, 제21권 3호에 게재한 필자의 동일한 제목 논문을 수정·보완한 것이다.
** 통일연구원 부연구위원, ironcloud@hanmail.net

더라도, 재래식 군사력 측면에서 북한의 양적 우세와 한국의 질적 우세가 비대칭적 균형을 이루는 작금의 상황은 남북한이 어떻게 군축을 실현할 것인지에 많은 문제를 제기하고 있다. 특히, 인구감소 등으로 상비군 병력을 감축할 수밖에 없는 상황에 직면한 한국 입장에서 비정상적인 것으로 평가되는 북한의 막대한 상비병력은 군축 논의의 진전을 어렵게 하는 핵심 요인이 될 수 있다. 2018년 현재 한국에 비해 총인구가 절반 수준인 북한이 128만여 명, 즉 한국 상비병력 59.9만여 명의 2배가 넘는 상비병력을 보유하고 있다는 '전통적'인 평가는 군축에 적용되는 일반적 기준인 동수 또는 동률 원칙을 남북한에 적용하기 어렵게 한다.[2]

그동안 한국과 미국 등에서 추정하는 북한군 상비병력이 과대평가된 것 아니냐는 문제제기는 계속돼 왔다. 한국 국방부는 2018년 12월을 기준으로 북한이 지상군 110만여 명, 공군 11만여 명, 해군 6만여 명, 전략군 1만 명 등 총 128만여 명의 병력을 보유하고 있다고 평가하고 있다.[3] 이는 북한 인구의 5.3% 수준으로,[4] 상비군 체제가 본격 등장한 근대국가 수립 이후 세계에서 유례를 찾기 어려울 정도로 높은 비율이다. 동일한 시점을 기준으로 한국군 병력은 육군 46.4만여 명, 공군 6.5만여 명, 해군 7.0만여 명(해병대 2.9만여 명 포함) 등 총 59.9만여 명 규모로, 인구 대비 병력 비율은 1.20%이다.[5]

이러한 한국 국방부의 추정에 관해 일본 등 다른 국가뿐 아니라 국제적으로 공신력을 인정받는 영국 국제전략문제연구소(IISS)도 대체로 비슷한 입장을 보이고 있다. 일본은 2018년 발행한 『일본의 방위(日本の防衛)』를 통해 북한의 지상군 병력이 110만여 명, 해·공군 병력이 11만 1천여 명 등 총 128만 명이라고 평가했고,[6] IISS도 *The Military Balance 2018*에서 북한이 지상군 110만 명, 해군 6만 명, 공군 11만 명, 전략군 1만 명 등 총 128만 명의 병력을 보유하고 있는 것으로 추정했다.[7]

그러나 정영철은 2015년에 발표한 "신화와 현실 : 북한 정규군 '100만' 신화 비판" 연구에서 북한 정규군 병력으로 추론할 수 있는 범위는 적게는 약 50만 명, 많게는 약 75만 명이라고 주장했다. 그는 북한이 1993년과 2008년 유엔인구기금(UNFPA)의 지원을 받아 각각 실시한 인구조사 결과를 연령별 및 지역별 차이, 16세 이상 직업인구 비교, 1993년 및 2008년 연령구간 비교, 성비 차이 등의 4가지 방법으로 분석하면 이러한 추정이 가능하다고 설명했다.[8]

미야모토 사토루(Satoru Miyamoto)도 2015년 10월 "Military Organization and Forces Strength of Korean People's Army"라는 글에서 정영철과 같은 자료를 이용하며, 1993년 북한의 상비병력 중 남성은 65만 2,036명, 여성은 3만 8,991명으로 총 69만 1,027명이며, 인구 대비 3.26%라고 추정했다. 2008년의 경우에는 북한의 상비병력 중 남성이 66만 2,347명, 여성이 4만 26명, 총 70만 2,373명이며, 인구 대비 2.92%라고 추정했다. 특히, 미야모토는 1999년 북한 인구연구소 연구원이 1993년 인구조사에서 지역별 및 연령별 인구 차이가 발생하는 것에 대해 "군인을 제외했"기 때문이라고 설명했다고 부연했다.[9]

북한의 인구조사 결과라는 비교적 객관적·합리적 근거에 기반을 둔 북한군 상비병력 추정치가 나름의 설득력을 갖고 있음에도 불구하고 한국 국방부와 일본 방위성, IISS 등에서는 북한군 상비병력 추정치에 대한 기존의 입장을 변화시키지 않고 있다.

한편 북한은 유엔 등의 지원을 받아 2018년 인구조사를 10년 만에 다시 실시한 것으로 알려졌다.[10] 북한이 인구조사 결과를 공개할지, 공개한다면 그 시기가 언제일지 예단하기 어렵지만 북한의 2018년 인구조사 결과는 북한군 상비병력을 추정할 수 있는 기본 자료들을 포함하고 있을 것이며, 『2018 국방백서』와 인구조사 결과가 보여주는 북한군 상비병력 추정치의 차이는 다시 논란이 될 가능성이 크다.

이러한 맥락을 감안해 이 글에서는 한국 국방부와 IISS가 지금까지 추정해 온 북한군 상비병력 추정치에 문제가 있지는 않은지를 중점적으로 살펴보고자 한다.

한국 국방부는 1967년과 1968년『국방백서』를 발간한 뒤 20년이 지난 1988년에 가서야『국방백서』를 다시 주기적으로 발간하고 있으며, 이를 통해 북한군 상비병력 추정치를 공개하고 있다. IISS는 매년 발간하는 *The Military Balance*에 북한군 상비병력 추정치를 포함시키고 있는데, 한국 국방부가『국방백서』를 발간하지 않던 1979~1987년 기간 IISS가 추정한 북한군 상비병력을 대입해 종합하면 대체로 시간이 지남에 따라 증가하는 우상향 선형 경향을 확인할 수 있다(<그림 1> 참고). 이를 감안해 본 연구에서는 한국 국방부와 IISS가 추정한 북한군 상비병력 현황을 중점적으로 살펴보고자 하는 것이다. 이러한 본 연구는 보다 합리적인 북한군 상비병력 추정치가 무엇인지를 탐색하는 데 기여할 수 있을 것이다.

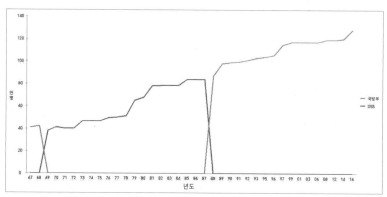

〈그림 1〉 북한군 상비병력 추정치 추이 : 1967~2018

출처: 국방부,『국방백서』(각 년도); IISS, *The Military Balance*(각 년도).

## II. 한국 국방부의 1988년 이후 북한군 상비병력 추계와 문제

한국 국방부가 1967년 처음 발간한 『국방백서』에 북한군 상비병력은 41만 명 정도로 추정돼 있으며,[11] 『1968 국방백서』에는 북한이 지상군 36만 7천 명, 해군 10만 500명, 공군 3만 5천 명 등 총병력이 41만 2,500명이라고 평가하고 있다.[12] 그러나 한국 국방부는 오랫동안 『국방백서』를 발간하지 않았으며, 20년 만에 발행한 『1988 국방백서』에서 북한이 "정규군 87만여 명을 확보하고 있다"고 평가했다.[13] 즉, 한국 국방부는 북한군 총병력이 20년 만에 거의 배 이상 많아졌다고 추정한 것이다. 이후 한국 국방부는 매년 또는 격년제로 발간하는 『국방백서』를 통해 북한군 병력이 지속적으로 증가하는 것으로 평가해 왔다.

한국 국방부가 『국방백서』를 발간하지 않았던 1968년부터 1988년까지의 추계에 대한 평가는 차치하더라도, 한국 국방부가 『국방백서』를 주기적으로 발간했던 1988년부터 2016년까지의 추이에서 특징적인 지점들을 어렵지 않게 발견할 수 있다(<그림 2> 참조). 첫째, 한국 국방부가 20년 만에 『국방백서』를 다시 발간한 1988년과 1989년의 북한군 상비병력 추정치에 11만 명 정도의 차이가 발생했다는 것이다. 둘째, 1996년의 추정치와 1997년의 추정치 역시 9만 2천 명 정도의 차이가 있다. 셋째, 1997년과 1999년의 추정치 차이가 2만 3천 명 정도라는 것이다. 넷째, 2014년과 2016년의 추정치 차이가 8만 명에 달한다는 것이다.

첫째, 1988년과 1989년의 북한군 상비병력 추정치가 매우 큰 차이를 보이는 것과 관련해 해당 시기 『국방백서』의 내용을 구체적으로 살펴보도록 하자. 한국 국방부는 『1988 국방백서』에서 "육군 76만 명, 해군 4만 명, 공군 7만 명 등 총병력 87만 명"이라고 기술하고 있지만,[14] 『1989 국

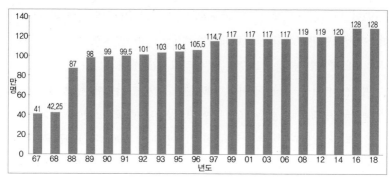

〈그림 2〉『국방백서』에 나타난 북한군 병력 추이 : 1967~1968 / 1988~2018
출처 : 국방부, 『국방백서』(각 연도).

방백서』에서는 "육군 85만 명, 해군 5만 명, 공군 8만 명 등 총병력 98만
명"이라고 설명했다.[15] 즉, 한국 국방부는 1년 사이에 북한의 육군이 9만
명, 해군과 공군이 각각 1만 명씩 증가해 총병력이 11만 명 증가했다고
판단한 것이다.

그렇지만 한국 국방부는 1988년과 1989년 북한이 육군 부문에서 15개
의 군단급 사령부를 동일하게 운용하고 있다고 설명하고 있으며, 심지어
1998년 146개였던 사/여단 규모가 1989년에는 144개로 2개 감소했다고
설명하고 있다.[16] 이러한 설명은 북한의 육군 병력이 1년 사이에 9만 명이
나 증가했다는 판단과는 배치되는 것이다. 군단급 부대가 새롭게 창설되
지 않고, 심지어 사/여단급 부대가 감소한 상황에서 병력이 대폭 증가했
다는 판단에 합리성을 부여하기 위해서는 북한 육군의 단위 부대 당 병력
이 증가했다는 등의 부연이 필요하지만, 한국 국방부는 아무런 설명도 하
지 않았다.

둘째, 1996년의 추정치와 1997년의 추정치가 큰 차이를 보이는 것과
관련해 살펴보자. 한국 국방부는 1996년 북한군 상비병력과 관련해 "지상

군 92만 명, 해군 4.7만 명, 공군 8.8만 명 등 총 105.5만 명"이라고 설명했으며,[17] 1997년 상황과 관련해서는 "지상군 99.6만 명, 해군 4.8만 명, 공군 10.3만 명 등 총 114.7만 명"이라고 설명했다.[18]

여기에서 알 수 있는 것처럼, 1996년과 1997년 사이에 가장 크게 증가한 북한군 병력은 지상군 7.6만 명이며, 공군 병력도 1.5만 명 증가한 것으로 나타나고 있다. 이와 관련해 한국 국방부는 1996년과 1997년에 북한이 동일한 규모의 지상군 군단급 부대 및 사/여단을 유지하고 있다고 기술하고 있으며, 공군과 관련해서도 1996년과 1997년의 상황에 대해 대동소이한 내용을 기술하고 있다. 즉, 새롭게 부대가 창설되지도 않은 상황에서 지상군과 공군의 병력이 대폭 증가됐다고 추정하는 것이다.

셋째, 1997년과 1999년의 추정치 차이와 관련해 살펴보자. 한국 국방부는 1999년 북한의 상비병력과 관련해 "지상군 100만 명, 해군 6만 명, 공군 11만 명 등 총 117만 명"이라고 설명하고 있다.[19] 이를 앞서 기술한 1997년 상황과 비교해 보면, 지상군 4천 명, 해군 1만 2천 명, 공군 7천 명이 증가한 것으로 나타나는데, 다른 군종에 비해 해군 병력 증강이 두드러진다. 한국 국방부는 1997년 북한의 지상군 병력과 관련해 "인민무력부 예하에 12개 정규군단과 4개의 기계화군단, 2개의 포병군단을 포함하여 20개 군단사령부와 전차교도지도국 및 포병사령부, 그리고 특수전부대를 관장하는 경보교도지도국으로 편성되어 있다"고 설명한 반면,[20] 1999년 상황과 관련해서는 "북한 지상군은 4개의 전방군단과 4개의 기계화군단, 1개의 전차군단, 2개의 포병군단을 포함한 총 20개 군단과 특수전부대를 관장하는 경보교도지도국으로 편성되어 있다"고 설명하고 있다.[21]

북한 지상군의 군단급 부대, 즉 전차교도지도국과 포병사령부가 사라졌지만, 1997년 153개였던 사/여단이 1999년에는 176개로 증가했다는 점으로 미뤄 1997~1999년간 북한에서 상당한 수준의 군부대 재편이 진행됐을 가능성이 있는 것으로 보이며, 이러한 맥락에서 지상군 병력의 4천 명 증가는 어느 정도 이해할 수 있는 부분이 있다. 해군 병력 증강과 관련해서는 1997년과 1999년의 전대 수 차이는 16개로 동일하지만, 북한이 보유한 함정이 1997년 810척에서 1999년 990척으로 증가했다는 점에서 해군 병력의 1만 2천 명 증가 역시 이해할 수 있는 부분이 있다. 그렇지만 공군과 관련해서는 한국 국방부가 1997년과 1999년 『국방백서』에서 대동소이한 내용을 기술하고 있다는 점에서 병력 7천 명 증가를 제대로 설명하고 있지 못하다.

넷째, 2014년과 2016년의 추정치 차이에 관해 논의해 보자. 한국 국방부는 2014년 10월 기준으로 북한군 상비병력이 지상군 102만여 명, 해군 6만여 명, 공군 12만여 명 등 총 120만여 명으로 추정된다고 밝히고 있다.[22] 그러나 2016년에는 지상군 110만여 명, 해군 6만여 명, 공군 11만여 명, 전략군 1만여 명 등 총 128만여 명에 달하는 것으로 추정된다고 설명했다.[23] 즉, 북한군 상비병력이 2년 사이에 8만여 명 증가하는 데 있어 지상군 병력의 증가가 결정적 요인이었던 것으로 보인다.

그러나 한국 국방부는 『2014 국방백서』와 『2016 국방백서』를 통해 북한에서 총참모부의 지휘하에 있는 군단급 부대가 10개의 정규군단, 2개의 기계화군단, 91수도방어군단(구 평양방어사령부), 11군단, 1개 기갑사단, 4개 기계화(보병)사단 등으로 편성돼 있다며 동일하게 설명하고 있다.[24] 다만 한국 국방부는 『2014 국방백서』와 달리 『2016 국방백서』를 통해 "인민보안성 7·8총국이 공병군단과 도로건설군단으로 개편되면서 인민무력성으로 소속이 전환되었다"고 설명하고 있는데, 이로 인해 북한 지상군 병력이 상당한 수준으로 증가했을 가능성이 있지만 그렇다고 하더라도 8만 명 증가는 다소 과도한 것으로 보인다.[25]

## III. IISS의 1969~1987년 북한군 상비병력 추계와 문제

한국 국방부가 1969년부터 1987년까지 북한군 병력 추정치를 대외적으로 발표하지 않았다는 점에서, 이 기간 북한군 병력을 추정하고 있는 다른 기관의 자료를 검토할 수밖에 없다. IISS는 매년 세계 각국의 군사력을 평가해 The Military Balance를 통해 발표하고 있는데, 여기에서 1969~1987년 북한의 총병력 추이를 확인할 수 있으며, 본 연구에서는 이를 이용하고자 한다. 이러한 방법이 가능한 이유는 다음과 같다.

앞서 제시했던 <그림 1>에서 확인할 수 있는 것처럼, IISS가 평가한 1969년과 1970년의 북한군 병력 규모는 각각 38만 1,500명과 41만 3천 명으로 한국 국방부가 1968년 『국방백서』를 통해 발표한 42만 2,500여 명과 큰 차이가 없다. 또한 IISS가 추정한 1987년 북한군 병력 규모는 83만 8천 명으로, 한국 국방부가 1988년 평가한 87만 명과 큰 차이가 없다. 북한군 병력에 관해 IISS가 한국 군 당국보다 더 적게 추정한 경우도 있다. 1970년대 말 IISS는 북한이 65만 2천 명 정도의 병력을 보유하고 있다고 추정했는데, 한국 국방부는 『1990 국방백서』를 통해 1970년대 말 북한군 상비병력이 72만 명에 달하는 것으로 추정하고 있다.

이러한 측면에서도 한국 군 당국이 공개하지 않은 1969~1987년 사이의 북한군 병력을 IISS가 발간한 The Military Balance로 대체해 추정하는 것에 무리가 따른다고 하기 어렵다. 즉, IISS가 발간한 The Military Balance의 1969~1987년간 북한군 병력 규모 추정치와 1967~1968년과 1988년 이후 『국방백서』에 나타난 추이가 대체로 우상향 선형을 나타내기 때문에 IISS의 The Military Balance에 나타난 자료를 활용해도 큰 문제가 없다고 판단된다. 한국 국방부가 『국방백서』를 발간하지 않은

1967~1987년 IISS가 발간한 *The Military Balance*에 나타난 북한군 상비 병력 추정치는 <그림 3>과 같다.

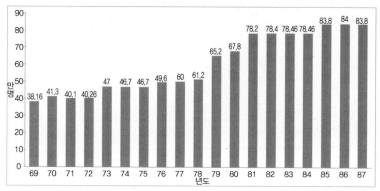

〈그림 3〉 *The Military Balance*에 나타난 북한군 병력 추이 : 1969~1987
출처 : IISS, *The Military Balance*(각 연도).

<그림 3>에서 눈에 띄는 몇 구간을 확인할 수 있는데, 첫째, 1972년 추정치(40만 2,500명)에 비해 1973년 추정치(47만 명)가 6만 7,500명 많은 점. 둘째, 1978년 추정치(51만 2천 명)보다 1981년 추정치(78만 2천 명)가 27만 명 많은 점. 셋째, 1984년 추정치(78만 4,500명)보다 1985년 추정치 (83만 8천 명)이 5만 3,500명이 많은 점 등이다. 1972~1973년간 증가분은 1972년의 16.8%, 1978~1981년간 증가분은 1978년의 52.7%, 1984~ 1985 년간 증가분은 1984년의 6.8% 정도이다. 이와 같은 급격한 증가분에 관해 조금 더 자세히 살펴보면, <표 1>과 같다.

<표 1>에서 확인할 수 있는 것처럼, 각 구간에서 가장 많은 병력이 증가한 것으로 평가되는 병종은 지상군이며, 1978~1979년 사이에는 12 만~16만 명이 증가하고, 1980~1981년에는 10만 명이 증가한 것으로 추정된다. 1978~1981년으로 구간을 확대하면, 3년 사이에 지상군이 26만 명,

<표 1> 북한군 병력 추이 변화 : 1972~1973, 1978~1981, 1984~1985

(단위: 만 명)

| 구 분 | 1972년 | 1973년 | 1978년 | 1979년 | 1980년 | 1981년 | 1984년 | 1985년 |
|---|---|---|---|---|---|---|---|---|
| 총 계 | 40.25 | 47 (+6.75) | 51.2 | 63.2~67.2 (+12~16) | 67.8 (+4.6~0.6) | 78.2 (+10.4) | 78.45 | 83.8 (+5.35) |
| 지상군 | 36 | 40.8 (+4.8) | 44 | 56~60 (+12~16) | 60 (0~+4) | 70 (+10) | 70 | 75 (+5) |
| 해 군 | 1.25 | 1.7 (+0.45) | 2.7 | 2.7 | 3.1 (+0.4) | 3.1 | 3.35 | 3.5 (+0.15) |
| 공 군 | 3 | 4.5 (+1.5) | 4.5 | 4.5 | 4.7 (+0.2) | 5.1 (+0.4) | 5.1 | 5.3 (+0.2) |

* 괄호 안은 전년 대비 증가분.
출처 : IISS, *The Military Balance*(각 연도).

해·공군이 총 1만 명 증가한 것으로 평가된다.

　1972년을 기준으로 북한군 병력이 2배 이상이 되는 시점은 1985년으로, 14년 만에 43만 5,500명의 병력이 증가한 것으로 추정됐으며, 여기에서 지상군 증가분이 차지하는 비중은 89.6%에 달한다. 즉, 북한에서 해·공군 병력의 증가세보다는 지상군 병력 증가세가 뚜렷한 것으로 IISS는 평가하고 있다.

　그렇다면 IISS가 설명하는 해당 시기 북한 지상군 병력 추이 및 주요 구성 변화를 구체적으로 살펴볼 필요가 있다. 첫째, IISS가 추정하는 1972년과 1973년 북한의 지상군 병력 추이 및 주요 구성 변화를 살펴보면, 1972년 북한 지상군은 2개 포병사단, 20개 보병사단, 4개 보병여단 등으로 구성돼 있었으나, 1973년에는 3개 포병사단, 21개 보병사단, 4개 보병여단, 7개 포병연대 등으로 구성돼 있다. 즉, IISS는 1년 사이에 북한 지상군에 1개 포병사단, 1개 보병사단, 7개 포병연대가 증편된 것으로 판단하고 있다. 이러한 구성 변화를 토대로 한다면 1972년 36만여 명이었던 지상군 병력이 1973년 40만 8천여 명으로 4만 8천여 명 증가했다는 평가를 어느 정도 납득할 수 있다.

둘째, 1978~1981년간 북한 지상군 병력 추이 및 주요 구성 변화를 살펴보면 다음과 같다. 북한군의 총병력은 1978년 51만 2천 명에서 불과 3~4년 만에 27만 명이 증가해 1981년 78만 2천 명이 된 것으로 평가된다. 여기에서 주의 깊게 살펴봐야 하는 대목은 1년 만에 병력이 10만 명 이상 증가한 것으로 평가되는 1978~1979년, 1980~1981년 지상군의 장비 증가 및 부대 편제 변화 여부이다. <표 2>에서 보는 바와 같이, 1978년에 비해 1979년 북한의 지상군 보병사단은 15개 증가한 것으로 평가된다. 이는 이 시기 12만~16만 명 정도의 지상군 병력이 증강됐다는 판단과 대략 일치하는 것이다.[26]

그러나 이러한 보병사단 개수의 증가는 상급부대인 군단의 증가로 이어지는 것이 보통지만, 이에 관한 자료가 없어 판단하기 어렵다. 한편 1979년에 북한의 지상군이 보유한 주요 장비는 전년에 비해 전차 200대(전년 대비 9.52%), 포 500문(3.76%)이 증가한 것으로 평가된다. 북한 지상군의 주요 장비가 각급 부대의 특성에 맞춰 고르게 배속되어 있다고 가정한다면, 이러한 주요 장비 변화는 병력 증강에 비해 턱없이 부족한 것이라고 할 수 있다.

〈표 2〉 북한의 지상군 부대 편제 및 주요 장비 변화 : 1978~1979

| 구 분 | | 1978년 | 1979년 | 증감 |
|---|---|---|---|---|
| 지상군 병력 | | 44만명 | 56만~60만명 | +12만~16만명 |
| 부대 편제 | 군 단 | n.a. | n.a. | - |
| | 전차사단 | 2 | 2 | - |
| | 기계화사단 | 3 | 3 | - |
| | 보병사단 | 20 | 35 | +15 |
| | 전차여단 | n.a. | n.a. | - |
| | 보병여단 | 4 | 4 | - |

| 구 분 | | 1978년 | 1979년 | 증감 |
|---|---|---|---|---|
| 지상군 병력 | | 44만명 | 56만~60만명 | +12만~16만명 |
| 주요<br>장비 | 독립여단 | 5 | 5 | - |
| | 특수여단 | 21(대대) | 21(대대) | - |
| | 전 차 | 2,100대 | 2,300대 | +200대 |
| | 장갑차 | 800대 | 800대 | - |
| | 포 | 13,300문 | 13,800문 | +500문 |
| | 방공포 | 5,000문 | 5,000문 | - |

출처 : IISS, *The Military Balance*(각 연도).

다음으로 1980~1981년 북한 지상군의 장비 증가 및 부대 편제 변화에 관해 살펴보도록 하자. <표 3>에서 알 수 있는 것처럼, 1980년에 비해 1981년 북한 지상군에서 증가된 것으로 평가되는 부대는 전차여단 1개, 특수여단 4개에 불과하다. 전차여단과 특수여단 1개의 병력이 각각 1만 명에 육박한다고 가정하더라도 총 5만 명 정도의 병력이 증강된 것이다.

<표 3> 북한의 지상군 부대 편제 및 주요 장비 변화 : 1980~1981

| 구 분 | | 1980년 | 1981년 | 증감 |
|---|---|---|---|---|
| 지상군 병력 | | 60만명 | 70만명 | +10만명 |
| 부대<br>편제 | 군 단 | 8 | 8 | - |
| | 전차사단 | 2 | 2 | - |
| | 기계화사단 | 3 | 3 | - |
| | 보병사단 | 35 | 35 | - |
| | 전차여단 | 4 | 5 | +1 |
| | 보병여단 | 4 | 4 | - |
| | 독립여단 | 2(전차)<br>5(보병) | 2(전차)<br>5(보병) | - |
| | 특수여단 | 22(대대) | 26(대대) | +4 |
| 주요<br>장비 | 전 차 | 2,650대 | 2,650대 | - |
| | 장갑차 | 1,000대 | 1,000대 | - |

출처 : IISS, *The Military Balance*(각 연도).

이는 북한의 지상군 병력이 이 기간 10만 명 증가했다는 판단과 상당한 차이를 나타내는 것이다. 또한 1981년에 북한의 지상군이 보유한 것으로 평가되는 전차와 장갑차 등 주요 장비는 거의 변화가 없다. 즉, 지상군 병력이 10만 명이나 증가했다는 평가의 근거를 이와 연계된 세부 내용에서 찾기가 어려운 것이다.

셋째, 1984~1985년간 북한 지상군 병력 추이 및 주요 구성 변화를 살펴보면 다음과 같다. IISS는 1984년에 비해 1985년 북한군 총병력이 5만 3,500명 증가했으며, 특히 지상군 병력이 5만 명 증가한 것으로 평가하고 있다. 이를 감안한 상태에서 <표 4>를 주의 깊게 살펴볼 필요가 있다. 1984년에 비해 1985년 군단이 2개 증가한 것은 북한의 지상군 병력이 5만 명 증가했다는 평가의 근거가 될 수 있다. 그러나 1985년 11개 군단에는 새로 창설된 3개의 기계화군단이 포함된 것이다. 병력 중심으로 이뤄진 보병군단은 9개에서 8개로 1개 감소한 것이라고 할 수 있으며, 이를 뒷받침하듯 1984년 34개였던 보병사단이 이듬해에는 24개로 10개 감소한 것으로 평가됐다. 다만 기계화사단과 전차여단이 각각 2개 증가한 것은 기계화군단 3개가 창설된 것의 근거가 될 수 있다.[27] 이러한 맥락에서 전차가 525대, 포가 550문 증가한 것도 일견 이해할 수 있다.

그렇지만 <표 4>에서 중요한 사항은 보병사단 10개가 감소한 대신 기계화사단과 전차여단이 2개씩 증가하는데 그쳤다는 것이다. 기계화사단 및 전차여단의 병력 규모가 일반 보병사단과 비슷하다고 가정하더라도 보병사단이 6개나 감소했다는 결과가 도출되는데, 이는 북한의 지상군 병력이 5만 명 증가했다는 평가와 배치되는 것이다.

| 구 분 | | 1984년 | 1985년 | 증감 |
|---|---|---|---|
| 지상군 병력 | | 70만명 | 75만명 | +5만명 |
| 부대<br>편제 | 군 단 | 9 | 11<br>(기계화 3 포함) | +2 |
| | 전차사단 | 2 | 2 | - |
| | 기계화사단 | 3 | 5 | +2 |
| | 보병사단 | 34 | 24 | -10 |
| | 전차여단 | 5 | 7 | +2 |
| | 보병여단 | 9 | 9 | - |
| 주요<br>장비 | 전차 | 2,675대 | 3,200대 | +525대 |
| | 장갑차 | 1,290대 | 1,240대 | -50대 |
| | 포 | 17,100문 | 17,650문 | +550문 |

출처 : IISS, *The Military Balance*(각 연도).

## IV. 북한의 군사비와 상비병력 추정치 비교

한국 국방부와 IISS가 각각 추정하고 있는 북한군 상비병력 수치가 크게 변동하는 구간은 총 7개라고 할 수 있다. IISS의 북한군 상비병력 추정치는 1972~1973년 6.75만 명 증가, 1978~1979년 12만~16만 명 증가, 1980~1981년 10.4만 명 증가, 1984~1985년 5.35만 명 증가 등으로 큰 변화폭을 보이고 있으며, 한국 국방부의 추정치는 1988~1989년 11만 명 증가, 1996~1997년 9.2만 명 증가, 2014~2016년 8만여 명 증가의 변화폭을 보였다. 이 부분에서는 이러한 추정치 변화가 북한 군사비 변화와 어떻게 연계돼 있는지를 살펴봄으로써 한국 국방부 및 IISS가 추정하는 북한군 상비병력이 설득력을 갖는지를 논의하고자 한다.

본격적인 논의에 앞서, 북한군과 북한 군사비의 특성을 먼저 알아볼 필요가 있다. 이를 통해 북한의 군사비와 상비병력 추정치를 비교해야 하는 이유를 판단할 수 있기 때문이다. 북한은 대내적인 경제 상황 및 잉여 노동력 문제 등을 감안해 병력 확충 중심의 군사력 증강 정책을 추진해 왔으며, 이는 결국 북한군의 성격을 노동집약적으로 변화시켰다.[28] 그리고 북한뿐 아니라 모든 국가가 상비병력이나 전투장비를 증강한다면 자연스럽게 부대 및 장비 운영유지비를 증가시킬 수밖에 없으며, 이는 결과적으로 군사비 증가를 야기한다.[29] 특히, 한국 국방부와 IISS가 추정하는 것과 같은 북한의 단기간 내 대규모 병력 증강은 필연적으로 군사비와 '정'의 방향으로 연계될 수밖에 없다.

<그림 4>는 1963~2003년간 북한이 공표한 국방비를 도식화한 것인데, 여기에서 한국 국방부와 IISS가 단기간 내 북한군 상비병력의 대규모 증강이 이뤄졌다고 평가하는 시기의 북한 공표 국방비가 어떻게 변화했는지를 살펴보도록 하자. 먼저, IISS가 북한에서 비교적 대규모 병력 증강이 이뤄진 것으로 평가하는 첫 번째 시기, 즉 1972~1973년 북한의 상황을 살펴보자. 만약 북한군 상비병력이 증가했다면 북한의 국방비 역시 일정하게 증가했을 것으로 가정할 수 있다.

북한이 공표한 국방비, 즉 전체 재정 지출에서 군사비가 차지하는 비중은 1972년(17.0%)에 비해 1973년(15.4%)로 감소했으나 절대 액수는 소폭 증가한 것으로 추정된다.[30] 그러나 북한은 1972년 군수산업 전반을 전담하는 제2경제위원회를 신설한 뒤 이와 관련된 예산을 공표 국방비에 포함하지 않는 것으로 관측돼 왔다. 만약 북한이 1973년부터 공표 국방비에 제2경제위원회 관련 예산을 포함시키지 않았다면, 1972년과 1973년 공표 국방비 및 절대 액수의 소폭 증가는 북한군 상비병력의 증가를 설명하는 근거가 될 수 있다. 1972년까지 국방비에 포함되던 제2경제위원회 관련 예산이 1973년 군사비에 포함되지 않았음에도 절대 액수가 소폭 증가한

것은 병력 증가 등 다른 요인에 따른 것일 수 있기 때문이다.

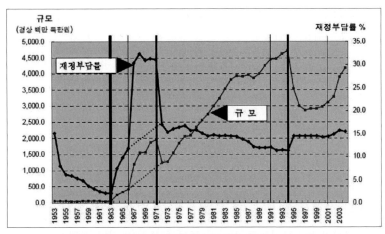

〈그림 4〉 북한 공표군사비 추이

자료 : 성채기, "북한 공표군사비 실체에 대한 정밀 재분석," 한국국방연구원, 『국방정책연구』, 70호 (2005), 107쪽.

그러나 대부분의 전문가들이 추정하는 것처럼, 북한이 1972년부터 제2경제위원회 관련 예산을 공표 국방비에 포함시키지 않고 은폐했다면 이러한 설명은 가능하지 않다. 1972년에 비해 1973년 북한군 병력이 16.8%나 증가한 것으로 평가되지만, 절대 액수를 기준으로 한 군사비 규모 증가폭은 여기에 미치지 못하는 것으로 보이기 때문이다. 물론, 북한이 병력을 16.8%나 증강하고도 군사비를 구성하는 경상운영비 이외의 부문, 예를 들어 각종 무기체계 연구·개발 관련 비용 등을 대폭 삭감해 전체 군사비가 소폭 증가하는 데 그쳤을 가능성을 배제할 수 없지만, 이는 합리적인 추론이라고 하기 어렵다. 특히, 김일성을 비롯해 북한의 다른 관리들은 1971~1976년의 6개년 계획을 추진하기 위해 1971~1972년 국방에 대한

지출을 감축시킬 필요성 및 계획을 대내외적으로 언명했다고 한다.[31]

또한 북한의 산업생산 증가는 물론 주택 및 공공기념물 등 비생산적 건설계획이 1960년대에 비해 6개년 계획 기간 동안 상당한 호조를 보였는데, 이는 자본이 부족한 북한 입장에서 생산적 및 비생산적 경제투자에 부정적 영향을 미치던 국방비 부담이 상당한 수준으로 감소했음을 증명하는 것으로 해석할 수 있다.[32] 즉, IISS가 추정하는 1972년 대비 1973년의 북한군 병력 증강 평가는 당시 북한의 상황과 부합한다고 판단하기 어렵다. 즉, 이러한 추정은 '사실'에 기반을 둔 것이라기보다는 '평가(assessment)'에 가까운 것이라고 할 수 있다.

다음으로 IISS가 추정하는 1978~1981년의 북한군 상비병력 증가와 북한의 공표 국방비를 비교·검토해 보자. 1981년 북한군 상비병력은 1978년에 비해 52.7% 증가한 것이다. 한편 북한의 공표 국방비는 1978년 20억 원(북한원) 규모에서 1981년 28억 원(북한원) 규모로 증가했으며, 1981년 군사비는 1978년을 기준으로 삼았을 경우 40%가 증가한 것으로 계산된다. 북한의 국방비에서 경상운영비가 차지하는 비중이 결코 작지 않다는 사실을 감안한다면, 1978~1981년간 북한 군사비의 절대 액수 증가는 같은 기간 병력 증가와 어느 정도 '정'의 관계를 보인다고 할 수 있다.

이어서 IISS가 추정하는 1984~1985년 북한군 상비병력 증가와 북한의 공표 국방비를 검토해 보자. 북한의 공표군사비는 1984년 약 47억 원(북한원)에서 1985년 약 35억 원(북한원)으로 12억 원가량 감소한 것으로 나타난다. 이는 1984년에 비해 1985년 북한군 상비병력이 6.8% 증가했다는 평가와 대치되는 것이다. 이상에서 살펴본 것처럼, IISS가 북한군 상비병력이 비교적 짧은 기간 내에 대폭 증가된 것으로 평가하는 1972~1985년 사이 북한군 상비병력은 북한이 공표한 국방비 추세 와 다른 경향성을 보이고 있다.

한국 국방부가 추정하는 1988~1989년 북한군 상비병력 11만 명 증가와 같은 시기 북한의 공표 국방비 추이 변화를 검토해 보자. 한국 국방부의 추정에 따르면, 1989년 북한군 상비병력은 1988년에 비해 12.6% 폭증했다. 그러나 북한의 공표 국방비는 1988년 약 38억 원(북한원)에서 1989년 약 40억 원(북한원)으로 5.3% 증가하는 데 그쳤다. 게다가 한국 국방부는 1996~1997년 북한군 상비병력이 9.2만 명(8.7%) 증가했다고 추정하고 있지만, 같은 시기 북한의 공표 국방비 절대 액수 증가율은 '음'의 값을 나타낸다. 북한의 공표 국방비는 1996년 약 30억 원(북한원)에서 1997년 약 29억 원(북한원) 수준으로 오히려 감소한 것이다. 한국 국방부가 8만여 명 증가한 것으로 추정하는 2014~2016년 기간과 관련해서는 신뢰성 있는 북한의 공표 국방비를 확인하지 못해 연관성을 검토하기 어렵다.

## V. 북한군 상비병력 추정 방법론 검토

이러한 상황에서 우리가 주목해야 할 보고서가 있다. 현재는 비밀에서 해제돼 인터넷 등을 통해 어렵지 않게 확보할 수 있는 '북한의 군사적 능력 및 의도(North Korean Military Capabilities and Intentions)'라는 제목의 'II급 비밀(secret)' 보고서가 바로 그것이다. 이 보고서는 1979년 5월 23일 미국 중앙정보국(CIA) 국장 명의로 작성된 것이며, 2010년 2월 23일 일부 내용을 제외하고 대부분의 내용이 비밀에서 해제됐다. 보고서는 1979년 5월 15일까지 수집된 자료에 근거해 작성됐으며, 보고서 작성을 위해 CIA와 미국 국방부의 국방정보국(DIA), 국가안보국(National Security Agency), 미국 육·해·공군 정보기관 관계자들이 협력했다.

보고서가 '군사력 증강(military buildup)' 부분에서 가장 먼저 언급한 내용은 다음과 같다. "북한은 지난 10년 이상 군사력, 특히 지상군을 드라마틱하게 증강시켜 왔다. 우리는 1970년 북한군의 총병력이 약 36만 명이며 이는 24개 보병 사·여단 및 1개의 기계화사단으로 구성된 것으로 추정했다. 오늘날 모든 미국 정보기관은 북한의 총병력이 약 60만 명이며, 2개의 기계화사단과 30개 보병사단 및 5개 보병여단 또는 이와 동일한 전력을 갖추고 있다고 확신한다."[33]

즉, IISS는 이와 같은 미국 정보기관의 자료를 근거로 북한의 1979년 총병력을 전년보다 12만~16만 명 정도 많게 추정한 것으로 보인다. 이에 대해 일부 연구자는 북한이 1976년 8월 이른바 '판문점 도끼만행 사건' 이후에 전개된 미국의 대규모 무력시위에 대응해 급속한 군비증강 계획을 추진한 결과 북한군의 능력이 제고된 것으로 미국 정보당국이 1978~1979년 재평가했다고 주장한다.[34] 그러나 이는 앞서 언급한 미국 정보당국의 보고서 내용과 다르다. 한 연구자가 지적한 것처럼, 당시 미국 정보당국은 "1970년대 북한의 군사력 증강을 1960년대 후반 또는 아마 그 이전에 짜여진 계획의 결과"인 것으로 평가했던 것이다.[35]

미국 정보당국은 자신들의 주장을 뒷받침하기 위해 "1970~1978년 사이 북한군 전투(전차·보병·특수작전) 대대가 약 430개에서 적어도 670개 정도로 약 55% 증가했으며, 이 부대들의 화력이 약 175에서 최소한 329로 90% 정도 증가"했고, "1970년대 2개의 군단이 추가돼 9개의 군단을 갖추고 있으며", "북한군 특수부대가 10만 명 정도"라는 등의 근거를 제시했다. 그러면서 1979년 현재 "북한군 총병력이 지상군 60만 명, 공군 4만 7천 명, 해군 3만 1천 명 등 총 68만 명에 육박한다"고 추정했다.

미국 정보당국은 "2년 전과 비교했을 때 더 높게 나타나는 이러한 추정은 최근의 급격한 성장으로 인한 것이 아니라 오히려 꾸준한 증강과 가용 데이터에 대한 보다 포괄적인 분석을 반영"한다고 주장했다.[36] 그렇지만 당시에 이러한 보고를 받았던 지미 카터 미국 대통령은 훗날 자신이 "한반도 군사력 균형 재평가의 기초에 대해 전혀 납득하지 못했다"고 회고했다.[37]

IISS는 *The Military Balance*를 거의 매년 발간하며 모든 국가의 군사력을 추정·평가하고 있지만, 여기에 어떠한 방법론을 사용하는지에 대해서는 전혀 밝히지 않고 있다. 다만, IISS가 이른바 '샹그릴라 대화', 즉 아시아안보회의(Asia Security Summit) 등을 주관하며 각 국의 군 당국과 긴밀한 관계를 유지하고 있다는 점을 감안했을 때, 여러 국가의 군 당국과의 교류를 통해 각종 정보를 수집하며, 이를 *The Military Balance*에 반영하고 있을 것이라고 가정할 수 있다. 그리고 IISS가 *The Military Balance*를 통해 밝히는 내용에 대해 각 국의 군 당국이 별다른 이의를 제기하지 않고 있으며, 각 국의 군 당국이 각종 발표의 근거로 *The Military Balance*를 사용하는 경우도 심심치 않게 발생한다. 이러한 맥락을 감안했을 때, 한국 국방부가 『국방백서』를 내놓지 않았던 1969~1987년 기간의 북한군 상비병력 추정치 공백 역시 *The Military Balance*를 통해 채울 수 있는 것이다.

그렇다면 한국 국방부는 북한군 상비병력을 어떻게 추정하고 있을까?[38] 이에 대해 알려진 사실은 많지 않지만, 합리적으로 추정할 수 있는 몇 가지 사실이 존재한다. 첫째, 한미연합군사령부(CFC : Combined Forces Command)가 창설된 1978년 11월 이전까지 한국은 북한의 군사적 상황에 대해 독자적으로 판단했을 개연성이 크지만, CFC 창설 이후에는 한국군과 미군이 공동으로 북한의 군사적 상황을 판단하고 있다는 점이다. 둘째, 당연한 얘기겠지만, 모든 정보자산을 활용해 북한의 군사적 상황을 판단하고 있다는 점이다. 셋째, 대외적으로 공개하지 않는 군 내부 비밀자료를 근거로 대외적으로 밝힐 수 있는 최소한의 내용만 『국방백서』 등을 통해 밝히고 있다는 점이다.

첫째, CFC와 관련된 내용에 관해 살펴보도록 하자. CFC가 창설되기 이전인 1967년부터 1978년까지의 북한군 상비병력 추정치 가운데 1972~1973년 구간을 제외하고는 특별할 정도로 이상한 구간을 발견하기 어렵다. 그렇지만 CFC 창설을 전후한 1978~1979년 구간에서는 북한군 상비병력이 1년 사이에 14만 명이나 증가했다는 다소 비상식적인 평가가 나타난다. 이는 CFC 창설로 한국군과 미군 내 정보 조직이 통합되는 시기를 전후해 나타난 현상이라는 점에서 주목할 필요가 있다.

또한, 앞서 살펴본 것처럼, 북한군 상비병력이 비상식적으로 증가한 것으로 평가되는 구간은 모두 CFC 체제가 유지되는 가운데 발생한 현상이다. 지금도 그렇지만, 한국의 정보 수집 능력에 비해 미국의 정보 수집 능력은 월등히 좋다. 이 때문에 미군이 보유한 더 풍부한 정보가 이러한 평가에 영향을 미쳤다고 주장할 수도 있지만, IISS는 한국뿐 아니라 미국과 더 많은 교류를 하고 있다는 점에서 이러한 주장은 설득력이 크지 않다고 할 수 있다.

이러한 맥락은 미국 내 상황 변화가 북한군 상비병력 추정에 영향을 미쳤을 가능성을 검토하게 한다. CFC 창설 이후 북한군 상비병력이 비정상적으로 증가한 것으로 평가되는 1978~1979년, 1980~1981년, 1984~1985년, 1988~1989년, 1996~1997년을 전후한 시기에 미국에서 한반도와 관련해 무슨 일이 있었는지를 살펴볼 필요가 있는 것이다. 백지화되기는 했지만 1976년 11월 카터 대통령의 3단계 주한미군 철수 방안 발표, 1979년 미국 중앙정보국의 *North Korean Military Capabilities and Intentions* 보고서 작성, 1992년 주한미군 제2사단 제3여단의 철수를 야기한 미국 의회의 1989년 주한미군 감축 요구 등이 CFC의 비상식적인 판단과 시기적으로 궤를 함께하는 상황들이라고 할 수 있다.[39] 그러나 이는 대체로 정황에 그치고 있는 것이 사실이다.

둘째, 정보자산 이용과 관련해 논의해 보도록 하자. 앞서 언급했던 것처럼, 세계의 최강대국인 미국과 한국 사이에는 정보 수집 능력에 있어 상당한 격차가 존재한다. 미국의 정보자산 능력은 다른 국가의 추종을 불허하는 정도로, 특히 인공위성 및 정찰기 등을 이용한 영상정보와 도청 및 감청 장비 등을 이용한 통신정보 및 신호정보 수집 능력은 세계 최고 수준으로 알려져 있다.[40] 미국의 이러한 정보 수집 능력은 북한에 대해서도 발휘되고 있지만, 직·간접적인 인간 자산을 이용한 대북 인적정보 수집 부문에서는 한국이 상당한 능력을 갖고 있는 것으로 알려져 있다.[41]

그렇지만 북한의 군사적 동향과 같은 민감한 사안에 대한 추론과 있어서는 인적정보보다 영상정보와 통신·신호정보가 크게 영향을 미칠 수밖에 없다. 인적정보가 제공하는 정보는 대체로 '말' 등과 같이 가시적으로 형상화하기 어려운 성질을 지니고 있지만, 영상정보 및 통신·신호정보는 그 자체가 보고 듣고 확인할 수 있는 물질적 증거이기 때문이다. 예를 들어, 특정 군부대에 대한 어느 탈북자의 증언보다 인공위성이나 정찰기 등에서 촬영한 영상과 북한 내에서 주고받은 신호가 더욱 직관적으로 인식되며 큰 설득력을 지니는 것이다.

따라서 한국이 수집한 정보와 미국이 수집한 정보를 종합해서 판단하는 과정에서 대체로 미국이 수집한 영상 및 통신·신호 정보들의 가치가 높게 평가받으며 북한의 군사적 동향을 판단하는 데 더욱 강력한 근거로 작용하는 것으로 알려졌다.

그러나 이러한 정보 분석은 일정하게 오류를 범할 가능성을 내포하고 있다. 한국군도 그러하지만, 북한군 역시 익히 알려진 것처럼, 구형 장비와 건물 등을 폐기하는 법이 거의 없다. 일정 지역에 주둔하던 군부대가 다른 지역으로 주둔지를 옮기더라도 과거 지역에서 사용하던 건물 등을 거의 그대로 남겨두는 경우가 많다. 또한 부대 재편 과정에서 일부 군부대가 독립해 별도로 새로운 주둔지를 형성하는 경우도 있을 것이다.

이러한 상황들을 영상 및 통신·신호정보만으로 판단할 경우, 사실과는 다르게 북한군을 상당히 과대평가할 가능성이 있다. 과거의 주둔지를 관리하기 위해 일정 병력이 상주하거나 방문하는 순간이 사진으로 찍혔다면 과거의 주둔지와 새로운 주둔지에 동일한 규모의 군부대가 주둔한다는 최대한 보수적인 판단을 내릴 수밖에 없기 때문이다.

특히, 이러한 문제는 기존에 정보 가치를 부여했던 사안들에 대해 가치를 박탈할 정도로 확실한 물증이 없는 이상 계속해서 동일한 가치를 부여할 수밖에 없게 하는 경향을 내포하고 있다. 북한의 주장에 따르면, 미사일 전담 운용 부대인 '전략로켓군'은 1999년 7월 3일 독자적 군종으로 창설됐다.[42] 그렇지만 한국 국방부는 『국방백서』를 통해 1990년부터 2000년대 초반까지 북한이 2개의 포병군단을 운용하는 것으로 판단했으며, 2004년에 가서야 포병군단을 1개로 줄이는 한편 '미사일지도국'이라는 명칭의 군단급 부대가 총참모부 산하에 신설된 것으로 판단했다.[43] 물론, 1999년 전략로켓군을 창설했다는 북한의 2016년 주장을 있는 그대로 받아들이기는 어렵다.

그렇지만 제한된 정보에 의존할 수밖에 없는 북한군 동향 관련 한·미의 정보 판단은 특별한 사유가 발생하지 않는 이상 기존에 유지하던 판단에 지속적으로 생명력을 불어넣고 있다. 이러한 맥락에서 북한군 상비병력에 대한 CFC의 판단이 계속해서 우상향하는 경향을 보이는 것은 당연하다고 할 수 있다.

셋째, 최소한의 정보만 공개하는 문제에 관해 논의해 보자. 한국과 미국, 특히 한국에서 북한의 군사적 동향은 매우 민감한 사안으로 받아들여지고 있다. 한국 군 당국은 북한의 군사적 동향과 관련된 정보를 세부적으로 공개할 경우에는 이러한 정보를 어떻게 파악했는지가 드러날 수 있기 때문에 정보원 및 정보 수집 수단 보호 등을 위해 구체적인 내용을 공개하지 않아 왔다. 그러나 앞서 살펴본 것처럼, 북한의 상비병력 규모가 크게 증가했다는 평가에 대해서는 상식적으로 납득할 수 있도록 최소한의 합리적 설명을 덧붙이는 노력이 필요하다. 그렇게 해야만 불필요한 오해와 문제제기를 줄여 한국 군 당국의 판단에 대한 신뢰성을 높일 수 있기 때문이다. 지금까지 한국 군 당국은 이러한 노력을 외면해 온 것이 사실이다.

한국 국방부가 발간하는 『국방백서』에 포함된 북한의 군사력 관련 지표들은 한국과 미국이 획득한 정보들 가운데 공개 가능한 부분이다. CFC는 한국과 미국이 각종 정보자산을 이용해 수집한 정보들을 종합적으로 분석해 주기적으로 군사 2급비밀인 『북한지상군전투서열』, 『북한공군전투서열』, 『북한해군전투서열』 등을 책자 형태로 제작한다.[44] 이 책자들에는 북한의 각 군별 단위 부대의 배치, 보유 인력 및 주요 장비 현황 등이 비교적 상세하게 망라된 것으로 알려졌다. 이러한 북한의 각 군별 전투서열(order of battle)을 토대로 『국방백서』에 포함돼 있는 북한의 군사력 관련 각종 지표들이 산출되는 것이다. 따라서 북한의 상비병력이 크게 증가한 것으로 평가되는 시기의 북한군 전투서열 내용을 구체적으로 살펴본다면 북한의 병력 증강 판단이 어떻게 가능한 것인지 자세하게 알 수 있을 것이다. 그러나 앞서 언급한 것처럼 북한군 전투서열은 군사 2급비밀이기 때문에 외부에 절대로 공개되지 않는다. 따라서 한국 국방부가 평가의 배경과 근거 등을 상식적인 수준에서 불필요한 오해가 발생하지 않도록 최소한이라도 설명해 주지 않으면 계속해서 신뢰를 잃을 수밖에 없다.

## VI. 북한군 상비병력 재평가의 필요성

2018년 한 해 동안 이례적으로 6개월여 동안 3차례나 개최된 남북정상회담과 역사적인 첫 북미정상회담에서 북한은 '완전한 비핵화'를 약속했다. 이에 앞서 북한은 2018년 4월 20일 개최한 당 중앙위 제7기 3차 전원회의에서 김정은 정권의 항구적인 국가전략으로 여겨졌던 '경제건설 및 핵무력 건설 병진노선'을 제시한 지 5년여 만에 사실상 종료를 선언하며, 핵·미사일 능력 고도화 중단 의사를 밝혔다. 아직까지 국제사회의 대북제재가 해제되지 않은 상황임을 감안해 남북한은 여기에 저촉되지 않는 범위 내에서 남북관계 복원·발전을 위한 조치들을 취하고 있다. 특히, 남북한은 〈판문점 선언〉, 〈9월 평양 공동선언〉과 그 부속합의서인 〈판문점 선언 군사분야 이행합의서〉를 통해 합의한 것처럼, 군사적 긴장 완화 및 신뢰 구축 조치를 단계적으로 추진하고 있다.

이처럼 긍정적인 상황 전개가 아무런 어려움 없이 지속될 것이라고 속단하기는 어렵지만, 대체로 남북한 및 북미 정상 간의 합의가 제대로 이행돼야 한다는 데는 모두 동의하고 있다. 북한 비핵화에 대한 상응조치로 한반도 평화체제 수립이 논의되고 있으며, 이를 위해서는 한반도에 주둔하고 있는 군사력의 감축이 필연적으로 이뤄져야 할 것이다. 남북한 정상이 〈판문점 선언〉을 통해 군축 실현에 합의한 것은 양측이 이러한 인식을 공통적으로 갖고 있다는 의미로 해석된다. 특히, 북한과 한미연합군이 서로를 적으로 간주하며 막대한 재래식 군사력을 이용해 대치하고 있는 상황은 한반도 평화체제 수립 과정에서 반드시 해결해야 할 문제가 될 것이다.

이 과정에서 남북한 각각이 과도하게 보유·운용하고 있는 상비병력 감축 문제는 가장 큰 난제가 될 것으로 보인다. 한국 국방부는 2018년 7월 27일 이른바 '국방개혁 2.0'의 주요 내용을 소개하며 인구감소 등의 상황을 감안해 현재 61.8만 명인 상비병력을 육군에서 11.8만 명을 감축해 2022년까지 50만 명으로 조정할 것이라고 밝혔다. 그러나 이를 북한군의 상비병력 감축과 어떻게 연계할 것인지 등에 대해서는 설명하지 않았다. 북한군 상비병력이 한국군의 2배 이상으로 평가되는 작금의 상황은 군축의 일반적 기준인 동수 또는 동률 적용을 어렵게 한다. 일정하게 상한선을 정해 놓고 감축하는 방법에는 질적으로 열세인 북한이 반발할 가능성이 크며, 동일한 규모 또는 동일한 비율로 감축하는 방법은 감축 후에도 북한의 양적 우세가 지속된다는 점에서 남한이 받아들이기 어려운 것이다.

이러한 문제를 해결하기 위해서는 무엇보다 제대로 된 사실 확인이 선행돼야 한다. 북한이 신뢰할 만한 자료를 근거로 제시하며 자신들의 상비병력이 어느 정도 규모인지를 먼저 밝히고 이것을 검증하는 것이 가장 좋은 방법이지만, 현실화되기는 불가능해 보인다.

2018년 들어 한반도 정세가 급변하는 가운데 남북한 간 군사적 긴장 완화 조치가 추진되고 있지만, 한반도에서의 군사적 대치는 아직까지 지속되고 있다. 즉, 북한의 군사적 능력에 대한 추정과 평가가 계속 이뤄져야만 하는 것이다. 그러나 한·미 군 당국이 지금까지 해 온 북한군 상비병력 추정은 재검토돼야 할 것이다. 2018년을 기준으로 북한군 상비병력이 128만여 명에 달한다는 한·미 군 당국의 추정은 설득력과 신뢰성을 상실했기 때문이다. 특히, 보다 객관적이고 과학적인 것으로 인식되는 북한의 인구조사 결과는 한·미 군 당국의 북한군 상비병력 추정치와 너무 큰 차이를 보이고 있다. 한·미 군 당국은 앞으로 보다 설득력과 신뢰성이 큰 북한군 상비병력 추정치를 제시해야 할 것이다. 이를 통해서만 보다 합리적이며 객관적인 군축 기준을 마련해 한반도의 군사적 긴장 완화와 평화 정착을 앞당길 수 있을 것이다.

# 이 장의 주

1 장철운, "군사적 긴장 완화를 넘어 실질적 평화 정착으로 이어져야," 『현안진단』, 77호(경남대 극동문제연구소, 2018).

2 동수 원칙은 동일한 규모로 병력을 감축하거나 동일한 수준까지 병력을 감축하는 방안을 의미하는데, 이는 양적 우위를 점하고 있는 북한이 수용하기 어려운 방안일 수 있다. 동률 원칙은 동일한 비율로 병력을 감축하는 방안을 뜻하는데, 이는 군축 이후에도 북한의 양적 우위가 지속된다는 점에서 한국이 납득하기 어려울 것으로 예상된다. 군비통제 및 군축과 관련된 개념적 논의는 Steve Tulliu·Thomas Schmalberger, 『군비통제, 군축 및 신뢰구축 편람』, 신동익·이충면 옮김(Geneva : UNIDIR, 2003) 등 참조.

3 국방부, 『2018 국방백서』, 2018, p. 244.

4 계산의 편의를 위해 북한 인구를 2,400만 명으로 계상.

5 계산의 편의를 위해 한국 인구를 5,000만 명으로 계상.

6 防衛省·自衛隊 編, 『日本の防衛』(東京 : 日経印刷, 2018), p. 63.

7 IISS, The Milirary Balance 2018, p. 275.

8 정영철, 「신화와 현실 : 북한 정규군 '100만' 신화 비판」 『북한연구학회보』 20권 1호, 2015.

9 文浩一, 「朝鮮民主主義人民共和國の人口変動分析(I)(조선민주주의인민공화국의 인구변동분석(Ⅰ))」 『アジア経済(아세아경제)』 41권 12호, 2000, p. 9 ; Satoru Miyamoto, 「Military Organization and Forces Strength of Korean People's Army」 『2015 세계북한학술대회 자료집』 2015, pp. 245~257 재인용.

10 《파이낸셜뉴스(인터넷)》, 2018년 6월 13일.

11 국방부, 『1967 국방백서』, 1967, p. 53.

12 국방부, 『1968 국방백서』, 1968, pp. 43~44.

13 국방부, 『1988 국방백서』, 1988, p. 77.

14 국방부, 『1988 국방백서』, 1988, p. 147.

15 국방부, 『1988 국방백서』, 1988, p. 176.

16 국방부, 『1988 국방백서』, p. 78 ; 국방부, 『1989 국방백서』, p. 87.

17 국방부, 『1996~1997 국방백서』, p. 64.

18 국방부, 『1997~1998 국방백서』, p. 241.

19 국방부, 『1999 국방백서』, p. 196.

20 국방부, 『1997~1998 국방백서』, p. 49.

21 국방부, 『1999 국방백서』, p. 39.

22 국방부, 『2014 국방백서』, p. 239.

23 국방부, 『2016 국방백서』, p. 236.

24 국방부, 『2014 국방백서』, p. 25 ; 『2016 국방백서』, p. 24.

25 국방부, 『2016 국방백서』, p. 24.

26 북한의 지상군 부대별 규모는 사단 1만 명, 여단 9천 명, 대대 450명 수준으로 알려졌다. 극동문제연구소, 『북한전서 : 1945 → 1980』(서울 : 신성인쇄사), 1980, p. 430.

27 북한은 1983~1984년경 전차사단 및 기계화(차량화) 보병사단들을 2.5개 여단으로 분할하여 수 개 군단으로 재편하는 작업에 착수한 것으로 알려졌다. Joseph S. Bermudez Jr., *North Korean Special Forces*(Couldson, Surrey : Jane's, 1988), pp. 39~40.

28 함택영, 『국가안보의 정치경제학』, 1998, pp. 301~326.

29 민진, 「국방예산에 관한 의사결정」 『국방연구』 32권 2호, 1989, pp. 31~49.

30 성채기, 「북한 공표군사비 실체에 대한 정밀 재분석」 『국방정책연구』 70호, 2005, p. 107.

31 함택영, 『국가안보의 정치경제학』, 1998, p. 215.

32 함택영, 『국가안보의 정치경제학』, 1998, pp. 215~216.

33 원문은 "The North Korean armed forces have grown dramatically over the past decade, particularly the ground forces. In 1970, we estimated that the North Korean Army numbered about 360,000 troops and was organized into 24 infantry divisions and brigades and one armor division. Today, all elements of the US Intelligence Community are reasonably confident that the North Korean Army numbers about 600,000 troops and has two armor divisions and no fewer than 30 infantry divisions and five infantry brigades, or their equivalents"이다.

34 함택영, 『국가안보의 정치경제학』, 1998, p. 183.

35 한승주·김준엽·스칼라피노 엮음, 「안보정책과 군사전략」 『북한의 오늘과 내일』 (서울 : 법문사), 1982, p. 263.

36 원문은 "Our higher estimate of the size of North Korean forces - as compared

with two years ago - does not result from a recent surge in growth, but rather reflects steady growth and more comprehensive analysis of available data"이다.

37 *International Herald Tribune*, April 4, 1985 ; 함택영, 『국가안보의 정치경제학』, 1998, p. 184 재인용.

38 상비병력 등 군사력을 측정하는 방법과 관련해서는 United States General Accounting Office, *Measuring Military Capability : Progress, Problems, and Future Direction*(1986) ; Ashley J. Tellis, Janice Bially, Christopher Layne, and Melissa McPherson, *Measuring National Power in the Postindustrial Age*(Santa Monica, C.A. : Rand, 2000) 등 참고. 군사력을 공개하지 않는 폐쇄적인 국가인 미얀마의 군사력 추정과 관련해서는 Andrew Selth, "Known Knowns and Known Unknowns : Measuring Myanmar's Military Capabilities," *Contemporary Southeast Asia*, Vol.31, No.2(2009) 참고.

39 주한미군 철수와 관련된 내용은 《서울신문사》, 『주한미군 30년 : 1945~1978』(서울 : 행림출판사, 1979) ; 김일영·조성렬, 『주한미군 : 역사, 쟁점, 전망』(서울 : 한울, 2003) 등 참고.

40 정보 수집 수단 등과 관련된 내용은 문정인, 『국가정보론』(서울 : 박영사, 2016) 등 참고.

41 《동아일보》, 2018년 3월 2일.

42 《조선중앙통신》, 2016년 6월 25일.

43 장철운, 「북한 전략군의 위상과 역할에 관한 연구」 『한국과 국제정치』 33권 4호, 2017, p. 6.

44 《뉴시스》, 2010년 2월 1일.

# 북한 남성과 여성의 사회적 역할에 관한 기대*

엄 현 숙**

## Ⅰ. 학교는 학생들에게 무엇을 가르치는가?

남성 또는 여성에게 기대하는 행동 특성과 이성, 태도는 사회화 과정을 통하여 형성된다. 사회는 기존의 전통과 관행을 지속시키는 방식으로 아동들을 그 사회의 관습, 가치, 행동들로 유인한다. 본 연구가 초등교육기관인 소학교에서도 첫 1학년을 주목하는 이유도 이 때문이다.

이 시기는 아동 전기에 속하는 것으로 학생들은 사회와 자연에 대한 초보적인 이해를 갖게 된다. 그것은 아동기에 생긴 일들은 그 이후의 정치관을 형성하는 데 중요하다는 생각에서 출발하여 정치사회화 분석의 주요 전제가 되어 왔기 때문이다. 북한도 지능 발전의 80~90%가 소학교 교육 단계에서 이루어진다고 하면서 조기교육에 대해 주장한다.[1] 이로부터 소학교 교과서에 실린 교육내용은 학생들의 인격 형성에 직·간접적으

---

 * 이 글은 『한국동북아논총』, 제24집 2호(2019), pp. 95-116.에 실린 논문을 일부 수정한 것이다.
** 북한대학원대학교 심연북한연구소 연구교수

로 영향을 미친다.

교육의 목적은 "개인 관점에서는 인지적, 정의적 성취를 통한 자아실현을, 사회의 관점에서는 사회의 유지와 발전을, 그리고 개인과 사회가 교차하는 지점에서는 사회 구성원으로서의 역할을 수행하기 위한"[2] 것에 있다. 학교는 교과서를 통해 학생들의 현재와 미래의 바람직한 인간상과 사회상을 규정하고 가르친다. 교과서는 사회적으로 합의된 규범과 행동양식이 포함된 가치 및 지식 내용을 환경의 변화에 맞게 반영한다.

분석의 대상이 된 소학교 1학년 교과서는 학생들의 일상에서 관찰 가능한 구체적인 대상을 소재로 삼고 있다. 교과서가 출판된 2013년은 북한에서 경제건설과 핵무력 건설의 병진노선이 선포된 해라는 점에서 교과서에 제시된 이미지와 역할은 주요한 분석 대상이 된다.

2012년 4월 공식적으로 시작된 김정은 정권은 헌법을 개정하여 핵보유국으로써 지위를 대외적으로 선포하였고 그해 12월 〈광명성-3〉호 2호기의 발사를 진행하였다. 2013년 경제건설과 핵무력 건설의 병진노선을 통해 '경제강국' 건설을 위한 전력, 석탄, 금속공업, 철도운수의 중요성을 강조한 북한은 '경제강국' 건설의 주된 방향을 농업과 경공업의 발전에 두었다. 원료, 자재, 설비의 국산화가 강조된 시기도 2013년이다.[3] 이에 같은 시기에 출판된 소학교 교과서는 역동하는 북한의 정치 사회적 변화를 반영하였을 뿐만 아니라 선택된 이미지와 제시된 역할에서 사회적 기대를 읽어낼 수 있다.

연구는 북한 학생들의 사회적 기대의 습득과정을 역할 이론을 토대로 살펴보고 남성과 여성의 사회적 역할에 대한 기대가 어떻게 제시되는가를 분석하고자 한다. 물론 학생들이 교과서의 내용을 있는 그대로 내면화하거나 생활에 적용한다고 전제를 하는 것은 아니다. 교과서에서 주고자하는 가치관은 현실적인 가치관과 차이가 난다. 다만, 북한의 경우 교육

자료와 매체가 제한적인 관계로 학교 교과서가 차지하는 비중이 절대적이라는 점에서 주목된다.[4]

연구는 다음의 방식으로 진행된다. 우선, 교육내용에 대한 분석이다. 연구는 교과서에 등장하는 인물의 성별, 비중, 이미지에 기초하여 제시된 역할들을 살펴본다. 다음으로, 국가가 추구하는 바람직한 역할을 이해시키기 위해 고안된 '내면화의 장치'들을 분석한다. 주목하는 것은 교과서에 제시된 역할에 대한 해설과 질문의 방식, 교과서에 나타난 놀이구조에서 학생들은 어떤 역할을 취하고 있는가이다. 역할 유형과 직업 분석을 위해 본 연구는 삽화와 사진에 나오는 성인을 기준으로 그 빈도를 파악할 것이다. 이때 사례로 제시된 문장과 교수참고서의 해설을 중심으로 맥락과 의미를 조명한다. 다만, 본 연구는 수업에 참가하는 교원 학생들을 대상으로 직접 조사하는 것은 현재로는 불가능하기 때문에 수업 지침으로 제작된 교과서와 교수안을 대상으로 하는 등의 간접조사의 방식을 취한다.

## II. 이론적 논의 및 자료의 특성

역할은 사회에서 개인에게 기대되는 행동 양식이다. 역할 이론은 사회화의 과정을 규범적 가치와 행동의 세대 간 이동을 위한 메커니즘으로 지정한다. 이에 가족, 교회, 학교와 같은 사회 기관은 개인에 의해 학습되는 모범적인 행동을 제공할 책임이 있다.[5] 역할은 3가지 개념 즉 패턴화되고 특징적인 사회적 행동, 사회참여자들이 가정하는 부분이나 정체성, 그리고 모든 사람이 이해하고 행위자들이 고수하는 행동에 대한 대본이나 기대와 같은 3가지 개념과 관계가 있다고 말할 수 있다.

비들(Biddle)에 의하면, 역할은 "사회적 행동의 가장 중요한 특징 중 하나이다. 인간은 각자의 사회적 정체성과 상황에 따라 각기 다른 방식, 예측 가능한 방식"으로 행동한다. 그에 의하면 "기대는 역할의 주요 생성자이며, 기대는 경험을 통해 습득되며 사람들은 그들이 가지고 있는 기대를 알고 있다는 것을 가정한다."[6]

역할은 연극의 은유로 설명되기도 하는데, 배우들은 대본에 쓰여진 파트를 해야 하며 이로서 공연이 차별화 되고 예측 가능하게 한다. 타자의 역할을 취득하는 과정은 공유된 상징을 통해 발생하는 사회적 상호작용에 의해서이며, 이러한 상징적 상호작용의 형태는 이야기, 설명, 역할, 몸짓, 관습 등이 있다.

연구에서 소학교 1학년은 "일반화된 타자의 기대를 사회규범과 동일시할 뿐아니라 일반화된 타자의 명령에 대한 저항이 없다고 보는" 미드(Mead)의 관점에서 주목한다.[7] 아동의 성격은 타인의 역할을 취하는 과정에 언어 사용을 통하여 형성된다. 미드는 게임과 놀이의 구조 안에서, 아이들은 다른 사람의 역할을 맡는 법을 배우고, 그렇게 함으로써, 어른의 역할과 관련된 기대를 내실화시킬 것을 제안했다. 타인들로부터 받는 기대에 대한 설명으로 미드는 일반화된 타자에 대한 개념을 언급한다. 일반화된 타자는 "옳고 틀린 것, 좋은 것과 나쁜 것에 관한 일반적인 관념 의식을 계발하는데 준거가 되는 것을 통칭하는 개념이다."[8]

미드는 아이들이 부모 또는 선생님의 역할 외 일반화된 타자의 태도를 취함으로써 일상적 또는 사회적 의미들의 체계와 관계 속으로 진입할 수 있고 개인의 자아도 완전한 발달을 이루게 된다고 보았다. 이에 미드는 개인이 완전한 의미의 자아를 개발하려면, 조직화된 사회 또는 사회집단의 구성원으로서 그 안에 완전히 빠져들어야 한다고 강조하였다.[9] 이에 본 연구는 개인의 자발적인 행위에는 항상 사회 기대의 긍정적인 측면만 있는 것이 아니라 사회 질서를 파괴하는 행위도 포함되어 있다고 주장하는 뚜렌(Touraine)의 비판적 시각과는 거리가 있음을 밝혀둔다.[10]

북한 교과서에 나타난 역할의 특징적인 부분을 살펴보고 이를 설명하는 것은 사회적으로 합의된 규범과 행동양식에 대한 이해를 돕게 한다. 또한, 아동의 놀이를 통해 역할에 대한 기대와 태도를 분석하는 것은 타자의 기대를 내면화시키는 기제를 살펴볼 수 있게 한다.

소학교 1학년 교과서에 드러난 사회를 세분화해 보면 학교, 가정, 사회이다. 여기에 나타난 구체적인 역할들은 학부모로서의 역할, 가정에서는 가정 내 돌봄, 사회에서는 근로활동이다. 각각의 활동 영역에서 수행되는 다양한 사회적 역할들은 교과서에 이미지 또는 직업으로 나타난다.

연구는 이미지와 직업을 통해 등장인물의 유형과 직업을 분류하고, 그에 따른 역할을 분석할 것이다. 이를 통해 연구는 ① 역할에 드러난 사회적 기대가 김정은 시대 북한을 어떻게 반영하고 있으며 ② 학생들로 하여금 어떠한 마음과 태도를 갖도록 하는가를 살펴 볼 것이다.

연구는 새롭게 보급된[11] 소학교 1학년 국어, 도덕 교과서와 '모범교수안'을 대상으로 한다. 새 교과서는 개정 전 교과서에 비하여 모든 내용에 삽화나 그림의 비중을 확대하였다. 삽화의 내용도 다양하게 구성되어 있어 학생들이 흥미를 가지도록 하였고 학습자의 눈높이를 고려하여 효과적으로 학습하도록 유도하고 있었다. 특히 국어교과와 도덕교과는 타 교과에 비하여 학생들의 생활과 관련된 내용들이 많이 등장한다.

국어 교과는 "우리 글자를 바로 읽고 바로 쓰며 묻는 말을 똑똑히 듣고 정확히 대답하며 글자들을 글씨쓰기규범에 맞게 곱게 쓰는 기초능력을 키워"[12]주는 것을 목표로 한다. 도덕 교과는 기본 서술형식이 그림으로써 학생들에게 "도덕규범을 인식"시키고, 그림을 보면서 "도덕적 행동과 비도덕적 행동에 대한 판단을 진행"할 수 있도록 하고, "관찰에 의한 규범습득과 토론, 해보기를 통일적으로 진행"[13]할 수 있도록 등의 의도로 집필되었다.

교과서와 함께 '모범교수안'을 살펴보는 것은 북한 교육의 '의도' 적인 측면을 보다 정확히 드러낼 수 있는 방법이다. 교수안에는 "교과서와 교육강령에 준하여 수업단위로 작성된 모범교수안"이며, 해당 수업의 교수 목적은 "1학년 교수내용과 범위에 준하여 설정하였으므로 자의대로 고쳐 수업하지 말아"[14] 한다고 명시되어 있다. 이에 교과서는 소학교 1학년 학생들의 인식 수준에 맞춰 그림을 기본으로 교재를 구성하고 안내문 형식으로 약간의 글을 주고 있다면, 교수안은 계획된 교육과정으로써 인간의 태도와 행동에 대한 기대를 보다 구체적으로 명시하고 있다.

다만, 교과서가 학생들의 일상생활과 밀착되어 있는 가정과 학교생활을 배경으로 구성되었기 때문에 제시되는 직업의 종류는 다양하지 않다는 점을 한계로 지적할 수 있다. 이에 교과서에 제시된 이미지들의 단순화된 경향성도 사회적 기대의 측면을 성급하게 연관시키려는 시도로 한계로 지적된다.

그럼에도 북한의 소학교 교과서에 나타난 사회적 역할과 이상적 모습 연구는 세계적 추세에 맞게 근본적인 변화를 우선한 북한 사회의 실제적인 변화를 살펴 볼 수 있는 요소로서 의미가 있다. 그것은 이 연구가 공식적 영역에서 포착되는 의식적인 규칙, 동질적 사고 등을 사회적 맥락 및 구조와의 관계에서 살펴 볼 수 있다는 점이며, 소학교 학생들을 중심으로 구성된 사회의 기대를 조명할 수 있다는 점에서 의미가 있다.

본 연구는 역할 유형 분석을 위해 교과서의 삽화와 사진, 그리고 문장을 중심으로 살펴보려고 한다. 연구는 유형과 직업 분석을 위해 삽화와 사진에 나오는 성인을 기준으로 빈도 분석을 할 것이다. 역할 분석을 위해서는 사례로 제시된 문장과 교수참고서의 해설을 중심으로 맥락과 의

미를 조명한다. 어린이들의 사회적 기대의 습득 과정은 교과서에 제시된
놀이 위주의 삽화와 교수참고서의 해설을 참고하였다.


## Ⅲ. 교과서에 제시된 사회적 역할

### 1. 등장인물의 유형과 직업

등장인물의 성별을 본다면, 국어와 도덕 교과서에 등장하는 성인 인물
199명 가운데 남성은 84명, 여성은 115명이다. 성별의 비율로 보면, 남성
은 42.4%, 여성은 57.5%이다. 국어 교과서의 경우 남성과 여성이 각각 57
명으로 출현 비율은 같다. 반면에 도덕 교과서에 여성이 남성보다 35.8%
많이 등장한다.

〈표 1〉 등장인물의 출현 빈도

(단위 : 명(%))

| 구분 | 국어 교과서 | 도덕 교과서 | 전체 |
|------|------------|------------|------|
| 남성 | 57(50.0) | 27(32.1) | 84(42.4) |
| 여성 | 57(50.0) | 58(67.9) | 115(57.6) |
| 계 | 114(100.0) | 85(100.0) | 199(100.0) |

도덕 교과서가 국어 교과서에 비하여 여성의 출현 빈도가 높은 이유는
1학년 학생들의 활동 반경을 고려한 구성 때문으로 보인다. 실제로 도덕
교과서가 학교, 가정, 친구 등 학생들의 주요 생활 장면을 중점적으로 다
루기 때문에 어머니와 여자 선생님이 많이 등장하였다. 먼저, 교과서에 나
오는 직업 분류[15]를 살펴보면 아래의 <표 2>와 같다.

<표 2> 등장인물의 직업 분류

(단위 : 명)

| 대분류 | | 국어 교과서 | | 도덕 교과서 | | 전체 | |
|---|---|---|---|---|---|---|---|
| | | 남성 | 여성 | 남성 | 여성 | 남성 | 여성 |
| 1 | 전문가 및 관련 종사자 | 과학자2 운동선수1 | 교사6 과학자1 의사3 예술인1 | 과학자2 | 교사15 의사5 예술인1 | 과학자4 운동 선수1 | 교사21 의사8 예술인2 과학자1 |
| 2 | 서비스 종사자 | 보안원1 | | 보안원1 | | 보안원2 | |
| 3 | 판매 종사자 | | | | 판매원1 | | 판매원1 |
| 4 | 농립·어업 숙련 종사자 | 벌목공1 어부1 | | | | 벌목공1 어부1 | |
| 5 | 기능원 및 관련 기능 종사자 | 비행사1 기관사1 | 사육사3 | | | 비행사1 기관사1 | 사육사1 |
| 6 | 장치·기계 조작 및 조립 종사자 | 운전사1 착암공3 | 이발사2 방직공1 | 착암공1 | 방직공1 | 착암공4 운전사1 | 이발사2 방직공2 |
| 7 | 단순 노무 종사자 | 용해공2 노동자1 | 농장원1 | 노동자1 | 농장원1 | 용해공2 노동자2 | 농장원2 |
| 8 | 군인 | 8 | | 7 | 3 | 15 | 3 |
| | 합계 | 23 | 18 | 12 | 27 | 35 | 45 |

　국어 교과서와 도덕 교과서에 제시된 직업의 종류는 모두 20개이다.[16] 이중, 성별로 살펴보면 남성의 직업은 전체 20개 중 12개로 과학자, 운동선수, 보안원, 벌목공, 어부, 비행사, 기관사, 착암공, 운전사, 용해공, 노동자, 군인이다. 여성은 전체 20개 직업 중 10개로 교사, 의사, 예술인, 과학자, 판매원, 사육사, 이발사, 방직공, 농장원, 군인이다. 남, 여 모두 골고루 분포된 직업은 과학자이다. 남성은 군인이 19.0%로 가장 많고, 그 다음은 과학자와 착암공이다. 여성은 교사가 25.3%로 가장 많으며 의사는 10.1% 이다. 군인의 경우 국어 교과서 19.5%, 도덕 교과서 17.9%로 나타난다. 교사는 국어 교과서 14.6%, 도덕 교과서 36.8%로 도덕 교과서에 등장하

는 비율이 국어 교과서보다 많다.

전체적으로 직업 종사자에서 여성의 등장 비율이 남성보다 많은데, 여교사와 여 의사의 비율이 높다. 또한, 남성과 여성을 보았을 때, 남성은 군인이, 여성은 교사가 압도적으로 많다. 이는 '혁명가'와 '주체형의 새 인간' 양성을 교육의 목적으로 내세우는 북한 교육의 방향성과도 연계된다. 직업의 분포에서 보면 남성의 경우 두 교과서에 나타난 전체 직업 중 군인의 비율이 가장 높다. 북한이 남북한 군사적 긴장의 고조와 대미관계의 악화 등으로 군사를 중시하는 사회적 분위기가 교과서에도 녹아 있음을 알게 한다. 교과서에 군인이 많이 등장함으로써 친숙하고 가까운 존재, 놀이를 해도 군사놀이를 하고 장래 희망도 어서 커서 군인이 되겠다고 스스럼없이 말할 수 있도록 하는 등의 교육적 효과를 높이게 한다.[17]

주목되는 부분은 군인이라는 직업에 남성이 많이 나오지만 여성 군인도 등장하고 있어 군사를 중시하는 국가 전략적 부분이 반영되어 있다고 판단된다. 여성의 경우도 북한에서 교사는 "단순한 직업인이 아니라 혁명을 직업으로 하는 혁명가"[18]로서의 이미지를 갖고 있다. 또한, 교과서에 등장하는 여성의 직업은 의사와 사육사가 교사의 뒤를 이어 자주 등장하는데, 어린이를 보호하고 양육하는 주 대상자로서의 이미지를 갖게 한다.

전반적으로 직업 활동만을 보면 여성이 남성에 비하여 11.4% 높게 나옴으로써 직업 있는 여성, 일하는 여성에 대한 긍정적 인식을 유도하고 있다고 보인다. 다만 남성의 직업 범위가 여성에 비하여 더 넓고 국가 경제의 중요 일터에서 일하고 있는 반면, 여성의 경우 아름답게 가꾸고 보살피며 보호해 주는 등의 단순 노동을 하고 있다. 이에 북한 교과서에 직업 활동이 전통적 성역할 인식에 기반하고 있다는 시각도 존재한다. 교과서에서 남성과 여성의 직업 비율과 비직업 비율 분석하면 아래의 <표 3>과 같다.

(단위 : 명(%))

| 구분 | 국어 교과서 | | 도덕 교과서 | | 전체 | |
|---|---|---|---|---|---|---|
| | 직업 | 비직업 | 직업 | 비직업 | 직업 | 비직업 |
| 남성 | 23(20.2) | 34(29.8) | 12(14.2) | 15(17.9) | 35(17.6) | 49(24.6) |
| 여성 | 18(15.8) | 39(34.2) | 27(31.0) | 31(36.9) | 45(22.6) | 70(35.2) |
| 계 | 41(36.0) | 73(64.0) | 39(45.9) | 46(54.1) | 80(40.2) | 119(59.8)) |

기본적으로 삽화에 등장하는 인물을 보면, 직업보다는 비 직업이 많다. 그리고 여성이 남성보다 비 직업이 더 많이 나타난다. 구체적으로 분석한 데 의하면 비 직업에 등장하는 여성 중 일부는 주부이다. 국어 교과서에 등장하는 여성 57명 중 가정주부의 역할로 제시된 여성은 17명으로 등장하는 여성의 28.8%이다. 도덕 교과서에 등장하는 여성 58명 중 가정주부는 20명으로 34.5%에 달한다. 이로서 전체 115명의 여성 중 직업을 갖고 있는 여성의 비율은 39.1%인 반면, 가정주부는 32.1%로 직업을 갖고 있는 여성이 7% 높다.[19] 이는 여성이 남성에 비하여 가사활동에 더 많이 참여하고 있다는 점을 확인시켜준다.


## IV. 사회적 기대의 양상과 선택된 지식

학생들은 교과서 지식을 통해 사회적으로 기대되는 역할에 대하여 인식하고 영향을 받게 된다. 교육 내용 분석은 북한 교육이 목적으로 하는 '혁명가'와 '주체형의 새 인간'은 구체적으로 무엇을 의미하는가를 살펴볼 수 있게 한다. 이에 연구는 국어교과서 제1과, 제2과, 제5과, 제8과, 제10과, 도덕교과서 제7과의 교육내용을 토대로 이 과정을 분석하고자 한다.

## 1. 국방의 의무

교과서에서 나타난 사회적 기대는 학생들에게 어려서부터 군대의 중요성을 부각하고 크면 자연스럽게 군인이 되도록 하는데 있었다. 국어 교과서 제1과 〈나도야 학생〉에서는 학생들의 희망에 대한 사회적 기대가 무엇인가를 보여준다. 이때 군대는 수령의 군대이며, 학생들이 조국의 안전을 수호하는 군인이 되겠다는 결의를 다지도록 유도된다.

이 수업은 제1과 〈나도야 학생〉의 일곱 번째 수업으로 학생들의 희망을 말하도록 지도하는 시간이다. 해당 교과는 학생들이 장래의 직업을 나타내는 그림을 통해 미래에 하고 싶은 일이 무엇인지 생각하고 말하도록 지도한다는 점에서 주목할 필요가 있다. 교과서는 1학년 학생들의 인식 수준에 맞춰 그림을 기본교재로 구성되었다.

교육과정은 선생님의 적절한 설명과 질문, 따라 말하고, 발표하는 등의 여러 방법을 동원하여 삽화에 제시된 인물이 갖는 상징성과 역할을 배워간다. 이 시간에 제시된 질문은 이끌기 단계에서 "학생들의 아버지, 어머니는 무슨 일을 하나요?"와 "그러면 학생들은 앞으로 커서 무엇이 될가요?" 의 두 가지이다. 그 외 보충적으로 "왜 꼭 ○○○이 되려고 하는가?" 의 질문이 있다. '새 지식주기' 단계에서 교사는 학생들이 앞으로 커서 자기가 꼭 되고 싶은 희망 말하기 공부를 한다는 점을 알려준다. 이를 위해 교육과정에서는 학생들로 하여금 우선, 교과서에 제시된 그림을 관찰하게 하고 다음으로, 교사와의 문답을 통해 직업을 이해하고, 끝으로, 희망하는 직업을 말하도록 지도한다.

교과서 9페이지에 제시된 그림의 왼쪽에는 기관사, 연구사, 체육인, 배우, 인민군대, 교원, 비행사, 용해공, 방직공, 어로공, 착암공, 농장원, 사양공, 벌목공, 보안원 등 여러 직업의 인물 15명이 있다. 교사는 학생들이 잘 모르는 그림의 이름을 가르쳐 주고 학생들이 자기가 희망하는 그림을 짚으면서 말하도록 유도한다. <그림 1>은 국어 교과서 9페이지와 41페이지에 나와 있는 직업 및 역할 이미지이다.

국어 교수안에 의하면 말하기 지도는 '모든 학생들을 다 발표' 시키는 것에 의미를 부여한다. 하지만 학생들의 희망 중 군대가 많다는 것을 전제로 하여 학생들의 발표 중 왜 군대가 되고 싶은가에 대한 질문을 하도록 되어 있는 점을 주목할 수 있다. 교수안에 의하면, 추가로 질문을 하는 이유는 우선, "보다 큰 포부를 안은 학생들의 마음을 표현할 줄 할게"[20]하기 위해서라는 설명이 제시되었다. 또한, "군대가 없이는 우리들의 행복한 생활도 없기 때문"[21]이며 군대는 곧 원수님의 군대이고 군인이 되어 나라를 철벽으로 지키겠다는 결의를 다지도록 이끌어 주어야하기 때문이다.

〈그림 1〉 국어 교과서의 이미지

제시된 15개의 직업 유형 중에서 학생들의 희망에 군대가 많을 것이라는 전제는, 국가와 인민을 보호하고, 조국을 수호하는 전사로서의 군인의 역할을 우선시 한 것으로 풀이된다. 또한, 학생들의 장래 직업 및 진로 설정에서 군 입대가 차지하는 비중을 염두에 둔 것으로도 파악할 수 있다. 이 전제는 체제의 질서에 일찍이 순응하도록 하는 데 있어 효과적인 것으로 평가할 수 있다.

군대가 될 마음을 키운다는 설정의 교육내용은 국어 교과서 제2과와 제8과, 제10과에서도 찾아볼 수 있다. 이 세 교과의 대표적인 특징은 아이들의 장래 희망이 군인이라는 전제하에 놀음을 놀아도 군사놀이를 하고, 어서 커서 군인이 되어 싸울 각오를 다지도록 교양한다는데 있다.

〈그림 2〉 국어 교과서의 이미지

국어 교과서 제2과 〈아이〉 수업에서 보여주는 그림은 군사놀이를 하는 아이들과 민속놀이를 하는 아이들의 모습이다. 교사의 설명에 의하면[22] 이 아이들은 "경애하는 김정은 원수님의 군대가 될 마음안고" 군사놀이를 하고 있다. ① "〈나를 딸 앞으로!〉의 구령에 따라 미국놈을 무찌르며 달려나가는 아이", ② "승리한 고지우에서 공화국기발을 휘날리며

〈만세!〉를 부르는 아이", ③ "조국의 푸른 하늘을 용감히 지켜낸 비행사 아이", ⑤ "그 옆에서 〈만세!〉를 부르는 간호병아이" 들이다. 제8과 〈고마 땅크병〉의 이끌기 단계는 "남자아이들이 즐겨하는 놀이는 무엇입니까?", "왜 군사놀이를 즐겨하니까"의 질문에서 시작된다.[23] 이 수업을 통해 학생들은 "조국통일을 반드시 이룩하시려는 경애하는 원수님의 뜻을 받들어" 미제와 맞서 싸울 각오를 다지게 된다. 제10과 〈쾌꼴새〉에서 학생은 "나는 크면 무엇이 될까?"라고 생각하는 모습이다. 교수안에 의하면[24], 학생은 "총대를 억세게 틀어쥔 인민군대, 사람들의 병을 고쳐주는 의사, 세계적인 축구명수, 인공지구위성을 쏴 올리는 과학자, 쇠물을 뽑는 용해공" 등을 생각하고 있다.

이상의 교과들은 그림과 교사의 설명을 통해 군인이 되어야 할 이유와 앞으로의 희망이 군인이 되어야 한다는 마음을 갖도록 한 것으로 풀이된다. 북한에서 남성은 고급중학교 졸업과 동시에 대부분 만 17세에 군에 입대한다. 이로부터 어려서부터 군인에 친숙하고 군복무를 당연시 하도록 하는 분위기를 만들기 위한 기대가 반영된 것이라 할 수 있다. 이는 학생들이 어려서부터 북한 사회의 가치와 일치되는 행동을 하도록 격려하며 책임감을 갖도록 가르친다는 점에서 주목된다.

## 2. 호명된 아버지

교과서는 북한 교육이 추구하는 '혁명가'와 '주체형의 새 인간' 양성의 목적과 연계되어 수령의 전사로 자라날 새 세대들에게 규범적인 아버지의 역할을 제시한 것에 의미를 찾을 수 있다. 국어교과서 제5과 〈아버지〉의 첫째 시간은 이상적인 아버지들의 모습을 보여주면서 대를 이어 수령에 충성하도록 교양한다.

교수안에 의하면 이 시간은 "경애하는 김정은원수님의 가르치심을 높이 받들고 강성국가 건설에 떨쳐나선 아버지들처럼 내 나라를 받드는 훌륭한 사람이 되도록 교양"[25]하는데 목적이 있다. 교수의 흐름은 이끌기 단계에서 "학생의 아버지는 무슨 일을 합니까?"라는 교사의 질문으로 시작된다. 이는 앞서 선행한 제1과 일곱 번째 시간과 연속성을 갖고 있다는 점을 확인시키는 것으로 풀이된다. 교사는 3~4명의 발표 후 교과서에 제시된 아버지 그림을 보고 말하기를 지도한다. 교사는 세 아버지 상에 대하여 다음과 같이 설명한다.

> "경애하는 김정은원수님의 말씀을 높이 받들고 우리 조국을 강성 국가로 세계에 이름떨치기 위해 하는 일은 서로 달라도 모두가 일터의 주인, 나라의 주인이 되어 구슬땀을 바치고 있는 우리의 아버지들입니다."[26]

41페이지에 제시된 아버지는 과학자, 운전사, 건설자로 선대의 수령의 소원을 풀어드리기 위해 국가에 헌신하는 사람들이다. 목에 영웅 메달을 걸고 있는 아버지는 "〈광명성-3〉호 2호기를 쏴올린 과학자"이다. 또 다른 아버지는 국가 창건 65돌을 맞으며 건설되는 '은하과학자거리' 건설에 떨쳐나선 운전사와 건설자이다. 교사의 설명에 의하면, '민족의 대경사'[27]로 자축한 위성발사에 기여한 과학자들이 훌륭한 생활조건을 갖춘 살림집에서 살도록 하기 위해 운전사와 건설자는 구슬땀을 바치고 있다.

그리고 과학자들에게 좋은 생활조건을 마련해 주는 일은 선대 수령들의 소원이었음이 강조된다. 이러한 내용은 아래에 나와 있는 인용문을 살펴보자.

"경애하는 원수님께서는 우리 과학자들에게 가장 훌륭한 생활조건을 마련해주시기 위해 마음써오신 위대한 수령님과 어버이 장군님의 소원을 또 하나 풀어드리게 되었다고 하시면서 대원수님들께서 이 거리를 보시였으면 얼마나 좋아하시겠는가, 이런 멋에 혁명을 한다고 말씀하시였습니다."[28]

교사의 지도하에 학생들은 자기들의 아버지에 대해 옆 사람과 엇바꾸어 말한 후 다시 학생들 앞에서 아버지의 직업을 이야기하는 식으로 말하는 연습을 하게 된다. 학생들은 그림을 짚어가면서 과학자는 우주로켓을 만들고, 운전사는 자동차를 몰고, 건설자는 창전거리며 만수대 거리를 세우는 사람 등으로 이야기한다. 끝으로 숙제로 제시된 문제는 □안에 알맞은 말을 넣어 "우리 아버지는 (연구자, 교원, 군인, 농사, 쇳물을 뽑는) 등"의 구체적인 역할을 나타내도록 하였다. 이상의 교육 내용에서 '우리들의 아버지'는 선대 수령들의 소원을 풀어드리고 현재 수령의 부름에 앞장서는 사람들로 표현되었다.

기본적으로 소학교 1학년 교과서는 1학년 학생들을 대상으로 하고 있으며 그로부터 가족 및 부모에 대한 내용이 주를 이룬다. 가족은 결혼과 핏줄에 의해 연결되는 사람들의 집단이다.[29] 제5과에서 제시된 '우리들의 아버지'에 대한 해석은 가족의 의미를 사회 전체로 확대하였다. 첫째로, '우리들의 아버지는' 원수님의 가르침과 영도를 받들어 '은하과학자거리' 건설에 참여한 사람들이다. 교사의 설명에 의하면, '우리들의 아버지'는 원수님의 뜻을 받들어 "내 나라를 세계가 우러러 보는 강성조선으로 빛내이기 위하여"[30] 많은 일을 하는 사람들이다.

둘째로, '우리들의 아버지'는 수령과 지도자에 대한 열렬한 그리움을 안고 원수님을 충효와 일심으로 받드는 혁명가로서의 정신세계를 지칭한다. 나아가 훌륭한 아버지가 될 수 있었던 것, 〈광명성-3〉호 2호기가 하늘 높이 날아오를 수 있었던 것은 모두 "경애하는 김정은원수님의 이끄심을 받았기 때문"[31]으로 설명된다.

아버지에 대한 이러한 접근은 2013년 개전 이전의 교과내용과 비교할 때, 가장 차별되는 지점이기도 하다. 개정 전 교과서에서 '우리 아버지'는 '온 나라 가정의 행복을 책임'지던 어버이였으며, 지도자이었다. 2008년 인쇄된 『국어교과서』 83페이지 "영웅동이 박사동이 될래요"의 내용이 그 것이다. 시의 형식을 취한 내용의 전문은 아래와 같다.

> "우리들을 넓은 품에 / 안아주시는 / 김정일 장군님은 / 우리 아버지 장군님의 사랑안고 / 모두 잘 배워 / 영웅동이 박사동이 / 우리 될래 요"[32]

위의 시에서 '우리 아버지'는 '김정일 장군님'이다. 이는 사회주의 대 가정론에 근거한 것으로 지도자에 충성하고 헌신할 것에 대한 사회적 기 대를 반영되었다. 이러한 사례는 북한의 사전을 통해서도 확인된다.

〈표 4〉 아버지에 대한 개념 정의

| 구분 | 연도 | 개념 |
|------|------|------|
| 조선말대사전 | 2017 | ① 자기를 낳은 어머니의 남편 또는 가정적으로 그러한 위치에 있는 사람<br>② '모든 사람이 흠모하는, 사회정치적생명을 안겨주신 분'을 다 함없는 친근감을 가지고 높여 이르는 말<br>③ 혈연적관계가 없는 '나이가 자기 아버지와 비슷한 남자'를 높여 이르는 말 |

북한은 오래전부터 아버지를 가리키는 첫 번째 개념 보다는 두 번째 개념을 정치적으로 사용해 왔다. 이는 가족의 혈연적 관계를 약화시키면

서 정치수단의 하나로 활용되었다. 문장순에 의하면,[33] 가족 이데올로기화의 움직임은 1967년 3월 당중앙위원회 제4기 15차 전원회의를 계기로 김일성과 대립되는 모든 세력이 제거되고 사상사업에 주력하면서 부터이다. 1960년대 말부터 사회 전체를 하나의 대가정으로 하여 어버이는 수령으로, 어머니는 당으로, 인민은 자녀로 호명되었다. 이에 자녀로서 '우리 아버지'는 수령이었고 지도자였다.

하지만 2013년 새 교과서에 제시된 '우리들의 아버지'는 과거 자녀로 호명되고 해석되던 것과는 궤를 달리하고 있었다. 2013년 '우리들의 아버지'는 '자기를 낳은, 어머니의 남편'의 개념에 보다 초점을 맞추고 있다. 이로서 원수님은 인민과 혈통적인 관계로서가 아닌 혁명을 승리의 길로 인도하는 수령으로써만 기능한다. 관련 시도는 2013년 제작된 다른 교과서들에서도 보이는 바, '인격적 리더십' 구축을 위한 전략적 시도[34]나 후계자로서의 역량과시에만 집중[35]되는 것에서 드러난다. 이에 연장선으로 제5과는 학생들이-개념 ①과 ③으로 제시되는-아버지들의 이상적인 모습을 통해 수령에 대한 충성을 이끌어내려는 시도로 풀이된다.

## 3. 자발적 마음

교과서는 가족 구성원들의 사회적 역할의 핵심을 국가에 대한 헌신에 두고 대가정의 관점에서 풀어가고 있다. 도덕 교과서 제7과 〈자랑많은 우리집〉은 수령의 은혜에 보답하기 위하여 대를 이어 군인으로 혁명전사로써의 삶을 살아가는 전형화 된 가정이다. 교사는 영웅과 전쟁노병을 존경하고 군대를 원호하는 마음을 지닌 학생들로 자라나도록 교양하고 있었다. "조국을 위하여 피를 바친 영예군인들과 전쟁노병을 존경하고 인민군대를 적극 원호할 마음을 다지며"[36]에서 '마음(을 )다지다'는 "어떤 뜻이나 생각을 실현할 것을 굳게 결심하다"[37]이다. 이에 마음은 "북한 주민의 성향과 행위의 근원이 되는 것, 북한 사회의 결과물이면서 동시에 미래의 방향을 결정짓는 자원"[38]으로 정의할 수 있다. 다만, 교과서는 영향력을 지닌 '사회적 마음'을 여러 상징을 통해 제시하고 그에 다가설 수 있도록 지도하고 있다.

이 수업은 모두 2시간으로 '우리 집 식구'와 '우리 집의 자랑'으로 구성되었다. <그림 3>는 56, 57페이지에 나온 삽화이다. 첫 수업에서 학생들은 '우리 집 식구'의 제목으로 식구와 조부모, 가까운 친척들에 대한 부름말과 예의를 배우게 된다. 교수안에 의하면 "식구는 한 집에서 같이 살면서 한가마밥을 먹고 사는 사람들"이며 "식구들과 함께 사는 곳을 우리 집 혹은 우리 가정"으로 정의하고 있다.

사전에 의하면[39] 가족은, "일반적으로 가족, 집이라는 개념과 결부시켜 생각하게 되는데 가족은 가정을 구성하고 있는 성원 즉 사람을 의미하며 집이라는 것은 가정생활의 거점이라고 말할수 있다. 가정의 특성은 결혼에 기초하여 인간적으로 가깝게 련결된 부부와 육친적으로 가까운 사람들인 부모와 자녀, 형제, 자매들이 먹고 입고 쓰고 살면서 경제생활을 공동으로, 집단적으로 조직운영 한다는데 있다."

교과서에서 제시되는 인물은 아버지의 아버지인 할아버지, 아버지의 어머니인 할머니, 그리고 혁이를 낳아 키운 아버지, 어머니, 혁이의 동생 등 여섯 명이다. 교수안에 의하면, 혁이의 할아버지는 전쟁 노병이며 아버지 역시 군인이다. 혁이는 어서 커서 할아버지, 아버지처럼 군인이 되겠다고 한다.

이 수업은 모두 2시간으로 '우리 집 식구'와 '우리 집의 자랑'으로 구성되었다. <그림 3>은 56, 57페이지에 나온 삽화이다. 첫 수업에서 학생들은 '우리 집 식구'의 제목으로 식구와 조부모, 가까운 친척들에 대한 부

〈그림 3〉 도덕 교과서의 이미지

름말과 예의를 배우게 된다. 교수안에 의하면 "식구는 한 집에서 같이 살면서 한가마밥을 먹고 사는 사람들"이며 "식구들과 함께 사는 곳을 우리 집 혹은 우리 가정"으로 정의하고 있다.

사전에 의하면[40] 가족은, "일반적으로 가족, 집이라는 개념과 결부시켜 생각하게 되는데 가족은 가정을 구성하고 있는 성원 즉 사람을 의미하며 집이라는 것은 가정생활의 거점이라고 말할수 있다. 가정의 특성은 결혼에 기초하여 인간적으로 가깝게 련결된 부부와 육친적으로 가까운 사람들인 부모와 자녀, 형제, 자매들이 먹고 입고 쓰고 살면서 경제생활을 공동으로, 집단적으로 조직운영한다는데 있다."

교과서에서 제시되는 인물은 아버지의 아버지인 할아버지, 아버지의 어머니인 할머니, 그리고 혁이를 낳아 키운 아버지, 어머니, 혁이의 동생 등 여섯 명이다. 교수안에 의하면, 혁이의 할아버지는 전쟁 노병이며 아버지 역시 군인이다. 혁이는 어서 커서 할아버지, 아버지처럼 군인이 되겠다고 한다.

이때 눈여겨 볼 부분은 특정 내용을 설명하면서 '행복한' 또는 '훌륭한' 등의 표현이다. '행복한 가정'이 그것인데, 교수안에 의하면, '행복한 가정'은 우선, 할아버지, 할머니, 아버지, 어머니, 그리고 형제가 함께 하는 집이다. 교사는 "김정은 원수님의 품속에서 우리의 모든 가정들이 행복"[41]하다고 강조된다. 또한, '행복한 가정'은 자랑할 것이 많은 가정이다. 그것은 교수안의 흐름에서 잘 나타난다. 이끌기 단계에서 교사는 우리 학생들의 집에는 어떤 자랑이 있으며 교과서에 제시된 혁이네 집에는 어떤 자랑이 있는지 찾아보도록 지도한다. 교과서의 그림을 설명하면서 교사는 "혁이네 집은 정말 대단하지요?", "혁이네 집에는 정말 훌륭한 가보가 있습니다", "정말 훌륭한 분들이지요?", "어느 학생의 할아버지나 할머니가 전쟁로병인가요?" 등의 질문을 하게 된다. 그러면 교과서에 설명된 혁이네 집은 과연 어떤 자랑을 갖고 있는가? 이는 아래에 인용을 살펴보자.

> "할아버지가 위대한 대원수님들과 경애하는 원수님을 모시고 기념 사진을 찍은 자랑, 훈장과 메달을 가득 받아안은 자랑, 아버지가 원수님의 사랑이 깃든 선물을 받아안은 자랑, 정말 자랑이 많습니다."[42]

교수안에 의하면 할아버지는 노병으로 최고의 영예인 기념사진 외에도 훈장과 메달을 받았다. 할아버지는 지금도 건설장을 찾아가 선동사업에 앞장섰다. 아버지 역시 할아버지의 뒤를 이어 군인이었고 수령으로부터 선물을 받았다. 선물에는 손목시계도 있는데, 수령의 이름이 새겨진 시계이다. 현재 아버지는 일을 잘하여 속보에도 나는 등 노력혁신자이다. 그런가 하면 어머니는 온 나라가 중시하는 군대의 원호에 언제나 모범이다. 이렇듯 도덕 교과서가 제시한 '우리 집'은 우선, 사회 전체로 개념을 확대한 것이자, 국가에 대한 희생과 헌신을 가장 모범적으로 행한 식구들의 집합이다.

이들의 공통점은 나라로부터 수령으로부터 선물 받은 가보가 있다는 것이다. 이때 자랑의 기준은 개인의 사리사욕 추구가 아닌 국가와 수령으로부터 인정받고 가보로 전해지는 선물이다. 즉 교과서는 존경하고 원호해야 하는 마음을 선물이라는 보상의 의미로 풀어가고 있다.

또한, 〈자랑많은 우리집〉에 나오는 모든 사람이 다 국가를 위해 큰일을 하는 분이라는 점이다. 이에 57페이지 삽화에는 여학생이 "우리 어머니가 하는 일은 중요한 일이래"와 남학생이 "우리 아버지가 제일이야"라는 문구와 관련 그림을 주목된다. 57페이지의 그림은 2013년 교과서가 만들어지는 시점에서 북한이 교육을 통해 학생들에게 주고자 하는 사회적 역할 및 바람직한 인간상을 보여주고 있다. 우선, 여학생이 말한 어머니가 하는 중요한 일들은 천을 짜고, 농사를 짓고, 병을 고치는 것 외에도 주부로서 돼지를 열심히 길러 군대를 지원하는 등 가계와 나라의 살림을 도맡아 하는 여성이다. 다음으로, 남학생이 말한 제일인 아버지는 공장에서 일을 잘해 속보에 나고 조국보위의 임무를 다 하고 착암기를 돌리면서 석탄생산을 하고 열심히 연구하여 국가의 발전을 책임지는 남성이다. 구체적인 표현을 살펴보면 아래의 인용과 같다.

> "방직공 어머니입니다. 어머니가 방직공인 학생들은 손을 드십시오. 우리가 입은 교복이랑 덮고 자는 이불이랑 모두 방직공어머니들이 공장에서 짠 천으로 만들었습니다.
> 인민군대 군관을 하는 아버지입니다. 아버지가 군대인 학생들은 손을 드세요. 인민군대인 아버지는 경애하는 원수님의 명령을 높이 받들고 원쑤놈들이 꿈쩍 못하게 우리 나라를 지키고있습니다.
> 벼단을 안고있는 것은 누구입니까? 농장원어머니입니다. 한알의

쌀이라도 더 많이 생산하여 나라의 쌀독을 가득 채우려고 농장벌에서 땀흘리고 일하고있습니다.

그 밑에 채탄공아버지도, 의사어머니도, 과학자아버지도 다 나라를 위해 큰 일을 하는 훌륭한분들입니다. 우리 학생들의 부모님들은 그 외에도 여러 가지 직종에서 일을 합니다. 그럼 자기 아버지, 어머니가 무슨 일을 하는지, 그것이 왜 중요한 일인지 말해보겠습니다."[43]

위에서 설명한 바림직한 아버지와 어머니는 ① 모두가 나라와 인민을 위해 성실한 땀을 바쳐가는 훌륭한 분이며, ② 대를 이어 경애하는 원수님께 충성 다하기 위하여 모든 것을 다 바쳐 일하는 것으로 묘사되었다. 교과서를 통해 추구되는 도덕적 의무는 "사회의 모든 성원들이 사회주의를 지키고 빛내여나가는 투사"로 준비시키는데 있다. 교육은 "수령에 대한 충실성을 깊이 간직하도록 하는데 두고 모든 내용을 여기에 복종"시키고 있다.[44] 이에 아버지와 어머니의 역할 제시는 결과적으로 학생들이 혁명가로서의 본분과 시민으로서의 도덕적 의무를 다하도록 만드는 것에 있다.

위의 내용에서 주목되는 것은 '경제강국' 건설을 위해 전력을 가다듬어야 하는 북한 당국의 의도이다. 2013년은 전력, 석탄, 금속공업, 철도운수의 중요성이 강조되고 농업과 경공업을 발전시키기 위해서는 근로자들의 정신력과 근로동원이 그 어느 때 보다 필요한 시기이다. 이로부터 교과서에 제시된 부모의 역할은 국가적 요구를 앞장서 실천해야 하는 아버지 어머니들에게 거는 국가적 기대이자 현실적인 문제임을 알게 한다.

이 교과서가 제작된 시기는 2013년이다. 고난의 행군 이후 이미 총체적인 사회변화를 겪은 북한이다. 그것은 "일상생활에서 국가 의존도가 약화와 시장 의존도의 증대, 공동체성과 개인 정체성의 변화, 부와 소유 관념의 변화, 장터 문화의 형성, 빈부 격차의 확대와 사회계층화, 가족해체 및 가족구조의 변화, 노동 및 직장에 대한 태도 및 심성 변화, 교육혜택의 양극화, 세대간의 가치변화, 도시 기능과 주거문화의 변화 등"[45]이 그것이다. 북한 내에서 집단주의적 가치관 보다는 개인주의적 가치가 만연하고, 장사 및 불법행위들이 빈번해 지면서 주민의 사회적 일탈이 가속되었다.

실제로 교수안에서는 아버지 어머니들에게 거는 국가의 기대감에 반하여 실제 학생들 부모들의 직업과 역할과의 간극이 있다는 점이 고려된 것으로 보인다. 그것은 다음의 질문에서 잘 드러나는데, 자기 집의 자랑을 말하기 지도를 함에 있어 교사는 "그러면 이제부터 우리도 자기 집의 자랑을 말해보겠습니다. 할아버지, 할머니에 대한 자랑이든, 아버지, 어머니에 대한 자랑이든, 큰 자랑이든, 작은 자랑이든 서슴없이 말해봅시다. 자기 형님, 누나나 동생에 대한 자랑을 해도 되고 삼촌이나 이모에 대한 자랑을 해도 됩니다. 잘 생각해서 말해봅시다"[46]라며 학생들의 발표를 독려한다. 이는 식구에서 가까운 친척에 이르기까지 그 범위를 확대함으로써 학생들로 하여금 가족 중 한명이라도 국가를 위해 일하고 있다는 것을 보여줄 수 있도록 지도하고 있다는 점에서 알 수 있다.

결과적으로 교과서가 학생들에게 각인시키고자 하는 여러 일과 그에 따른 태도 유형은 현재의 북한 사회에서 추구되는 다양성을 간과하고 있다. 일상생활의 영역에서 생활공간의 확대와 자유화가 걷잡을 수 없을 만큼 진척된 북한에서 교과서가 제시한 일과 역할은 여전히 북한 사회를 동질적인 사회로 인식하도록 만든다는데 있다. 또한, 체제 순응을 위한 도구의 하나로 노동을 이용하는 정책을 지속함으로써 김정은 체제로의 주민 결속을 추구한다.

## V. 희생과 헌신을 요구

이 연구는 북한이 새 세대들에게 기대하는 사회적 역할은 무엇이며 이를 어떻게 인식시키는가를 분석하였다. 연구는 북한 학생들의 사회적 기대의 습득과정을 역할 이론을 토대로 살펴보았다. 연구의 결과를 정리하면 아래와 같다.

전반적으로 등장인물의 출현빈도는 국어 교과서보다 도덕 교과서에서 여성이 남성보다 35.8% 높게 나왔다. 등장인물의 직업을 살펴보면 남성은 군인이 가장 많고 그 뒤로 과학자와 착암공이다. 여성은 교사가 가장 많으며 의사, 사육사 순이다. 여성의 경우 직업을 갖고 있는 여성의 비율이 비 직업 비율에 비하여 7% 높게 나왔다. 교과서에 나타난 사회적 역할은 학부모의 역할, 가정내 돌봄, 근로활동의 세 가지 모습이다. 학부모 및 어머니의 역할로 나오는 여성의 모습은 비교적 구체적이며 다양한 행위들을 보여주고 있는 반면, 학부모 및 아버지로 제시되는 남성의 모습은 자녀의 훈육과 가장으로서의 역할이 강조되었다. 이에 교과서에서 묘사된 남성의 역할은 가부장적이며 국가발전을 책임지는 아버지의 모습이라면, 여성은 가사와 양육이라는 전통적인 여성의 역할 외에도 가계와 나라 살림을 도맡아 하는 어머니의 모습을 재생산하고 있다. 특히 여성의 변화보다는 남성의 변화를 요청한다. 또한, 선택된 직업과 그로부터의 지식은 김정은 시기 사회변화를 드러낸 것으로 파악할 수 있다.

남성과 여성의 사회적 역할에 대한 기대는 첫째로, 국방의 의무이다. 사회적 기대는 학생들이 어려서부터 군대의 중요성을 부각하고 크면 자연스럽게 군인이 되도록 하는데 있었다. 학생들의 장래희망에 군대를 전제로 둔 것과 놀이를 해도 원수님의 군대가 되어 나라를 지킨다는 설정이 그것이다. "왜 군대가 되고 싶은가"에 대한 질문은 "보다 큰 포부를 안은 학생들이 마음을 표현할줄 할게"하기 위해서이다. 교수안에 의하면, 군대는 곧 원수님의 군대이며 군대가 없이는 우리들의 행복한 생활도 없다. 이에 교사는 학생들이 크면 군인이 되어 나라를 철벽으로 지키겠다는 결의를 다지도록 수업을 이끌어가고 있었다.

둘째로, 호명된 아버지이다. '우리들의 아버지는' 원수님의 가르침과 영도를 받들어 '은하과학자거리' 건설에 참여한 사람들로 원수님의 뜻을 받들어 "내 나라를 세계가 우러러 보는 강성조선으로 빛내이기 위하여" 많은 일을 한다. '우리들의 아버지'는 수령과 지도자에 대한 열렬한 그리움을 안고 원수님을 충효와 일심으로 받드는 혁명가로서의 정신세계를 지칭한다. 나아가 훌륭한 아버지가 될 수 있었던 것, 〈광명성-3〉호 2호기가 하늘 높이 날아오를 수 있었던 것은 모두 "경애하는 김정은원수님의 이끄심을 받았기 때문"이다. 북한에서 아버지를 나타내는 개념은 가족의 혈연적 관계를 약화시키면서 정치적 수단의 하나로 활용되었다. 아버지에 대한 이러한 접근은 2013년 개전 이전의 교과내용과 비교할 때, 가장 차별되는 지점이기도 하다. 개정 전 교과서에서 '우리 아버지'는 '온 나라 가정의 행복을 책임'지던 어버이였으며, 지도자이었다.

셋째로, 국가에 대한 헌신에 있어 자발적 마음을 요구한다. 교과서는 영웅과 전쟁노병들이 수령으로부터 받은 선물들을 제시하였다. 이를 통해 학생들이 군인을 존경하고 군대를 원호하도록 하였다. 도덕 교과서 보여주는 우리 집'은 국가에 대한 희생과 헌신을 가장 모범적으로 행한 식구들의 집합이다. 이들의 공통점은 나라로부터 수령으로부터 선물 받은 가보가 있으며, 그것은 개인의 사리사욕 추구가 아닌 국가와 수령에 대한 헌신에서 비롯된 것이다. 그러나 선물과 가보로 표현되는 정치적 명예는 일상에서 쉽게 획득할 수 있는 것이 아니다. 그럼에도 교과서는 이를 통한 헌신과 충성, 원호의 마음을 강조하고 있었다.

본 연구는 남녀의 역할을 공식적 영역에서 포착되는 의식적인 규칙, 동질적 사고 등을 사회적 맥락 및 구조와의 관계에서 살펴보았다. 이에 연구가 소학교 학생들을 중심으로 구성된 사회의 기대를 조명할 수 있다는 점에서 의미가 있다. 다만, 2014년 보급된 소학교 1학년 교과서만을 대상으로 하였기 때문에 2014년 이전 교과서와의 유의미한 비교가 결여되어 있다. 또한, 실제 수업 과정에 참여하여 자아의 발달에 대해 관찰하고 조사할 수 없다는 점을 한계로 들 수 있다. 앞으로의 연구는 2014년 이전 교과서와 2014년 이후 보급된 2학년 교과서 등과의 연속적 관찰과 분석을 필요로 한다.

## 이 장의 주

1 북한은 사람의 지능 형성에 따라 유년기, 소년기, 청년기, 성년기로 나눈다. 이를 뇌 질량의 증대로 설명하는 바, 출생 당시 뇌 질량은 370~400g으로 몸무게의 10%에 달하며, 4~5살 경에는 벌써 1,000g으로 되고, 7살 경에는 어른의 뇌 질량의 95%에 달하는 1,300g 정도로 증대되어 12살 경에 이르면 어른과 거의 같아진다고 보고 있다. 전사흡, "어린이들을 총명하게 키우는 것은 유년시기 지능교육의 중심과업," 『교양원』 2호, 2007, p. 37.

2 한춘희·백경선, 「핵심역량 함양으로서의 사회적 역할 중심 사회과 교육과정 개발전략 탐색」 『사회과교육연구』 제14권 2호, 2007, p. 198.

3 「경애하는 김정은동지께서 조선로동당 중앙위원회 2013년 3월 전원회의에서 하신 보고」 《교육신문》, 2013년 4월 11일.

4 북한은 해방 후부터 줄곧 교과서에 의거한 수업을 해오고 있다. 이는 국가 수준에서 정해진 교육과정과 교육내용에 의존하는 것으로 교육의 국가적 통제에 해당한다.

5 J. Jacksom, "Contemporary Critieisms of Role Theory," Journal of Occupational Science, August 1998, Vol 5, No 2, p. 52.

6 B, J. Biddle, "Recent Developments in Role Theory," Annual review of

sociology(1986), pp. 67~70.

7 A. Touraine, 정수복·이기현 역,『현대성 비판』(서울 : 문예출판사) 1995, p. 336.

8 서울대학교 교육연구소,『교육학용어사전』(서울 : 하우동설), 2011.

9 G. H. Mead, 나은영 옮김,『정신·자아·사회』(파주, 한길사), 2010, pp. 223~246.

10 미드의 시각은 사회 기대의 긍정적인 측면만을 부각한 것으로 비판된다. 그것은 개인의 자발적인 행위에는 항상 사회 기대의 긍정적인 측면만 있는 것이 아니라 사회질서를 파괴하는 행위도 포함되어 있기 때문이다. 뚜렌은 미드가 인성을 사회적 역할로 정의하는 고전적 생각에서 벗어나지 못하고 개성을 사회적 역할을 내면화할수록 더욱 강해지는 것으로 보고 있다며 비판하였다. A. Touraine, 정수복·이기현 역,『현대성 비판』, p. 336.

11 북한은 2014년 4월 1일부터 북한은 모든 교종의 1학년부터 "12년제 의무교육강령에 따라 새로 집필 된 교과서를 가지고 교육을 하고 있다." 북한에 의하면, 새 교과서는 교육내용을 구성함에 있어 "종래의 틀에서 완전히 벗어나 근본적인 혁신"을 가져온 것이며 단순히 "수정보충하거나 변경시키는 방법으로가 아니라 근본적인 변화"를 우선한 것으로 평가한다. 박영철·최영철,「교육내용을 실용화, 종합화, 현대화할데 대한 사상의 기본요구」『교원선전수첩』1호, 2016.

12 김화옥 외,『국어교수안(소학교 제1학년)』(평양 : 교육도서출판사, 2013), p. 4.

13 정순애 외,『사회주의도덕교수안(소학교 제1학년)』(평양 : 교육도서출판사), 2013, p. 6.

14 정순애 외,『사회주의도덕교수안(소학교 제1학년)』, p. 6.

15 직업분류는 통계청 한국표준직업분류를 참고하였다.

16 국립국어원의 표준국어대사전에 의하면 직업은 "생계를 유지하기 위하여 자신의 적성과 능력에 따라 일정한 기간 동안 계속하여 종사하는 일"을 의미한다. 반면에 북한의 사전에서 직업은 "① 개별적인 사람들이 사회적로동의 일정한 분야를 맡아서 전문적으로 하는 일 또는 그러한 일의 종류 ② 사람이 살아가는데 기본으로 삼고있는 일"로 풀이한다. 북한에서 노동은 중요한 가치를 가진다. 스스로를 노동자의 나라라고 부르는 북한에서 직업은 노동의 한 형태이다. 노동이 귀천이 없고 남녀노소 누구나 노동하는 나라임을 표방한다.『조선말대사전(2)』(평양 : 사회과학출판사), 1992, p. 382.

17 ≪우리 희망 무얼가≫, "애들아 애들아 우리 희망 무얼가 너와 나 고운 꿈 어서야 말해보자 철이랑 별이랑은 만세만세 웨치며 원쑤놈들 무찌르는 인민군대 된대요," 리수향 외,『국어(소학교 1학년용)』(평양 : 교육도서출판사), 2013, p. 131.

18 조정아, 「'직업적 혁명가'와 '동요하는 인테리' 사이에서」 『현대북한연구』 제7권 2호, 2004, p. 128.

19 여성이 가사활동에 참여하는 비율을 나타내면 아래의 표와 같다.

### 〈표 5〉 남녀의 역할 비율

(단위 : 명(%))

| 구분 | 국어 교과서 | | 도덕 교과서 | | 전체 | | 계 |
|---|---|---|---|---|---|---|---|
| | 남성 | 여성 | 남성 | 여성 | 남성 | 여성 | |
| 육아·자녀 돌봄 | 5(50.0) | 5(50.0) | 2(20.0) | 8(80.0) | 7(35.0) | 13(65.0) | 20(33.3) |
| 건강관리 | | | | 3(100.0) | | 3(100.0) | 3(5.0) |
| 식생활 | | 2(100.0) | | 2(100.0) | | 4(100.0) | 4(6.7) |
| 의생활 | | 1(100.0) | | | | 1(100.0) | 1(1.6) |
| 주생활 | 3(60.0) | 2(40.0) | 7(50.0) | 7(50.0) | 10(52.6) | 9(47.4) | 19(31.7) |
| 가족 맞이·배웅 | 2(50.0) | 2(50.0) | | | 2(50.0) | 2(50.0) | 4(6.7) |
| 가족나들이 | 4(44.4) | 5(55.6) | | | 4(44.4) | 5(55.6) | 9((15.0)) |
| 계 | 14(45.2) | 17(54.8) | 9(31.0) | 20(69.0) | 23(38.3) | 37(61.7) | 60(100) |

북한의 경우 일차적으로 가사와 육아의 책임은 여성에게 있다. 북한의 모자보건정책은 여성과 남성의 가사분담이 아니라 국가와 여성의 분담 구조이다. 이에 관련 법 조항을 살펴보면 아래와 같다.

"어린이와 어머니의 리익을 특별히 보호하는 것은 조선민주주의인민공화국의 일관한 시책이다. 국가는 어머니가 어린이를 건전하게 양육하고 교양할 수 있는 조건을 보장하는데 선차적인 관심을 돌린다." 제6조(어린이와 어머니의 보호원칙)

"어린이들을 사회적으로 키우는 것은 사회주의국가의 중요시책의 하나이며 사회주의교육학의 원리에 근거한 교육방법이다. 조선민주주의인민공화국은 모든 어린이들을 탁아소와 유치원에서 국가와 사회의 부담으로 키운다." 제2조(국가와 사회의 부담에 의한 어린이양육원칙)

이러한 정책적 기조는 가부장적 질서는 그대로 두고 가사와 육아의 부담을 국가가 덜어주는 방식의 정책을 펼쳐온 것과 관련 있다. 어머니, 가정주부, 아내, 며느리, 전문 직업인 등으로 제시되는 여성의 역할은 가정과 사회 앞에 지닌 도덕적 의무와 책임을 강조한 북한의 여성 담론에서 비롯된 것이며 이 인식은 교과서에 고스란히 드러난 것이다.

20 김화옥 외, 『국어교수안(소학교 제1학년용)』, p. 23.

21 김화옥 외, 『국어교수안(소학교 제1학년용)』, p. 23.

22 김화옥 외, 『국어교수안(소학교 제1학년용)』, pp. 24~25.

23 김화옥 외, 『국어교수안(소학교 제1학년용)』, p. 136.

24 김화옥 외, 『국어교수안(소학교 제1학년용)』, p. 182.

25 김화옥 외, 『국어교수안(소학교 제1학년용)』, p. 66.

26 김화옥 외, 『국어교수안(소학교 제1학년용)』, p. 67.

27 「《조선중앙통신사》 보도 〈광명성-3〉호 2호기를 성과적으로 발사」《교육신문》, 2012년 12월 20일.

28 김화옥 외, 『국어교수안(소학교 제1학년용)』, p. 67.

29 북한에서 출판된 사전에서 가족 개념을 살펴보면 시기마다 개념에 조금의 변화는 있지만, 기본적으로 가족은 "가정을 기준으로 부부와 부모, 자녀 등 혈연적으로 맺어지는 한 집안식구"로 정의된다.

30 김화옥 외, 『국어교수안(소학교 제1학년용)』, p. 82.

31 김화옥 외, 『국어교수안(소학교 제1학년용)』, p. 96.

32 김지현 외, 『국어교과서(소학교 1학년용)』 9판, (평양 : 교육도서출판사), 2008, p. 83.

33 문장순, 「북한 대가정론의 변용과 정치적 함의」 『대한정치학회보』 제25집 3호, 2017, p, 56.

34 조정아 외, 『김정은 시대 북한의 교육정책, 교육과정, 교과서』(서울 : 통일연구원), 2015, p. 75.

35 엄현숙, 「북한 우상화 교육의 전략 분석」 『현대북한연구』 제21권 1호, 2018, pp. 161~164.

36 정순애 외, 『사회주의도덕교수안(소학교 제1학년)』, p. 134.

37 『조선말사전(제2판)』(평양 : 과학백과사전출판사), 2010, p. 475.

38 김성경, 「북한 주민의 일상과 방법으로서의 마음 : 생활총화와 검열의 상황에서의 공모하는 마음」 『경제와 사회』, 109호, 2016, p. 156.

39 백과사전출판사, 『조선대백과사전 1』(평양 : 백과사전출판사), 1995, p. 150.

40 백과사전출판사, 『조선대백과사전 1』(평양 : 백과사전출판사), 1995, p. 150.

41 정순애 외, 『사회주의도덕교수안(소학교 제1학년)』, p. 132.

42 정순애 외, 『사회주의도덕교수안(소학교 제1학년)』, p. 135.

43 정순애 외, 『사회주의도덕교수안(소학교 제1학년)』, p. 138.

44 리영희, 「경애하는 김정일장군님께서 사회주의도덕과목교육을 심화발전시키신 불멸의 업적」 『교원선전수첩』 1호, 2011, p. 20.

45 고유환, 「북한연구에 있어 일상생활연구방법의 가능성과 과제」『북한학연구』제7
권 1호, 2011, pp. 14~15.

46 정순애 외, 『사회주의도덕교수안(소학교 제1학년)』, pp. 137~138.

# 한반도 평화체제의 쟁점과 역사, 그리고 조건*

이 승 열**

## Ⅰ. 한반도 정전체제의 평화체제로의 전환은 가능한가?

2016년 1월 4차 핵실험 이후 2017년 11월 29일 '화성-15형' 대륙간탄도미사일(ICBM) 시험 발사를 통해 "국가핵무력 완성"을 선언하기까지 북한은 모두 세 차례의 핵실험과 44번의 탄두 미사일 시험 발사를 감행하였다. 미 본토를 겨냥한 대륙간탄도미사일(ICBM)과 일본과 괌을 겨냥한 중거리탄도미사일(IRBM) 그리고 잠수함발사탄도미사일(SLBM) 등 동북아의 군사안보의 균형을 깨뜨리는 북한의 무력도발로 인해 미국이 북한 핵위협의 당사자로 전면에 나서면서 한반도의 군사적 긴장은 어느 때보다 고조되었다.

특히 미국의 맥 매스터(McMaster) 미 국가안보보좌관은 처음으로 북

---

 * 이 글은 2013 신진연구 논문집에 수록된 "한반도 신뢰프로세스 실현방안: 한반도 평화체제와 동북아 평화체제를 중심으로"의 내용을 수정 보완한 것이다.
** 북한대학원대학교 박사

한에 대한 "예방전쟁"을 언급하였고, 제임스 매티스(James N. Mattis) 국방장관은 북한에 대한 전면전 혹은 '서지컬 스트라이크'(surgical strike)와 '블러디노즈'(bloody nose) 전략 등 군사적 옵션에 대한 대비태세를 강조하였다. 도널드 트럼프(D. Trump) 미 대통령도 "분노와 화염"을 언급하며, 북한에 대한 군사적 공격 가능성을 전면에 들고 나오면서 한반도의 긴장은 더욱 고조되었다. 이러한 상황에서 국민들의 평화에 대한 관심은 크게 고조되었으며, 어려운 시기 남북 당사자 간 대화의 필요성 또한 높아졌다.

김정은 위원장이 2018년 신년사에서 "국가핵무력 완성"을 강조하면서 동시에 2018년 평창동계올림픽 참가를 위한 특사단 파견을 언급하자, 문재인 대통령은 즉시 남북대화를 제안하였다. 그 결과 김 위원장의 여동생 김여정이 대북특사 자격으로 올림픽 대표단을 이끌고 평창 올림픽 개막식에 참여하였다. 이에 우리정부 또한 정의용 안보실장을 대북특사로 파견하였고, 제1차 4.27 남북정상회담을 판문점 남측 '평화의 집'에서 개최했으며, 〈판문점선언〉에 합의하였다.

남북정상회담의 성공적 개최는 곧 이어 북미정상회담으로 이어져 6월 12일 싱가포르 센토사섬에서 제1차 북미정상회담이 성공적으로 개최되어, 4개항(북미관계, 평화체제, 완전한 비핵화, 유해송환)에 합의하였다. 그리고 9월 19일 남북정상은 제3차 정상회담을 평양에서 개최하여, 남북 간 화해와 평화 그리고 교류를 위한 〈평양공동선언〉에 합의함으로써 현재의 한반도 정전체제를 항구적인 평화체제로 전환하기 위한 남북 간의 노력을 이어가기로 합의하였다.

그러나 기대했던 제2차 하노이 북미정상회담이 아무런 합의 없는 '노딜'(No Deal)로 끝남으로써 북미 간 실질적 비핵화 합의(스몰딜 or 빅딜) → 북미 연락사무소 설치 → 종전선언 → 한반도 평화체제로 이어지는 제2차 한반도 평화 프로세스는 별다른 진전 없이 정체되었다.

무엇보다 중요한 것은 지난 북미 2차 하노이 정상회담이 북한의 비핵화와 함께 지난 1953년 이후 한반도 질서를 규정했던 정전체제를 평화체제로 전환하기 위한 남북미 3국간 합의가 마련될 수 있었던 역사적 계기였다는 점이다. 지난 2018년 한반도 평화 프로세스가 진행되는 과정에서 한반도 평화체제에 대한 문제는 남북정상회담뿐만 아니라 북미정상회담 과정에서도 매우 중요하게 인식되어 왔다. 이것은 현재의 정전체제를 평화체제로 전환하는 것이 북한의 핵과 미사일 도발로 고조된 군사적 긴장을 완화하고, 한반도의 평화적 통일을 위한 매우 중요한 과정이었기 때문이다.

따라서 본 논문의 목적은 북한 비핵화의 상응조건으로서 한반도 정전체제의 평화체제 전환의 의미를 지난 70년간 한반도 분단의 역사적 관점에서 살펴보는데 있다. 북한은 지난 1974년 3월 25일 최고인민회의 제5기 제3차 회의에서 '북미 평화협정' 체결을 주장한 이후 지금까지 한반도 정전체제의 항구적인 평화체제 전환을 위한 대화상대로 미국을 지목하고 있다. 그러나 한반도 평화협정은 1953년 정전협상의 서명 당사자인 북한과 미국의 평화협정일 뿐만 아니라, 한국전쟁의 직접적인 당사자인 남북한 사이에 실질적인 전쟁의 종결과 평화를 위한 협정의 문제를 동시에 내포하고 있다.

## II. 한반도 정전체제의 성격과 쟁점

### 1. 한반도 정전체제의 특징과 성격

한국전쟁의 종결을 위해 1953년 7월 27일 체결된 한반도 정전협정은 서언을 포함해 모두 제5조 63항으로 작성되었으며, 그 내용은 다음과 같다.

제1조는 군사분계선과 비무장지대에 대한 합의, 제2조는 정화 및 정전에 관한 구체적 조치에 관한 합의, 제3조는 전쟁포로에 관한 조치에 대한 합의, 제4조는 쌍방 관계정부들에의 건의에 관한 합의, 그리고 제5조는 부칙 등에 관한 합의를 포함하고 있다. 그리고 본 정전협정의 서명 당사자는 조선인민군 사령관 김일성과 중국지원군 사령원 팽덕회(彭德懷) 그리고 국제연합군 총사령관 마크 클라크(Mark W. Clark)로 규정하고 있다.

정전협정의 국제법적 의미는 "국제법상 전쟁이 종료되지 않은 상태를 말하며, 전쟁의 원인을 해결하지 않고 단지 군사적 교전행위만을 중지한 것"이라고 정의하고 있다.[1] 그런 의미에서 1953년 7월 27일 체결된 한반도 정전협정의 국제법적 성격은 한국전쟁의 완전한 종결이 아닌 전쟁의 일시적인 중단된 상태를 의미한다. 그리고 정전협정은 전쟁의 일시적인 중지를 의미하는 차원에서는 휴전협정과 동일하지만, 차이점 또한 존재한다. 즉, 휴전협정은 전쟁 '당사자 간의 법적관계'를 의미하는 반면 정전협정은 국제연합과 같은 제3자에 의한 당사자 간 교섭의 결과에 따른 적대행위의 중지를 의미한다. 따라서 정전협정이 더 광범위한 협정이며, 국제법적인 성격을 가진다고 할 수 있다.[2]

한반도 정전체제의 가장 큰 특징은 지난 70여 년간 한반도의 민족 간 분단의 질서를 규정하는 행위의 틀이자 현상유지의 작동 메커니즘으로써 제도화 되었다는 점이다. 그 결과 "한반도 정전체제는 첫째, 적대적 상호 의존성. 둘째, 잠정성과 과도성. 셋째, 지역성과 국제성. 넷째, 세계최고 수준의 폭력성과 무력성. 다섯째, 동아시아의 예외주의로서의 다자주의 배제와 일방적 양자주의 지속 등과 같은 성격과 특징을 가지게 되었으며, 이중 어떤 것들은 정전체제 형성을 위한 정전협상의 과정에서 놓이기도 하였다." 또 이들 중 어떤 요인들은 상호 충돌적인데 그 충돌과 모순 자체 가 정전체제의 본질이었다.[3]

먼저 한반도 분단체제의 핵심은 남북한의 적대적 의존관계에서 찾을 수 있다. 적대적 의존관계란 남북한이 서로 상대방과의 적당한 긴장과 대 결국면의 조성을 통해서 이를 대내적 단결과 통합, 그리고 정권안정화에 이용하는 관계를 말한다.[4] 이러한 남북한의 적대적 의존관계는 사실 상호 간에 반면이미지를 갖는 거울영상효과(mirror image effect)를 반영한 것이 었다.[5] 이때의 거울영상효과는 상호 의심과 상호 위협의 상승작용에 의한 경쟁구도를 말한다. 일례로 1970년대 적대의 절정의 시점에서 유신체제 와 수령체제로 상징되는 남북 각각의 군사주의화와 안보국가화, 권위주의 통치 역시 남과 북에 의해 공유된 상대방에 대한 상호 의심과 위협이라는 거울영상효과로부터 직접적인 동시에 상호적으로 작용된 것이다.[6]

한반도 정전협정의 목적은 협정 서언에서 밝힌 대로 "쌍방에 막대한 고통과 유혈을 초래한 한국 충돌을 정지시키기 위하여" 그리고 "최후적인 평화적 해결이 달성될 때까지 한국에서의 적대행위와 일체 무장행동의 완전한 정지를 보장하는 정전을 확립할 목적"이라고 규정하고 있다. 그리 고 이를 보장하기 위해 제2조에 '정화 및 정전의 구체적 조치'에서는 한 반도 정전협정의 준수를 위한 '군사정전위원회'의 구성 및 직책과 권한과 '중립국감독위원회'의 구성 및 직책과 권한을 구체적으로 명시하고 있다. 결과적으로 한반도 내에서 정전협정의 국내적 성격은 1950년 한국전쟁의 완전한 종전상태가 아닌 "최종적인 평화체제"가 달성될 때까지 상호 충돌을 일시적으로 중단시킨 잠정적이며 과도적인 군사협정의 성격을 갖고 있는 것이다.

1953년 7월 27일 체결된 정전협정과 함께 한반도에는 정전체제라는 새로운 국제질서가 형성되는 계기가 되었다. 이것은 한반도 정전체제의 또 다른 차원에서의 특징으로 정전협정이 단순히 남북관계에만 그치는 것이 아니라 동북아 지역의 국제정치적 구조와 성격에 밀접하게 연결되어 있다는 것이다. 이를 기반으로 한반도 정전체제의 동북아 국제정치적 성격을 살펴보면 다음과 같다.

첫째, 한국전쟁은 특정 일방의 무력에 의한 세 가지 차원에서 볼 수 있으며 그 내용은 소멸에 따른 미소간의 타협체제의 시작을 의미한다. 즉, 미소 사이에 합의된 경계선(얄타회담)인 38선을 넘어 미국 영역의 남한을 흡수하려던 소련의 의도는 '일 지역 사회주의'를 벗어나려는 시도였지만, 결국 정전협정으로 인해 3년 전의 미소 합의에 의한 얄타체제로의 복귀를 의미하였다.[7]

둘째, 한반도 정전체제의 등장은 동아시아 냉전체제의 완성을 의미한다. 한국의 분할점령, 미국의 일본단독점령과 소련의 공동점령 저지, 중국 공산혁명과 양안분단으로 점차 심화되던 동북아 지역냉전은 한국전쟁을 통해 폭발했다가 종전을 계기로 봉인되고, 한반도 정전체제의 등장과 함께 비로소 하나의 지역체제로서 고착되게 되었다.[8]

셋째, 1953년 정전체제를 계기로 냉전의 최전선에서 한반도를 둘러싼 국제환경이 더욱더 첨예해졌음을 의미한다. 한반도를 중심으로 동북아 냉전구도인 '남방삼각구조'와 '북방삼각구조' 간의 대립 구도가 형성되었다. 한미일의 '남방삼각구조'는 1950년대 초에 형성된 한미 안보조약과 미일 안보조약의 토대위에서 1965년 한일국교정상화로 완성되었고, 북중소의 '북방삼각구조'는 1950년 중소동맹의 토대위에 1961년 조중 우호조약과 조소 우호조약으로 완성되었다.

결과적으로 한반도를 둘러싼 이와 같은 냉전의 국제정치적 성격은 두 가지 상호 모순된 냉전의 역설이 내재되는 원인이 되었다. 한편으로는 냉전의 최전선에서 남북한 모두에게 매우 중요한 생존전략이면서 동시에 1950년 한국전쟁이후 한반도에 장기적인 안정을 제공한 안전판이 되었다. 그러나 다른 한편으로 이러한 대결구도는 20세기 말 세계적 차원의 냉전체제 붕괴 이후에도 한반도에서 평화체제의 구축을 불가능하게 만들었으며, 지역적 차원에서 냉전적 대결구도가 상당기간 지속되는 토양이 되었다.[9]

## 2. 한반도 정전체제의 쟁점

### 1) 정전협정의 당사자 문제

1953년 7월 27일 체결된 정전협정에 서명한 당사자는 조선인민군 사령관 김일성과 중국지원군 사령원 팽덕회, 그리고 국제연합군(유엔군) 총사령관 마크 클라크로 규정되어 있다. 북한은 1970년대 초까지 정전협정의 평화협정 체결의 당사자로 남북한 간의 평화협정을 주장하였지만, 1974년 이후부터는 북미 간의 평화협정 체결로 바뀌었다. 북한의 주장은 정전협정의 실질적 당사자는 미국, 북한, 그리고 중국인데, 중국인민지원군은 이미 북한에서 철수했으므로 정전협정을 대체할 평화협정은 미국과 북한 간에 체결되어야 한다는 입장이다.[10]

북한은 남한이 정전협정의 당사자가 아니기 때문에 정전협정은 물론 정전협정의 평화협정 전환에 있어서도 아무런 법적 근거가 없다는 입장이었다. 그러나 남한은 한국전쟁의 직접 교전당사자로서 한국전쟁을 매듭짓는 한반도 정전체제의 종결과 평화체제의 구축은 의당 남북한 간에 논의되어야 하며, 한반도 문제의 본질은 남북관계로서 이 문제는 남북한만이 풀 수 있다는 입장이었다.

문제는 북한이 남한을 정전협정의 당사자가 아니므로 한반도 평화체제 문제에 나설 자격이 없다고 주장하고 있기 때문에 향후 정전협정의 평화협정으로의 대체과정에서 당사자로서 남한의 법적 자격에 대한 문제가 제기 될 수밖에 없다는 것이다. 따라서 한국의 정전협정 당사자 여부가 우선적으로 검토되어야 한다.

한국의 법적 지위에 관한 문제의 핵심은 정전협정에 서명한 유엔군 사령관 마크 클라크와 조선인민군 사령관 김일성, 중국인민지원군 사령원 팽덕회로 되어 있는 사실에 근거를 두고 있다. 따라서 유엔군 사령관 마크 클라크가 정전협정의 서명자로서 어떤 법적 지위를 갖고 있는지 살펴보는 것이 중요하다. 한국전쟁의 교전 당사자는 한국과 유엔안보리 결의안83(1950. 6. 27) 및 84(1950. 7. 7)에 의해 참전한 16개국이 당사자이며, 북한과 중국지원군이 다른 당사자로 참전한 전쟁이다. 이때 별도의 단일 지휘체계를 구성하지 않았던 북한 및 중국인민지원군과 달리 유엔군은 '유엔 결의안 84'에 의거하여 한국을 비롯해 16개국을 지휘할 통합사령부를 구성하였고, 미국으로 하여금 사령관을 맡도록 지휘체계를 일원화하였다. 그리고 한국은 1950년 7월 14일 이승만 대통령의 서한을 통해 한국군의 작전지휘권을 유엔군 사령관에게 위임했다. 따라서 유엔군의 대표로서 정전협정을 체결한 마크 클라크는 한국군을 비롯해 16개국의 대표권을 모두 갖고 있다고 하겠다.

예를 들어 2차 세계대전 당시 1943년 9월 3일, 연합군 총사령관인 미국의 아이젠하워(Dwight D. Eisenhower) 장군은 연합국을 대표하여 이태리군 사령관 바돌리오(Pietro Badoglio)와 정전협정을 체결하였으며, 이는 모든 연합국에 적용되었다. 또한 1차 세계대전중인 1918년 11월 11일 연합군 총사령관인 프랑스의 포슈(Ferdinand Foch) 장군은 연합국을 대표해서 독일과 정전협정을 체결하였다.[11] 결과적으로 한국은 정전협정의 당사자로서 법적 권리를 유엔군 사령관인 마크 클라크에게 위임한 것이며, 그 정전협정의 효력 또한 한국을 비롯해서 유엔군 사령관의 작전통제권 아래 있었던 16개국 전체를 규정하고 있는 것이다.

둘째, 1953년 7월 27일 서명한 정전협정의 서문은 교전 당사자이며, 적용 대상자로서 한국의 실체를 인정하고 있다. 정전협정 서문에 따르면 "이 조건과 규정들의 의도는 순전히 군사적 성질에 속하는 것이며 이는 오직 한국에서의 교전 쌍방(남북한)에만 적용한다"며 정전협정의 적용대상을 "한국에서의 교전 쌍방"이라고 규정함으로써 한국이 정전협정의 당사자임으로 분명하게 밝히고 있다.

조약법의 원칙상, 조약은 당사국이 아닌 제3국에는 영향을 미치지 않는다.[12] 따라서 "교전 쌍방에만 적용된다"는 정전협정의 서문의 규정에 따라서 지난 정전협정 60여 년 동안 한국은 협정의 당사자로서 정전협정이 부여하는 모든 의무를 충실히 준수해 왔으며, 북한도 그런 사실을 적시해 왔다는 점에서 한국이 정전협정의 당사자라는 사실을 분명히 말해주고 있다.

셋째, 한국이 정전협정의 당사자라는 사실은 두 가지 역사적 사실을 통해서도 알 수 있다. 먼저 한국이 1954년 4월부터 6월까지 열린 제네바 정치회의에 당사자로서 참여했다는 사실이다. 정전협정 제60항은 한국문제의 평화적 해결을 위한 정치회의를 정전 후 3개월 내에 소집할 것을 규정하고 있다. 제네바 정치회의는 국제법적으로 정전 후 최종적 평화를 타결하기 위한 강화회의 또는 평화회의에 해당하기 때문에 한국은 참전국 16개국과 함께 교전 당사자로 참가했으며, 북한도 한국의 참여를 반대하지 않았다.

다음은 정전협정 이후 남북 간에 맺은 협정에서 한반도 문제의 당사자로서 한국의 위치가 규정되었다. 특히 1991년 남북한 간에 맺은 기본합의서와 부속합의서에서도 남북한 당사자 해결의 원칙이 명확히 규정되어 있다. 즉, 기본합의서 5조는 "남과 북"은 현 정전상태를 남북 사이의 공고한 평화상태로 전환시키기 위하여 공동으로 노력한다고 규정했으며, 부속합의서 역시 마찬가지로 규정하고 있다.[13] 따라서 정전협정의 전문과 그동안 정전체제 60여 년의 역사는 한국이 정전협정의 당사자이며, 향후 한반도 평화체제를 여는 평화협정의 당사자라는 사실을 분명히 말해주고 있다.

## 2) 정전관리기구의 법적 효력의 문제

정전협정은 제2조에서 정화 및 정전의 구체적 조치에 대한 내용으로서 정전상태를 안정적으로 관리하기 위한 양대 기구로서 "군사정전위원회와 중립국감독위원회를 설립"한다고 규정하고 있다. 그러나 북한은 정전협정을 무력화하고 이를 근거로 북미간의 평화협정으로 전환해야 한다는 주장을 펴면서 정전협정의 준수와 집행을 책임진 군사정전위원회(MAC)와 중립국감독위원회(NNSC)의 기능을 지속적으로 무력화 시키고자 하였다.

군사정전위원회(이하 군정위)는 정전협정 체결 당시 쌍방 대표 5명씩 10명으로 구성되었는데, 유엔군측 대표단은 미군 장성 1명, 한국군 장교 2명, 영국군 장교 1명, 기타 유엔참전국 장교 1명이며 공산군측 대표단은 북한 장교 4명과 중공군 장교 1명으로 구성되었다.[14] 군정위는 약 40년 동안 정전협정 위반이 있을 때마다 적대적 쌍방 간의 유일한 고정적인 의사소통의 채널로서 우발적인 군사충돌을 막는 기능을 수행하였다.

그러나 1991년 3월 군정위의 유엔측 수석대표로 한국군 장성(황원탁 소장)이 임명되자 북한은 군정위 소집 요구에 일체 불응하더니 1994년 4월에는 군정위에서 일방적인 철수를 선언하였고, 북한과 함께 정전협정 당사자인 중국도 1994년 9월 북한의 요구를 받아들여 군정위 대표를 소환하면서 군정위의 기능이 일방에 의해 사실상 폐지되는 상황을 맞았다.[15]

군정위와 함께 한반도 정전체제를 관리하는 중립국감독위원회(이하 중감위) 또한 공산측 대표단이 해체된 상태에서 유엔측 대표단만 활동하고 있다. 1953년 정전협정에 따라서 중감위는 군사정전 위원회 소속으로 북측과 남측의 관계를 통제하는 역할을 하였다. 중감위는 4개국으로 구성되어 있으며, 2개의 중립국은 한국과 유엔사령부에서 지명하였으며, 2개의 다른 중립국은 조선인민군과 중국 인민지원군에서 지명하였다. 이들 중립국은 한국 전쟁에 가담하지 않은 국가로 규정되었으며, 따라서 유엔 사령부 측에선 스웨덴과 스위스를, 중국 인민지원군과 조선인민군에서는 폴란드와 체코슬로바키아를 택하였다.

그러나 북한은 1980년대 말 동구권이 몰락하자 정전 당시 자신들이 선정했던 체코슬로바키아와 폴란드에 대해 중감위 철수를 요구하기 시작하였다. 1993년 1월 체코슬로바키아가 체코와 슬로바키아로 분리되자 북한은 체코의 중감위 자격 승계를 거부하였고, 이에 따라 체코 대표단은 1993년 4월 철수했다. 폴란드는 1995년 2월 북한이 대표단에 대해 식품 공급을 중단하고 단전 및 단수를 취하겠다고 압박을 가하자 대표단을 북경으로 철수하였고,[16] 이후 현재까지 자국 영토 내에서 중감위 임무를 수행하고 있다. 이로써 중감위 4개국 중 북한측에 상주했던 체코와 폴란드는 북한 지역을 떠났고, 유엔측이 선정한 스위스와 스웨덴만이 판문점 남쪽 지역에서 활동을 하고 있다. 북한은 1995년 이후 중감위 주간 회의결과 보고서를 한 번도 수령한 적이 없다.

정전체제 기능을 수행하는 양대 축인 군정위와 중감위의 기능을 무력화한 북한의 목적은 한국을 배제하고 미국과 직접 상대하면서 북미 평화협정을 추진하려는 것으로 해석할 수 있다. 이를 위해 북한은 1994년 중국이 정전위에서 철수하자 판문점에 1994년 '조선인민군 판문점 대표부'를 설치하고 미국에 '미군 판문점 대표부'를 설치하라고 요구했다.[17] 북한의 이러한 행동은 정전협정이 여전히 유효한 상황에서 정전협정을 관리하고 유지해야 할 관리기구를 해체함으로써 북한의 무력도발과 같은 정전협정 위반을 어떻게 처리할 것인가의 문제와 직결된다. 크게 두 가지로 나눌 수 있다.

첫째, 조선인민군 판문점 대표부의 법적 지위에 관한 문제이다. 유엔사는 지난 1953년 7월 정전협정 체결 이후 북한의 정전협정 위반 건수는 지금까지 43만건에 달하는 것으로 집계하고 있으며, 한국의 국방백서는 북한의 침투와 국지도발을 2,953건에 달한다고 기록하고 있다. 현재 군정위를 대신하여 유엔군 장성급과 북한의 조선인민군 대표부 장성급 군사회담이 열리기는 하지만, 북한이 군정위를 해체하고 설립한 '조선인민군 판문점 대표부'가 과연 정전협정 위반사례를 조사하고 관리하는 기구로서 역할과 기능을 수행할 자격이 있는가에 대한 법적 문제가 따른다.

정정협정문의 서문에는 "최후적인 평화적 해결이 달성될 때까지" 정전협정의 조건과 규정을 준수할 것으로 기록하고 있기 때문에 정정협정이라는 제도적 기반이 없는 기관이 정전협정을 관리하는 기구로서 법적 지위를 가질 수 있는가는 논쟁이 될 수밖에 없다.

둘째, 정전협정의 법적 효력에 대한 논쟁이다. 지난 2013년 3월 1일 북한 외무성은 "정전협정은 협정 체결 당사자 중 어느 한 쪽이 준수하지 않으면 자동으로 백지화되는 것"이라고 주장하여, 정전협정의 법적 효력에 대한 논란을 다시 촉발시켰다.[18] 북한은 남한당국과 미국의 키 리졸브 훈련과 독수리 합동군사연습을 "정전협정의 최대 유린, 파기행위"라고 규정하며 정전협정 백지화를 주장하는 근거로 활용하고 있다.[19]

그러나 이에 대해 미국은 국무부 대변인 논평을 통해 "상호 합의한 정전협정에 대해 특정 일방이 상대방의 동의 없이 철회할 수 없다"며 법률적 판단에 근거할 때 북한의 일방적인 정전협정 무효화는 성립되지 않는다고 말했다.[20] 또한 유엔사측 중감위 국가인 스웨덴 대표인 안데르스 그렌스타드(Anders Grenstads) 해군 소장은 "정전협정은 국가가 맺은 협정이 아니라 유엔군을 대표하여 마크 클라크 사령관, 북한의 김일성 인민군 사령관, 중국의 팽덕회 인민지원군 사령관 등 3개 군이 주체가 돼 서명한 것에 주목해야 한다"며 "따라서 북한이 일방적으로 정전협정을 무효화할 수 없는 일"이라고 했다.[21] 뿐만 아니라 현재 정전관리기구로서 중감위의 기능은 북한측에서는 사실상 활동이 중단되었지만, 다른 교전 일방으로서 유엔측 대표인 스웨덴과 스위스는 남쪽 지역에서 활동을 지속적으로 수행하고 있으며, 북한에서 추방되어 자국에서 중감위 기능을 수행하고 있는 폴란드가 일년에 2~3차례 한국을 통해 중감위 회의에 참여함으로써 그 명맥을 유지하고 있다.[22]

## III. 한반도 평화체제에 대한 역사적 접근

### 1. 냉전기의 한반도 평화체제 논의

#### 1) 1950~1960년대 한반도 평화체제 논의

남북한은 1953년 7월 27일 정전협정의 서문에서 정전협정의 효력이 만료되는 조건을 "최후적인 평화적 해결이 달성될 때까지"라고 규정하고, 그 적용의 범위를 "오직 한국에서의 교전 쌍방에만 적용"한다고 합의한 이후 정전체제 60여 년 동안 한반도 평화에 대한 다양한 합의를 이루어왔다. 냉전시기 한반도 평화에 대한 주장은 주로 북한에 의해 주도되었고, 남한은 1970년 이후 비로소 북한의 주장에 대한 응답으로서 대안을 내놓기 시작하였다.

북한은 1953년 정전협정 이후 한반도 통일의 전제조건으로서 정전상태를 평화상태로 전환시켜야 한다는 주장을 꾸준히 제기하고 있다. 북한은 1954년 6월 15일 한국전쟁 이후 남북한 관계를 재규정하기 위해 유엔총회 결의 711호와 정전협정 60항에 따라 1954년 4월 26부터 열린 '제네바정치회담'에서 "정전의 공고화와 정전상태로부터 공고한 평화에로의 점진적 이행"을 보장하기 위한 6개항을 제안하였다. 이 중 제3항에서 "정전상태를 점차적으로 퇴치하기 위한 조건들을 조성하여… 북과 남의 정부에 해당한 협정을 체결할 것을 제의"한다며 한반도에서 정전상태를 평화상태로 전환하기 위한 '남북한 협정체결'을 최초로 제안하였다.

1962년 10월 23일 김일성은 최고인민회의 제3기 제1차 회의에서 미군철수를 전제로 한 '남북한 평화협정'의 체결을 또 다시 주장하였다. 김일성은 "조선의 통일문제는 조선인민의 내정문제", "외국군대를 철거시키고 남북 간에 평화협정을 체결하며 무력을 축소하는 것은 조국통일로 나아가는 길에서 중요한 첫 걸음"이라고 하면서 통일을 달성하기 위해서는 미국이 조성한 긴장상태를 제거하는 것이 중요하다고 주장했다. 그리고 김일성은 "남북이 서로 상대방을 공격하지 않을데 대한 평화협정을 체결하며 남북조선의 군대를 각각 10만 또는 그 이하로 축소하여야 할 것입니다"라고 주장했다.[23]

이 시기 남북한 평화협정 체결에 적극적이었던 북한과 달리 남한의 이승만정부와 장면정부의 통일 및 평화정책은 매우 수동적이었다. 이승만 정부 시기 남북관계를 규정하는 결정적인 사건은 바로 한국전쟁이었다. 한국전쟁의 경험은 당시 한국인들에게 반공과 멸공을 내재화하는 결정적인 기제가 되었다. 그 결과 이승만 정부의 대북정책은 북한의 실체를 인정하지 않고, 북한 지역이 불법으로 점거되고 있다는 전제하에 남한 정부의 유일 합법성을 내세워 힘에 의한 '무력북진통일정책'을 주장했다.[24] 전쟁으로 증폭된 대북 적대의식의 토대 위에서 반공주의는 북진무력통일담론 외에 평화통일 혹은 북한과의 협상통일에 대한 어떠한 주장도 모두 금기의 영역으로 내몰았다.

장면 정부는 4·19 혁명으로 사회적으로 들뜬 분위기와 새로운 정치질서가 형성되는 매우 혼란한 상황 속에서 대북정책을 확고하게 주도하지 못했다. 오히려 이승만의 북진통일론에 눌려있던 재야의 진보정치세력들이 통일논의를 주도하면서 새로운 통일세력으로 등장하였다. 사회당, 사회대중당, 혁신당 등과 교원노조, 민주민족청년동맹 등의 여러 사회세력들은 '민족자주통일중앙협의회'(민자통)을 결성하였고, 이들은 협상에 의한 자주적인 통일실현을 자신들의 입장으로 제시하였다.[25] 또한 1961년 5월 3일 서울대 민족통일연맹 대의원 대회에서는 '남북학생회담'을 정식 제의하였고, 같은 해 5월 4일 신민당 원내 총무 양일동은 '남북통일협의체' 구성을 역설하였다.

1961년 5월 16일 남한에 군사정부가 들어서자 북한의 대남정책은 '남조선혁명론'에 입각한 대남혁명통일전략으로 바뀌었다. 북한은 박정희 정부가 반공법 제정 등 강력한 반공정책을 펼치자, 이에 대응하여 1961년 7월 6일 소련과 그리고 7월 11일에는 중국과 상호원조방위조약을 체결하는 조치를 취했다. 그리고 1962년 12월 노동당 중앙위원회 제4기 5차 전원회의에서 4대 군사노선을 채택하였고, 남조선혁명론을 전면에 내세워

미제와 반공정권에 대항한 광범위한 투쟁을 선동하면서 민족해방전쟁을 수행하기 위한 북조선 '혁명기지'강화에 들어간 것이다.[26]

1964년 2월 27일 김일성은 당중앙위원회 제8차 전원회의에서 "조국통일의 위업을 실현하기 위하여 혁명역량을 백방으로 강화하자"란 제목의 연설을 통해 '3대혁명역량강화'노선을 구체화 하였다. 이를 위해 김일성은 '북조선의 혁명역량', '남조선의 혁명역량', '국제적 혁명전략'이 잘 구비되어 있어야 통일을 할 수 있다고 주장했다.[27] 북한은 남조선혁명역량 강화를 위해 군사강경노선으로서 무장게릴라침투와 통일혁명당 건설 등을 추진하였다.

1960년대 박정희 정부 또한 국가안보에 있어서 반공노선을 분명히 하고, 통일방안에 있어서 '선건설 후통일'을 천명하였다. 또한 1961년 7월 4일 반공법이 공포됨으로써 사실상 정부와 의견을 달리하는 민간차원의 통일논의는 완전히 봉쇄되었고, 1960년대 말까지 대북 불승인·불협상 원칙을 고수되었다. 그 결과 남북관계는 경색되었고, 남북사이에 평화제의나 협상은 거의 없었다. 그러나 1970년 세계적인 차원에서 시작된 '데탕트'로 인해 남북한은 1960년대의 대결적인 정책을 대화로 전환시키는 결정적 계기를 맞게 된다.

## 2) 1970~1980년대 한반도 평화체제 논의

북한은 1960년대 말 남조선혁명노선이 사실상 실패로 돌아갔고, 1970년대 초 '데탕트'라는 냉전질서의 변화를 맞아 남북 간의 평화협정 문제를 다시 제기하였다. 1972년 1월 10일 김일성은 《요미우리신문》과의 회견에서 "조선에서 긴장상태를 가시기 위하여서는 무엇보다도 조선정전협정을 남북사이의 평화협정으로 바꾸는 것이 필요"하다고 주장했다.

김일성은 남북사이의 평화협정 체결은 세 가지의 구성요소가 있다며, 첫째, 평화협정 내에 남북 간의 상호불가침 선언을 하고, 둘째, 남한으로부터 미군을 철수하고, 그리고 마지막으로 남북 간의 군축의 실현을 제시하였다. 이것은 과거 1960년대 선(先)미군철수, 후(後)남북평화협정체결이 1970년대에 들어서면서 선(先)남북평화협정체결, 후(後)미군철수로 바뀐 것이다. 이 당시 북한이 밝힌 남북평화협정의 핵심내용은 남북 간의 불가침 협정이지만, 목적은 사실상 주한미군철수를 겨냥한 것임을 알 수 있다.

1970년대 박정희 대통령도 세계적 차원의 데탕트라는 시대의 변화를 의식하지 않을 수 없었다. 1970년 8월 15일 광복절 축사를 통해 "선의의 경쟁, 즉 민주주의와 공산독재 그 어느 체제가 국민을 더 잘 살게 할 수 있으며, 더 잘 살 수 있는 여건을 가진 사회인가를 입증하는 개발과 건설과 창조에 나설 용의는 없는가"라며 1960년대 대결구조를 깨고 북한의 실체를 인정하고, 상호 경쟁을 제안하였다.[28] 그리고 1971년 9월 이산가족 상봉을 위한 남북대화를 개최했으며, 1972년 남북관계 개선과 통일문제에 대한 최초의 남북한 합의를 담은 '7·4 남북공동성명'을 체결하여 자주, 평화, 민족대단결이라는 통일의 3대 원칙을 천명하였으며, 군사적 충돌 방지, 제반교류실시, 적십자 회담 개최, 상설직통전화 개설 등에 합의하였다. 그리고 1973년 '평화통일 외교정책에 관한 특별선언(6·23 선언)'을 통해 통일보다는 분단의 평화적 관리에 초점을 맞춘 남북관계 운영의 방침이 정해졌다. 남북간 상호 내정불간섭, 상호 불가침, 남과 북의 유엔 동시가입, 이념과 체제를 달리하는 국가들에게도 대한민국의 문호를 개방할 것을 발표했다.

그러나 북한은 1974년 3월 20일 열린 최고인민회의 제5기 3차회의에서 허담이 미국과의 직접적인 평화협정 체결 문제를 제기한 이후 1975년 3월 25일 '미합중국 국회에 보내는 편지'를 통해 북미 평화협정 체결을 주장하였다. 북한이 남북 평화협정 체결을 북미 평화협정 체결로 바꾼 것은 '실제적 당사자론'에 입각한 것이다.[29] 즉 남북 당사자주의에서 북미 당사자주의로 입장이 변경된 것이다. 무엇보다 가장 중요한 근거는 한국군의 군통수권이 미국에 있다는 점, 그리고 정전협정의 서명 당사자 중 현재 한반도에 군대를 보유하고 있는 당사자는 북한과 유엔군이며, 유엔군의 실체는 미국이라는 점 때문이다. 1972년 7.4 공동성명에서 합의한 자주, 평화, 민족대단결에서 북한은 자주를 주한미군의 철수와 외세의 간섭배제라고 인식했는데, 2년이 가까워 오는 당시까지 미군철수가 이뤄지지 않자 실제적 당사자주의에 입각한 북미 평화협정 체결을 주장했다.

북한의 이러한 태도변화에는 1973년 1월 27일 베트남전쟁을 종식시킨 '파리평화협정'(Paris Peace Accord)에 크게 고무된 것으로 보인다. 무엇보다 "협정 조인후 미군이 60일 이내에 철수한다"는 조항에 따라서 주월미군이 철수하기 시작하자 이에 고무되어 1974년 1월 18일 박정희 대통령이 제안한 남북 불가침 조약체결을 거부하고, 주한미군 철수를 위한 북미 평화협정 체결로 선회한 것이다.

한반도 평화협정 체결과 관련하여 1975년 제30차 유엔총회는 매우 중요한 의미가 있다. 북한은 북미 평화협정 체결과 주한미군 철수, 유엔사 해체를 강력하게 주장하였고, 공산진영과 비동맹 국가들로부터 많은 지지를 받았다.[30] 이에 대해 미국의 키신저 국무장관은 한반도 정전체제를 '새로운 협정(A New Arrangement)'로 대체할 것을 제안하고, 이를 위해 '확대회의'(남북한과 미국, 중국이 참여하는 4자회담)를 제안하였다. 남한의 김동조 외무장관은 북한의 '실제적 당사자론'을 비판하며, 정전협정의 항구적 평화조치로 대체하는 문제는 "직접 관련 당사국들"의 협상이어야 함을 강조하였다. 북미 평화협정 체결을 반대하며, "북한이 어떻게 한반도 평화에 관한 제반문제를 북한과 미국 사이에 문제라고 주장할 수 있는가"

라며 남과 북이 주도해야 한다는 원칙을 밝혔다.

이에 대해 북측의 리종목 대표는 한반도 평화를 달성하는 데 있어서 "미국과 해결할 문제가 따로 있고, 남조선과 해결할 문제가 따로 있다"고 반박했다. 즉, 평화협정은 정전협정의 '실질적 당사자'인 북한과 미국이 해결하는 것이 타당하며, 미국이 철수한 다음 공고한 평화를 달성하는 문제는 남북한 사이에 해결해야 한다고 주장했다.[31]

1980년대 남한의 정치적 소용돌이 속에서 등장한 전두환 정부는 1981년 새해 국정연설에서 남북한 간의 최고 책임자 대화(정상회담)를 제안하였고,[32] 1982년 정부차원의 첫 통일방안으로서 '민족화합 민주통일방안'을 제시하였다.[33] 이는 1980년 6차 당대회에서 북한의 '고려연방제통일방안'에 대한 대응이자, 북한의 '대민족회의' 구성제안을 '민족통일협의회'로 받아들임으로써 통일을 제도적 협상의 방식으로 달성하자는 북한식 통일논리를 부분적으로 수용했다고 볼 수 있다.[34] 그러나 북한은 1983년 10월 버마 아웅산 폭발사건을 일으켜 국제적 고립을 자처하였다.

북한은 1984년 1월 10일 국제적 고립과 경색된 남북관계를 풀기 위해 북한과 미국 그리고 남한이 참가하는 3자회담을 제안하였다. 북한의 3자회담 제안은 평화협정을 북미 간의 '실제적 당사자'가 풀고, 평화협정 및 주한미군 철수 이후 남북 불가침과 군축 문제는 '직접적 관련 당사자' 간에 풀자는 제30차 유엔총회의 주장을 다시 반복한 것이다.[35] 이것은 그동안 북한이 주장했던 선(先)북미회담, 후(後)남북회담의 틀에서는 진일보한 것이지만, 3자회담을 북미 평화협정 체결을 위한 수단으로 활용하려는 북한의 의도가 변한 것은 아니다.

이에 대해 남한의 손재식 통일원장관은 한반도의 항구적인 통일보장과 통일문제에 대해서는 분단과 한국전쟁에 "직접, 간접적으로 책임이 있는 관계국들"이 함께 참여해야 함을 강조하였고, 한반도 문제에 다른 나라가 개입해야 한다면 미국만이 아니라 중국도 포함되어야 한다며 4자회담을 제안하였다.[36] 결국 북한이 제안한 3자회담은 남한의 반대로 무산되었다.

## 2. 脫냉전기의 한반도 평화체제 논의

### 1) 1980년대 말~1990년대 한반도 평화체제 논의

1987년 민주화로의 급속한 이행은 노태우 정부로 하여금 냉전적 통일정책을 탈냉전적 통일정책으로 전환시키는 원동력이 되었다. 노태우 대통령은 1988년 '7·7 선언과 함께 같은 해 10월 18일 제43차 유엔총회에서 남북 정상회담을 개최하여 남북 간의 교류협력, 통일방안, 군축 그리고 정전협정의 항구적 평화체제로의 대체 문제를 논의할 것을 제안하였다. 그동안 정부는 북한의 평화협정 세의를 남북 간의 불가침협정으로 대응했지만, 노태우 정부는 한국정부 최초로 남북 간의 평화협정 체결을 먼저 제안한 것이다.

이에 대해 북한도 같은 해 11월 8일 '평화보장 4대원칙'과 이에 기초한 '포괄적 긴장완화방안'을 제시하였다. 평화보장 4대원칙은 첫째, 2개 조선에 반대하는 통일지향적 평화. 둘째, 주한미군의 철수에 의한 평화. 셋째, 남북한 군축에 의한 평화. 넷째, 남북한과 미국을 포함한 당사자간 대화에 의한 평화 등이다.

그리고 포괄적 긴장완화방안은 첫째, 핵무기 및 주한미군의 단계적인 철수. 둘째, 남북무력의 단계적 감축. 셋째, 미군 무력의 철수와 남북 무력의 감축에 대한 통보와 검증. 넷째, 북한, 미국, 남한사이의 3자회담. 다섯째, 정치적 대결상태의 완화. 여섯째, 군사적 대결상태의 완화. 일곱째, 남북사이의 고위급정치군사회담 등이다.[37]

이 당시 냉전질서의 종식과 함께 사회주의권이 붕괴하고 미국 주도의 패권적 질서가 자리 잡는 과정에서 한국은 비교적 독자적인 대북정책과 외교노선을 선택할 공간을 주도적으로 만들어냈다. 노태우 정부는 '북방정책'을 적극적으로 추진하여 중국, 소련과 국교를 체결하고, '한민족공동체 통일방안' 제시, '남북기본합의서' 채택, '한반도 비핵화 선언', 'UN 남북동시가입' 등을 실현함으로써 남북통일 분야에 괄목할 만한 성과를 냈으며, 무엇보다 반공에 기반한 반북주의의 경직성을 넘어서는 계기를 만들었다. 특히 남북기본합의서의 채택은 통일자체보다는 통일에 이르는 체제, 즉 남북연합을 이룩하기 위한 잠정적인 조치에 대한 합의라는 의미가 있었다. 이것은 형식과 내용에 있어서 박정희 정부의 '7·4 공동성명' 보다 김대중 정부의 '연합제안'에 더 가까운 매우 진일보한 정책이었다.

1990년대 노태우 정부의 공세적인 통일 및 외교정책에 비해 북한의 대남정책은 매우 수세적이고 방어적이었다. 남방삼각이 온전한 가운데 북한체제를 뒷받침 해주던 북방삼각 구도가 붕괴된 이후 체제 생존의 위협에 직면한 상황에서 북한은 통일문제에 매우 방어적인 자세를 갖게 된 것이다.

북한은 무엇보다 체제수호의 차원에서 남북동시유엔가입을 실현하고, 남북한의 불가침을 선언한 남북기본합의서를 채택했다. 이것은 북한이 한반도 문제 순서를 기존의 선(先)북미 평화협정체결, 후(後)남북불가침선언 구도에서 선(先)남북불가침선언, 후(後)북미평화협정 체결로 수정했음을 의미했다. 즉, 북한은 기존의 3자회담 제안을 철회하고 남북회담과 북미회담을 분리하여 접근하기 시작하였다. 북한은 1991년 12월 남북기본합의서에 서명함으로써 남북한 사이의 불가침 협정과 군축에 관한 합의가 완료되었다고 판단하고, 북미 평화협정을 체결하는 일만 남았다고 판단하게 되었다.[38]

북한의 이러한 자세는 통일방안의 수정에서도 나타났다. 김일성은 1991년 1월 신년사에서 '고려민주연방공화국 창립방안'의 발전적 행태로 "1민족 1국가 2제도 2정부에 기초한 연방제 통일방안"을 제안하였다. 이것은 북과 남이 서로 다른 두 제도가 존재하기 때문에 우리나라의 사정에서 통일이 누가 누구를 먹거나 누구에게 먹히지 않는 원칙을 정립해야 함을 강조한 것이다.[39] 이러한 주장은 당시 독일통일로 인해 가지게 된 흡수통일에 대한 강한 경계를 들어낸 것이다. 그 결과 1980년에 제시했던 '고려민주연방공화국 창립방안'은 중앙정부가 국가의 대표권과 군사권, 외교권을 갖는 강력한 형태의 연방제 방식이었다면 1991년 연방제는 지역 자치 정부에 더 많은 권한을 부여하되 점차로 연방정부의 기능을 높여나가는 느슨한 형태의 연방제 통일방안으로 바뀐 것이며, 이것은 통일보다는 체제보전에 더 역점을 둔 것이라고 볼 수 있다.

김영삼정부는 한 단계 진일보한 정치적 민주화와 월등한 경제력 등을 배경으로 매우 자신감 있는 대북정책을 펴기에 유리한 여건을 갖추고 있었다. 김영삼 대통령은 취임사에서 "어느 동맹국도 민족보다 더 나을 수 없다"면서 남북관계에서 민족주의적 입장을 들어내기도 하였다.[40] 그리고 남북관계의 신뢰를 위해 조건 없이 비전향장기수 이인모씨의 송환을 결정하였다. 그러나 접촉을 통한 북한의 변화를 유도하고자 했던 김영삼 정부의 대북정책은 1993년 3월 12일 북한이 핵확산방지조약(NPT) 탈퇴를 선언하며 1차 북핵 위기가 터지자 흔들리기 시작했다.

1990년대 남북기본합의서를 통해 남북한 간의 불가침협정을 체결한 북한은 북미 평화협정 체결이라는 자신의 요구를 관철하기 위해 정전체제의 무력화를 위한 구체적인 행동을 시작하였다. 북한은 한국군 장성의 유엔측 수석대표 임명에 반발하여 1992년 2월 북측 군사정전위원회 수석대표를 소환하고, 1993년 4월과 1995년 2월에 중립국감독위원회에서 체코와 폴란드 대표단을 철수시키고, 1994년 12월에 군사정전위원회에서 중국 대표단을 철수시켰다. 이로써 북한은 정전체제를 지켜주었던 양대 축인 군사정전위와 중립국감독위원회의 기능을 모두 무력화 시켰다. 그런 가운데 북한은 1993년 3월 NPT 탈퇴 선언으로 시작된 북핵문제를 이용하여 북미간 고위급회담과 실무접촉이 시작되자 북미 평화협정 문제를 본격적으로 다시 제기하기 시작했다.

1993년 10월 5일 북한의 송원호 외교부 부부장은 제48차 유엔총회 기조연설에서 "정전체제를 종식시키고 새로운 평화보장체계를 수립하는 문제"를 제기하였고,[41] 1994년 4월 28일 외무성 성명을 통해 "정정협정을 평화협정으로 바꾸고 현 정전기구를 대신하는 평화보장체계를 수립"하기 위한 북미협상을 요구하였다.[42] 그리고 1995년 2월 25일 외교부 대변인 담화를 통해 "새로운 평화보장체계 수립의 당사자는 북한과 미국"이라는 사실을 분명히 했다.[43]

1996년 2월 22일에는 양측이 "무장충돌을 막을 수 있는 최소한의 장치라도 마련"하자며, 새로운 평화보장체계 수립을 위해 중간적 조치로서 '북미잠정협정' 체결과 '북미공동군사기구'라는 좀 더 구체적인 제안을 내놓았다.[44] 여기에서 북한은 기존의 북미평화협정 체결에서 벗어나 '새로운 평화보장체계'라는 용어를 통해 유엔을 비롯한 정전체제의 관련 당사자들에게 협상을 통한 평화보장장치의 마련을 주문하고 있는 것이다. 즉, 기존의 북미 평화협정 체결의 전단계로서 '과도적 평화구축방안'을 제안했다고 할 수 있다.[45]

1994년 전쟁위기로 번져나갔던 북핵 위기가 7월 '북미 제네바합의'로 해결되었고, 남북 간에는 최초의 남북정상회담이 타결되었지만 김일성의 사망으로 실천되지 못했다. 그 결과 김영삼 정부는 '민족공동체통일방안'을 제시하면서 통일의 방향을 재정립하였지만 실질적인 남북관계의 개선에는 더 이상 나서지 않았다. 김일성 사망이후 조문파동으로 남북관계는 급격히 경색되었고, 당시 북한의 극심한 경제 및 식량위기로 인해 '북한 붕괴론'과 함께 '흡수통일론'이 대두되어 남북관계는 더욱더 경색되었다. 이 당시 북한도 남한과의 대화보다는 미국과의 직접적인 접촉을 통해 '통미봉남' 전략을 구사하기 시작했다.

그런 가운데 1996년 4월 16일 한미 정상회담에서 양국 정상은 북한의 북미협상을 통한 새로운 평화보장체제 구축에 대한 요구에 대해 평화체제 구축의 주체는 남과 북이어야 한다는 점을 강조하면서, 이를 위해 남북미중의 4자회담을 열자고 제안하였다.[46]

이에 대해 북한은 1996년 9월 2일 외교부 대변인 담화를 통해 회담의 초점이 북미 평화협정과 주한미군 철수가 되어야 하며, 남북기본합의서가 마련되었기 때문에 새로운 남북협상은 필요 없다는 입장을 밝혔다. 뿐만 아니라 북한은 중국을 제외한 3자회담을 다시 요구하면서 굳이 중국을 참석시키겠다면 "먼저 3자회담을 진행하다가 적절한 시기에 중국을 포함시키자"는 3+1의 구도를 제안하였다.[47]

4자회담은 1997년 12월~1999년 8월까지 본회담을 6차례 갖는 방식으로 제네바에서 열렸으며 주요 의제는 한반도의 평화체제 구축과 긴장완화에 관한 문제였다. 그러나 4자회담이 시작되었으나 4자회담에 참석하는 북한과 한미 양국의 입장은 달랐다. 북한은 4자회담 내에서 북미 평화협정과 주한미군 철수 문제에 대한 직접협상을 추진하고자 했다. 이를 위해 탈냉전 이후 미국과의 관계개선에 정책의 최우선 순위를 두고 핵을 대미협상의 지렛대로 삼아 체제보장과 경제난의 동시적 해결을 모색하였다.

그러나 한미양국은 한반도 평화문제는 한국이 주도하고, 핵문제와 미사일 문제와 관련된 대화는 북미 간의 문제로 분리해 처리한다고 밝혔으며, 정전협정의 변화와 관련해서는 미국이 북한과 직접대화하지 않는다는 점을 강조했다. 또한 주한미군 철수는 한미상호방위조약에 따라 주둔하는 것으로 4자회담의 의제가 될 수 없다는 입장을 견지했다. 결국 4자회담은 1999년 8월의 6차 본회담을 끝으로 각자의 입장만 확인하고 성과 없이 끝났다.

### 2) 1990년대 말~2017년까지 한반도 평화체제 논의

탈냉전기 남북관계의 질적 개선은 1998년 집권한 김대중 정부가 들어서면서 시작 되었다. '햇볕정책'으로 대표되는 김대중 정부의 대북포용정책은 한반도 문제의 국제화를 방지하고, 남북당사자 원칙에 입각하여 주도적인 입장에서 평화를 바탕으로 남북관계의 화해·협력을 적극 추진해 나가는 것이다. 김대중 대통령은 취임사에서 "남북관계는 화해와 협력, 그리고 평화정책에 토대를 두고 발전시켜 나가야 한다"며 햇볕정책 추진을 공식 천명하였고, "무력도발 불용, 흡수통일 반대, 화해 및 교류협력 추진"의 대북정책 3원칙을 제시하였다.[48]

김대중 정부의 대북포용정책은 2000년 6월 13~15일까지 이루어진 남북 정상회담에서 통일방안에 대한 합의로 나타났다. 김대중 정부는 통일을 낮은 단계에서 높은 단계로 발전해 가는 하나의 과정(과정으로서의 통일)이며, 따라서 법적인 통일, 즉 정치적 통일보다는 '사실상(de facto)의 통일' 상태를 점진적으로 지향한다는 점을 분명히 했다.[49]

김대중 정부 초기 햇볕정책에 대해 반감을 갖고 있었던 북한은 2000년 3월 9일 김대중 대통령의 '베를린 선언'을 통해 민간뿐만 아닌 정부차원의 대규모 남북경협을 시사 하면서 남북관계에 분수령을 만들어냈다. 북한도 6.15 공동선언에서 '낮은 단계의 연방제' 통일방안을 제시하였다. 낮은 단계 연방제란 북한이 지난 1991년 신년사에서 언급했던 '고려민주

연방공화국 창립방안'의 발전적 형태로서 1민족 1국가 2제도 2정부 원칙에 기초하되 남북의 현 정부가 정치, 군사, 외교권을 비롯한 현재의 기능과 권한을 그대로 보유한 채 그 위에 민족통일기구를 구성하는 것이다.[50]

그러나 남북관계의 발전은 2001년 부시행정부의 출범과 2002년 10월 북한의 우라늄 농축 프로그램 시인과 북한의 핵동결 해제 및 핵시설 재가동 선언 그리고 2003년 1월 NPT 탈퇴선언으로 2차 북핵 위기가 조성되면서 새로운 국면을 맞게 되었다. 북한의 핵보유선언은 북미 평화협정 체결과 한반도 평화체제 논의의 장을 6자회담으로 옮겨놓았다. 2003년 8월 중국의 중재로 북핵문제 해결을 위해 시작된 6자회담은 2003년 8월 27~29일 1차 회담을 시작으로 완전하고, 검증가능하며, 돌이킬 수 없는 핵폐기를 주장한 미국과 일괄타결안에 따라 동시행동원칙을 내세운 북한의 주장이 대립되는 가운데 2008년 12월까지 지속되었다.

북핵이 북미 평화협정과 한반도 평화체제의 형성의 주된 목표가 되면서 북한의 입장에도 적잖은 변화가 나타났다. 그동안 북한은 주한미군 철수를 목적으로 1970년대 초기까지는 남북 간의 평화협정 체결을 주장하였고, 이후에는 북미 평화협정 체결을 주장하였다. 그러나 이러한 북한의 주장이 한미 양국에 의해 계속 거부되면서, 북한은 비핵화의 전제조건으로서 정전체제의 항구적인 평화체제의 전환을 위해 북미 평화협정뿐만 아니라 미국의 핵우산 제거, 핵 군축 등 의제를 핵과 관련된 논의로 확장하기 시작하였다.

그런 가운데 한반도 평화체제 형성과 관련하여 가장 의미 있는 합의가 이루어졌다. 2005년 9월 4차 6자회담에서 91.9 공동성명이 채택되었다. 공동성명은 "직접 관련 당사국들은 적절한 별도의 포럼에서 한반도의 영구적 평화체제에 관한 협상을 가질 것이다"라는 항목을 통해 최초로 한반도 평화체제에 대한 합의문을 채택하였다. 평화체제 논의와 함께 북미양국은 "관계정상화"를 위한 조치도 합의하였다. 9.19 공동성명에서 언급된 한반도 평화체제의 주체에 대해서는 명확하게 적시하기 보다는 "직접 관련 당사국"으로 명기함으로써 북한의 입장에서는 북미 평화협정 체결로, 한미 양국에 있어서는 남북 평화협정 체결로 오인될 수 있는 여지를 남겨 놓았다.

9.19 공동성명은 이후 2007년 9.19 공동성명 이행을 위한 초기조치로서 2.13 합의를 이끌어 냈으며, 여기에서 한반도 비핵화, 북미 관계정상화, 북일 관계정상화, 경제 및 에너지 협력, 동북아 평화, 안보체제를 위한 실무그룹을 설치하는데 합의하였다. 그러나 2008년 하반기 핵 검증과 관련된 이견이 해소되지 않으면서 2008년 12월을 마지막으로 6자회담은 종결되었다.

김대중 정부의 대북포용정책을 계승한 노무현 정부도 '평화번영정책'을 통해 '한반도에 평화를 증진시키고, 남북 공동 번영을 추구함으로써 평화 통일의 기반 조성과 동북아 경제 중심으로서 발전 토대를 마련하려는 국가전략'을 추진하였다.[51] 또한 노무현 정부는 대화를 통한 문제해결, 상호 신뢰 우선과 호혜주의, 남북 당사자 원칙에 입각한 국제협력, 그리고 국민과 함께하는 정책등을 추진원칙으로 내세웠다.[52] 그리고 이를 실현하기 위해 무엇보다 '한반도 평화체제 구축'에 중점을 두었다.

2007년 10월 2~4일 제2차 남북정상회담을 통해 6.15 공동선언 구현 및 군사적 긴장완화와 신뢰구축, 평화체제 구축, 남북경협 확대발전(서해 평화협력특별지대 설치), 사회문화 분야 교류 협력발전, 인도적 지원사업 협력, 국제무대에서의 공동노력 등 8개 항을 합의하였다.[53] 이 중 제4항에서 "남과 북은 항구적인 평화체제를 구축한다는 데 인식을 같이 하고 직접 관련된 3자 또는 4자 정상들이 한반도 지역에서 만나 종전을 선언하는 문제를 추진한다"고 명기함으로써 평화체제 구축에 있어서 남과 북의 공동노력에 대한 합의를 적시하였다. 이것은 정전체제를 항구적인 평화체제로 전환하는 주체로서 북미 평화협정 체결을 주장했던 북한의 입장에 적지 않은 변화가 나타났다는 의미이다. 또한 북한은 한반도 종전선언에 대해서도 조약 체결자인 북미 간의 협상에서 한 발 물러나 '남북미' 3자 혹은 '남북미중'의 4자가 참여한 '종전선언'을 적시하고 있다.

2007년 대선에서 이명박 정부가 등장함에 따라 북한은 무엇보다 6.15와 10.4 합의가 정권교체와 관계없이 진행되어야 함을 적극적으로 개진하였다. 북한은 2008년 1월 신년사에서 "우리는 10.4 선언을 철저히 이행함으로써 대결시대의 잔재를 털어버리고 북남관계를 명실공히 우리 민족끼리의 관계로 확고히 전화시켜 나가야 한다"며 10.4 정상선언의 약속이 지켜져야 함을 강조하였다.[54] 그러나 이명박 정부는 지난 김대중, 노무현 정부의 대북정책이 북한의 변화를 유도하는데 실패했다고 규정하고 두 정부 시기 체결된 남북관계에 대한 전면적 재조정에 들어갔다.

북한은 이명박 정부가 지난 노무현 정부와의 10.4 선언의 약속을 일방적으로 파기하고, 지난 정부 10년의 대북정책을 잃어버린 10년으로 규정하고, 대북포용정책을 폐기함으로써 대남전략에 차질이 불가피하다고 판단하였다. 더욱이 이명박 정부의 '비핵, 개방, 3000' 전략을 북한붕괴론에 기반한 흡수통일 시도로 인식하였다. 결과적으로 북한의 대응은 대남 강격책이었다.

2008년 8월 금강산 관광객 피격 사건 이후, 2008년 12월 1일 군사분계선을 가로지는 육로통행을 제한하는 조치를 취했다. 2009년 3월 30일부터 8월 13일까지 개성공단에 근무했던 우리측 근로자를 억류하였고, 2009년 1월 17일 남한에 대한 전면적인 대결자세를 공표, 남북 간의 정치 군사적 충돌을 해결하는 모든 합의들에 대한 무효화 선언, 그리고 2009년 4월 장거리 로켓 발사, 5월 25일 제2차 핵실험 실시, 그리고 2009년 11월

대청해전 발생, 2010년 3월 천안함 폭침 사건, 그리고 2010년 11월 연평도 포격 등 남북 간의 무력충돌로 확장하였다. 이에 대해 이명박 정부는 남북한의 모든 교류를 차단하는 5.24 조치를 단행하여 장기적인 경색 국면이 이명박 정부 마지막까지 이어졌다.

지난 2013년 2월 25일 출범한 박근혜 정부 대북정책의 핵심은 '한반도 신뢰프로세스'이다. 한 마디로 남북 간에 '신뢰'를 통해 남북관계 개선과 한반도 평화와 동북아 및 세계 평화가 가능하다는 것이다. 이를 위해 '한반도 신뢰프로세스'는 크게 두 가지 정책기조를 제안하고 있다. 첫째는 '신뢰 프로세스'를 통해 남북관계를 정상화하여 한반도의 평화를 정착시키고, 둘째는 항구적인 평화구조로서 동북아 평화협력을 위한 '유라시아 이니셔티브' 구상을 추진하는 것이다. 그러나 2013년 2월 박근혜 정부 취임 전 북한은 3차 핵실험을 실시하였으며, 핵-경제 병진노선을 천명하였다. 그리고 2016년 1월 이후 2017년 11월 29일까지 북한은 세 차례의 핵실험과 44번의 대륙간탄도미사일(ICBM)을 포함하여 각종 탄도미사일 실험을 감행하였으며, 그 결과 2016년 2월 그동안 남북한 교류협력의 상징이었던 개성공단마저 폐쇄되어 박근혜 정부 임기 동안 남북간의 교류협력은 물론 한반도 평화체제 논의 자체가 사실상 전면 중단되었다.

### 3) 2018년 한반도 평화체제 논의

2017년 5월 출범한 문재인 정부는 2018년 평창동계올림픽을 한반도 평화의 분수령으로 삼고자 적극적인 대북 포용정책을 시도하였으며, 북한도 2018년 신년사를 통해 평창올림픽 참가를 위한 대표단 파견을 언급함으로써 남북관계가 급진전되는 계기를 마련하였다. 2018년 2월 9일 김정은 국무위원장의 여동생 김여정 당중앙위원회 제1부부장과 김영남 최고

인민회의 상임위원회 위원장이 평창올림픽을 계기로 방남 하였다.

김여정은 문재인 대통령을 예방하여 김 위원장의 친서와 함께 "빠른 시일 안에 만날 용의가 있다"는 초청의사를 직접 전달하였다. 문재인 대통령은 4월초 한미연례군사훈련(키 리졸브)이 열리기 전 3월 5~6일 일정으로 정의용 국가안보실장을 단장으로 서훈 국가정보원장 등 5명을 대북 특사로 파견하였다. 특사단은 김 위원장과의 회담에서 남북 정상회담을 오는 4월 말 판문점 남쪽 지역 '평화의 집'에서 개최하기로 합의하였다. 특사단은 곧바로 미국을 방문하여 트럼프 대통령에게 김 위원장이 트럼프 대통령을 만나고자 한다는 것과, 북한의 의도가 동결이 아닌 실질적인 비핵화에 있음을 전달하였다.

2018년 4월 27일 판문점 '평화의 집'에서 역사적인 남북정상회담이 개최되었다. 문재인 대통령과 김정은 위원장은 오전·오후 2차례 회담과 만찬 진행하였으며, 양 정상은 오후 공동 식수 및 판문점 경내 친교 산책을 진행하였는데, 이 자리에서 남북 정상은 '한반도 평화시대' 개막을 선언하고, 제1조 남북관계의 전면적·획기적 발전, 제2조 군사적 긴장완화와 상호 불가침 합의, 제3조 한반도의 완전한 비핵화 및 평화체제 구축을 담은 〈판문점선언〉에 각각 서명하였다.

여기에서 두 정상은 한반도의 비핵화와 평화체제 구축과 관련하여 올해 안에 종전선언 그리고 항구적 평화체제 구축을 위한 3자 또는 4자 회담을 개최하기로 합의한 것이다. 그동안 남북한 사이에 진행된 평화체제 논의 중 가장 구체적인 내용이다. 남북정상회담의 성공적 개최는 6월 제1차 북미 싱가포르 정상회담에도 긍정적인 영향을 미쳤다.

미국은 6월 5일(현지시간) 6월 12일 북미정상회담 장소로 싱가포르의 센토사 섬 카펠라 호텔로 확정되었다고 발표하였다. 두 정상은 오전 9시(현지시간) 성조기와 인공기가 교차 배치된 회담장 입구 양쪽에서 약 10

초간 악수와 함께 간단한 담소를 나눈 후 단독회담장으로 이동, 단독회담을 마치고, 곧바로 확대회담을 시작했으며, 이 자리에는 미국측 존 켈리(John Kelly) 비서실장과 마이크 폼페이오(Mike Pompeo) 국무장관, 존 볼턴(John Bolton) 국가안보보좌관이 참석했다. 북한측은 김영철 당중앙위 부위원장, 리수용 당 부위원장, 리용호 외무상이 참석하였다. 단독 및 확대정상회담 이후 오찬을 함께한 두 정상은 이후 예정에 없었던 정상회담 합의문 서명식을 가졌으며, 네 가지 합의안 중 제2항에서 두 정상은 양국이 한반도에서 지속적으로 안정적인 평화체제를 구축하기 위한 노력에 동참할 것이라고 합의하였다. 그동안 한반도 평화체제에 소극적이었던 미국이 평화체제를 비핵화의 중요한 조건으로 인정한 것이다.

북미정상회담 이후 북미간 고위급 회담이 순조롭게 진행되지 않자, 문재인 대통령은 2018년 9월 5일 대북특별사절단(정의용 안보실장, 서훈 국정원장 등 5명)을 다시 파견하여 9월 18일~20일 평양에서 남북정상회담 개최를 합의하였다. 2018년 9월 18일부터 20일까지 진행된 제3차 남북정상회담에서, 두 정상은 한반도 비핵화와 남북관계발전 및 군사적 신뢰구축방안에 대한 〈평양선언〉을 채택하였다. 그러나 2018년 한반도 평화 프로세스 과정에서 문재인 대통령은 북한의 비핵화에 맞춰 종전선언과 한반도 평화체제 논의를 진행하고자 하였으나, 2019년 2월 27~28일에 개최된 제2차 북미 정상회담이 아무런 합의 없이 끝나자 종전선언과 평화체제 논의 또한 함께 수면 아래로 내려앉았다. 결국 한반도 평화체제 논의는 북미 회담에서 비핵화에 대한 북미 양국의 합의에 따라 진행 될 것이며, 향후 비핵화 과정에서 한반도 평화체제에 대한 논의가 진행된다면, 평화협정의 주체를 놓고 또 다른 논의가 필요할 것으로 예상된다.

## Ⅳ. 한반도 평화체제를 위한 두 가지 조건

이상의 논의에서 한반도 정전체제의 성격과 쟁점들 그리고 70년 남북 관계 역사 속에서 평화체제에 대한 논의와 주요 쟁점들을 살펴보았다. 정전체제의 두 가지 쟁점, 즉 첫째, 한국은 국제사회가 인정하는 정전협정의 실질적 당사자이며, 남북관계의 직접 관련 당사자라는 이중적 의미를 모두 포함하고 있음을 알 수 있다. 둘째, 정접협정의 무력화 또한 어느 일방의 주장에 따라 협정이 깨지는 것이 아니며, 정전관리기구의 역할과 지위도 일방의 주장에 따라 무력화되거나 법적 효력이 상실된 것이 아니라는 점을 분명히 밝힐 필요가 있다.

문제는 한반도 평화체제 논의가 본격활 될 경우 발생할 수 있는 주요 쟁점에 대해 좀 더 진지한 접근이 요구된다. 한반도 평화 분위기에 휩싸여 지난 60여 년간 한반도를 규정했던 질서를 무너뜨리고 새로운 질서를 수립하는 과정이 민족감정으로 이뤄질 수 없기 때문에, 한반도 평화체제를 둘러싼 두 가지 쟁점을 소개하는 것으로 본 논문을 마무리 하고자 한다.

첫째, 한반도 평화협정의 주체, 즉 남북 간 평화협정인가 혹은 북미 간 평화협정인가에 대한 논란이 다시 재현될 것으로 예상된다. 한반도 평화체제 성립과 관련하여 총론에서는 4자(남북미중)회담에 동의하고 있지만, 각론으로 들어가면, 남한은 남북+미중(2+2)에 입각한 평화협정 체결에 비중을 둘 것이며, 북한은 북미 평화협정 체결을 더 강조할 것으로 예상된다. 또한 평화협정 내용의 핵심인 주한미군의 문제에 있어서도 남한은 평화정착 과정에 따라 한미군사동맹의 틀 속에서 조정되어야 할 문제로 보고 있으나, 북한은 주한미군철수가 한반도 평화의 핵심요소라고 보며, 북미 간의 의제라고 주장할 것으로 예상된다.[55]

북한에게 북미 평화협정의 체결의 의미는 미국의 한반도에 대한 군사적 개입 가능성을 원천적으로 차단하고 미국과 직접적인 평화적 관계를 구축하는 것이다. 논리적으로 볼 때, 북한이 미국과 평화협정을 체결하고 관계개선을 달성하게 된다면 북한을 공동적(敵)으로 하는 한미동맹의 성격과 역할은 달라지지 않을 수 없게 될 것이다. 이는 곧 주한미군의 철수 또는 역할의 변경으로 자연스럽게 연결되면서 한미동맹의 질적 변화는 불가피하게 된다. 지난 2018년 6월 싱가포르 제1차 북미정상회담에서 북미 양국은 새로운 북미관계 수립에 대한 합의와 함께 한반도에서 지속적으로 안정적인 평화체제에 대한 내용을 합의문에 담았다. 결국 북한에게 평화협정의 주요 대상은 남북이 아닌 북미에 있다는 점을 다시 한 번 들어낸 것이라고 볼 수 있다.

우리정부가 남북 간의 평화협정 체결을 보다 정책적 차원에서 고려하기 시작한 것은 김대중·노무현 정부시기였으며 기본적으로 남북 간 화해협력의 구도를 정착시키기 위한 법적(제도적) 조치로서 한반도 평화협정 체결을 추진하려고 하였다.

김대중 대통령은 1999년 5월 《CNN》과의 회견에서 정전체제의 남북 간 평화체제로의 전환을 한반도 냉전구조 해체의 과제로 제시하였다. 이를 위해 그동안 남북한 평화협정의 중요한 원칙 중 하나였던 남북 당사자주의 원칙을 수정하여, 형식에 연연하지 않고 남북관계에서 화해협력 구도의 정착의 실현가능성과 실질적인 내용에 더 주안점을 두겠다는 입장 변화도 가져왔다. 이러한 전향적 태도를 통해 남북한 간 화해 협력 구도를 정착시키고 더 나아가 한반도 평화체제의 형성과 남북경제공동체의 실현에 필요한 유리한 환경조성을 우선적으로 추진하고자 하였다.

문재인 정부는 2018년 4. 27 〈판문점선언〉에서 제3조 "남과 북은 항구적이고 공고한 평화체제 구축을 위해 적극 협력"한다고 합의하였으며, 이를 위해 올해 종전선언과 항구적 평화체제 구축을 위한 3자 혹은 4자 회담을 개최한다고 적시하였다. 9. 19 〈평양선언〉은 사실 한반도 평화체제 구축을 위한 실천과제를 △군사적 적대관계 해소 △민족경제 균형적 발전 △이산가족 문제를 비롯한 인도적 문제 해결 △남북간 협력과 교류를 적극적 추진 등을 제시한 것이다. 따라서 우리정부의 일차적 목적은 남북한 평화협정 체결과 이를 뒷받침하는 미중의 참여를 고려한 것으로 북미관계에 더 많은 비중을 두고 있는 북한의 평화협정 체결 방안과는 상당한 차이가 있다고 볼 수 있다.

결과적으로 앞으로도 정전체제를 평화체제로 전환하는 방법론에서 북미 평화협정인가 혹은 남북 평화협정인가의 문제는 계속 논란이 될 것이다. 따라서 한반도 문제의 직접적 관련 당사자며 실제적 당사자인 남북한이 한반도 문제를 해결하는데 있어서 어떻게 현재의 정전체제를 남북 간의 평화협정 체결로 마무리 할 수 있으며, 그 내용의 쟁점을 어떻게 조정해 나갈 수 있는가가 한반도 평화를 결정짓는 매우 중요한 척도가 될 것이다.

둘째, 비핵화와 평화협정 체결 순서에 관한 문제이다. 한반도의 정전체제가 보다 항구적인 평화체제로 전환되기 위해서는 정전협정의 당사자(3자 혹은 4자) 사이에 종전선언과 함께 한반도 문제의 당사자(3자 혹은 4자) 사이에 평화협정이 체결되어야 한다. 그렇다면 비핵화는 평화협정의 어느 단계에서 이루어져야 하는가? 여기에는 두 가지 논란이 존재한다. ① 평화협정을 비핵화의 추진과정에서 맺을 수 있다는 것이고, ② 평화협정이 곧 종전이기 때문에 평화협정 체결과 종전선언은 비핵화의 마지막 단계에서 가능하다는 주장이다.

전자의 주요 논거는 우리 정부의 입장을 좀 더 반영한 것으로 평화협정을 한반도 비핵화와 군사적 긴장이 완전히 해소된 이후에 추진하는 것이 아니라, 오히려 비핵화와 냉전구조 해체를 촉진하기 위한 수단으로 활용하는 전략적 관점이다.[56] 현재의 화해협력 → 남북연합 → 통일국가 완성이라는 민족공동체 통일방안의 과정을 고려할 때 먼저 한반도 평화에 관한 '잠정평화공동체'를 추진할 수 있다는 것이다.

따라서 정치적·군사적 신뢰구축을 통해 평화분위기가 충분히 갖춰지지 않았을 경우에도 비핵화의 추진과정에서 평화협정 체결이 가능한 상황이 오면 이를 조기에 실현 할 필요가 있다는 주장이다. 즉, 평화협정의 조기체결을 통해 남북관계를 법적으로 규정함으로써 남북 간에 평화상태를 회복하고 이를 바탕으로 정치·군사적 신뢰를 더욱 공고히 하여 남북 경제공동체의 추진에 유리한 환경을 조성하려는 것이다.[57]

후자의 주요 논거는 미국의 입장을 반영한 것으로 지난 2006년 11월 부시 대통령은 한미 정상회담에서 한반도 평화협정에 대한 미국의 입장을 밝혔는데, 미국은 "북한이 핵을 포기하면 전쟁종결을 선언하고 평화조약을 맺을 수 있다"고 하였다. 지난 2018년 6월 싱가포르 북미 정상회담의 합의문 또한 한반도의 완전한 비핵화와 평화체제 구축은 명확한 선후관계가 존재한다. 미국은 북핵문제 해결, 즉 비핵화를 실현하기 위한 수단으로서 한반도 평화협정을 활용하고자 했다.

따라서 미국은 북핵 폐기 단계와 한반도 평화체제의 진행을 고려하여 ① 핵시설 폐쇄 및 봉인 그리고 핵 시설의 해체 및 검증 선행 → ② 한반도 종전선언 및 평화협정 협상 개시 → ③ 핵 프로그램 해체 → ④ 한반도 종전선언 → ⑤ 핵 무기 폐기 → ⑥ 한반도 평화협정 체결 → ⑦ 북미 수교라는 전개과정을 추진할 수 있을 것이다. 결과적으로 미국은 평화협정을 완전한 비핵화 이후 체결되어야 한다고 인식하고 있다.

비핵화와 평화체제 성립의 문제는 과연 평화협정을 비핵화의 과정에서 할 수 있느냐 혹은 비핵화의 최종 단계에서 체결하는가의 문제이다.

북한은 남북 평화협정보다는 북미 평화협정을 요구하고 있다. 또한 기존 핵무기의 폐기는 적어도 북미수교 이후에나 논의할 수 있다는 입장이다. 이것은 북한이 핵무기 폐기를 남한에 대한 핵 우산 제공을 철회하고, 주한미군의 완전한 철수를 위한 협상전략을 활용하겠다는 의미로 볼 수 있다. 따라서 북한이 현 정전체제를 보다 항구적인 평화체제로 전환하고자 한다면, 기존의 주장, 즉, 북미 평화협정과 선(先)적대시 정책 철폐 등을 반복하기 보다는 북미 평화협정과 남북 평화협정 사이에서 보다 현실적인 안이 무엇인지 그리고 비핵화에 대한 조건 및 시행 방법 등에서 과거에 비해 보다 진전된 안이 무엇인지를 먼저 고민해야 할 것이다.

## 이 장의 주

1 Yoram, Dinstein. "Armistice." Rudolf Bernhardt. ed. Encyclopedia of Public International Law. Vol. 4. Amsterdam : North Holland, 1982), p. 547.

2 임명수, 「한반도 평화체제 구축에 관한 고찰 : 평화에 대한 기본개념 및 쟁전연구를 중심으로」『통일연구』제11권 제2호, 2007, pp. 60~61.

3 박명림, 「한반도 정전체제 : 등장, 구조, 특성, 변환」『한국과 국제정치』제22권 1호, 2006, p. 12.

4 이종석, 『현대 북한의 이해 : 사상 체제 지도자』(서울 역사비평사), 1995, p. 5

5 이종석, 『분단시대의 통일학』(서울 : 한울), 1998, pp. 33~37.

6 위의 책, pp. 196~213.

7 박명림, 「한반도 정전체제 : 등장, 구조, 특성, 변환」 pp. 7~8.

8 위의 논문, p. 8.

9 조성렬, 「한반도 평화체제 구축에 관한 단계적 접근 : 포괄적 잠정협정을 중심으로」『통일과 평화』제4집 1호, 2012, p. 4.

10 백진현, 「정전체제의 평화체제 전환문제」『서울대학교 법학』제41권 2호, 2000, p. 279.

11 위의 논문, pp. 282~283.

12 위의 논문, pp. 282~284.

13 화해부속합의서, 제18조 및 19조.

14 『정전협정문』, 1953년 7월 27일. 군정위의 중요한 직책과 권한은, ① 수시로 필요하다고 인정하는 절차규정을 채택하는 일, ② 협정 중의 비무장지대와 한강 하구(河口)에 관한 각 규정의 집행을 감독하는 일, ③ 공동감시 소조(小組)의 사업을 지도하는 일, ④ 동(同) 정전협정의 어떠한 위반 사건이든 협의·처리하는 일, ⑤ 전쟁포로송환위원회와 실향사민귀향협조위원회(失鄕私民歸鄕協調委員會)의 사업을 전반적으로 감독·지도하는 일, ⑥ 적대 쌍방 사령관 간에 통신을 전달하는 중계 역할을 담당하는 일, ⑦ 공작인원(工作人員)과 공동감시 소조의 증명·문건(文件) 및 휘장 또는 임무 집행시에 사용하는 일체의 차량·비행기 및 선박의 식별표지를 발급하는 일 등이다.

15 김윤곤, 「정전체제는 무너졌다」 『한국논단』 71권, 1995. 7, p. 39.

16 위의 논문, p. 39.

17 오동룡, 「북한의 정전협정 폐기는 원천적으로 불가능하다」 《조선일보》, 2013년 6월 4일.

18 「북, 정전협정, 일방이 지키지 않으면 자동백지화" 주장」 《동아일보》, 2013년 3월 15일.

19 「조선반도의 정전체계 유지책동은 반공화국 전쟁기도의 산물」 《로동신문》, 2013년 5월 29일.

20 「북, 정전협정, 일방이 지키지 않으면 자동백지화" 주장」 《동아일보》, 2013년 3월 15일.

21 오동룡, 「북한의 정전협정 폐기는 원천적으로 불가능하다」 《조선일보》, 2013년 6월 4일.

22 중립국 감독위원회 회원국인 폴란드, 스위스, 스웨덴 외교부 대표자들이 연례 정치협의를 위해 2019년 3월 21~22일 양일간 서울과 판문점에서 면담을 가졌다. 본 협의는 공동성명을 채택하며 성공적으로 마무리되었다. 폴란드 대표자로는 외교부 아태국장 파베우 밀레프스키 Paweł Milewski가 참석하였다.

23 「8·15해방 10주년 기념대회에서 한 김일성의 연설," 1955년 8월 14일」 『남북한통일제의 자료총람』 제1권(서울 : 국토통일원), 1985, pp. 288~289.

24 정영철, 「남북한 통일정책의 역사와 비교 : 체제 통일에서 공존의 통일로」 『남북관

계사 : 갈등과 화해의 60년』, 이화여대통일학연구원 편, (서울 : 이화여대출판부, 2009), pp. 45~46. 1948년 6월 12일 제헌국회에서 북한 지역에서 선거를 통해 선출된 대표 100명을 국회로 보내 주기 바란다는 결의문을 채택하여, 남한을 한반도 전체의 법적 대표성을 갖는 정부로 규정하고, 북한의 실체를 인정하지 않았다.

25 자주, 평화, 민주의 원칙 아래 ① 즉각적인 남북정치협상 ② 남북 민족대표들에 의한 민족통일 전국최고위원회 구성 ③ 외세배격 ④ 통일협의회를 위한 남북대표자 회담 개최 ⑤ 통일 후 오스트리아식 중립 또는 영세중립을 택할 것이냐 또는 다른 형태를 택할 것이냐를 결정.

26 김형기, 『남북관계변천사』(서울 : 연세대학교출판부, 2010), pp. 51~52.

27 백두연구소 편, 『주체사상의 형성과정』(서울 : 도서출판 백두, 1988), pp. 129~144.

28 박정희, 8·15 경축사. 국토통일원, 『남북한 통일 대화 제의 비교』(서울 : 국토통일원), 1990, pp. 104~105.

29 고유환, 「평화체제 구축에 대한 북한의 전략 : 북미협정」 p. 65.

30 외무부, 『한국외교 40년 1948~1988』(서우리 대한민국 외무부), 1990, p. 241.

31 임수호, 「한반도 평화체제 논의의 역사적 경험과 쟁점」『한국정치연구』제18집 제2호, 2009, pp. 68~69.

32 통일부, 『통일부 30년사』(서울 : 통일부), 1999, p. 57. "아무런 부담이나 조건 없이 서울을 방문하라"고 초청하고, 자신도 같은 조건으로 초청된다면 "언제라도 북한을 방문할 용의가 있다"고 밝혔다.

33 김형기, 『남북관계변천사』, p. 104. 통일의 원칙으로 민족자결, 민주적 절차, 평화적 방법 제시하고 쌍방 민주대표로 민족통일협의회의를 구성하여 통일헌법을 기초, 국민투표로 확정하면 그에 따라 총선거를 실시, 통일국가를 완성하자는 것이다.

34 전현준, 「전두환·노태우 정부의 대북정책」『북한』통권 제335호(1999년 11월호), p. 91.

35 『남북한통일제의자료총람』제2권(서울 : 국토통일원), 1985, pp. 974~977. 「서울 당국에 보내는 조선민주주의인민공화국 중앙인민위원회, 최고인민회의 연합회의 편지」《로동신문》, 1984년 1월 11일.

36 심지연 편, 『남북한 통일방안의 전개와 수렴』(서울 : 돌베개), 2001, pp. 386~395.

37 고유환, 「평화체제 구축에 대한 북한의 전략 : 북미협정」 p. 69.

38 임수호, 「한반도 평화체제 논의의 역사적 경험과 쟁점」 p. 74. 그러나 남한은 합의

서 제5조에 "남과 북은 현정전상태를 남북 사이의 공고한 평화상태로 전환시키기 위하여 공동으로 노력" 한다는 것을 근거로 남북 평화협정 체결의 근거를 마련했다고 보고 있다.

39 《로동신문》, 1991년 1월 1일.

40 《조선일보》, 1993년 2월 26일.

41 《로동신문》, 1993년 10월 8일.

42 《로동신문》, 1994년 4월 28일.

43 허문영 외, 『한반도 평화체제 : 자료와 해제』(서울 : 통일연구원), 2007, pp. 193~195.

44 《로동신문》, 1996년 2월 23일.

45 고유환, 「평화체제 구축에 대한 북한의 전략 : 북미협정」 p. 71.

46 《조선일보》, 1997년 4월 17일.

47 《로동신문》, 1996년 9월 2일.

48 통일부, 『통일부 30년사』, p. 81. 통일부, 『통일백서』(서울 : 통일부), 2003, pp. 405~406.

49 이승환, 「2000년 이후 대북정책담론 연구」 석사학위논문, 2008, p. 56.

50 《로동신문》, 2000년 12월 15일.

51 통일부, 『참여정부의 평화번영 정책』(서울 : 통일부), 2003, p. 3.

52 『노무현 대통령 취임사』, 2003년 2월 25일.

53 남궁곤·조영주, 『남북관계 60년, 남북대화 60년』 이화여자대학통일학연구원 편, 『남북관계사 : 갈등과 화해의 60년』(서울 : 이화여자대학교출판부), 2009, p.20.

54 《로동신문》, 2008년 1월 1일.

55 전재성, 「한반도 평화구조」 김구륜 외, 『상생과 공영의 대북정책 : 체계와 추진전략』 (서울 : 통일연구원), 2008, pp. 130~131.

56 조성렬, 「한반도 비핵화와 평화체제 로드맵 : 6자회담 공동성명 이후의 과제」 통일연구원, 2005년 9월.

57 조성렬, 『한반도 평화체제』, pp. 42~43.

## 필자 소개(집필순)

### 왕선택

YTN 통일외교 전문기자. 1965년 충북 청주 출신으로 청주 운호고와 서강대 영문과를 졸업했다. 2007년 미국 조지 워싱턴 대학교에서 석사, 2012년 북한대학원대학교에서 북한학 박사 학위를 취득했다. 1994년 2월 YTN 공채 1기 방송기자로 언론인 생활을 시작했다. 초기에는 주로 국내정치를 담당했고, 2002년 이후 18년째 통일, 외교, 안보 분야를 담당하고 있다. 2013년부터 2016년까지 워싱턴 특파원으로 근무했다. 2009년에는 한국기자협회 부회장, 2018년에는 관훈클럽 감사를 역임했다. 2017년에는 '돈 오버도퍼 기자상,' 2018년에는 전문기자 부문 '삼성언론상'을 수상했다. 저서로는 '북핵 위기 20년 또는 60년'(선인, 2013), '핵담판'(2019, 책책) 등이 있다. 최근에는 한국의 전통문화, 특히 선비 전통과 한반도에서 일어나는 다양한 외교, 안보 현상과의 관계를 꾸준히 연구 중이다.

### 김동진

아일랜드 더블린 대학교(Trinity College Dublin) IRC 마리퀴리 펠로우. 한신대학교 신학과, 동대학원(MDiv)을 졸업하고, 시드니 대학교(University of Sydney)에서 평화학(MLitt, Peace and Conflict Studies), 북한대학원 대학교에서 북한학(PhD)을 공부했다. 주요 저서로는 The Korean Peace Process and Civil Society: Towards Strategic Peacebuilding(Palgrave Macmillan, 2019), 주요 논문으로는 "Building Relationships Across the Boundaries: The Peacebuilding Role of Civil Society in the Korean Peninsula" International Peacekeeping, Volume 24 Issue 4(2017), "Aid to the Enemy: Linking Development and Peacebuilding on the Korean Peninsula" The Pacific Review, Volume 29 Number 4(2016), "북한 연구에 대한 평화학적 접근" 현대북한 연구 제16권 3호(2013), 주요 역서로는 제이크 린치, 요한 갈퉁, '평화저널리즘'(선인 2016), 존 폴 레더라크, '평화는 어떻게 만들어지는가'(후마니타스, 2012) 등이 있다.

### 권은민

김앤장 법률사무소 변호사 겸 북한대학원 대학교 겸임교수, 1986년 서울대 법과대학을 졸업하고 사법시험을 거쳐 1991년부터 2000년까지 판사로, 그 이후 변호사로 활동하고 있다. 2000년 경남대학교 북한대학원에 입학한 이래 북한법을 본격적으로 연구하였고, '북한 외국인투자법제에 관한 연구'로 박사학위를 받았다. 통일부, 법무부, 법제처, 대법원 등 주요 정부기관의 북한법 관련 위원회에 위원으로 참여하고 있다. 주된 연구 분야는 북한의 외국인투자법제, 남북경협 법제도, 남북한 분쟁사례 연구, 북한 부동산제도 연구 등이다.

## 민경태

통일부 통일교육원 교수. 연세대학교 건축공학과 학사 및 석사(도시설계), 영국 옥스퍼드대학교 MBA, 북한대학원대학교 북한학(경제·IT) 박사 학위를 받았다. 삼성물산 건설부문 싱가포르 현장 등 해외 프로젝트를 담당하고, 건축 디자인과 IT를 접목한 벤처기업을 공동 창업하여 운영하였다. 삼성전자에서 R&D 기획, 신기술 발굴 및 벤처 투자, 대표이사 부회장실, 해외공공기관 협력 등의 업무를 수행했다. 대통령직속 북방경제협력위원회 국제관계 전문위원, 북한연구학회 이사, 민주평화통일자문회의 자문위원 등을 역임했다. 박사 논문은 '서울-평양 네트워크 경제권 구축을 통한 한반도 성장전략 구상'(2013)이며, 주요 저서로는 '서울 평양 스마트시티'(미래의창, 2018), '서울 평양 메가시티'(미래의창, 2014) 등이 있다.

## 곽채원

북한학 박사. 성균관대학교 언론정보대학원에서 광고홍보학 석사, 런던정경대학(LSE)에서 Social and Public Communication 석사, 북한대학원대학교에서 '조선민주청년동맹연구'로 박사학위를 받았다. 시대의 최전선에서 언제나 수고와 희생을 강요당해온 '청년'에 대한 마음의 빚을 가지고 북한학에 입문했다. 연구분야는 북한정치사, 한반도 근현대사이다. 연구물로는 '북한 청년동맹의 초기 성격 연구(1946~1948)', 현대북한연구, Vol.17 No.3, [2014], '조선민주청년동맹의 결성 배경 연구', 현대북한연구, Vol.18 No.2, [2015] 등이 있다.

## 이정곤

북한학 박사. 1993년 육군사관학교를 졸업하고 전·후방에서 기갑장교로 22년 근무하고 전역하였음. 군에서는 대만 지휘참모대학과 중국 인민해방군 방무학원을 졸업 및 연수하였으며, 육군대학에서 북한군 전술교관을 담당하였다. 2010년 국방대학교에서 석사과정, 2014년 북한대학원대학교에서 박사과정을 졸업하였고, 연구 분야는 북한과 중국의 군사, 한국전쟁 등이다.

## 이신재

국방부 군사편찬연구소 선임연구원. 2013년 2월 북한대학원대학교에서 푸에블로호 사건 연구로 북한학박사 학위를 받았다. 북한연구를 비롯해 6·25전쟁과 베트남전쟁 등 전쟁사 연구를 통해 한반도에 항구적 평화정착의 길을 고민하고 있다. 저서로는 『6·25전쟁사: 고지쟁탈전과 정전협정 체결』(군사편찬연구소, 2013, 공저), 『푸에블로호 사건과 북한』(선인, 2015), 『한 권으로 읽는 북한사』(오름, 2016), 『북한의 베트남전쟁 참전』(군사편찬연구소, 2017) 등이 있으며, 주요 논문으로는 "북한의 기억의 정치와 푸에블로호 호명", "EC-121기 사건과 한반도에서의 미소협력", "조선인민군 총정치국 설치배경 연구", "한국전쟁 이전 소련의 북한공군 지원", "6·25전쟁기 북한공군의 성장과정 고찰" 등이 있다. 국방일보에 '이야기로 풀어쓴 북한사'를 1년간 기획 연재한 바 있다.

## 장철운

통일연구원 부연구위원. 2004년 한양대 원자력공학과 졸업. 2006년 경남대 북한대학원 북한학(세부전공: 군사·안보) 석사. 2014년 북한대학원대학교 북한학(세부전공: 군사·안보) 박사. 2006~2008년 통일부 정책홍보본부 등에서 상임연구위원으로, 2011~2013년 연합뉴스 북한부에서 기자로 일했고, 2016~2019년 경남대 극동문제연구소에서 연구조교수로 활동했다. 저서로는 '남북한 미사일 경쟁사'(선인, 2015), '평화체제 관련 남북한 군사적 긴장완화'(통일부 통일교육원, 2018), '동아시아 질서 변화와 한반도 미래'(선인, 2015, 공저) 등이 있으며, 논문으로는 "북한의 핵·미사일 과학기술 발전과 비핵화 프로세스," 통일문제연구, 제30권 2호(2018), "북한 전략군의 위상과 역할에 관한 연구," 한국과 국제정치, 제33권 4호(2017), "북한의 지대지 탄도 미사일 개발 착수에 관한 연구," 현대북한연구, 제17권 3호(2014), "남북한의 지대지 미사일 전력 비교: 효용성 및 대응·방어 능력을 중심으로," 북한연구학회보, 제19권 1호(2015) 등이 있다.

## 엄현숙

북한대학원대학교 심연북한연구소 연구교수이며 국민대학교 교양대학, 국민대학교 테크노디자인전문대학원, 신한대학교 대학원, 서울교육대학교 대학원 외래교수이다. 북한대학원대학교에서 "북한의 교육방법 연구: 1960~2015"로 북한학 박사학위(2016)를 받았다. 주요 저서로는 『북한주민 통일의식 2018』(서울대 통일평화연구원, 2019), 『통일과 평화 그리고 북한』(박영사 2019), 『맛있게 읽는 북한이야기』(박영사 2019), 『북한주민 통일의식 2019』(서울대 통일평화연구원, 2020) 등이 있다. 주요 논문으로는 "북한 유치원 교육의 정치사회화에 관한 연구"(2014), "2000년대 이후 교육법제 정비를 통한 북한 교육의 현황"(2017), "교원의 역할에 대한 북한의 인식 변화 연구"(2017), "통일교육 효과의 의도성에 관한 연구"(2017), "북한 우상화 교육의 전략 분석"(2018), "북한의 12년제 의무교육 실시와 '무자격' 교원 문제"(2018), "결핍에 대한 북한 주민의 마음의 변화: 조선신보를 중심으로"(2018), "김정은 시대 직업인으로서의 역할 기대"(2019), "북한의 적(敵) 만들기 프로파간다 연구"(2019), "김정은시대 고등교육정책연구: 박사학위제도를 중심으로"(2019), "김정은 시대 체육시설의 변화와 의미: 종합운동장을 중심으로"(2019) 등이 있다.

## 이승열

〈국회입법조사처〉 외교안보팀 북한담당 입법조사관. 북한 인권문제에 관심을 갖게 되면서 북한연구를 시작하였고, 북한 인권문제의 핵심이 북한 체제의 모순에서 비롯되었다는 점을 살펴보고자 북한대학원대학교에 입학 박사과정을 시작하였다. 북한 후계체제를 주제로 북한학 박사학위를 취득(2009년)한 후, 스웨덴 ISDP(안보개발정책연구원)과 이화여대 통일학연구원에서 객원연구위원으로 활동하였다. 주요 논문은 "Changes in North Korea's Military and Security Policies and Implications of the Kim Jong Un Era"(2017, Journal of Peace and Unifications vol.7, no.1); "Political Transition in North Korea in the Kim Jong-un Era: Elites' Policy Choices"(2017, Asian Perspective vol.41, no.3) 외 다수가 있다.

북한 특강 2020: 과거와 미래

2020년 01월 20일 초판 인쇄 | 2020년 01월 30일 초판 발행

편저자  북대북한연구회
펴낸이  한정희

편집·디자인  한명진 김지선 유지혜 박지현 한주연
마케팅  전병관 하재일 유인순

펴낸곳  역사인
출판신고  제406-2010-000060호

주소  경기도 파주시 회동길 445-1 경인빌딩 B동 4층
대표전화  031-955-9300 | 팩스  031-955-9310
홈페이지  http://www.kyunginp.co.kr | 전자우편  kyungin@kyunginp.co.kr

ISBN 979-11-86828-19-9  93340
값  22,000원

ⓒ 북대북한연구회 편, 2020
역사인은 경인문화사의 자매 브랜드입니다.